COLLECTION J. BRÉMOND

DICTIONNAIRE DES THÉORIES ET MÉCANISMES ÉCONOMIQUES

JANINE BRÉMOND

Maître de conférence
à l'Institut d'Études politiques de Paris
Professeur de Sciences économiques et sociales

ALAIN GÉLÉDAN

Professeur de Sciences économiques et sociales

HATIER

Définition

Attention, remarque importante

Passage important mais un peu complexe

Corrélat

ISBN 2-218-07129-0

Présentation de l'ouvrage

Comprendre le monde où nous vivons

Chaque jour, l'actualité apporte son lot de nouvelles économiques et sociales : concentration d'entreprises, succès japonais sur le marché de l'exportation, inflation, dévaluation, endettement du Tiers Monde et aussi des pays industrialisés...

Si l'omniprésence de l'économique et du social dans le monde actuel est facilement perceptible, décrypter le comment et le pourquoi des faits, ainsi que les conséquences de chacun d'eux, est beaucoup plus complexe.

Le langage des économistes constitue un premier obstacle à l'analyse[1], mais au-delà de la maîtrise de ce que certains qualifient de jargon, la complexité des liaisons économiques rend la connaissance des théories économiques nécessaire à la compréhension des contraintes de la vie économique et des enjeux des politiques mises en place.

Dans une société marquée par des discours souvent non dénués de préoccupations idéologiques, une perception rigoureuse des apports et des clivages de l'analyse économique est une condition essentielle d'une réflexion autonome.

Pour décrypter le discours économique, il faut connaître la pluralité des approches, ce qui permet à la fois de resituer un argument précis dans sa logique d'ensemble, mais aussi de percevoir les critiques ou les contestations auxquelles il peut donner lieu.

Une lecture plurielle des théories économiques

La pensée économique n'est pas unifiée. Sans doute une certaine unanimité peut se faire sur l'existence de quelques lois fondamentales, telles que l'impossibilité de répartir durablement plus qu'il n'a été produit ou les dangers d'une inflation galopante... Mais, au-delà de ces mécanismes les plus élémentaires, les divergences d'analyse sont nombreuses et les propositions concrètes de politique qui en découlent sont le plus souvent contradictoires voire diamétralement opposées.

1. Voir J. Brémond et A. Gélédan, *Dictionnaire économique et social*, Hatier.

Chaque économiste qui a marqué l'histoire économique a, au moins sur certaines questions, une analyse qui lui est particulière mais en même temps, derrière les nuances d'interprétation et les apports spécifiques, il existe un fonds commun de pensée caractéristique d'un courant d'analyse. La compréhension claire de ce fonds commun est fondamentale car elle permet de mieux percevoir l'apport véritable d'un auteur, de mieux resituer les implications et les présupposés d'une analyse. Bien souvent la façon d'aborder un problème, la nature précise des questions que l'on se pose, la méthodologie suivie pour les résoudre diffèrent profondément.

Classiquement on distingue trois types d'analyse fondamentalement différents : néo-classique, keynésien, marxiste. **Chacun de ces courants fait l'objet d'un article spécifique** qui présente les concepts de base, le type d'approche et les principales tendances qui le traversent. **Concepts et analyses sont ensuite développés dans une approche par thème**. Ainsi au terme « inflation », on retrouve la vision néo-classique de l'inflation, la lecture keynésienne et la lecture marxiste. Dans un certain nombre de cas, on s'apercevra d'ailleurs que des clivages, autres que ceux traditionnellement retenus, rendent mieux compte des oppositions théoriques.

Ne pas séparer l'économique et le social

Les données sociales influencent les mécanismes économiques et réciproquement; la finalité de l'économique est sociale. Aussi cet ouvrage, bien que centré principalement sur l'économique, intègre un certain nombre de problèmes sociaux, soit qu'un article spécifique leur soit consacré (syndicalisme, mobilité sociale...), soit que les implications sociales soient intégrées à l'analyse économique dans l'étude de chaque thème.

Analyse théorique et réalité quotidienne

Un des intérêts essentiels de l'analyse économique est de contribuer à mieux comprendre le monde où nous vivons; aussi avons-nous dans cet ouvrage aussi souvent que possible privilégié la mise en perspective historique et la confrontation des analyses.

Cette approche présente entre autres intérêts, celui de mettre en évidence l'existence de seuils à partir desquels un mécanisme donné peut jouer et l'importance des élasticités. Ainsi, telle analyse décrite par tel auteur peut-elle correspondre à un mécanisme réel de l'économie mais avoir un impact réel si faible qu'au niveau global, le phénomène est négligeable.

Enfin, la confrontation avec les situations réelles met en évidence l'importance du contexte économique général en matière de politique économique. Telle dévaluation aura un impact positif sur l'économie alors que telle autre aura des effets pervers. Pourquoi un déficit extérieur important et durable est-il tolérable aux Etats-Unis, et pas dans les autres pays ?...

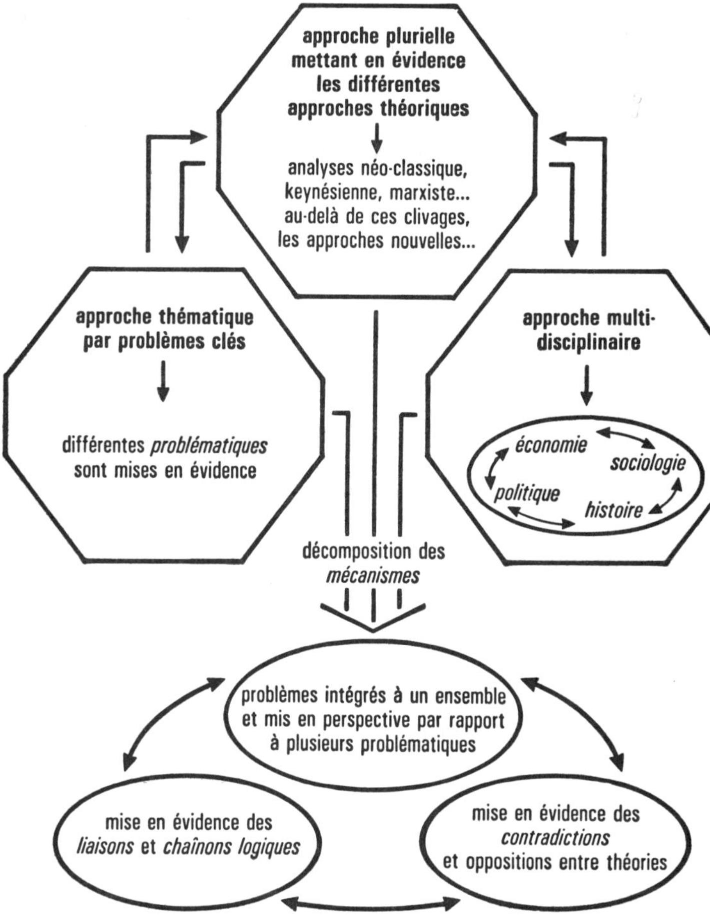

Des articles synthétiques

Chaque article constitue un tout, regroupant des éléments d'information le plus souvent dispersés dans les ouvrages traditionnels. Données historiques et analyses théoriques sont souvent confrontées. Les approches micro-économiques et macro-économiques sont regroupées. Par exemple l'article « investissement » présente le comportement de l'entreprise face à l'investissement mais aussi les modalités de l'intervention de l'Etat et les liaisons macro-économiques reliant investissement et croissance. Ces éléments qui contribuent tous à la compréhension d'un phénomène sont réunis à l'intérieur d'un même article.

Cette démarche permet d'unifier les connaissances et de mieux percevoir les liaisons. Elle correspond au mouvement naturel de la pensée qui veut que l'on s'intéresse à des informations en fonction d'un problème à résoudre. Ainsi le regroupement sur des thèmes permet une réflexion plus immédiate sur les problèmes que pose ce thème et la confrontation des différentes problématiques invite à une réflexion plus active sur la cohérence d'ensemble de chaque courant de pensée.

L'expérience de la transmission des connaissances économiques révèle que la compréhension suppose des **grilles d'analyse** qui permettent de structurer la perception du réel et de séparer l'essentiel de l'accessoire.

Face à une trop grande masse d'informations, il faut repérer les questions fondamentales, resituer un problème donné dans une totalité, distinguer les problématiques, organiser les concepts en chaînons logiques.

Contribuer à informer par une mise en évidence de l'essentiel, donner au lecteur les moyens de comprendre, de rejeter les idées simplistes et les interprétations idéologiques, tels sont les objectifs fondamentaux de cet ouvrage.

Un index qui facilite l'utilisation

Un index détaillé permet de retrouver plus facilement les informations. Structuré par thème mais aussi par auteurs et courants de pensée, il permet une utilisation discontinue de l'ouvrage.

Cet ouvrage suppose connu le vocabulaire de base développé dans le *Dictionnaire économique et social* des mêmes auteurs et auquel le lecteur pourra se reporter.

Les corrélats qui sont indiqués à la fin de chaque article permettent aussi très souvent d'approfondir l'étude d'une question.

Analyse classique

Au cœur de la Révolution industrielle et principalement dans le pays qui en fut le creuset, le Royaume-Uni, se constitue la pensée classique qui marque encore largement les théories économiques modernes. Pourtant avant cette fin du XVIIIe siècle une réflexion économique existait.

Les balbutiements de la science économique avant les classiques

L'Antiquité et le Moyen Age

Pendant l'Antiquité et le Moyen Age, la réflexion économique est très liée à la philosophie. Ainsi Aristote condamne le taux d'intérêt et le métier de négociant au nom de la morale. Dans la *Somme théologique* Saint Thomas d'Aquin au Moyen Age reprendra la même démarche mais en atténuera les conclusions par la reconnaissance d'une nécessaire compensation du préjudice subi par le propriétaire du capital prêté et l'acceptation du commerce quand il ne se traduit pas par des gains excessifs (notion de juste prix).

De la Renaissance au XVIIIe siècle

De la Renaissance au XVIIIe siècle, la réflexion économique va devenir plus systématique et plus autonome par rapport à la philosophie et la morale.

Les **mercantilistes**, à l'encontre des idées antérieures, valorisent le commerce et l'accumulation de richesses. L'or est le « nerf de la guerre », la puissance des Etats suppose donc que les rois accumulent le plus d'or possible. Les moyens pour obtenir ce résultat varient d'un auteur à l'autre[1]. En France J. Bodin estime qu'il faut exporter des produits élaborés pour accroître les réserves d'or mais interdire l'exportation des produits de première nécessité et limiter les importations. Colbert favorise la constitution

1. Accumulation directe d'or pour les « bullionistes » espagnols, développement du commerce pour de nombreux auteurs britanniques...

de manufactures royales dynamiques en vue de stimuler les exportations.

Les physiocrates. F. Quesnay est le représentant le plus connu du courant physiocratique (1694-1774). Son ouvrage *Tableau économique* (1758) donne une analyse globale du fonctionnement de l'économie sous forme d'un circuit économique qui préfigure la logique de nos actuelles comptabilités nationales, mais en donnant une place très particulière à *l'agriculture qui seule serait créatrice de richesses.* Turgot tenta, quand il fut Contrôleur des finances, d'appliquer les idées des physiocrates (liberté du commerce du grain, suppression des corporations...).

Les classiques

Le courant libéral

Quatre économistes tiennent une place centrale dans le courant de pensée classique : Adam Smith (1723-1790), Jean-Baptiste Say (1767-1832), Thomas Robert Malthus (1766-1834), David Ricardo (1772-1823).

→ L'expression « analyse classique » au sens étroit est d'ailleurs réservée au seul courant libéral à l'exclusion des économistes socialistes.

A. Smith

En 1776, Adam Smith publie *Recherche sur la nature et les causes de la richesse des nations*. Véritable hymne au marché et au capitalisme auto-régulé par la concurrence, l'ouvrage d'A. Smith est le premier grand ouvrage classique. La division du travail, l'accumulation de capital sont à l'origine de la richesse des nations. La recherche par chacun de son intérêt individuel permettra, en situation de concurrence, d'atteindre l'optimum général ; la main invisible « du marché » permet de concilier intérêt individuel et intérêt général. Sur le plan des relations entre Etats, chaque fois qu'il existe un « avantage absolu » pour la production d'un produit, le commerce international est souhaitable.

J.B. Say

J.B. Say a marqué la pensée économique par sa loi des débouchés largement reprise encore aujourd'hui par les théoriciens de l'offre : « des produits achètent des produits », l'offre nouvelle s'accompagne de distributions de revenus qui permettent d'écouler la production nouvelle. Au niveau global il ne peut donc pas y avoir de crises de surproduction.

T.R. Malthus

Malthus, bien que libéral, s'oppose à l'optimisme fondamental de A. Smith et de J.B. Say. La théorie de la population (voir p. 329) en est l'illustration la plus célèbre.

La population croît à un rythme géométrique alors que les ressources n'augmentent qu'à un taux arithmétique, car les terres marginales ne permettent qu'une augmentation très lente des productions. De cette évolution différente résultera à terme une situation dramatique si rien n'est fait pour limiter la croissance démographique.

D. Ricardo

Si on parle à propos de son œuvre de « système de Ricardo », c'est que les *Principes de l'économie politique et de l'impôt* constituent un véritable système d'interprétation du fonctionnement économique global de nos sociétés : production, répartition, formation des prix, rapports entre les classes sociales, analyse de la valeur, équilibre extérieur... Si, à court terme, le capitalisme est pour Ricardo efficace, à plus long terme nous sommes menacés par l'état stationnaire[1], c'est pourquoi on a souvent considéré que l'analyse de Ricardo était relativement pessimiste.

Trois éléments de son analyse sont particulièrement célèbres : l'analyse de la valeur, la rente différentielle, la loi des avantages comparatifs.

La valeur des biens est liée aux quantités de travail incorporées dans les produits. Cette conception, dont s'inspirera Marx, marque, à des degrés divers, toute la pensée classique et constitue un point d'opposition essentiel entre les auteurs classiques et néo-classiques.

Pour Ricardo, **la rente** se distingue du profit, c'est le revenu d'un facteur indestructible et non reproductible, la terre. Ricardo verra dans la rente foncière l'origine d'une pression à la baisse des profits.

Son analyse de la rente différentielle (voir *Dictionnaire économique et social*, p. 249) est une forme de « raisonnement à la marge » chère aux néo-classiques.

La loi des avantages comparatifs (voir p. 111) va constituer une justification importante du libre échange qui reste la base du raisonnement néo-classique actuel en matière d'échanges extérieurs.

1. Situation future dans laquelle la production n'augmenterait plus.

Le courant réformiste

On qualifie de réformistes des auteurs qui critiquent le fonctionnement du système capitaliste sans mettre en cause son existence, mais en recherchant les moyens de le réformer pour supprimer ou au moins réduire ses inconvénients.

J.S. Mill

J.S. Mill dans ses *Principes d'économie politique* (1848) prolonge les analyses libérales de A. Smith et Ricardo. Mais parallèlement il perçoit les problèmes sociaux qui accompagnent le développement du capitalisme libéral. Les solutions qu'il retient sont d'une part l'association des ouvriers et des entrepreneurs (on dirait aujourd'hui l'association du capital et du travail) et d'autre part le développement des coopératives de production. La perspective de l'état stationnaire est perçue de façon positive, car elle porte l'espoir d'une société moins centrée sur la recherche du profit.

Sismondi

Sismondi (1773-1842) se rattache soit au courant socialiste si on considère ses violentes attaques contre les méfaits du capitalisme, soit au courant réformiste si on retient les stratégies d'interventions qu'il envisage et qui sont très limitées.

Sa critique du pouvoir des capitalistes est très virulente; la sous-consommation ouvrière est à l'origine des crises économiques et de la misère ouvrière mais les difficultés pour définir de nouvelles formes d'organisations sociales sont grandes car une intervention excessive de l'Etat peut aussi se révéler dangereuse.

Le courant socialiste

Le courant socialiste se penche sur le sort des classes laborieuses, envisage d'autres systèmes d'organisation sociale (souvent utopiques) et critique les règles du fonctionnement du marché.

• **Le courant associationniste** (Fourier, Owen, Cabet...)
Charles Fourier (1772-1837) dans *Le nouveau marché industriel* propose l'association libre d'individus vivant en *phalanstères*, répartissant les tâches selon les goûts et rémunérés selon trois critères : le talent, la quantité de travail et l'apport en capitaux.

Owen (1771-1858) sera le défenseur des coopératives. Celles-ci doivent permettre à terme de supprimer la propriété privée et ses effets pernicieux (égoïsme...). Il tente de mettre en place diverses expériences de coopération, la plus célèbre est celle des « équitables pionniers de Rochdale ». En 1844, un groupe d'ouvriers constitue une coopérative de consommation dont le mode de fonctionnement (répartition des bénéfices en fonction des achats réalisés et non en fonction des apports de capital) marquera le mouvement coopératif.

• **Le courant technocratique**

Claude-Henri de Rouvroy, comte de Saint-Simon (1760-1825) préconise de confier le pouvoir politique aux producteurs (industriels) les plus efficaces. Dans une parabole célèbre, il explique que si la France perdait ses meilleurs chercheurs industriels, elle péricliterait alors que si ses ministres, les membres du gouvernement, le clergé, les propriétaires les plus riches disparaissaient « il n'en résulterait aucun mal politique ».

• **Le courant anarchiste** (Proudhon, Blanqui, Bakounine, Stirner...)

Joseph Proudhon (1809-1865) est un des théoriciens majeurs de l'anarchisme. Dans *La propriété c'est le vol*, il estime que l'origine de la propriété privée n'est pas le résultat du renoncement par un particulier à la consommation immédiate en vue de constituer une épargne, mais celui d'un vol. Marx s'opposera à sa conception du profit comme différence entre un niveau de salaire inférieur à la valeur du travail de l'ouvrier et un prix de vente supérieur à la valeur des produits accepté par les consommateurs. Proudhon rejette l'étatisme et préconise de stimuler la production en donnant à tous accès aux moyens de production par des crédits bon marché.

La monnaie détenue par les plus riches crée une rente de situation donnant lieu au paiement d'intérêts qui, répercutés sur les prix de vente, rend les marchandises trop chères pour le consommateur. Les travailleurs ne peuvent pas acheter tout ce qui est produit, ce qui provoque sous-consommation et crise. Rendre l'argent accessible à tous permet donc de stimuler l'entreprise, de supprimer le vol réalisé par les propriétaires et d'éviter les crises économiques.

• L'analyse marxiste

Marx (1818-1883) se caractérise par sa critique radicale du mode de production capitaliste. Le capitalisme augmente l'exploitation des travailleurs et engendre la surproduction et les crises économiques (voir p. 90). Marx est généralement considéré à la fois comme le dernier des classiques[1] et le premier dans l'ordre historique des fondateurs des principales écoles d'analyse, encore actuelles (marxiste, keynésienne et néo-classiques...) (voir l'article « analyse marxiste », p. 27).

Modernité des analyses classiques

L'intérêt de l'étude des analyses des économistes classiques n'est pas seulement historique. Les arguments d'A. Smith ou de Ricardo en faveur de la concurrence ou du libre échange, l'analyse, la loi des débouchés de J.B. Say... restent des éléments essentiels de l'analyse néo-classique actuelle.

La diversité des analyses socialistes actuelles renvoie aux divergences entre théoriciens socialistes au XIXe siècle. Les influences classiques sur la pensée keynésienne sont importantes.

Le système de Ricardo suscite aujourd'hui encore un intérêt particulièrement marqué et paraît à certains plus moderne dans sa logique d'ensemble que la démarche néo-classique traditionnelle ; en effet, le système de Ricardo ne suppose pas que l'on soit en situation de concurrence pure et parfaite, son champ d'application est donc plus conforme à la réalité quotidienne de nos économies. Ainsi, **Sraffa** a construit un modèle d'équilibre général dans une approche ricardienne qui se présente comme une alternative au modèle d'équilibre de Walras (p. 13).

1. A cause en particulier de son attachement à la théorie de la valeur travail.

☞ **Analyse néo-classique, keynésienne, marxiste**

Pour l'analyse détaillée des différents concepts, on se reportera à l'index.

Analyse néo-classique

La révolution marginaliste

Le courant néo-classique s'est développé à la fin du XIXᵉ siècle en réaction contre l'analyse marxiste. La rupture porte d'abord sur l'analyse de la valeur. Les marginalistes contestent la théorie de la valeur travail et de l'exploitation de Marx.

L'expression « Révolution marginaliste » désigne la mise en évidence, dans les années 1870, du principe de **l'utilité marginale** par trois auteurs qui travaillaient séparément, Jevons, Menger, Walras.

L'importance des travaux de Walras est telle qu'on utilise souvent l'expression d'analyse walrassienne (théorie de l'équilibre général) pour désigner l'approche néo-classique.

Le raisonnement en terme d'utilité marginale est neutre. Tout économiste peut l'utiliser quelle que soit son approche globale. Ce qui est spécifiquement néo-classique c'est l'ensemble d'un raisonnement qui, partant d'une approche micro-économique en terme d'utilité marginale, tend à démontrer que l'affectation des ressources est optimale en situation de concurrence pure et parfaite.

Le système d'interprétation néo-classique

L'agrégation des comportements micro-économiques

En situation de concurrence, le libre jeu des prix sur le marché assure l'équilibre de l'offre et de la demande. Il existe trois marchés, celui des biens finaux, celui des facteurs de production (capital, travail), celui de la monnaie. Sur chacun de ces marchés, et à l'intérieur d'un marché par type de biens, il existe une fonction d'offre et une fonction de demande qui sont respectivement le résultat de l'agrégation des offres et des demandes des différents agents.

Ainsi sur le marché des biens finaux, on a le schéma suivant :

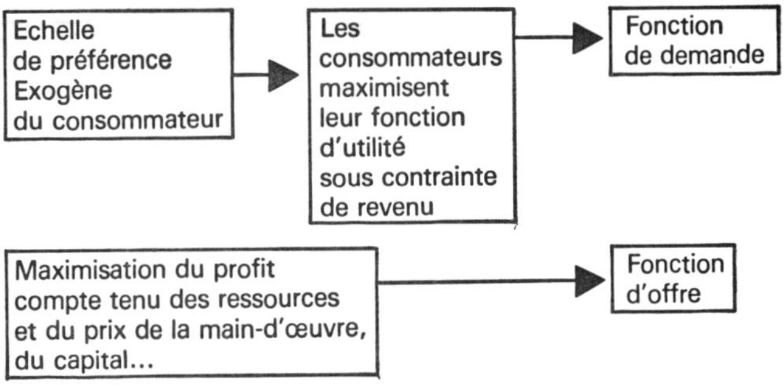

La tendance à l'équilibre et à l'auto-régulation

L'ajustement entre offre et demande se fait par l'intermédiaire des prix, le prix d'équilibre définit les quantités offertes et les quantités demandées qui correspondent à l'équilibre. Plus généralement il existe un système de prix qui en situation de concurrence assure l'équilibre sur tous les marchés.

Si une perturbation, en particulier exogène[1], provoque un désajustement, celui-ci est passager, des mécanismes auto-régulateurs assurent le retour à l'équilibre (en particulier par le jeu de la variation des prix relatifs).

La monnaie

On constate une double attitude vis-à-vis de la monnaie.
- Pour certains dont Walras, la monnaie est **neutre** en ce sens qu'elle n'agit ni sur le niveau de production, ni sur la répartition, mais uniquement sur le niveau des prix.
- Pour d'autres la monnaie peut jouer un rôle déséquilibrant (Hayek, Friedman) justement parce que son volume est défini par l'Etat et qu'elle se situe hors de la sphère réelle où aucun déséquilibre n'est possible (monétaristes actuels).

Les fonctions de production définissent le niveau de la production

Les fonctions de production définissent la contribution des différents facteurs (travail, capital...) à la production (voir p. 82).

Le plein emploi des facteurs est obtenu lorsque la rémunération des différents facteurs de production correspond à leur productivité marginale (voir ce terme); le chômage est alors impossible.

1. Extérieur au champ économique.

ANALYSE LIBÉRALE

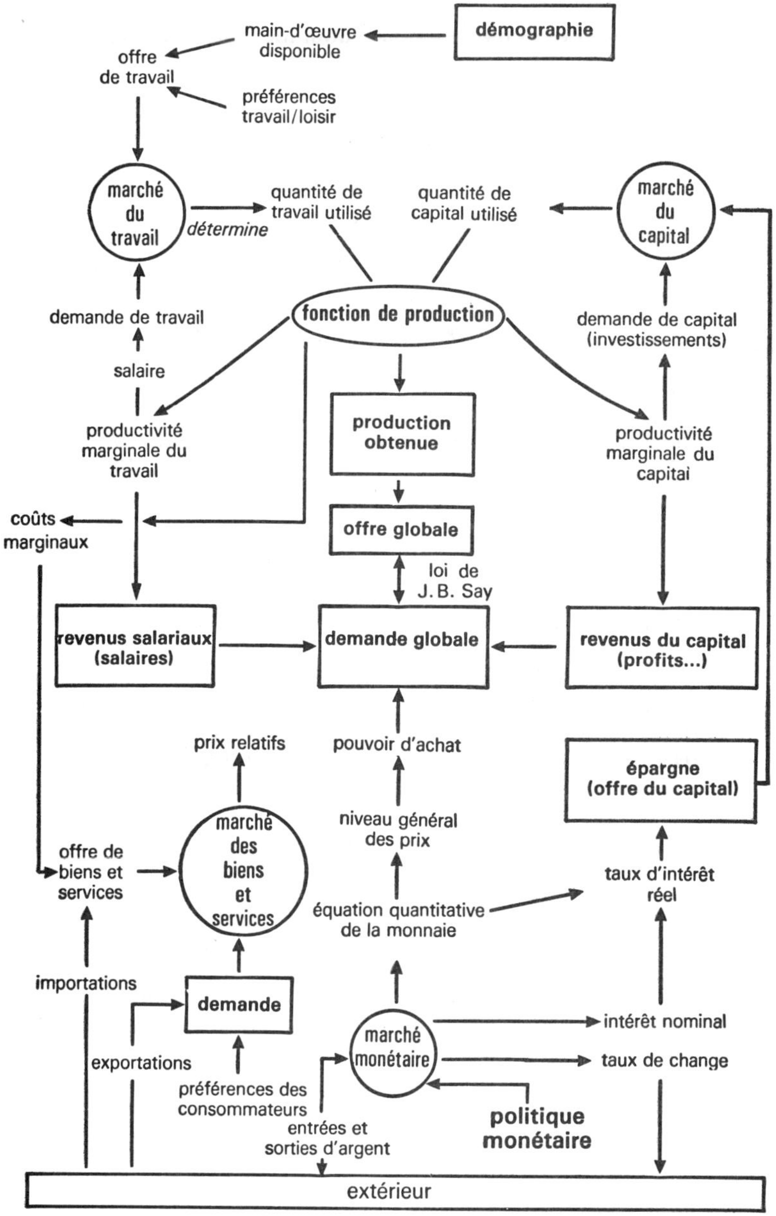

L'offre est l'élément moteur de l'activité

La sphère des échanges reste fondamentalement régie par la loi des débouchés de J.B. Say : « le fait seul de la formation d'un produit ouvre à l'instant même un débouché à d'autres produits ». Si certains théoriciens du déséquilibre ont essayé de libérer l'analyse néo-classique de cette référence, elle reste sous-jacente à la quasi-totalité des travaux néo-classiques. Les théoriciens de l'offre ont modernisé cette approche sans la modifier fondamentalement.

L'équilibre de répartition est obtenu lorsque les différents agents reçoivent une rémunération correspondant à leur productivité marginale.

Les différentes approches néo-classiques aujourd'hui

On peut distinguer trois courants néo-classiques :

- De Walras à Debreu, le courant néo-classique a cherché à montrer comment l'équilibre est non seulement possible mais automatique. Ce courant est fondamentalement théorique et ahistorique. Partant d'un modèle représentant le mode de fonctionnement de l'économie en situation de concurrence, on cherche à analyser les mécanismes de l'équilibre.

Dans cette ligne de pensée, on peut aussi inclure les modèles de croissance, en particulier le plus connu, celui de Solow.

- Un autre courant, plus empirique, cherche à analyser l'évolution concrète des économies à travers une grille de lecture théorique. Ce courant est bien représenté par les travaux de Denison pour l'étude de l'économie américaine et ceux de Carré, Dubois, Malinvaud pour celle de la croissance française.

- Un troisième courant (Hayek et Friedman...) est plus directement centré sur la contestation de l'analyse keynésienne à la fois au niveau des hypothèses retenues (la *théorie des anticipations rationnelles* conteste les comportements retenus par Keynes...) que des effets pervers de ces politiques (ainsi Hayek voit dans la politique keynésienne de soutien de la demande un mécanisme favorable à court terme à la croissance, mais dont les effets à long terme sont extrêmement négatifs).

Enfin, certains tentent une synthèse entre analyse néo-classique et keynésienne soit à travers une lecture particulière de Keynes (Clower, Leijohnufvud) soit à travers une construction plus autonome (Michio Morishima). Pour les uns ces économistes sont des néo-classiques, pour d'autres des keynésiens... ou inclassables !

Perspectives néo-classiques

▼ Les recherches néo-classiques actuelles tentent de perfectionner le modèle de base établi dans le cadre de l'information parfaite, de la concurrence généralisée...

- La remise en question de l'information parfaite des agents se traduit par certains déséquilibres. Ainsi des auteurs tels que J.P. Bénassy ont tenté d'établir *une théorie du déséquilibre.*

- La prise en compte des *stratégies* des agents est aussi une des voies ouvertes par les travaux de Von Neumann et Morgenstern; l'étude de coalitions, de la formation d'alliances entre groupes est progressivement prise en compte par certains théoriciens néo-classiques. Une approche en termes de système et d'organisation permet de mieux analyser les faits de communication.

- L'intervention de l'Etat, les dépenses publiques longtemps négligées ont donné lieu à des travaux sur les « biens publics », les conditions d'un choix efficace des dépenses publiques, la tarification optimale, la rationalisation des choix budgétaires...

- Une autre voie ultra-libérale prolonge celle de Hayek (prix Nobel) en appliquant le raisonnement économique à l'ensemble de la vie sociale[1]. Santé, histoire se voient ▲ appliquer des méthodes de calcul marginal...

1. Gary Beker, Gordon Tullock, J.J. Rosa.

☞ **Analyse classique, analyse keynésienne, analyse marxiste, théories de l'offre, régulation.**
Pour l'analyse détaillée des différents concepts, on se reportera à l'index.

Analyse keynésienne

La révolution keynésienne

John Maynard Keynes est né le 5 juin 1883 en Angleterre à Cambridge, l'année de la mort de Karl Marx. Ses travaux allaient constituer pour des générations d'économistes la base d'une réflexion nouvelle.

Ses ouvrages les plus connus sont :

- *Réforme monétaire* (1923)
- *Traité de la monnaie* (1930)
- *Théorie générale de l'emploi de l'intérêt et de la monnaie* (1936)
- *Comment financer la guerre* (1940)
- *Plan Keynes* (1943)

La théorie générale de l'emploi de l'intérêt et de la monnaie publiée en 1936 est sans doute un des livres d'économie les plus célèbres. Outre cet ouvrage, l'ensemble des travaux de Keynes a profondément marqué non seulement l'histoire de la pensée économique, mais aussi les politiques économiques effectivement adoptées dans le monde, en particulier après la Seconde Guerre mondiale.

L'analyse keynésienne constitue une critique sévère de l'analyse néo-classique. Sur le plan empirique d'abord :

« Que le chômage caractéristique d'une période de dépression soit dû au refus de la main-d'œuvre d'accepter une baisse des salaires nominaux, c'est une thèse qui n'est pas clairement démontrée par les faits. Il n'est pas très plausible d'affirmer que le chômage aux Etats-Unis en 1932 ait été dû soit à une résistance opiniâtre de la main-d'œuvre à la baisse des salaires nominaux soit à sa volonté irréductible d'obtenir un salaire réel supérieur à celui que le rendement de la machine économique pouvait lui procurer. Le volume de l'emploi connaît d'amples variations, sans qu'il y ait de changements apparents ni dans les salaires réels minima exigés par la main-d'œuvre ni dans sa productivité. L'ouvrier n'est pas plus intransigeant en période de dépression qu'en période d'essor, bien au contraire. Il n'est pas vrai non plus que sa productivité physique diminue aux époques de crise. Ces faits d'observation forment donc un terrain préliminaire où l'on peut mettre en doute le bien-fondé de l'analyse classique. »[1]

1. J.M. Keynes, *Théorie générale*, p. 35, éd. Payot.

Mais au-delà de l'approche empirique, c'est la base même de l'analyse théorique néo-classique qui sera contestée : critique théorique de la loi de J.B. Say, du caractère statique et micro-économique de l'approche néo-classique qui néglige les effets d'anticipation, ne prend pas suffisamment en compte les phénomènes de délais, d'élasticité. De plus l'analyse néo-classique conserve une perception principalement quantitative de la monnaie et surtout néglige le rôle actif de la demande et de l'entrepreneur sur le niveau de l'emploi.

Mais, cette critique des néo-classiques n'induit pas que le capitalisme doive être rejeté. Il faut au contraire le sauver par la mise en place d'une politique économique efficace. Comme le résume M. Albert pour Keynes :

« Le plein-emploi est lié à la croissance. Pour obtenir le plein emploi il faut donc accroître la production nationale et pour cela augmenter la demande, au besoin en augmentant le déficit budgétaire et en distribuant de meilleurs salaires. (...) De quoi combler les partis ouvriers ! Il s'agit bel et bien d'une révolution intellectuelle et morale. »[1]

Aujourd'hui encore nombre d'auteurs se situent dans le prolongement de son analyse et peu de pays peuvent prétendre ne jamais avoir pratiqué de politique économique d'inspiration plus ou moins keynésienne[2]. Les débats sur le contenu théorique de cette pensée sont d'autant plus âpres qu'ils débouchent sur des recommandations en matière de politique économique fondamentalement différentes de celles des néo-classiques.

L'approche théorique

Quelles sont au niveau théorique les principales caractéristiques de l'analyse de Keynes ?

Une approche macro-économique et en termes de circuit

Keynes a centré ses travaux sur la courte période. Il étudie les mécanismes à l'origine du sous-emploi et les politiques susceptibles d'éviter le chômage dans le cadre d'une société capitaliste.

Alors que les néo-classiques raisonnent d'abord en ter-

1. M. Albert, *le Pari Français*, éd. du Seuil.
2. Ainsi par exemple, le président R. Reagan, élu sur un programme néo-classique, pratiquera en 1983 une politique mettant en jeu des mécanismes keynésiens (déficit budgétaire massif...).

mes micro-économiques (analyse du comportement d'un travailleur, d'une entreprise...) et supposent que le résultat global est la somme des comportements individuels, Keynes insiste sur la nécessité d'une approche macro-économique et en termes de circuit.

« Nous avons donné à notre théorie le nom de « théorie générale ». Par là nous avons voulu marquer que nous avions principalement en vue le fonctionnement du système économique pris dans son ensemble, que nous envisagions les revenus globaux, les profits globaux, la production globale, l'emploi global, l'investissement global et l'épargne globale bien plus que les revenus, les profits, la production, l'emploi, l'investissement et l'épargne d'industries, d'entreprises ou d'individus considérés isolément. Et nous prétendons qu'on a commis des erreurs graves en étendant au système pris dans son ensemble des conclusions qui avaient été correctement établies en considération d'une seule partie du système prise isolément. »[1]

Cette approche outre son intérêt du point de vue théorique a été à l'origine du développement des comptabilités nationales après 1945.

De la contestation de la loi de J.B. Say...

Keynes va s'opposer aux économistes néo-classiques sur de nombreux points. En particulier, il conteste la loi classique de J.B. Say reprise par les néo-classiques. Pour Keynes, il n'est pas vrai que « c'est la production qui assure des débouchés aux produits ».

Un des arguments essentiels invoqués par Keynes est que l'on ne peut espérer un ajustement automatique entre production et revenu, revenu et demande. Ainsi par exemple une partie de l'épargne peut être thésaurisée donc retirée du circuit économique. Les décisions d'épargne et d'investissement sont largement autonomes l'une par rapport à l'autre et n'ont donc aucune raison de s'ajuster spontanément.

La critique de la loi de J.B. Say met en cause un des fondements de l'analyse néo-classique. En effet, le déséquilibre entre offre et demande devient non seulement possible mais hautement probable à un moment ou à un autre de l'évolution économique. Le niveau de la demande qui était la résultante et le reflet des conditions de l'offre pour les néo-classiques devient un élément actif et moteur dans l'analyse keynésienne.

1. *Théorie générale*, p. 6. Ed. Payot.

... au rôle central de la demande effective

La « demande effective » est sans nul doute le concept fondamental de Keynes. Pour Keynes les entrepreneurs anticipent à la fois ce que les consommateurs vont décider de consacrer à leur consommation et ce que les entreprises et l'Etat vont décider d'investir. Ces deux composantes de la demande (biens de consommation et biens de production) constituent la « demande effective » c'est-à-dire la demande anticipée par les entrepreneurs[1].

Comme les entrepreneurs ne produisent que ce qu'ils espèrent vendre, l'offre va s'ajuster à cette demande anticipée; le niveau d'emploi effectif est alors celui qui permet de réaliser la production correspondant à la demande effective. Il peut ne pas correspondre au plein emploi.

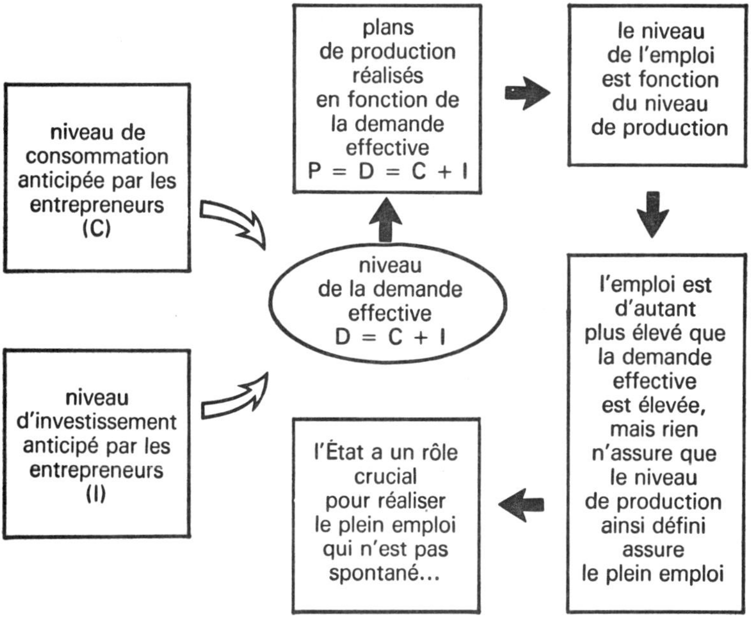

1. « Nous appellerons demande effective le montant du produit *attendu* D au point de la courbe de la demande globale où elle est coupée par celle de l'offre globale. »

Le rôle actif des entrepreneurs

Pour Keynes, l'entrepreneur joue un rôle actif. C'est lui qui fixe le niveau de production, les techniques adoptées et donc le niveau de l'emploi. Les décisions des entrepreneurs doivent prendre en compte l'évolution technique et économique future, mais celle-ci est pour partie au moins inconnue. Cette incertitude réduit le déterminisme des décisions et accroît le rôle actif de l'entrepreneur. Si Keynes étudie les facteurs rationnels qui influencent l'entrepreneur, il insiste aussi sur le caractère partiellement irrationnel de ces choix, sur le rôle des « esprits animaux »[1] qui font de l'économie autre chose qu'une simple réalité mathématisable.

Par ailleurs pour Keynes, il faut non seulement prendre en compte les anticipations mais aussi des *délais* de réaction.

L'intervention de l'Etat et l'atténuation des déséquilibres

Parce que la « demande effective » est au cœur des décisions de production et du niveau de l'emploi, parce qu'il n'existe pas de mécanismes autorégulateurs automatiques comme le pensent les néo-classiques, l'Etat doit intervenir pour soutenir et régulariser l'activité économique (voir p. 285).

L'Etat doit stimuler la demande en agissant sur ses composantes : demande de biens de consommation, demande de biens d'équipement. Pour ce faire, l'Etat dispose de multiples moyens : créations d'emplois publics (qui permettent entre autres d'améliorer le bien-être social), baisse des taux d'intérêt qui stimule à la fois les investissements privés, la demande de biens de consommation et les investissements publics...

Si l'Etat, lorsque la demande est défaillante, peut avoir une action efficace c'est aussi parce qu'il existe des mécanismes multiplicateurs qui amplifient dans de nombreux cas l'effet des décisions de l'Etat et accroissent donc l'intérêt économique de telles interventions.

Keynes, par contre, est défavorable aux nationalisations, « l'Etat n'a pas intérêt à se charger de la propriété des moyens de production ».

1. « Il est probable que la plupart de nos décisions d'entreprendre quelque chose de positif... peut être considérée comme le résultat des « esprits animaux » — d'un besoin spontané d'action plutôt que d'inaction et non comme le résultat d'une moyenne pondérée des bénéfices quantitatifs multipliés par les probabilités numériques. » *Théorie générale.*

Une telle politique en même temps qu'elle stimule la consommation et l'emploi peut avoir un effet inflationniste mais, outre que pour Keynes, le plein emploi et la croissance sont l'objectif prioritaire, le seul véritable instrument de lutte contre l'inflation dans l'analyse keynésienne est la politique des revenus inséparable du développement d'un véritable consensus social. Cette inflation est d'ailleurs d'autant moins importante que l'appareil productif est capable de réagir positivement aux variations de la demande et que le pays est peu contraint par rapport à l'extérieur. On ne s'étonnera pas, dans cette optique, que les keynésiens actuels préconisent la mise en place de politiques industrielles actives susceptibles de réduire la dépendance extérieure et les rigidités de l'appareil de production.

La monnaie n'est pas neutre

Pour Keynes *la monnaie* n'est pas neutre, en ce sens que l'accroissement des quantités de monnaie n'influence pas seulement le niveau des prix mais également le niveau de la production. Mais les aspects internes des données monétaires ne sont pas les seuls auxquels s'intéresse Keynes. On se rappellera en particulier les **accords de Bretton Woods** lors desquels Keynes avait proposé un autre système fondé sur le **bancor**[1].

Lecture et relecture de Keynes

Première lecture

Nombre d'économistes vont, dans les années qui précèdent la Seconde Guerre mondiale et celles qui la suivent immédiatement, prolonger les travaux de Keynes, en particulier dans les directions suivantes :

Une formalisation plus mathématique

Le modèle Hicks-Hansen, appelé modèle IS/LM, a longtemps été considéré comme la lecture orthodoxe de la pensée keynésienne[2]. Il tend à montrer que le système keynésien comporte une situation d'équilibre à la fois dans le domaine monétaire et dans celui des biens et services.

1. Voir p. 439.
2. Voir p. 246.

Cette interprétation de Keynes fera l'objet de multiples critiques.

Une extension à la longue période

Le modèle théorique d'Harrod-Domar[1] est la continuation la plus célèbre de travaux keynésiens en matière de croissance.

L'élargissement du champ d'analyse

Les premiers travaux, les plus connus, en vue d'élargir le champ d'analyse dans le prolongement des travaux de Keynes sont ceux de Hansen, Samuelson sur l'oscillateur, ceux de Kalecki sur la répartition, ceux de Lundberg sur l'approfondissement des phénomènes de délais.

Plus généralement **l'école de Cambridge**, dont les plus illustres représentants sont Nicolas Kaldor et Joan Robinson, a été un foyer fécond de travaux keynésiens (Théorie de la concurrence imparfaite, modèles de croissance et d'accumulation du capital, liaisons Keynes, Ricardo, Marx...).

L'interprétation I.S./L.M. de Keynes a induit des politiques économiques axées sur le soutien systématique de la demande en particulier par les variations des taux d'intérêt et l'acceptation d'un certain déficit budgétaire. **C'est à la fois certains aspects de cette première lecture[2] et le caractère véritablement keynésien des politiques qui ont été mises en pratique après la Seconde Guerre mondiale qui vont être contestés par certains keynésiens actuels.**

Deuxième lecture de Keynes ou Keynes était-il keynésien ?

A la fin des années 70, une réflexion nouvelle sur les travaux de Keynes remet en cause bien des interprétations :

La première, conduite par Leijohnufvud et parallèlement par Clower, a consisté à réduire le champ d'application des politiques keynésiennes qui ne s'appliqueraient plus en toutes circonstances mais dans des situations précises (Leijohnufvud) et à donner une interprétation des propositions keynésiennes très centrée sur les aspects uniquement monétaires (Clower), rapprochant ainsi la lecture de Keynes des analyses néo-classiques. Nombre d'auteurs

1. Voir *Dictionnaire économique et social*, p. 291.

2. Et en particulier l'interprétation I.S./L.M.

L'ANALYSE KEYNÉSIENNE

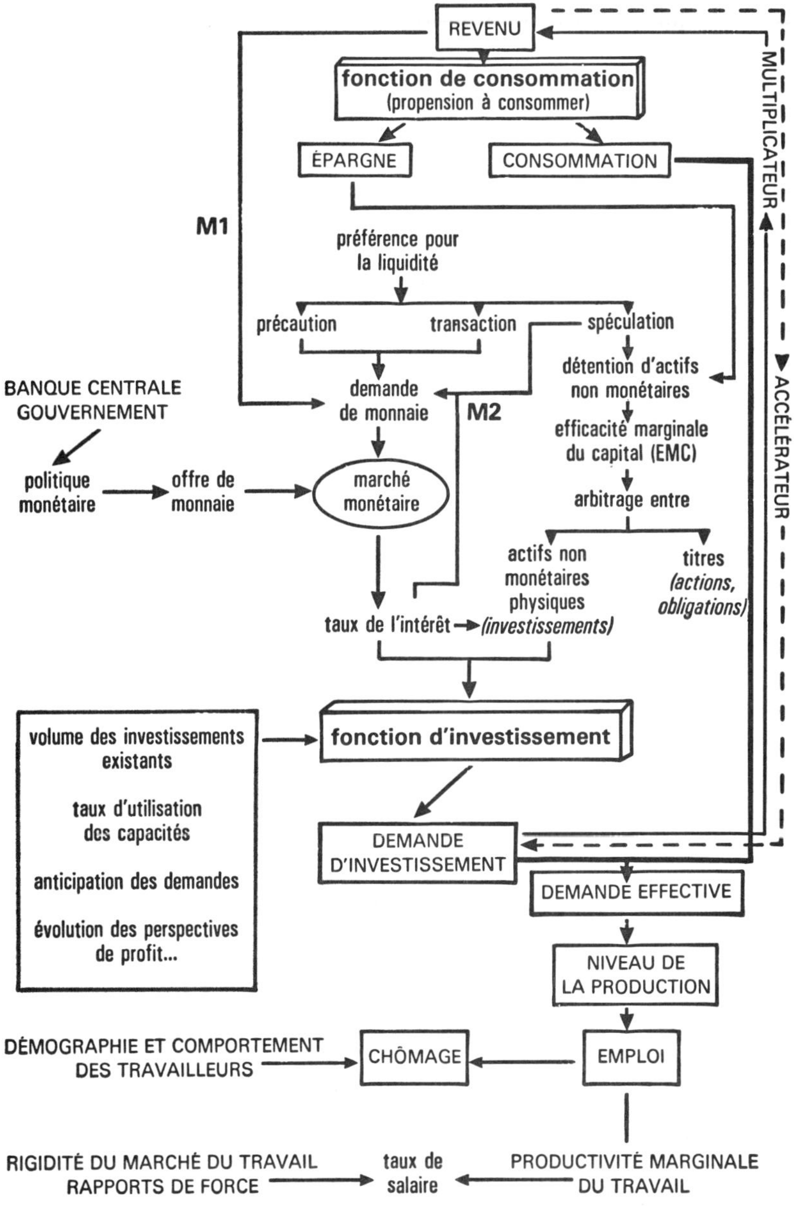

ont nié que ce type d'interprétation reflète véritablement la pensée de Keynes, (bien qu'elle ait la préférence des auteurs néo-classiques).

▼ Parallèlement, une autre réflexion sur la première lecture s'est développée insistant sur le caractère réducteur de l'analyse IS/LM de Hicks (voir p. 246) qui survalorise la place donnée par Keynes aux possibilités d'actions sur la conjoncture par la politique des taux d'intérêt. Deux directions principales de recherche ont mis en valeur le rôle central de l'analyse en terme réel chez Keynes (concept de surinvestissement, chez A. Barrère par exemple), analyse de l'impact des phénomènes de répartition par Joan Robinson et plus généralement par l'école de Cambridge. Les politiques économiques préconisées par ces auteurs sont tout à fait différentes de celles du courant précédent : politique des revenus, soutien des investissements plus que de la demande de biens de consommation, recherche d'une réduction de la contrainte extérieure... ▲

Face à la constitution de véritables courants dans l'interprétation de Keynes la boutade célèbre « Keynes était-il keynésien ? » reste bien d'actualité. Mais un mérite de ces controverses est d'avoir permis un approfondissement de la lecture de Keynes. Une lecture trop mécaniste ou simplifiée n'est plus possible.

☞ **Analyse classique, analyse néo-classique, analyse marxiste, régulation.**
Pour l'étude des différents concepts, on pourra se reporter à l'index.

Analyse marxiste

L'économie dans l'œuvre de Marx

Une analyse en terme de mode de production

L'analyse économique de Marx se différencie fondamentalement de l'approche néo-classique et keynésienne par la prise en compte de liaisons entre les structures sociales et économiques ; l'économique est alors inséparable d'une analyse globale de la société. Toute société vit et se transforme, c'est ce mouvement et en particulier les mutations majeures qu'il faut comprendre. *Le concept de mode de production* est au centre de cette approche.

Une analyse du capitalisme en terme de classes sociales, d'exploitation et d'aliénation

Une société est traversée par des antagonismes de classes. Dans la société capitaliste c'est la détention des moyens de production qui permet à une classe, la bourgeoisie, d'en exploiter une autre, le prolétariat. De ces rapports de classe naissent aussi *l'aliénation*[1] du travailleur et son *exploitation*[1].

Une analyse en terme de mutation des modes de production

Rapports de production[1] et *forces productives*[1] déterminent des contradictions qui provoquent la mutation des modes de production.

Les contradictions du mode de production capitaliste provoquent sa disparition et le développement d'un autre mode de production. Au capitalisme succédera le communisme[1] après une phase de transition auquel Marx donne le nom de socialisme[1].

Le Capital

Le Capital est l'œuvre maîtresse de Marx en matière économique. Restée inachevée à sa mort en 1883, elle fait apparaître, à travers les trois livres du *Capital*, les principaux concepts économiques de l'analyse marxiste. Comme

1. Voir *Dictionnaire économique et social*, pp. 14 et 255.

le titre l'indique, l'ouvrage étudie les structures fondamentales du capitalisme.

→ (Pour l'analyse détaillée des différents concepts, on se reportera à l'Index qui permettra de retrouver l'article précis dans lequel le concept est développé.)

Le livre I ou le secret de l'exploitation capitaliste

Dans le livre I, Marx étudie les fondements du mode de production capitaliste.

C'est par la **marchandise** « forme élémentaire de la richesse dans une société capitaliste » que Marx commence son étude. Il distingue les deux formes de la valeur : l'usage et l'échange. Puis il met en évidence l'élément commun à toutes les marchandises dans l'échange : « Le temps de travail socialement nécessaire pour les produire ».

Seul le travail vivant crée la plus-value. Marx étudie alors les conflits de répartition entre le prolétaire et le capitaliste.

La « plus-value relative » obtenue par une plus grande intensité du travail ou le progrès technique est au cœur du conflit entre capitalistes et travailleurs puisque moins il faut de temps pour engendrer l'équivalent de la « valeur de la force de travail » plus il est possible d'élever la fraction de « plus-value » obtenue au moyen d'un « taux d'exploitation ».

Marx étudie ensuite la dynamique du capitalisme. Le machinisme, le progrès technique sont le fruit de la concurrence capitaliste qui aiguillonne la production et stimule le développement. La division du travail qui les accompagne réduit l'homme au rang de simple appendice de la machine et provoque « l'aliénation » du travailleur.

Marx montre ensuite comment le capitaliste est incité à accumuler pour survivre. L'opposition entre la nécessaire compression des salaires pour augmenter la plus-value et la croissance de la production du fait de l'investissement et de la concurrence est au cœur des crises.

Le livre II et la baisse tendancielle des taux de profit.

Achevé et mis en forme par F. Engels, le livre II va être marqué par un approfondissement de la notion de crise économique. La « loi de la baisse tendancielle du taux de profit » est le résultat d'une montée de la « composition organique » du capital : il faut de plus en plus de machines (« capital constant ») par rapport au « travail vivant ». Comme seul le travail humain est générateur de « plus-value » les capitalistes ne peuvent dégager assez de profit par rapport aux capitaux engagés (« suraccumulation »).

ANALYSE MARXISTE

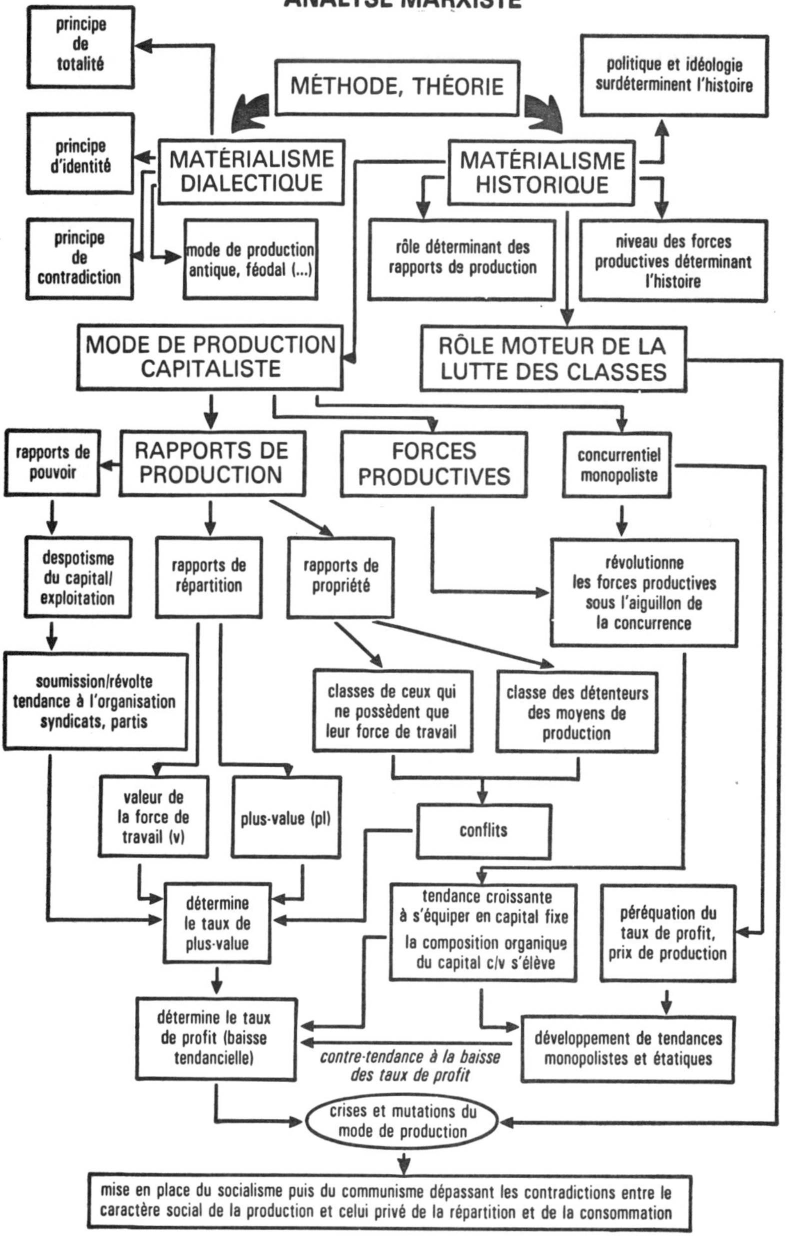

Le livre III et l'approche sectorielle des crises.

Après avoir étudié le problème de la péréquation des taux de profit, Marx prolonge le tableau économique de Quesnay, à travers ses « schémas de reproduction ». Pour qu'il y ait croissance équilibrée il faut que la croissance du « secteur I » (biens d'investissement) et celle du « secteur II » (biens de consommation) soient en relation définie.

Mais pour Marx, rien ne garantit que cette croissance équilibrée se fasse sans problèmes... au contraire car cette évolution se heurte à la « baisse tendancielle des taux de profits ». Il existe cependant des « contre-tendances » à cette loi : progrès techniques, hausse du taux de plus-value, débouchés, rôle de l'Etat...

Dans la mouvance marxiste

L'œuvre de Karl Marx « a été reformulée, révisée, réfutée et enterrée des milliers de fois... Pour le meilleur ou pour le pire ses idées constituent, pour partie, le fonds sur lequel nous pensons tous »[1].

Un clivage essentiel dans la lecture de Marx sépare les auteurs qui adhèrent à l'ensemble de l'analyse de Marx et ceux qui n'en retiennent qu'un ou quelques aspects. La rupture fondamentale porte sur l'acceptation ou le rejet de l'analyse en terme de valeur travail et d'exploitation. Adhérer à l'idée marxiste d'une mutation des systèmes, comme le fait par exemple Schumpeter, prendre en compte les effets de domination comme le fait F. Perroux, raisonner en terme d'aliénation comme le font nombre d'économistes radicaux américains... s'inscrit d'une certaine façon dans la mouvance de Marx mais n'implique aucune adhésion à son analyse de la mutation du système capitaliste ni aucun rejet de l'organisation capitaliste.

Les auteurs marxistes au sens strict (ceux qui se revendiquent de l'ensemble de l'œuvre de Marx) se divisent à la fois sur l'interprétation des textes de Marx et sur la façon dont il faut prolonger les travaux de Marx pour rendre compte de l'évolution de la société depuis la fin du XIXe siècle. « Personne ne se bat aujourd'hui pour Adam Smith ou Ricardo, mais la tentation monte lorsqu'il s'agit de Karl Marx. »[1]

1. Marc Blaug.

☞ **Analyse classique, analyse néo-classique, analyse keynésienne, régulation.**

Communauté Économique Européenne

L'entrée de la France dans la C.E.E.

1958 marque une rupture économique majeure pour l'économie française. L'entrée dans la C.E.E. rompt avec une politique de protection douanière et modifie intensément les flux d'échanges, jusque-là profondément marqués par les relations privilégiées avec les colonies.

Les années qui suivront cette adhésion, vont être fastes pour l'économie française et pour celle des autres pays fondateurs de la Communauté, les taux de croissance seront particulièrement élevés. Dans quelle mesure ces résultats peuvent-ils s'expliquer par les effets dynamiques de la constitution d'une union douanière ? Par la mise en place de politiques communes ? Plus généralement, pourquoi certaines unions douanières s'avèrent être des échecs, alors que d'autres stimulent la croissance ?

L'effet de dimension

A court terme, la demande moyenne par entreprise n'est pas modifiée...

Supposons que pour un type donné de biens de consommation la demande soit de 10 000 unités dans le pays I, 20 000 dans le pays II, 30 000 dans le pays III. Avant la constitution de l'union économique, la demande totale pour l'ensemble des trois pays est de 60 000 unités. La réalisation d'une union douanière (suppression des tarifs douaniers entre les pays membres, libre circulation des marchandises et des capitaux, mise en place d'un tarif douanier extérieur commun vis-à-vis des pays tiers) ne modifie pas *a priori* le montant de cette demande globale (les consommateurs ont le même revenu à dépenser).

... mais la demande potentielle à chaque entreprise augmente

Prolongeant cet exemple, supposons, pour simplifier, qu'avant l'union douanière, la production de chaque pays soit assurée par une seule firme et que le niveau des tarifs douaniers dissuade, effectivement, les concurrents étrangers. Chaque entreprise nationale est alors pratiquement assurée d'écouler à peu près régulièrement la même production. Lorsque les frontières s'ouvrent, les risques apparaissent brutalement : si l'une des entreprises de l'un des autres pays a des prix plus compétitifs ou des produits qui, pour une raison ou une autre, paraissent plus attractifs, le risque est grand de voir le concurrent prendre une part importante de ce que l'on considérait jusque-là comme un marché réservé. Inversement, chaque entreprise prend conscience que, si elle est assez performante et maîtrise assez bien les circuits de distribution, elle peut accroître ses ventes en gagnant une part du marché de ses concurrents. A ce stade, il n'y a pas accroissement de la demande globale dans l'ensemble de l'union, mais seulement intensification de la compétition inter-firmes et possibilités d'accroître ses ventes par prélèvement sur le marché des concurrents.

Les réactions d'adaptation des firmes à l'origine d'un accroissement de la demande et de la production

La modification de l'appréciation des entreprises sur les nouvelles conditions créées par l'ouverture du Marché Commun a accru l'offre, développé le pouvoir d'achat et élargi la demande.

Face au risque de ne pouvoir supporter la concurrence des autres entreprises et à l'espérance de profit que représente la conquête d'une part de leur marché, les entreprises vont réagir. Que ce soit dans un but défensif ou offensif, elles vont bien souvent être conduites à investir pour baisser leurs prix de revient, pour étendre leurs réseaux commerciaux...

L'investissement dans la modernisation de l'appareil de production va paraître d'autant plus rentable que l'on se situe dans une branche où les possibilités d'économies d'échelle sont plus importantes. Celles-ci permettent des baisses de prix qui donnent l'espoir d'éliminer les concurrents du marché et d'atteindre ainsi la dimension permettant d'écouler cette production de masse. Si l'investissement des entreprises augmente, la demande aux secteurs de biens de production s'accroît, ce qui est une première modalité de la hausse du niveau de la demande globale. Cette demande induit à certaines conditions (niveau des stocks, existence d'industries capables de fournir les produits concernés...) la croissance de la production dans ces secteurs et indirectement celle de l'emploi. Les distributions de salaires qui en résultent, haussent le niveau de la demande de biens de consommation...

Si rien ne bloque le développement de ces mécanismes, c'est à la fois le secteur des biens de production et celui des biens de consommation qui bénéficient d'une demande plus forte. L'accroissement de productivité liée au développement des investissements et aux économies d'échelle permet une évolution parallèle de la production sans tension inflationniste trop forte.

Ces mécanismes agissent surtout au moment de la constitution de l'union douanière

L'impact positif sur le niveau des investissements concerne évidemment en priorité la période de mise en place de l'union douanière. Mais au-delà de cette phase, la dimension nouvelle du marché reste acquise. Elle permet de rentabiliser des productions qui par nature demandent un vaste marché. D'autre part malgré les mouvements de concentration qui accompagnent l'accroissement de dimension du marché, le degré de concurrence au niveau de l'ensemble de l'union est en principe plus grand qu'il ne l'aurait été dans un cadre moins ouvert à la compétition.

Toute union douanière n'induit pas des effets favorables

Si globalement la constitution de la C.E.E. s'est accompagnée d'une croissance économique significative, il n'en va pas de même de toutes les unions douanières. Ainsi dans le Tiers Monde, de nombreuses tentatives se sont avérées des échecs. Ceux-ci résultent de la conjonction des effets négatifs inhérents à toute union douanière et des blocages limitant le développement des effets positifs liés à la dimension.

Les pôles les plus forts risquent de se trouver renforcés au détriment des régions les plus faibles, des entreprises les moins bien placées. Une concurrence insupportable peut affaiblir l'appareil productif d'un des pays concernés, lui faire perdre la maîtrise de tel ou tel secteur sans compensation automatique dans d'autres domaines. Les effets économiques et sociaux qui en résultent peuvent être extrêmement négatifs. La C.E.E. comme toute union douanière s'est heurtée à ce problème.

Les mécanismes favorables à la croissance ne se produisent que si certaines conditions sont remplies : comportement actif des entrepreneurs, moyens financiers suffisants pour réaliser les investissements d'adaptation, économie suffisamment complexe et cohérente pour que l'accroissement de la demande ne se traduise pas par un déficit commercial intolérable... Désarticulation, extraversion, stratégies de multinationales peuvent bloquer la formation d'une zone autocentrée.

Pourquoi une communauté économique plutôt qu'une zone de libre-échange ?

Les détournements de trafic

De nombreux conflits ont opposé la France et le Royaume-Uni sur l'opportunité de la Communauté économique par rapport à une zone de libre-échange. Au-delà des intérêts concrets des deux pays qui peuvent être divergents, ces oppositions renvoient à des conflits d'analyse sur l'effet des unions douanières.

Pour les économistes néo-classiques, le libre-échange procure à tous des avantages supérieurs à toute autre organisation des échanges. De ce point de vue, l'union douanière est, d'une certaine façon, un progrès par rapport à une situation plus autarcique mais en même temps est moins satisfaisante que le libre-échange et peut même être à l'origine de **détournement de trafic** qui rend son intérêt global discutable.

Ainsi, par exemple, si la situation avant la constitution de l'union économique se présente de la façon suivante :

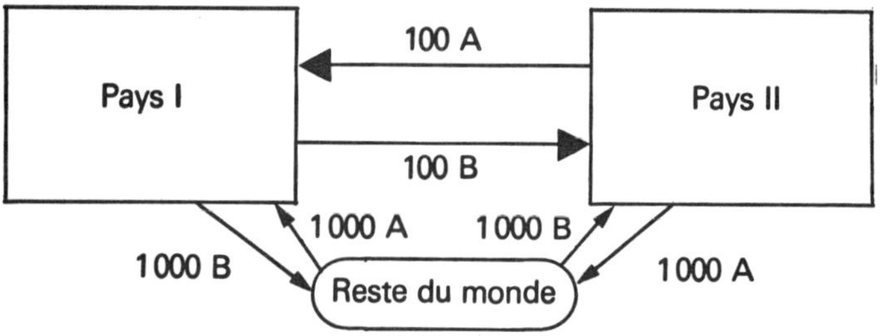

et si l'union douanière modifie les flux d'échange selon le schéma suivant :

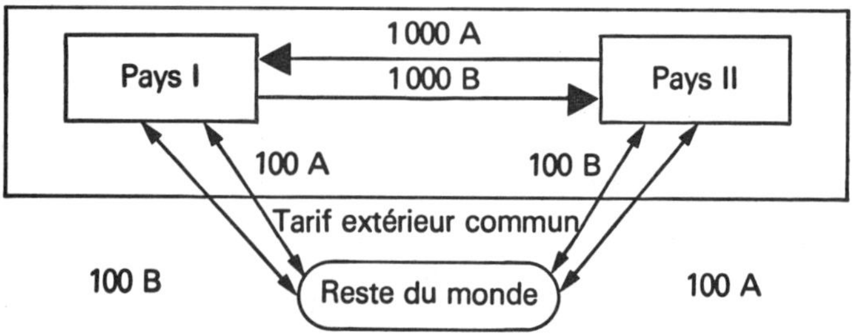

Les échanges entre les membres de la Communauté se sont accrus (+ 900 %) mais ils ont fortement baissé vis-à-vis des pays tiers (– 90 %). Globalement le niveau des importations et des exportations de chacun des pays de l'union douanière ne s'est pas modifié, il y a eu simplement **détournement de trafic** aux dépens des pays tiers et en faveur des échanges intra-communautaires. Comme ce détournement est artificiel et lié à une manipulation des tarifs douaniers, il est économiquement irrationnel.

En ce qui concerne la Communauté économique européenne elle-même, la situation est quelque peu différente de l'hypothèse dans laquelle se situe l'exemple fictif précédent. En effet, la C.E.E. s'est ouverte parallèlement aux échanges avec les pays tiers en baissant progressivement le niveau de sa protection extérieure (baisse du tarif extérieur commun). L'accroissement des échanges entre pays membres s'est accompagné du développement du commerce avec le reste du monde.

Une concurrence supportable

C'est d'ailleurs l'opportunité d'une diminution trop importante de la protection douanière vis-à-vis des pays extérieurs à la Communauté que contestent les défenseurs de l'union douanière. Celle-ci présenterait par rapport au libre-échange l'intérêt de mettre en place une **concurrence supportable**. Comment maintenir des salaires élevés, une protection sociale importante si on supprime toute protection ? La concurrence entre pays d'une union douanière est supportable dans les seuls cas où les conditions de production dans les pays membres sont relativement proches. L'union économique permet de bénéficier des avantages d'un grand marché tout en évitant les inconvénients d'une concurrence sauvage.

Les unions douanières, un relais dans la multinationalisation de la production et des échanges

Les unions douanières ont été accusées d'être des relais accélérant l'intégration des économies nationales à la division internationale de la production et des échanges dans la mesure où elles contribuent à la mise en place de vastes marchés, au développement de longues séries de production qui inciteront les entreprises à chercher à l'extérieur des débouchés nouveaux. Ces besoins d'expansion externes conduisent à baisser le tarif extérieur commun pour obtenir en compensation un meilleur accès sur les marchés étrangers, ce qui progressivement induit l'intégration à l'économie mondiale.

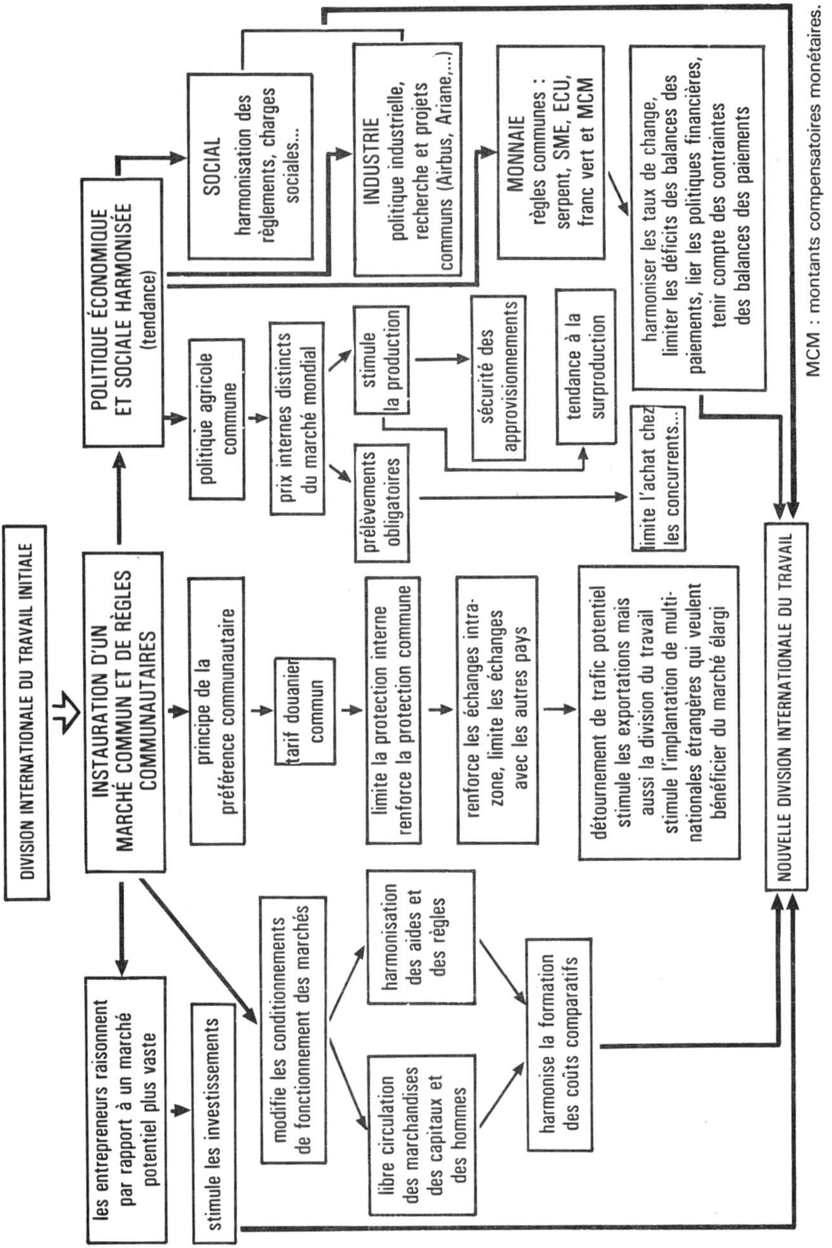
DIVISION INTERNATIONALE DU TRAVAIL INITIALE
INSTAURATION D'UN MARCHÉ COMMUN ET DE RÈGLES COMMUNAUTAIRES
POLITIQUE ÉCONOMIQUE ET SOCIALE HARMONISÉE (tendance)
SOCIAL harmonisation des règlements, charges sociales...
INDUSTRIE politique industrielle, recherche et projets communs (Airbus, Ariane,...)
MONNAIE règles communes : serpent, SME, ECU, franc vert et MCM
harmoniser les taux de change, limiter les déficits des balances des paiements, lier les politiques financières, tenir compte des contraintes des balances des paiements
politique agricole commune
prix internes distincts du marché mondial
stimule la production
sécurité des approvisionnements
tendance à la surproduction
prélèvements obligatoires
limite l'achat chez les concurrents...
principe de la préférence communautaire
tarif douanier commun
limite la protection interne renforce la protection commune
renforce les échanges intra-zone, limite les échanges avec les autres pays
détournement de trafic potentiel stimule les exportations mais aussi la division du travail stimule l'implantation de multi-nationales étrangères qui veulent bénéficier du marché élargi
les entrepreneurs raisonnent par rapport à un marché potentiel plus vaste
stimule les investissements
modifie les conditionnements de fonctionnement des marchés
harmonisation des aides et des règles
libre circulation des marchandises des capitaux et des hommes
harmonise la formation des coûts comparatifs
NOUVELLE DIVISION INTERNATIONALE DU TRAVAIL
MCM : montants compensatoires monétaires.

Politiques communes et préférences structurelles

Paradoxalement, la C.E.E. est de moins en moins une union douanière dans la mesure où son tarif extérieur commun n'assure plus qu'une protection très limitée en matière industrielle, et, en même temps la C.E.E. est beaucoup plus qu'une union douanière puisque, malgré les difficultés rencontrées, les politiques communes ont une certaine réalité. On peut définir deux types de politiques communes, celles qui ont pour fonction **d'uniformiser les conditions de la concurrence**, celles dont l'objectif est **d'infléchir le développement économique et social** des pays concernés. Ainsi les tentatives d'uniformisation des structures fiscales dans la C.E.E. relèvent du premier type de préoccupation, la politique agricole commune du second, dans la mesure où elle provient du souci de voir se maintenir une agriculture européenne puissante dans un contexte de prix mondiaux particulièrement bas, compte tenu des conditions de production européennes. Il s'agit bien d'un choix structurel en faveur de l'autosuffisance alimentaire de l'Europe et d'une volonté d'équilibrer le développement économique des différents pays de la Communauté. Face à la puissance industrielle de la R.F.A., la politique agricole a été conçue pour limiter les désarticulations géographiques qui pouvaient résulter de la dynamique communautaire.

☞ **Échanges internationaux, contrainte extérieure, système monétaire international.**

Comptabilité et analyse financière

A quoi sert la comptabilité ?

Du point de vue de l'entreprise

Pour l'entreprise, la comptabilité assure trois fonctions essentielles : évaluer les résultats et le patrimoine, contrôler l'activité de l'entreprise, soutenir la gestion.

Historiquement, la première fonction de la comptabilité a sans doute été de **mesurer le bénéfice**. Cet objectif existe toujours mais aujourd'hui est loin d'être le seul : dans la grande entreprise les « détournements » de recettes sont *a priori* faciles, la comptabilité a donc aussi une fonction de **contrôle** de la bonne utilisation des fonds afin d'éviter des pertes de ressources particulièrement dangereuses pour l'entreprise.

La comptabilité est aussi un instrument permettant d'**améliorer la gestion**. La comptabilité analytique, les budgets prévisionnels constituent à côté de la comptabilité générale des outils privilégiés de cette rationalisation.

La comptabilité n'intéresse pas que l'entreprise

Aujourd'hui, la comptabilité est une source d'informations qui intéresse aussi bien l'Etat qui souhaite contrôler l'assiette de l'impôt, que les actionnaires qui suivent l'évolution de la firme, que les banquiers qui demandent souvent à consulter tel ou tel document comptable avant d'accorder un prêt, que les travailleurs à qui les lois Auroux ont donné de nouveaux droits en matière d'information sur la vie de l'entreprise. L'élaboration des données macro-économiques elles-mêmes (calcul du P.I.B...) suppose aussi un certain accès aux informations comptables.

Pour que les tiers puissent véritablement analyser les données comptables, il faut que celles-ci soient calculées suivant des critères homogènes sur l'ensemble du territoire, c'est à cet objectif que répond *la normalisation* des comptabilités.

La plupart des entreprises souhaitent garder le secret sur les informations comptables (en particulier la comptabilité analytique). Elles estiment que leurs concurrents pourraient les utiliser à leurs dépens, aussi les seuls documents dont les tiers peuvent facilement disposer sont ceux dont la publication est imposée par la loi.

Image comptable et réalité d'une entreprise

La comptabilité donne une certaine image de l'entreprise. Celle-ci est partiellement déformée par les biais liés au système d'évaluation et d'affectation...

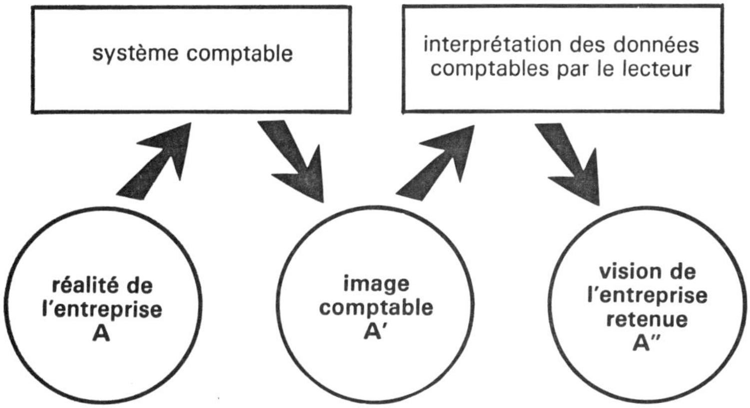

Ainsi, le « coût comptable » d'une marchandise résulte de conventions très précises qui contiennent un certain arbitraire. Par exemple : si une entreprise vend trois produits, elle doit affecter le salaire de la secrétaire qui tape les factures au prix de revient de chacune de ces 3 marchandises; mais quel sera le critère de répartition ? Le chiffre d'affaires de chacun de ces produits ? Le nombre de factures réalisées pour chacune de ces marchandises ? Quelle que soit la décision adoptée, elle comporte un certain arbitraire. S'il s'agit de la répartition des frais d'entretien du siège social ou du salaire d'un des directeurs, le caractère artificiel de l'affectation est encore plus marqué.

Le principe de la partie double

La quasi-totalité des comptabilités des entreprises sont tenues suivant les principes de la partie double. Cette méthode part de la constatation que toute opération peut être analysée sous deux aspects et peut donc faire l'objet d'un double enregistrement de même montant.

Ainsi l'achat de 10 unités de A, à 20 francs l'unité, payé comptant, se décompose de la façon suivante :

Deux aspects

+ 200 francs de produits A en stock	Caisse – 200 francs
Premier enregistrement	Deuxième enregistrement

Le double enregistrement permet des contrôles importants. Ainsi l'ensemble des opérations du compte « caisse » devra correspondre à des opérations de montant équivalent dans d'autres comptes de l'entreprise.

La comptabilité générale

Deux façons de déterminer le bénéfice

Les deux documents de synthèse de la comptabilité générale sont le **bilan**, qui présente la situation de l'entreprise à une date donnée du point de vue de son patrimoine (ressources au passif, avoirs à l'actif), et le **compte de résultat** qui regroupe les charges et les produits de la période. Chacun de ces documents correspond à une logique de détermination du profit :

Logique du bilan

Bénéfice =

Avoirs nets (actif - dettes)

moins les ressources apportées par les propriétaires de l'entreprise au début de la période

Actif	capitaux propres dettes
	BENEFICE

Logique du compte de résultat

Bénéfice =

Produits de la période

moins charges de la période

Charges	produits
BENEFICE	

Le compte de résultat

Des recettes et dépenses aux charges et produits

« Pourquoi ne pas déterminer le résultat en comparant les recettes et les dépenses, c'est-à-dire par les mouvements de trésorerie ? Deux séries de raisons s'y opposent :

Tout d'abord, tous les paiements ne représentent pas une charge : l'achat de matériels ou de titres n'est pas une réduction de bénéfice puisque l'emploi d'argent est récupérable, donc provisoire. Seuls sont des charges, les emplois définitifs, irrécupérables.

De même tous les encaissements ne sont pas des produits de la période : le paiement des clients pour les ventes de l'an dernier, la revente d'immobilisations, le retrait d'argent de caisse pour le mettre en banque...

Le résultat ne peut donc pas se déterminer par comparaison entre recettes et dépenses; il faut utiliser d'autres notions, les produits (apparition de valeurs nouvelles) et les charges (consommation de valeurs). »[1]

Le compte de résultat

Charges d'exploitation	**Produits d'exploitation**
Achats de marchandises Variation des stocks (+ ou −) Autres charges externes Impôts, taxes et versements assimilés Salaires et traitements Charges sociales Dotations aux amortissements et aux provisions Autres charges	Ventes de marchandises, prestations de services Variation des stocks de production (+ ou −) Production immobilisée Subvention d'exploitation Reprises sur amortissements et provisions Autres produits
Charges financières	**Produits financiers**
Charges exceptionnelles	**Produits exceptionnels**
Participation des salariés aux fruits de l'expansion	
Impôts sur les bénéfices	
Solde créditeur : bénéfice	**Solde débiteur : perte**

Plusieurs soldes, plusieurs logiques

Plusieurs soldes peuvent être retenus dans l'analyse du compte de résultat, chacun d'eux présente un intérêt économique spécifique.

La valeur ajoutée

La valeur ajoutée correspond à la contribution de l'entreprise à la création de valeur si on accepte l'idée que les prix reflètent effectivement la valeur des biens. Au niveau macro-économique, l'ensemble des valeurs ajoutées par toutes les entreprises constitue l'essentiel du « Produit intérieur brut ».

→ La valeur ajoutée est partagée entre les salariés (salaires et charges sociales), l'Etat (impôts), les créanciers (intérêts des emprunts), les propriétaires de l'entreprise (bénéfice distribué et mis en réserve pour autofinancer l'entreprise).

1. R. Monsel, *Lire un bilan*, éd. sociales, 1980.

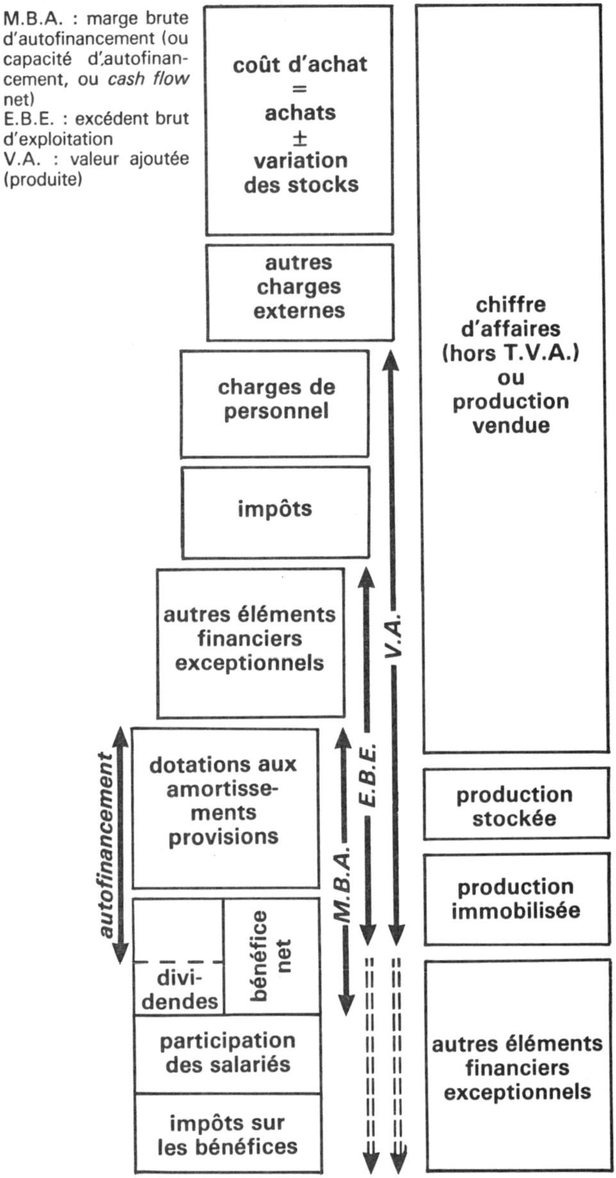

Cité dans *Cahiers Français,* n° 210.

L'excédent brut d'exploitation

L'excédent brut d'exploitation est le surplus restant disponible après prélèvement sur la valeur ajoutée des charges de personnel ainsi que des impôts et taxes (à l'exception de l'impôt sur les bénéfices).

Les résultats d'exploitation

Le résultat d'exploitation avant prélèvement des charges et produits financiers est égal à l'excédent brut d'exploitation moins la dotation aux amortissements et aux provisions. Il constitue une mesure des performances de la gestion économique de l'entreprise. Le **résultat d'exploitation** ou **résultat courant** correspond au solde précédent auquel on a ajouté les produits financiers et soustrait les charges financières. Il mesure le résultat global de l'activité économique de la période du point de vue de l'entreprise. **Le bénéfice net** est égal au solde précédent moins l'impôt sur les bénéfices plus ou moins les pertes ou profits exceptionnels et éventuellement la participation des salariés aux résultats de l'entreprise. Le bénéfice net revient aux propriétaires de l'entreprise qui décident de la part qui sera conservée dans l'entreprise pour accroître les moyens de financement et de la part qui sera distribuée.

La difficile interprétation du bilan

Les postes du bilan

ACTIF (ou emplois)		**PASSIF (ou ressources)**	
Actif immobilisé	Immobilisations incorporelles : (frais d'établissement, fonds commercial...) Immobilisations corporelles : (terrains, constructions, machines) Immobilisations financières : (participations, prêts...)	**Capitaux propres**	Capital Réserves Résultats nets de l'exercice (+ ou −) **Situation nette**
Actif circulant	Stocks et en cours Avances et acomptes versés sur commandes d'exploitation Créances : résultats de ventes ou d'origines diverses... Valeurs mobilières de placement Disponibilités	**Provisions pour risques et charges**	Provisions pour risques Provisions pour charges
		Dettes	Emprunts et dettes assimilées Avances et acomptes reçus sur commandes en cours Dettes : résultant d'achats et divers...
Comptes de régularisation	Charges constatées d'avance	**Comptes de régularisation**	Produits constatés d'avance

Un principe relativement simple

Le bilan décrit, à une date donnée, la situation du patrimoine d'une entreprise. **L'actif** comprend tout ce que possède l'entreprise à cette date et **le passif** indique l'origine des ressources qui ont permis l'acquisition des biens, qu'il s'agisse de capitaux propres qui proviennent des propriétaires de l'entreprise eux-mêmes ou des dettes à long terme et court terme. L'actif, dans un objectif de clarification économique, est regroupé en deux blocs essentiels, les **actifs immobilisés** (machines, terrains, dont la liquidité est généralement faible) et **l'actif circulant** dont le cycle de renouvellement est relativement rapide.

Les comptes de régularisation ont pour fonction de prendre en compte des dettes ou des créances qui concernent la période écoulée mais qui, pour une raison ou pour une autre, n'ont pas pu être comptabilisées dans les comptes du bilan.

Des évaluations économiquement imprécises

Plusieurs facteurs rendent difficile l'interprétation économique des résultats du bilan :

- Les dotations aux amortissements et aux provisions prises en compte ont souvent un caractère fiscal.

Plus le niveau des dotations aux amortissements est élevé, moins le bénéfice imposable est important (toutes choses égales par ailleurs). Supposons, par exemple, que les deux hypothèses d'amortissement suivantes sont possibles :

	H1	H2		
Charges courantes	10 000 F	10 000 F	Produits	15 000 F
Dotation aux amortissements	2 000 F	3 000 F		
Résultat	3 000 F	2 000 F		
	15 000 F	15 000 F		15 000 F

Au bilan le montant total des amortissements sera de 1 000 francs plus élevé dans l'hypothèse 2, la valeur nette des immobilisations sera donc de 1 000 francs plus faible. La valeur de l'actif ayant diminué par rapport à l'hypothèse 1, le bénéfice sera moins élevé.

Quand l'Etat veut stimuler les investissements, il peut autoriser les entreprises à amortir plus vite leurs équipements, au-delà même de la dépréciation du matériel. Ainsi, un matériel acquis 200000 F pourra être amorti au taux annuel de 25 % au lieu de 20 %. Au cours des quatre années qui suivront l'acquisition de nouveau matériel, le montant affecté aux amortissement sera de 50000 F au lieu de 40000 F, le bénéfice fiscal s'en trouvera réduit de 10000 F. Sans doute la cinquième année le bénéfice fiscal risque de s'accroître brutalement (s'il n'y a pas de nouveaux investissements) mais il n'en reste pas moins que l'entreprise bénéficie d'un avantage financier certain.

Sauf cas particulier (volonté de faire apparaître un bénéfice élevé pour séduire les actionnaires auxquels on veut faire appel pour une augmentation de capital...), les entreprises amortissent aussi vite que le leur permet la législation fiscale. Il en résulte que la valeur nette des immobilisations qui apparaît au bilan ne correspond pas nécessairement à la valeur réelle.

• D'autres facteurs contribuent à séparer l'estimation comptable au bilan et la valeur réelle des immobilisations. En particulier, celles-ci sont comptabilisées pour leur valeur d'achat sans tenir compte de l'accroissement de valeur nominale liée à l'inflation ou à la hausse particulièrement rapide de certains prix (sauf dans le cas particulier où les bilans ont été réévalués). Ainsi, un immeuble acquis au début du siècle et presque intégralement amorti peut apparaître au bilan pour une valeur quasi nulle alors que sa valeur marchande peut être très élevée (ce qui se traduirait par un bénéfice exceptionnel en cas de vente).

Au-delà des immobilisations, d'autres postes du bilan voient leur montant affecté par le système d'évaluation. Ainsi telle créance peut s'avérer tout à fait irrécupérable parce que le client est en fait insolvable. De même certains stocks peuvent être totalement invendables et constituent un actif purement fictif...[1]

Tout système d'évaluation normalisé pose des problèmes, c'est pourquoi la connaissance des modalités retenues est aussi importante dans l'appréciation de la situation d'une firme. Des informations complémentaires précises sur la nature des immobilisations par exemple peuvent permettre une appréciation plus réaliste. C'est pourquoi le plan comptable révisé prévoit la publication d'une annexe ayant en principe pour fonction d'apporter les clarifications nécessaires.

1. Des provisions peuvent être constituées pour compenser ces risques mais leur montant ne correspond pas nécessairement à la dépréciation réelle.

L'équilibre financier

Sur le plan financier, trois contraintes majeures s'imposent à l'entreprise : solvabilité, autonomie, rentabilité.

La solvabilité

L'entreprise doit à tout moment être en mesure de payer ses dettes venues à échéance (solvabilité). Dans le cas contraire elle risque d'être mise en faillite, même si son taux de profit est élevé.

Le bilan ne donne qu'une idée très ponctuelle du degré de solvabilité de l'entreprise. Si ses immobilisations (actifs immobiliers) sont financées par des dettes à court ou moyen terme, on peut *a priori* s'inquiéter sur la solvabilité de l'entreprise mais le bilan ne dit pas si les stocks ont une vitesse de rotation rapide, quelle est la durée moyenne des crédits accordés par les fournisseurs, ceux octroyés aux clients...[1]

Aussi la plupart des entreprises réalisent-elles des budgets prévisionnels qui confrontent les recettes attendues et les dépenses à payer au cours des mois ou des trimestres à venir (la prévision peut aussi porter sur une année ou plus). En cas de déséquilibre des solutions financières doivent être trouvées.

Production, résultat et financement

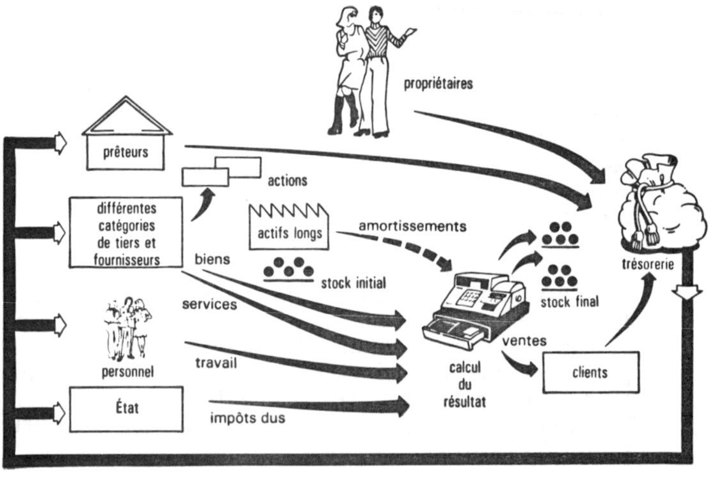

1. Ces informations sont partiellement fournies par le compte de résultat : $\frac{\text{Stock}}{\text{Chiffre d'affaires}}$; $\frac{\text{Chiffre d'affaires}}{\text{Crédits fournisseurs}}$; $\frac{\text{Chiffre d'affaires}}{\text{Crédits clients}}$

L'autonomie

D'autres indicateurs sont souvent retenus pour apprécier la solvabilité globale à long terme de l'entreprise et indirectement son degré de dépendance vis-à-vis des banques et des autres créanciers. Ainsi on estime généralement que le rapport :

$$\frac{\text{Dettes à long terme}}{\text{Capitaux propres}}$$

doit être inférieur à 50 % pour assurer l'autonomie de l'entreprise.

Néanmoins, plus **la capacité de financement** de la firme est élevée, plus sa dépendance par rapport à son endettement à long terme est faible, aussi considère-t-on souvent comme un bon indicateur de la marge d'autonomie le rapport :

$$\frac{\text{Dettes à moyen et long terme}}{\text{Marge brute annuelle d'autofinancement}}$$

qui indique le nombre d'années qu'il faudrait pour rembourser les dettes, si la totalité des disponibilités de l'entreprise était affectée à ce remboursement (un rapport normal est inférieur à 4).

La rentabilité

L'entreprise doit être rentable c'est sa raison d'être. *A priori* la mesure de la rentabilité est simple, c'est le rapport entre les résultats nets et l'ensemble des moyens mis en œuvre. Dès qu'il s'agit de quantifier, des divergences apparaissent. Pour l'actionnaire le résultat c'est d'abord le dividende qui lui est versé sous réserve d'une prise en compte de l'accroissement de la valeur boursière possible de son action; pour le financier c'est le bénéfice après impôt; pour l'Etat c'est le bénéfice avant l'impôt; du point de vue de la performance économique c'est la valeur ajoutée par l'entreprise. Quant aux facteurs à prendre en compte ce peut être les capitaux propres, les capitaux permanents, la valeur d'acquisition des actions en bourse, l'actif total. Chaque indicateur a sa logique et correspond à une conception de l'efficacité de la firme :

$$\frac{\text{Revenus bruts d'exploitation}}{\text{actif total}}$$ ➡ Logique économique, efficacité de l'ensemble de l'actif

$$\frac{\text{Dividende + accroissement de la valeur boursière de l'action}}{\text{Valeur boursière en début de période}} \Rightarrow \text{Logique du spéculateur en bourse}$$

$$\frac{\text{Bénéfice net}}{\text{Capitaux propres}} \Rightarrow \text{Rentabilité pour les propriétaires de l'entreprise}$$

$$\frac{\text{Bénéfice hors taxes}}{\text{Chiffre d'affaires}} \Rightarrow \text{Efficacité de la gestion}$$

L'analyse des coûts

Des charges aux coûts

Le compte de résultat décompose les charges de l'entreprise (salaires et charges sociales, achats de marchandises...); il ne dit rien sur le prix de revient d'un produit donné, sur la rentabilité par produit ou par département d'activité.

La volonté d'éliminer les gaspillages, les productions non rentables et plus généralement celle d'améliorer la gestion s'est traduite par un développement de la comptabilité analytique qui a pour fonction d'étudier les prix de revient.

Le coût, un concept flou ?

Tout serait simple si le prix de revient d'un produit ne comprenait que les coûts directs. Ainsi, si j'achète du papier d'emballage et m'en sers pour les machines A, je sais que le prix d'achat de ce papier doit être affecté au produit A. Il n'en sera pas de même pour les charges de structures, par exemple les frais d'administration, comme nous l'avons vu précédemment, la répartition entre les différents produits est relativement arbitraire.

Un exemple peut montrer que la structure de répartition peut peser ensuite sur les décisions économiques :

	Frais directs	Frais de structure	Coût total	Prix de vente possible
A	50 F	100 F	150 F	200 F
B	100 F	100 F	200 F	200 F
				Produit B non retable
A	50 F	150 F	200 F	200 F
B	100 F	50 F	150 F	200 F
				Produit B rentable

Avec la première grille de répartition le produit A est rentable, B ne l'est pas. Avec la deuxième grille c'est l'inverse. On remarquera néanmoins que même dans le cas 1, la décision de produire B peut être considérée comme positive car si la production de B ne dégage pas de bénéfice elle permet néanmoins de couvrir une partie des frais de structure. En effet la totalité des frais de structure étant affectée à A (ce qui serait normal si B n'est plus produit) celui-ci devient non rentable.

Le seuil de rentabilité

Le coût de production d'une marchandise comprend généralement des **frais fixes**, c'est-à-dire des frais dont le montant ne varie pas quelles que soient les quantités produites (du moins jusqu'à ce que l'on ait atteint un taux d'utilisation des capacités productives de 100 %) et des **frais variables** dont le niveau varie avec le volume de la production.

Il en résulte que dans le cadre d'une structure productive donnée, le coût unitaire moyen est décroissant.

Si on dispose d'une chaîne de production d'automobiles dont le coût fixe est supposé connu, plus le nombre de voitures fabriquées augmente, plus le coût moyen diminue.

Cet impact des frais fixes est plus ou moins important selon le type de production. Lorsque les frais fixes sont élevés, la rentabilité est liée au dépassement d'un certain niveau de vente qu'on qualifie de point mort. **Le point mort**, ou **seuil de rentabilité**, est le chiffre d'affaires qui permet de couvrir l'ensemble des frais de fonctionnement et au-delà duquel on commence à faire des bénéfices.

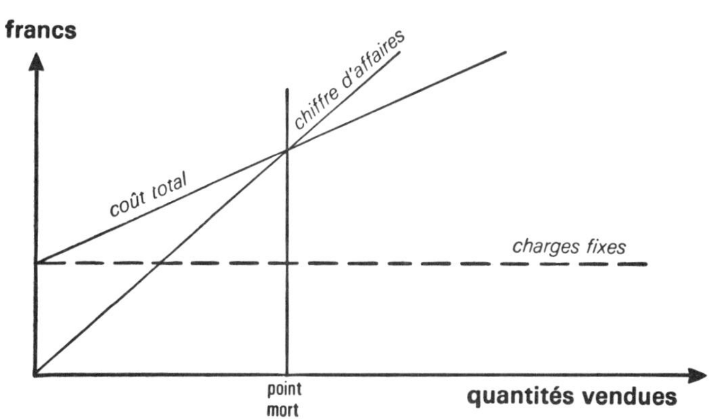

Le contrôle de gestion

Contrôler l'efficacité interne

Plus l'entreprise est grande, plus il devient difficile et nécessaire de contrôler l'utilisation efficace des ressources. Cette surveillance peut se traduire par la mise en place de moyens laissant une plus ou moins grande autonomie aux cadres de l'entreprise. Le **contrôle de gestion** est justement « le processus par lequel les managers s'assurent que les ressources sont obtenues et utilisées effectivement et efficacement pour atteindre les objectifs de l'organisation ».

Le contrôle de gestion peut porter sur l'ensemble de l'activité de l'entreprise : celle-ci a-t-elle été efficace, les résultats prévus pour la période ont-ils été atteints, dépassés ? Dans le cas contraire peut-on déterminer la cause des écarts ?... Les responsabilités dans l'entreprise ?... Cette connaissance des responsabilités est essentielle à la bonne marche de la grande entreprise si elle veut éviter le développement de mécanismes bureaucratiques limitant son efficacité. En effet, si on ne peut préciser qui doit être blâmé ou félicité de tels ou tels résultats, il y aura dilution de la responsabilité, l'efficacité ne pourra pas être récompensée, l'incompétence ne pourra pas être sanctionnée... et on voit mal dans un tel contexte pourquoi tel cadre ou tel employé prendrait le moindre risque et se préoccuperait d'être efficace.

Définir des « centres de responsabilité »

Le contrôle de gestion va induire une organisation comptable permettant de cerner les responsabilités. Les modalités du contrôle de gestion sont multiples.

La comptabilité analytique facilite sa mise en place puisqu'elle contribue à définir les résultats obtenus par les différents « centres de responsabilité ». Pour qu'il y ait **centre de responsabilité**, il faut que l'on puisse cerner ses charges et ses produits, que l'on puisse en quelque sorte définir le résultat financier de chaque centre.

L'analyse du résultat d'un centre de responsabilité peut être biaisée par des effets de structure :

1° Le résultat du centre est fonction des prix « de cession interne » auxquels il achète ses intrants aux autres services de l'entreprise, et les prix auxquels il vend fictivement sa production aux autres services.

2° Selon le poids des charges de structures qui lui sont affectées, son résultat pourra être positif ou négatif.

3° Un service donné subit des variations de coût sur lesquelles il n'a aucune action.

4° Les quantités produites sont le plus souvent définies par d'autres services, en particulier ce sont les services commerciaux qui obtiennent les contrats définissant le niveau de production.

De multiples techniques (budgets flexibles...) ont pour fonction de cerner l'efficacité de chaque centre de responsabilité et de le juger en fonction des charges et des produits **qu'il peut contrôler.**

D'autres logiques pour la comptabilité d'entreprise

La logique du surplus

- *Le surplus peut venir de l'entreprise elle-même*

Si une entreprise est dynamique, elle réalise des gains de productivité. Ceux-ci peuvent être partagés selon des modalités diverses : l'entreprise peut *garder* le surplus en ne modifiant pas ses prix. Dans ce cas se pose alors la question du partage entre détenteurs de capitaux et salariés. Si les salaires augmentent le surplus va aux travailleurs, si les profits gonflent les détenteurs de capitaux reçoivent une fraction du surplus. L'entreprise peut aussi faire bénéficier son environnement (fournisseurs et clients) de ce surplus. Si elle diminue ses prix relatifs elle va offrir aux consommateurs un surplus sous la forme d'une satisfaction plus grande par franc constant dépensé. Si elle accepte de mieux rémunérer ses fournisseurs elle va leur transmettre une part de ses gains de productivité.

- *Le surplus peut venir de l'environnement*

Les fournisseurs en diminuant leurs prix augmentent le surplus disponible pour l'entreprise ou les consommateurs. Les clients en acceptant de payer plus vont fournir à l'entreprise un supplément de recettes à se partager.

La logique de la valeur ajoutée

Plutôt que de considérer le profit comme critère de gestion, les théoriciens du Parti communiste français ont proposé de maximiser « le rapport de la valeur ajoutée nette au capital matériel et financier avancé » (Boccara). Ainsi salaires, fonds sociaux et profit sont associés dans l'évaluation des résultats d'une entreprise. Si elle distribue de bons salaires c'est à mettre à son actif...

☞ **Entreprise, publicité, concentration, concurrence, productivité.**

Concentration

Une tendance forte

Si on observe l'évolution de la taille des entreprises sur le long terme on constate une augmentation sensible de la place des grandes entreprises. Sans doute la mesure de la concentration pose-t-elle des problèmes importants (à quel groupe appartient telle ou telle entreprise ? A partir de quel pourcentage de participation considère-t-on qu'une entreprise fait partie d'un groupe...). Le mouvement de concentration est suffisamment massif sur le long terme pour être incontestable.

Il semble bien, par ailleurs, que le mouvement de concentration n'est pas régulier dans le temps, mais qu'il existe des périodes pendant lesquelles la concentration est particulièrement intense. Ainsi l'adhésion de la France à la C.E.E., le Ve plan ont été accompagnés d'un mouvement rapide de concentration.

Quels sont les facteurs qui conduisent les entreprises à se concentrer ? Pourquoi n'ont-ils pas la même incidence suivant les périodes ? Quelles sont les conséquences de la concentration ?

Quels facteurs ?

Si les entreprises se concentrent c'est sans aucun doute qu'elles y trouvent des avantages, avantages qui se traduisent en termes de coûts et de débouchés. On peut distinguer les gains techniques qui relèvent des économies d'échelle et des gains de pouvoir de négociation, liés à des phénomènes de domination.

Les économies d'échelle

Il y a économie d'échelle lorsque l'augmentation des quantités produites se traduit par une réduction du coût unitaire.

Dans de nombreux domaines le progrès technologique a été marqué par l'invention de machines permettant d'accroître la productivité. Le plus souvent ce matériel n'est rentable que si la production réalisée est importante. L'exemple le plus classique est sans doute celui de la chaîne continue automobile, mise en place par Ford pour produire des « Ford T », qui permettait de réduire le prix de vente unitaire dans des proportions impressionnantes, mais qui n'était rentable que si la voiture devenait un objet populaire.

Une production de masse pour une consommation de masse devait ainsi permettre une extension considérable et auto-entretenue de la production et de la consommation.

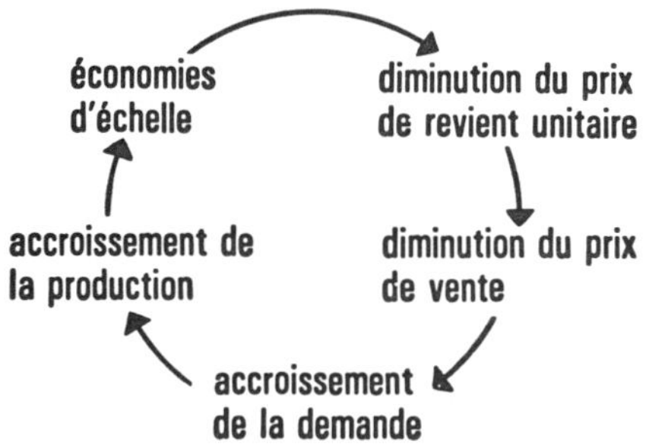

Bénéficier de ces économies d'échelle a été un des objectifs de la forte concentration qui a marqué le secteur automobile dans tous les pays industrialisés depuis le début du siècle.

Dans tous les secteurs ou dans tous les systèmes productifs où les coûts fixes sont importants, les possibilités d'économies d'échelle sont fortes.

La taille des marchés

C'est un fait que l'adhésion au Marché Commun a stimulé la concentration en France et pourtant cette décision ne modifie pas la dimension technique optimale. La concentration pendant cette période est d'abord influencée par l'accroissement des dimensions du marché.

Sans doute n'y a-t-il pas plus d'habitants, ni plus de pouvoir d'achat en Europe du seul fait de la constitution d'une union douanière, mais chaque entreprise voit son *marché potentiel* (ensemble des clients possibles) augmenter et peut craindre par ailleurs que sa clientèle traditionnelle s'oriente vers des entreprises qui jusque-là ne la concurrençaient pas.

Des techniques qui jusqu'à cette date n'étaient pas rentables (niveau de demande insuffisant) peuvent brusquement le devenir si les entreprises estiment pouvoir gagner une part nouvelle de clientèle. Pour mettre en place ces techniques, des capitaux sont nécessaires auxquels on ne peut avoir accès que par concentration; regrouper les firmes peut alors être le moyen de produire à moindre coût, de réduire les frais commerciaux.

Quelles limites ?

Les économies d'échelle ont pourtant leurs limites. Les gains sont plus ou moins importants selon les secteurs.

Si telle était la seule cause de la concentration, ce sont les conditions techniques qui définiraient le niveau optimum de concentration. Ainsi lorsqu'une innovation technique réduit la dimension optimale, la taille moyenne des firmes devrait diminuer. En pratique, si on constate bien des paliers dans la concentration, il est rare de voir la taille des entreprises diminuer. Pourtant certaines technologies vont dans le sens d'une réduction de la taille optimale : ainsi l'énergie électrique a permis à tout artisan de bénéficier de matériel à moteur, alors que précédemment seules les entreprises suffisamment grandes pouvaient disposer de machines à vapeur permettant de mécaniser.

L'accroissement du pouvoir de négociation et les effets de domination

Si la concentration semble illimitée, c'est qu'elle accroît le pouvoir de négociation de la firme et crée des effets de domination. Ceux-ci se manifestent dans de nombreux domaines.

Vis-à-vis des acheteurs

La concentration rend possibles ou facilite le développement des études de marché, la mise en place de politique de marques, de publicités... qui réduisent les erreurs commerciales, l'élasticité de la demande aux prix. Par ailleurs la concentration peut être l'occasion d'une certaine diversification des débouchés qui réduit les risques. La firme n'est plus liée à l'évolution d'un seul marché et peut compenser les aléas d'un secteur par des réussites dans d'autres secteurs.

Vis-à-vis des institutions de crédit

« On ne prête qu'aux riches », la dimension est le plus sûr moyen d'accéder à des crédits importants et en particulier au marché international de l'argent.

Vis-à-vis des fournisseurs

Au-delà des économies d'échelle sur le coût des transports, de la manutention... la dimension accroît le pouvoir de négociation vis-à-vis des fournisseurs. Peut-on refuser un rabais, qui ne met pas vraiment en cause les marges bénéficiaires, à un client important ?

Vis-à-vis de l'Etat

Si, une entreprise représente pour un pays ou pour une région un pourcentage significatif de l'emploi, des exportations, des investissements, est-il possible économiquement, socialement de lui refuser les soutiens financiers nécessaires au maintien et au développement de son activité ?

Vis-à-vis de la technologie

La dimension permet d'entreprendre des recherches, de mettre au point des technologies dont le coût serait prohibitif pour une petite entreprise. La grande entreprise a donc les moyens de mettre en place les bases de son expansion future.

Vis-à-vis du personnel

Les perspectives de carrière offertes par la grande entreprise sont *a priori* plus importantes que dans la petite. La F.M.N. offre à ses nouveaux salariés l'espoir (réalisable ou non) d'une ascension aux diverses échelles de la hiérarchie. Quoi de commun en matière de salaire, de prestige, de pouvoir entre un poste de directeur commercial dans une P.M.E. et dans une grande multinationale ? Aussi la grande entreprise attire les cadres les plus dynamiques, ce qui contribue ensuite à son efficacité.

→ La concentration ne résulte donc pas uniquement de considérations techniques (économies d'échelle et dimensions des marchés), elle obéit aussi à une logique de domination. Suivant les périodes, les secteurs, les différents facteurs se combinent de façon différente.

Quelles limites à la concentration ?

Si toute concentration accroît le pouvoir du groupe, pourquoi la concentration n'est-elle pas encore plus intense ? Les limites à la concentration semblent se situer dans les difficultés de coordination entre les firmes qui risquent de faire « échouer » les concentrations et dans la volonté d'une personne ou d'un groupe de ne pas perdre le contrôle d'une entreprise ou d'un ensemble d'entreprises.

Les concentrations ne sont pas toujours réussies. En effet rien ne garantit que deux sociétés efficaces constitueront une fois réunies une société rentable. Les problèmes d'adaptation et de coordination peuvent être extrêmement importants. Quelle direction choisir ? Comment répartir les nouveaux pouvoirs ? Tel cadre, efficace pour gérer une affaire moyenne, saura-t-il définir une stratégie plus adaptée à une grande firme ? Quels licenciements suppose la réalisation d'économies d'échelle ? Seront-ils acceptés ?...

De même la concentration entraîne souvent pour un des partenaires la perte du pouvoir ou la diminution du pouvoir de décision dans le nouvel ensemble. Est-ce toujours acceptable ? N'est-ce pas, même sur le strict plan économique, dangereux de réduire son pouvoir de décision ?

Enfin en dépit des économies d'échelle, la concentration peut aussi alourdir certains frais de gestion. Ainsi le coût des contrôles s'accroît avec la taille des firmes. Le dynamisme et la créativité peuvent être réduits par le développement de comportements bureaucratiques.

Concentration économique et crise

La crise actuelle comme la plupart des périodes de dépression économique importantes est marquée par une accélération du mouvement de concentration.

Devant la baisse des taux de profit, l'accentuation de la concurrence, les firmes cherchent à se restructurer, à éliminer les secteurs les moins susceptibles d'engendrer du profit, à améliorer leurs conditions de production... et à suivre l'évolution de la demande mondiale.

C.A. Michalet et M. Delapiere (C.E.R.EM.) ont mis en évidence ce mouvement d'accélération de la concentration des firmes depuis 1973. L'objectif premier semble être la centralisation des capitaux en vue de moderniser l'appareil productif et les réseaux de distribution. La tendance aux renforcements dans les secteurs forts semble se développer à l'encontre de la constitution de conglomérats. Les opérations de fusion ont à la fois une fonction d'accroissement des dimensions et de restructuration dans les secteurs porteurs. La concentration actuelle serait donc à la fois financière et technique.

Quelles conséquences ?

Le développement des oligopoles mondiaux

La concentration des entreprises s'est traduite par la constitution dans de nombreuses branches d'oligopoles mondiaux. Quelques firmes produisent l'essentiel de l'offre mondiale.

Ainsi dans l'automobile une quinzaine de firmes assurent plus de 80 % de la production mondiale.

Dans l'informatique, I.B.M. et les 6 majors représentent les 4/5 de l'offre mondiale d'ordinateurs universels.

Cette transformation de la structure des marchés modi-

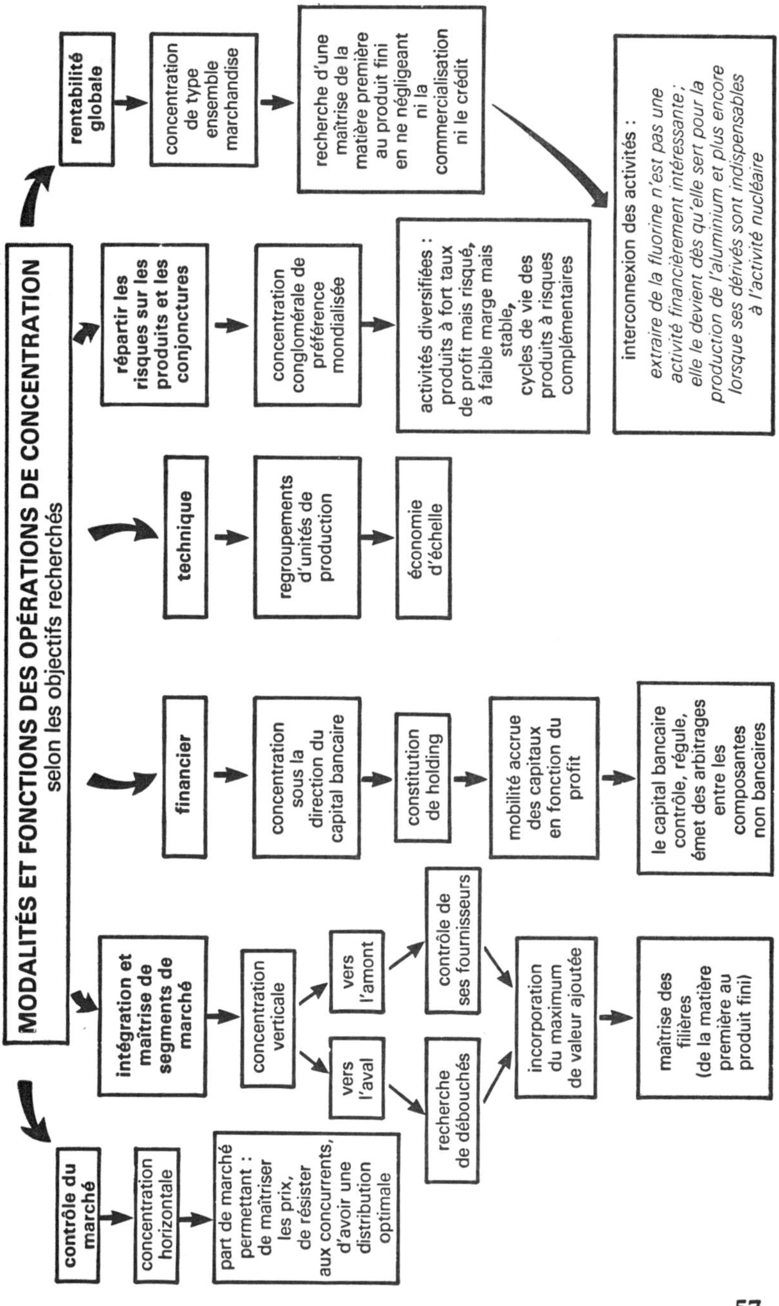
MODALITÉS ET FONCTIONS DES OPÉRATIONS DE CONCENTRATION
selon les objectifs recherchés
contrôle du marché
concentration horizontale
part de marché permettant : de maîtriser les prix, de résister aux concurrents, d'avoir une distribution optimale
intégration et maîtrise de segments de marché
concentration verticale
vers l'aval
vers l'amont
recherche de débouchés
contrôle de ses fournisseurs
incorporation du maximum de valeur ajoutée
maîtrise des filières (de la matière première au produit fini)
financier
concentration sous la direction du capital bancaire
constitution de holding
mobilité accrue des capitaux en fonction du profit
le capital bancaire contrôle, régule, émet des arbitrages entre les composantes non bancaires
technique
regroupements d'unités de production
économie d'échelle
répartir les risques sur les produits et les conjonctures
concentration conglomérale de préférence mondialisée
activités diversifiées : produits à fort taux de profit mais risqué, à faible marge mais stable, cycles de vie des produits à risques complémentaires
rentabilité globale
concentration de type ensemble marchandise
recherche d'une maîtrise de la matière première au produit fini en ne négligeant ni la commercialisation ni le crédit
interconnexion des activités :
extraire de la fluorine n'est pas une activité financièrement intéressante ; elle le devient dès qu'elle sert pour la production de l'aluminium et plus encore lorsque ses dérivés sont indispensables à l'activité nucléaire

fie les conditions de la compétition. L'analyse théorique de la formation des prix, des revenus, des pouvoirs doit tenir compte de cette mutation.

Ainsi, la flexibilité des prix de vente en cas de diminution de la demande s'est considérablement réduite. Non que toute compétition par les prix ait disparu, la baisse des prix des ordinateurs en est une illustration, mais elle n'obéit pas aux mêmes règles qu'en situation de concurrence pure. (Voir aussi F.M.N. p. 163).

Le développement de la sous-traitance

Parallèlement à l'accroissement de dimension des firmes, on voit se développer les situations de sous-traitance. La sous-traitance peut être définie comme la situation d'une entreprise juridiquement indépendante mais économiquement dépendante de son client unique ou d'un de ses clients privilégiés. Cette situation de domination résulte le plus souvent de ce qu'un client assure l'essentiel des ventes de la firme.

Le sous-traitant permet suivant les cas à la firme dominante d'alléger sa gestion, de réduire ses stocks, de répondre plus vite à la demande, de réduire les investissements nécessaires... Le sous-traitant joue souvent un rôle d'amortisseur des fluctuations. La grande firme réduit ses commandes en cas de difficultés, évitant ainsi les problèmes sociaux liés aux licenciements.

De plus en plus souvent, la compétitivité d'un produit est liée à l'efficacité non seulement de l'entreprise dominante mais aussi de l'ensemble du réseau de sous-traitance avec lequel elle travaille.

Concentration et licenciement

Les opérations de concentration sont souvent accompagnées d'un véritable cortège de réorganisations, restructurations et rationalisations qui aboutissent souvent à des réductions de personnel : licenciements, mises en préretraite...

Les travailleurs sont emportés dans un processus de licenciement ou de mobilité géographique engendrant un accroissement notable de la charge de travail pour ceux qui restent...

Le bilan social et humain peut être lourd...

☞ **Firmes multinationales, concurrence, entreprise.**

Concurrence

L'analyse néo-classique se situe traditionnellement dans le cadre du modèle de concurrence pure et parfaite. Il importe donc de voir quelles conséquences résultent de cette situation, quels sont les écarts entre le schéma théorique et la réalité, quelle signification il convient de leur donner, en particulier condamnent-ils l'analyse néo-classique ? Si la concurrence pure et parfaite ne correspond pas aux situations réelles, n'existe-t-il pas pourtant une certaine compétition entre les entreprises ? Y a-t-il des degrés dans la concurrence, des formes et des modalités multiples de compétition ?

Surtout la concurrence est-elle fondamentalement souhaitable ? Et si oui quel type de concurrence ?

Le modèle de concurrence pure et parfaite en question

Les vertus du modèle

R. Barre[1] résume l'argumentation traditionnelle en faveur de la concurrence pure et parfaite :[2]

« En conditions de concurrence complète, l'économie fonctionne avec l'efficience la plus grande possible. En effet, aucun producteur ne peut obtenir de recettes en agissant sur les prix, mais seulement par une réduction de son coût de production. Là où il y a profits anormaux, la liberté d'entrée permet d'accroître la production et d'abaisser les prix. Toute modification des désirs des consommateurs se communique par l'intermédiaire des modifications du prix des biens aux producteurs. Ces modifications se répercutent elles-mêmes sur le prix des facteurs de production, qui sont attirés dans certains emplois ou écartés d'autres emplois. L'économie n'est pas menacée par le sous-emploi de facteurs de production : ceux-ci sont en effet mobiles et se déplacent de zones de production délaissées par les consommateurs vers les zones où se porte la demande ; la concurrence de ceux qui sont en quête de facteurs de production entraîne la fixation du niveau du taux de l'intérêt, qui rémunère ceux qui désirent épargner : un taux élevé de l'intérêt suscite l'épar-

1. *Economie Politique*, P.U.F.
2. Atomicité du marché, entrée libre sur le marché, homogénéité des produits, transparence des marchés, mobilité des facteurs, voir aussi *dictionnaire économique et social*, pp. 236-237.

gne aux dépens de la consommation courante ; des ressources sont ainsi libérées pour l'investissement.

En conditions de concurrence complète, le problème du pouvoir économique est d'autre part résolu de façon satisfaisante. Aucune unité économique ne dispose d'une influence suffisante pour agir sur le marché et le prix. Il n'y a donc ni emploi du pouvoir, ni mauvais usage du pouvoir économique privé qui est exclu. Il en résulte qu'un pouvoir public destiné à réglementer ou limiter le pouvoir économique privé est inutile. »

Un modèle discuté

Le caractère optimal des décisions en situation de concurrence pure et parfaite a été contesté. Plusieurs types d'arguments ont été invoqués :

- L'entreprise compare ses coûts et ses espérances de profits mais elle n'inclut pas les coûts supportés par la société qui résultent de l'activité de la firme. Ainsi si l'entreprise déverse des déchets toxiques dans une rivière la « désutilité » sociale (ou nuisance) induite n'est pas prise en compte (externalité).

De même, le coût social d'un licenciement ou de l'aggravation des conditions de travail ne concerne pas l'entreprise tant qu'il n'induit pas de charges financières.

- Le marché répond au besoin solvable. La construction de résidences de luxe se développera si le pouvoir d'achat des candidats propriétaires est suffisant alors que les besoins de logement de personnes âgées dépourvues de moyens financiers n'intéresseront pas l'entreprise. La société peut estimer que certains besoins non solvables sont néanmoins prioritaires.

- La concurrence pure et parfaite aurait fait disparaître la plus grande partie de l'agriculture française : l'élasticité de la demande par rapport au prix est faible dans ce secteur. L'augmentation de la production induit une chute des prix insupportable, l'incitation à se moderniser se réduit, un exode massif se développe. Si on estime que l'autosuffisance alimentaire est une priorité stratégique dans le monde actuel, que des raisons politiques imposent le maintien d'une certaine population agricole, on ne peut accepter une telle évolution.

- De même certaines activités ont peu de chance de se développer en situation de concurrence pure et parfaite : certains secteurs demandant des investissements très lourds, dont la rentabilité est conditionnée par la maîtrise d'une part importante du marché, risquent de ne pas pouvoir se développer.

La concurrence pure et parfaite existe-t-elle ?

Il est facile de montrer que les hypothèses de la concurrence pure et parfaite ne correspondent pas à la situation dominante dans les économies réelles :

Le nombre d'acheteurs ou de vendeurs est souvent réduit

La première caractéristique du modèle est l'existence d'un nombre d'acheteurs et de vendeurs suffisamment important pour qu'aucun ne puisse individuellement exercer une action sur les prix. Cette condition est loin d'être remplie dans les faits. Les exemples ne manquent pas de secteurs très concentrés dans lesquels quelques entreprises contrôlent l'essentiel de la production mondiale (aéronautique, automobile, grande informatique...). D'autres secteurs sont moins concentrés mais marqués par la présence d'une firme leader.

La différenciation des produits et le coût de l'information

Le modèle de concurrence suppose une information complète et des produits homogènes, ces deux conditions sont rarement remplies.

La réalité quotidienne montre que la quasi-totalité des entreprises cherchent à différencier leurs produits de ceux de leurs concurrents : politique de marque, publicité... l'objectif fondamental est de réduire l'élasticité de la demande par rapport aux prix et d'accroître la demande pour un niveau de prix donné.

Cette différenciation se réalise d'autant plus facilement que l'information est imparfaite. Telle machine à laver le linge de la marque X est-elle plus performante, plus solide que celle de la marque Y dont le prix de vente est de 20 % supérieur ? Dans la plupart des cas, le consommateur est incapable de répondre et cette insuffisance d'information le rend particulièrement sensible à la publicité.

S'il était vraiment certain que techniquement les différents produits sont équivalents, son choix se ferait plus spontanément en faveur du produit le moins cher, mais il est possible que la différence des prix corresponde à une différence de qualité et dans le doute, il peut préférer payer plus cher pour être sûr d'avoir la meilleure qualité possible.

Le coût élevé de l'information à la fois en temps, en efforts et en argent est un élément important du caractère imparfait de la concurrence...

« L'acheteur moyen ne mémorise, en effet, qu'un nombre limité de prix et l'on sait qu'une fraction très importante des achats de biens de consommation non durables sont décidés par le client dans le magasin. »[1]

Rigidités à l'entrée dans un secteur

De nombreuses rigidités limitent de fait la fluidité des capitaux entre les secteurs. Ainsi le niveau élevé d'investissement dans le secteur automobile limite la venue des concurrents. Inversement, il est souvent difficile de se dégager d'un secteur en difficulté. Ainsi, dans l'agriculture, nombre d'entreprises déficitaires (mais non en état de cessation de paiement parce qu'elles prélèvent sur leur capital) continuent leur activité, parce qu'un paysan de 50 ans ou plus se reconvertit difficilement à une autre activité.

Des situations différentes

Les écarts entre le modèle et la réalité varient fortement selon les secteurs. Un industriel qui achète des matières premières sera peu sensible aux efforts de différenciation de ses fournisseurs et disposera de services lui permettant de tester les qualités des produits. La formation des prix en bourse (malgré l'intervention des investisseurs institutionnels) ou sur le marché des fruits et légumes paraissent plus près du modèle théorique que la formation des prix du pétrole ou celui des avions.

Les conséquences de l'imperfection du marché

Le coût de la différenciation

La différenciation se traduit par l'accroissement des coûts de distribution dont la publicité ne constitue qu'un élément (achat de réseaux commerciaux, marketing...).

Ceci est-il à l'origine de gaspillages importants pour la collectivité, comme l'explique J. Cartell et P.Y. Cossé ?

« On aboutit à une situation où le coût de la mise à la disposition du consommateur des produits est supérieur au coût de production proprement dit. Les progrès considérables de productivité obtenus grâce aux "cadences infernales" et à l'effort d'accumulation du capital productif sont gaspillés au stade suivant. Le haut niveau de productivité

1. J. Cartell, J.Y. Cossé, *La concurrence capitaliste*, éd. du Seuil.

atteint par l'industrie des pays capitalistes profite aux consommateurs dans les limites du gaspillage qui intervient au stade de la commercialisation. »[1]

Les adversaires de cette analyse estiment que la différenciation est nécessaire pour obtenir une part de marché suffisante à la mise en place des productions en grandes séries, seules susceptibles de réduire les prix de revient.

Le jeu des pouvoirs

Si, en situation de concurrence, l'entreprise subit le marché en ce qui concerne la détermination des prix, il n'en va pas de même dès que l'on s'éloigne de cette situation. Le marché réel est marqué par des rapports de force et des effets de domination dont l'analyse économique doit tenir compte.

Quel intérêt présente alors le modèle de concurrence pure et parfaite ?

Les biais introduits sont trop importants pour que le modèle soit véritablement explicatif du fonctionnement effectif de nos sociétés. Pour ses défenseurs le décalage ne condamne pas le modèle d'analyse qui est d'abord *normatif*. Si le modèle de concurrence procure l'optimum social, l'existence d'écarts entre la réalité et le modèle incite seulement à mettre en place des politiques permettant de se rapprocher du modèle (lois anti-trust, réduction de l'intervention de l'Etat et des syndicats...).

La concurrence réelle

La compétition économique existe dans nos sociétés

Quand I.B.M., le leader de la grande informatique, doit baisser ses prix de 20 %, on ne peut que constater l'existence d'une certaine compétition entre les firmes sanctionnée par le niveau de profit. Cette compétition n'a pas les caractères de la concurrence pure et parfaite, aussi a-t-on utilisé l'expression de « concurrence imparfaite » à son propos.

Les modalités de la *concurrence imparfaite* sont spécifiques. Ainsi, la compétition peut, pendant une période longue, ne pas porter sur les prix mais sur la capacité à différencier le produit par la publicité... Selon le secteur, les conditions techniques, le caractère plus ou moins offensif

1. *La concurrence capitaliste*, éd. du Seuil, 1973.

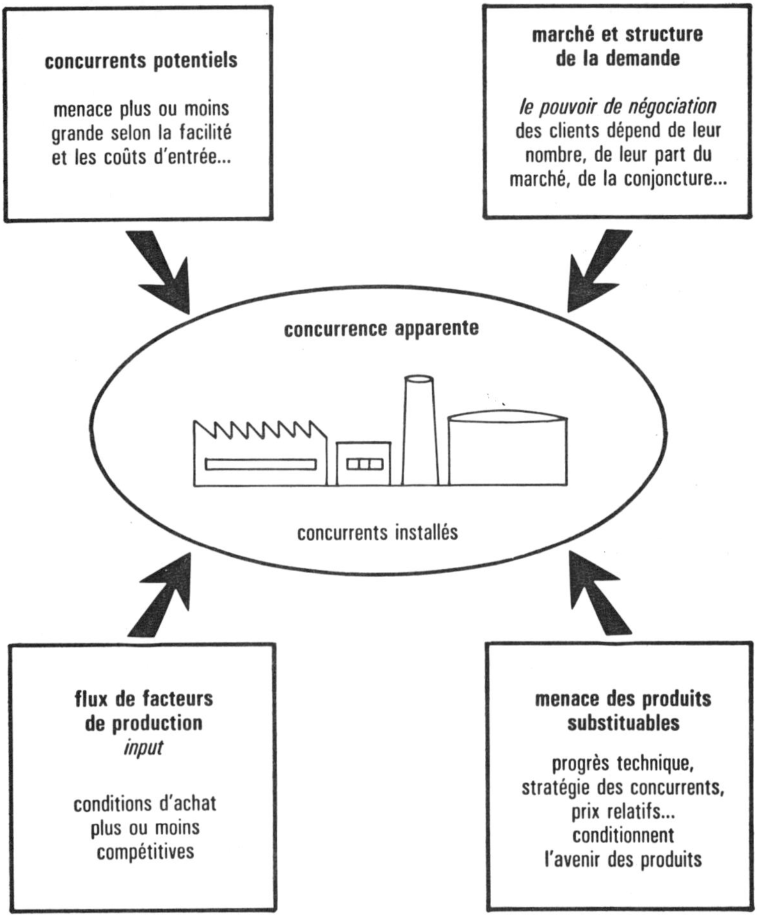

des stratégies des firmes, les modalités de la compétition peuvent être extrêmement variables. Dans certains secteurs elle pourra même être inexistante.

Dans « *la concurrence concrète* »[1] il faut considérer tout un environnement concurrentiel qui définit l'univers compétitif de l'entreprise :

1. Au premier degré, la concurrence est constituée de toutes les entreprises déjà installées qui produisent des produits sensiblement du même type.

1. A. Bienaymé, *Entreprise, marché, Etat,* P.U.F., 1982.

2. Les **concurrents potentiels** qui peuvent faire leur entrée dans le domaine sont importants et constituent une menace à prendre en compte lorsque l'on fixe ses prix...

3. Au niveau des **produits** il faut anticiper les possibilités de substitution (ainsi le plastique a remplacé l'acier et réduit les débouchés des sidérurgistes).

4. La situation concurrentielle dépend des **fournisseurs** dont le pouvoir de négociation peut être plus ou moins élevé en fonction de la conjoncture et de leur nombre...

5. Les **clients** ont aussi un pouvoir de négociation variable selon leur nombre, leurs possibilités d'ententes et la conjoncture.

Une entreprise est compétitive en matière de prix lorsque le niveau de ses prix de vente est durablement égal ou inférieur à celui de ses concurrents. Elle peut alors affronter le marché sans risque de se voir préférer une autre firme pour des raisons de prix. Son taux de marge (part des bénéfices dans le chiffre d'affaires) doit lui permettre un autofinancement suffisant.

La véritable compétitivité implique que le niveau de profit dégagé soit « normal » donc que la structure et le niveau des coûts ne soient pas défavorables.

Dans un sens plus large, la compétitivité est la capacité à affronter la concurrence du marché (niveau technologique, force de vente...). Ainsi, on parlera de qualité compétitive pour signifier qu'en matière de qualité, les produits de l'entreprise sont au moins aussi bons que ceux de la concurrence.

Compétition

La compétition est souhaitable dans la mesure où elle stimule l'efficacité (amélioration de la productivité, baisse des prix de revient, amélioration du service rendu...). Les gaspillages liés aux phénomènes bureaucratiques que l'on trouve dans les structures administratives, mais aussi dans de grandes entreprises privées, montrent *a contrario* la nécessité d'une certaine compétition. Inversement, certaines formes de concurrence peuvent être pernicieuses pour le consommateur, insupportables pour le maintien d'une structure productive nationale efficace, source de gaspillage... Le problème est donc de définir le degré et les formes d'une concurrence efficace dans un cadre qui n'est pas celui de la concurrence pure et parfaite (Concurrence organisée).

☞ **Concentration, entreprise, firmes multinationales.**

Consommation

La consommation inégale

Il y a à peine deux siècles, le peuple réclamait du pain... et après la Seconde Guerre mondiale les Français accèdent massivement à une consommation alimentaire variée. C'est au cours des 40 dernières années que la part des autres types de consommation (biens durables, loisirs...) a pris une place importante dans les budgets.

L'examen de la consommation des Français d'un point de vue historique conduit à mettre en lumière 4 phases :

« 1. Les consommations à prépondérance de méteil[1];

2. Les consommations à prépondérance de pain de froment;

3. Les consommations à prépondérance de dépenses alimentaires variées;

4. Les consommations à prépondérance non alimentaire.

Historiquement les trois premiers types de consommation ont correspondu aux nourritures nationales moyennes de la France de 1700, de la France de 1830, de la France de 1950. Enfin les consommations du quatrième type sont devenues, à l'heure actuelle, habituelles en France. »[2]

Lorsque la consommation augmente, sa structure se modifie : « Vauban, en 1707, dans sa *Dîme Royale,* décrit avec précision ce qui lui paraît le « minimum vital » pour une famille ouvrière de son temps; il s'agit évidemment d'une population très pauvre et donc réellement d'un minimum vital, au sens strict de ces deux mots, c'est-à-dire d'un seuil au-dessous duquel la subsistance (la survie) n'est plus possible. Dans ce minimum vital de Vauban, le seigle représente 33 % du budget total, et le total seigle plus blé 67 %. Aujourd'hui, le total des dépenses de céréales dans le budget, appelé cependant encore « minimum vital », est de 3 %. »[2]

Cette mutation profonde n'exclut pas le maintien de poches de pauvreté d'autant plus mal ressenties que le niveau moyen de consommation s'élève, que les solidarités familiales et villageoises diminuent avec l'urbanisation et l'industrialisation. La pénurie n'a pas disparu non plus du Tiers Monde où l'essentiel du revenu de centaines de mil-

1. Mélange de blé et d'autres céréales en proportions variables.
2. Jean Fourastié, *Les Trente Glorieuses*, Fayard, 1979.

lions de personnes doit encore être orienté vers l'obtention des moyens de subsistance les plus élémentaires.

Au niveau mondial les inégalités de consommation sont dramatiques. « L'entretien d'un chien berger allemand coûte en moyenne 2 300 francs par an, soit 10 fois le revenu annuel des paysans du Bengla Desh. »[1]

Si un ménage des pays riches dépense 80 % en moyenne pour ses dépenses non alimentaires (logement, loisirs, voiture...) dans le Tiers Monde, les proportions sont inversées, la nourriture engloutit les huit dixièmes du revenu (et souvent plus pour les pauvres parmi les pauvres...).

Cette consommation inégale nous interpelle.

Pourquoi existe-t-il de telles différences dans les niveaux de consommation ?

Une première direction d'analyse renvoie aux différences de production et de productivité. Il y a consommation inégale parce que les niveaux de production et de productivité sont différents. Comme on ne peut répartir que ce qui a été produit, lorsque la production est trop faible, la consommation moyenne l'est également.

Sans exclure nécessairement cette première interprétation, une autre analyse voit l'origine principale des inégalités existant à un instant donné dans les mécanismes de répartition qui permettent à une minorité d'obtenir une part importante de la production.

La démarche des économistes et des sociologues est évidemment différente. Ils ne cherchent pas à répondre aux mêmes questions. Alors que les premiers étudient comment les comportements en matière de consommation peuvent influencer le niveau de la production globale et de l'emploi, les seconds s'intéressent aux comportements des différents groupes sociaux en eux-mêmes.

Ainsi, les sociologues affinent l'analyse en insistant sur l'importance de données culturelles qui font qu'à revenu égal, la nature précise des consommations peut être très différente selon les groupes sociaux.

Consommation et production

Une liaison nécessaire au niveau macro-économique

Du point de vue macro-économique, le niveau de production global définit le seuil maximum de consommation

1. Carfantan et Condamines, *Qui a peur du tiers monde ?*, éd. du Seuil.

possible. Sans doute en économie ouverte le jeu des importations et des exportations peut modifier la nature des biens disponibles. Des termes de l'échange favorables, des revenus nets provenant de l'étranger peuvent assurer une marge d'importation appréciable à certains pays ; il n'en reste pas moins qu'au niveau le plus global, la production est la condition nécessaire de la consommation.

L'importance de la répartition

Cette égalité macro-économique est admise par tous les courants d'analyse. C'est au niveau micro-économique que les différences apparaissent. En effet, pour un individu donné, il n'est pas toujours nécessaire de produire pour consommer. L'enfant, le vieillard, le malade consomment mais ne produisent pas. Ces exemples renvoient à des comportements de solidarité. Les phénomènes de répartition modifient, au niveau individuel, la liaison stricte entre production et consommation, la production ne revient pas toujours à celui qui l'a réalisée. Aussi les marxistes voient dans les modalités de la répartition des pays capitalistes l'origine des inégalités majeures de consommation. L'ouvrier ne reçoit qu'une partie de la valeur qu'il a créée et sa consommation s'en trouve réduite.

Les libéraux au contraire justifient les inégalités de répartition par des différences d'efficacité et de productivité.

Consommation et croissance

Dans quelle mesure le volume de la consommation et sa structure influencent-ils le rythme de croissance économique ? Sur ce thème aussi les analyses s'opposent.

Les keynésiens voient dans l'accroissement de consommation l'instrument d'une stimulation à court terme de la demande, qui encourage la production lorsque l'appareil productif est suffisamment élastique.

Les néo-classiques estiment qu'une relance par la consommation est facteur d'inflation et de déséquilibre extérieur (voir p. 79, crise économique).

Les marxistes, quant à eux, insistent sur le rôle de la sous-consommation dans les mécanismes de crise. Les théoriciens de la régulation ont montré l'importance de la composition des dépenses de consommation des ménages. En particulier l'accroissement de la part des biens durables a été un facteur de réussite de la stratégie fordiste, en fournissant l'accroissement de la demande nécessaire à la production de masse. Ainsi, le Royaume-Uni qui n'a pas été marqué aussi fortement que ses concurrents par cette mutation de la structure de la consommation en a subi le contrecoup au niveau de la croissance de sa production.

L'existence d'un niveau de consommation suffisamment élevé incite à développer des techniques de production de masse. L'importance de cette liaison conduit les entreprises à mettre en place des techniques ayant pour fonction d'infléchir l'orientation de la consommation (technique de marketing, publicité...).

Consommation et revenu

Les liaisons entre consommation et revenu peuvent être abordées à deux niveaux. D'une part on peut se demander dans quelle mesure le niveau de revenu détermine le niveau global de consommation pour un individu, d'autre part le problème se pose de savoir si la nature de la consommation pour un niveau de revenu donné est marquée par des données culturelles et psychologiques.

La loi de Engel

Une des lois économiques les plus anciennes et aussi la mieux vérifiée est celle trouvée par le statisticien Engel : « Le coefficient budgétaire mesurant la part de l'alimentation dans le budget décroît lorsque les revenus augmentent. »

Ce comportement de consommation se retrouve dans tous les pays, à toutes les époques, quelles que soient les catégories socio-professionnelles concernées. Cette tendance globale n'exclut pas, comme l'ont montré les sociologues, des différences importantes de structures de consommation entre des groupes ayant des revenus équivalents. Ainsi les traditions socio-culturelles font qu'à revenu proche les Français ont en moyenne un coefficient budgétaire de consommation alimentaire supérieur à celui des Anglais ou des Américains. De même, en moyenne, à revenu équivalent, les ouvriers consacrent une part plus importante de leur revenu à l'alimentation que les cadres ou les employés.

L'analyse néo-classique

Le comportement du consommateur tient une place importante dans l'analyse néo-classique.

La question essentielle posée par les néo-classiques est la suivante : comment pour un niveau de revenu donné, le consommateur choisit-il entre les différents biens offerts sur le marché ?

Leur première hypothèse est que le comportement du consommateur est pour l'essentiel rationnel et ne relève pas de réactions impulsives. Cette rationalité l'incite à rechercher l'utilité globale la plus forte possible. Ceci suppose que le consommateur est capable de classer les différents biens en fonction de leur utilité. Je préfère le produit A au produit B, le produit B au produit C... (et donc A à C car la relation est considérée comme transitive).

La consommation d'un kilo de poires donne une intensité de satisfaction de 10 contre 20 pour les fraises... Le rapport d'utilité devient mesurable, l'utilité d'une unité supplémentaire d'un produit donné (ou son utilité marginale) varie au fur et à mesure que s'accroissent les quantités possédées. Le plus souvent elle diminue lorsque la consommation augmente.

Si l'on raisonne maintenant en terme d'affectation de revenu, chaque franc devra être affecté à la consommation en maximisant l'utilité totale obtenue. Le consommateur rationnel devra alors prendre en compte à la fois l'utilité marginale des biens qui lui sont offerts et leur prix.

Un exemple

Supposons que deux biens A et B soient disponibles sur le marché.

	Prix unitaire	Utilité de la 1re unité de produit	Utilité par franc dépensé (de la 1re unité)	Utilité de la 2e unité de produit	Utilité par franc dépensé (de la 2e unité)
Produit A	10 F	100	10	60	6
Produit B	20 F	100	5	–	–
Produit C	3 F	24	8	–	–

Le premier franc de revenu sera affecté à l'achat du bien A dont l'utilité par franc dépensé est la plus élevée. Il en sera de même des 10 premiers francs de revenu, ensuite le consommateur rationnel devra comparer l'utilité d'un franc dépensé pour obtenir une unité supplémentaire de l'unité A à celle d'un franc utilisé pour acheter B ou C. Dans le cas considéré, il préférera acheter une unité de C.

Plus généralement le consommateur rationnel règle ses achats de telle façon qu'**il égalise les rapports entre l'utilité marginale de chacun des produits et leur prix**.

$$\frac{\text{Utilité marginale du produit 1}}{\text{prix du produit 1}} = \frac{\text{Utilité marginale du produit 2}}{\text{prix du produit 2}} = \frac{\text{Utilité marginale produit n}}{\text{prix du produit n}}$$

De plus le consommateur ne peut dépenser plus que son revenu (complété éventuellement par un recours au crédit ou un prélèvement sur son capital), aussi doit-il respecter la contrainte suivante :

Revenu disponible $\leqslant P_1 Q_1 + P_2 Q_2 + ... + P_n Q_n$
avec P_n = prix du bien n
Q_n = quantité du bien n

Cette analyse repose sur un certain nombre d'hypothèses qui ont été souvent contestées.

Nombre de décisions d'achat sont impulsives. L'information sur l'utilité des produits est supposée parfaite, ce qui ne correspond pas à la situation réelle.

Enfin, cette analyse suppose des possibilités de choix très larges alors que l'essentiel de la consommation est largement contrainte et ne renvoie qu'à des choix limités.

L'analyse keynésienne

La consommation est essentiellement fonction du revenu global

Alors que pour les néo-classiques, le partage du revenu entre consommation et épargne est lié principalement au niveau des taux d'intérêt, pour Keynes le niveau de consommation est essentiellement fonction du revenu.

Le raisonnement keynésien est le suivant : lorsque le revenu augmente, les possibilités d'épargne s'accroissent. La « propension à consommer » définie comme la fraction consommée du revenu $\frac{c}{r}$ va diminuer par suite d'une relative saturation, la part de l'épargne dans le revenu va donc augmenter.

« La consommation (c) est évidemment fonction (en un certain sens) du revenu réel beaucoup plus que du revenu nominal, du revenu disponible plus que du revenu brut. »[1]

La stabilité de la propension à consommer à revenu donné

Keynes recense huit motifs subjectifs qui déterminent la propension à consommer : « précaution, prévoyance, cal-

1. Keynes, *Théorie générale.* Par cette réserve Keynes intègre certains comportements tels que la réduction possible du taux d'épargne face à un choc pétrolier.

cul, ambition, indépendance, initiative, orgueil, avarice ». Pour lui, l'économiste doit considérer que ces facteurs sont donnés, ils ne relèvent pas de la théorie économique au sens strict, et ils peuvent être considérés comme stables dans une nation donnée sur le court terme. Toutefois il envisage qu'elle puisse peut-être varier à court terme « si on a affaire à des variations d'une ampleur inaccoutumée ».

Pour Keynes, l'évolution future des revenus ne joue pas sur la propension à consommer immédiate : l'horizon est trop lointain et les prévisions sont trop aléatoires.

Cette hypothèse de stabilité de la propension à consommer à revenu donné a été vivement critiquée à la lumière des travaux sociologiques postérieurs à la Deuxième Guerre mondiale.

La théorie du revenu permanent

C'est ainsi qu'au niveau des économistes Friedman s'oppose à Keynes; il estime que l'individu prend en compte l'ensemble de ses revenus présents et futurs *(théories du revenu permanent)*. Le sujet a une mémoire et anticipe ses gains, il prend ses décisions d'épargne en tenant compte de deux éléments : son revenu actuel et ses revenus futurs. Sa propension à consommer n'est donc pas strictement proportionnelle à son niveau de revenu présent.

L'effet de cliquet

De même certains économistes pensent qu'il existe en matière de consommation un « effet de cliquet ». Lorsque son revenu baisse, le particulier tend à maintenir son niveau de consommation antérieur en accroissant sa propension à consommer et en réduisant son épargne... si cela ne suffit pas il peut même prélever sur son capital... lorsque celui-ci est suffisant.

Trop souvent dans le débat sur l'analyse keynésienne en matière de propension à consommer, on oublie d'une part que l'analyse de Keynes concerne la courte période et d'autre part que cette hypothèse ne constitue pas un élément majeur du raisonnement keynésien. L'éventuelle instabilité à court terme de la propension à consommer ne mettrait pas en cause l'analyse keynésienne en matière d'équilibre de sous-emploi, de rôle de la demande, ni le mécanisme de l'effet multiplicateur de l'accroissement des investissements ou des revenus même si le coefficient multiplicateur devenait plus faible.

Des courants sociologiques

Les courants sociologiques s'opposent fortement sur les mécanismes de différenciation. Trois tendances illustrent bien ces oppositions d'analyses : la théorie de l'imitation de Duesenberry, l'analyse du capital culturel de Bourdieu, l'analyse de Baudelot et Establet.

L'effet d'imitation

La théorie de Duesenberry sur le groupe d'appartenance repose sur une analyse sociologique : le modèle des A et des non A. L'idée est la suivante : les A sont constitués du groupe leader de référence (cadres, professions libérales), ceux-ci tracent la voie et créent les nouveaux modèles de consommation. Les non A (tous les autres groupes) essaient d'imiter les A et copient leurs dépenses dès qu'ils le peuvent. Aussitôt rejoints, les A adoptent de nouveaux signes distinctifs, tracent de nouveaux comportements. Plus généralement, chaque catégorie socio-professionnelle donnerait à celle qui la suit (par les revenus, le statut) un modèle de consommation à reproduire... « Tout citoyen d'une classe donnée tend à acquérir le comportement de la classe immédiatement au-dessus. »[1]

Le club des « privilégiés » servirait de modèle de référence aux autres catégories sociales qui tentent de suivre ses dépenses lorsque leurs revenus augmentent ou lorsque la production de masse banalise les objets. Cette théorie peut constituer une vision généralisée du retard, car ce qui est vrai entre A et non A se répète dans le détail entre cadres supérieurs et moyens, entre ceux-ci et les employés... Cette course poursuite aux modèles supérieurs suppose que les besoins ne sont pas structurellement différents entre cadres, ouvriers et patrons. Un modèle commun *d'uniformisation* réconcilierait toutes les classes, la consommation réunissant ceux qui s'opposent dans le travail et la répartition.

L'analyse de Bourdieu : l'habitus

Bourdieu a remis en question l'adage populaire : « des goûts et des couleurs on ne discute pas ». Pour lui, il est possible de déterminer les facteurs profonds et structurels du goût du « consommateur ». Sans doute, pour Bourdieu, les écarts dans le niveau de consommation s'expliquent par des différences de revenus mais les probabilités pour

1. André François, directeur du D.E.R.M.A., organisme spécialisé dans le domaine de la consommation alimentaire.

qu'un commerçant, un ouvrier, ou un professeur apprécient l'œuvre du poète T. Tzara, de Tino Rossi, ou les Percussions de Strasbourg sont très différentes... et il en résulte des conséquences importantes sur la nature de la consommation.

Le concept **d'habitus** ou « habitude faite vertu » permet de rentrer dans le jeu de la « distinction » subtile qui différencie les consommateurs. Un des intérêts de l'étude de Bourdieu est d'intégrer aspects culturels et économiques dans les comportements de consommation. Tout en analysant les aspects sociologiques, il met en évidence le rôle important du revenu : « Les gros commerçants à l'inverse des professeurs ont un "capital culturel" faible et un "capital matériel" élevé, ils ont aussi des consommations alimentaires très fortes, et des dépenses de présentation faibles. Les professions libérales consacrent une part relativement modeste de leur budget à l'alimentation, mais beaucoup pour soigner leur apparence et la culture a un pourcentage moyen dans leur budget malgré un niveau scolaire proche des professeurs (approche plus utilitariste de la consommation). »

Ainsi les structures de la consommation s'expliquent par le niveau de revenus mais également par des facteurs culturels; « capital culturel » et « capital matériel » se combinent pour induire des styles de consommation différents.

L'analyse de Baudelot, Establet et Toiser

• Dans la mouvance marxiste, les sociologues Baudelot, Establet et Toiser partent d'une **analyse de l'appareil de production**. Pour pouvoir consommer, il faut d'abord produire. Toute mutation de la consommation implique une mutation dans la nature des emplois et des qualifications requises. Une méthode d'analyse originale des données statistiques leur a permis, à partir des informations de la Comptabilité nationale, de cerner les quantités de travail par type de qualification contenues dans la consommation moyenne de chaque catégorie sociale[1].

Les différences de consommation s'expliquent d'abord par les écarts de revenus; l'opposition manuels-intellectuels rend compte de nombreuses différences de consommation en particulier celles relatives aux produits culturels. La distinction salariés-indépendants explique

1. *Qui travaille pour qui ?*, éd. Maspero.

d'autres oppositions, ainsi les agriculteurs, les petits commerçants, les industriels et professions libérales privilégient souvent la consommation des biens matériels par rapport à celle de biens et services.

Au-delà de ces explications sur les différences, une rupture majeure entre les groupes sociaux du point de vue de la consommation est constituée par l'existence de « marges de liberté différentes ».

Le niveau des ressources globales oppose ceux *qui ont le choix*, qui ont une *marge de liberté* importante dans l'affectation de leurs dépenses (vacances, sorties, loisirs, constitution de patrimoine... sont des choix possibles en faisant quelques arbitrages) et ceux qui n'ont *aucune ou une très faible marge* de manœuvre. D'un côté, on trouve les professions libérales, les industriels, les gros commerçants, les cadres... de l'autre les ouvriers, les salariés agricoles qui consacrent aux dépenses quotiennes (alimentation, santé) l'essentiel de leurs ressources.

Chacun ressent ce qu'il consomme comme indispensable, et l'idée même de surconsommation semble réservée aux autres... et pourtant...

• Dans la logique marxiste ces auteurs ont aussi cherché à mesurer le taux d'exploitation dans la société actuelle.

En prenant la consommation des ouvriers qualifiés comme indicateur représentatif de la valeur de la force de travail, ils ont cherché à évaluer la *surconsommation* qu'ils définissent comme « la part des dépenses consacrées à l'achat de biens et services qui n'est pas strictement nécessaire au renouvellement et à la reproduction de la force de travail ».

Le nombre de travailleurs nécessaires pour entretenir et renouveler la « force de travail » correspond selon leur évaluation environ à la moitié des actifs, la moitié du temps de travail de la population active est donc affectée à la création de plus-value ; il en résulte que le taux d'exploitation est de 100 % dans la France contemporaine :

$$\frac{\text{travailleurs affectés à la surconsommation}}{\text{travailleurs renouvelant la force de travail}} = \frac{1}{1}$$

☞ **Épargne, investissement, publicité.**

Contrainte extérieure

Qu'est-ce que la contrainte extérieure ?

On parle de **contrainte extérieure** lorsqu'un pays ne peut mener une politique économique de façon indépendante du fait des menaces que la croissance de sa production fait peser sur sa balance des paiements.

Pour que la production nationale puisse s'accroître, il faut le plus souvent plus de matières premières, plus de machines... biens qui ne sont pas toujours produits sur le territoire national. Si ces biens ou une partie de ceux-ci sont achetés à l'étranger, les importations s'accroissent sans que les exportations augmentent nécessairement. Par ailleurs, l'accroissement de la production induit des distributions de revenus dont une partie risque d'être consacrée à l'achat de produits étrangers.

Suivant les pays un accroissement donné de la production a des effets quantitatifs différents sur le solde de la balance des paiements.

Pays contraints, pays non contraints

Si tous les pays voient généralement augmenter leurs importations lorsque leur production augmente ils ne subissent pas tous la contrainte extérieure au même degré. Le Japon qui a globalement tendance à l'excédent commercial, qui a un rythme élevé de croissance des exportations, qui dispose par le biais de son réseau commercial contrôlé par les shogo shoga [1] d'un protectionnisme de fait, est peu contraint. Une augmentation même rapide de la production n'induit généralement pas d'effets insupportables sur la balance des paiements. Par contre, de nombreux pays du Tiers Monde mais aussi des pays industrialisés voient le déficit de leur balance des paiements atteindre un seuil alarmant dès que la production s'accroît. Ce sont des pays contraints.

Dans un **pays contraint**, une relance de la consommation ou de l'investissement destinée à stimuler la croissance et l'emploi peut se traduire par une augmentation des importations rapidement insupportable. Sans doute l'accroissement de la production peut-elle être pour partie destinée à

1. Grandes sociétés de commerce qui contrôlent l'essentiel de la distribution au Japon et assurent une prospection efficace des marchés étrangers.

l'exportation, mais le propre des pays contraints est d'avoir des difficultés à accroître leurs exportations aussi vite que leurs importations, d'autant qu'un faible taux de croissance dans les autres pays peut limiter les perspectives d'exportation.

Les pays contraints sont souvent conduits à des politiques de « stop and go » qui font se succéder tentatives de relance et politiques de ralentissement de l'activité.

Les keynésiens actuels considèrent que seuls les pays non contraints peuvent être à l'origine d'une relance de la demande suffisamment forte pour sortir l'économie mondiale de la crise. Ces pays pourraient être en quelque sorte les « locomotives » d'une nouvelle croissance. Quant aux autres pays, ils doivent adopter des politiques permettant de réduire à terme leur dépendance vis-à-vis des importations pour mieux maîtriser leur politique nationale et ne plus voir leur propre taux de croissance de la production lié à celui de leurs partenaires commerciaux.

La mesure de la contrainte extérieure

La mesure du degré de contrainte extérieure renvoie à des analyses en terme **d'élasticité**[1].

Le rapport $\frac{\text{taux de croissance des importations}}{\text{taux de croissance du PIB}}$ mesure l'élasticité des importations par rapport à la production. Il indique dans quelle mesure le rythme de croissance interne agit sur les importations.

Supposons que lorsque la production augmente de 2 %, les importations augmentent de 4 %. L'accroissement relatif des importations par rapport à la production sera alors de : 2 (4 % divisé par 2 %).

Plus ce rapport est élevé, plus le niveau des importations est sensible à l'évolution de la production nationale. Si l'économie ne peut pas accroître ses exportations dans des proportions équivalentes, il risque d'en résulter un déficit extérieur difficilement supportable sur le long terme. De fait, le taux de croissance interne sera limité par la nécessité de maintenir l'équilibre extérieur.

1. L'élasticité de A par rapport à B est le rapport $\frac{\frac{\Delta A}{A}}{\frac{\Delta B}{B}}$ dans lequel ΔA et ΔB sont respectivement les variations de A et de B, A et B étant les niveaux absolus.

On voit ce faisant qu'un autre élément intervient sur le *degré de contrainte extérieure*, c'est l'élasticité des exportations par rapport à la production. Une mesure précise de la contrainte extérieure doit intégrer ces deux aspects.

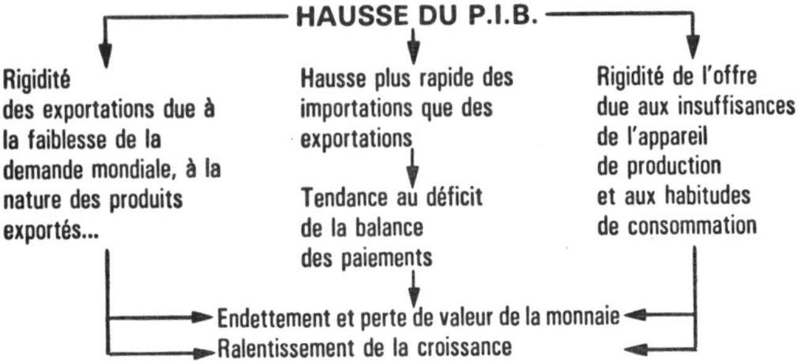

Comment réduire la contrainte extérieure ?

Si une faible contrainte extérieure semble éminemment souhaitable, les moyens pour y parvenir sont souvent difficiles à mettre en place. Le problème se réduit à deux questions : comment importer moins ? comment exporter plus ?

En ce qui concerne les exportations, trois facteurs sont généralement considérés comme déterminants : la compétitivité, une spécialisation adaptée à la demande mondiale et un taux de change réaliste. Comme l'écrit Y. Barou :

«Lorsqu'une économie capitaliste fortement industrialisée se trouve plongée dans la concurrence internationale, elle ne peut, sans dommage pour l'équilibre de ses échanges, vivre longtemps sur son acquis technologique, s'abstenir de rechercher de nouveaux créneaux de production et, d'une manière générale, se contenter de progrès modestes de productivité du capital et du travail. »[1]

En ce qui concerne les importations, la compétitivité des productions nationales est le frein le plus fort à leur développement mais éviter des « trous » dans l'appareil industriel permet aussi de limiter les importations aux matières premières, à l'énergie et à quelques produits semi-finis qui ne peuvent véritablement pas être produits sur le territoire national dans des conditions satisfaisantes.

Réduire la contrainte extérieure renvoie à la mise en place de politiques industrielles et commerciales actives.

1. *Economie et statistique*, n° 97.

Échanges internationaux, dévaluation, système monétaire international.

Croissance et crises

La réalité des fluctuations économiques

« De l'exil de Napoléon à Sarajevo, le monde capitaliste connu onze [cycles] d'une durée moyenne de huit années chacune : cinq avant la guerre de 70, six après. Chaque cycle se divisait en deux périodes à peu près égales : quatre années d'expansion, quatre de dépression. Quatre phases s'y succédaient, à peu près toujours les mêmes : la période initiale de hausse des prix, des salaires, des profits, des taux d'intérêts et des cours de la Bourse, se terminait par une faillite spectaculaire d'une banque ou d'une entreprise, incapable de faire face au crédit prohibitif, nécessaire à la poursuite des opérations ou de se faire régler par ses débiteurs endettés au-delà de leurs possibilités. En chaîne, toute une série de banques ou d'entreprises se trouvaient touchées, la méfiance aidant, d'autres ralentissaient par prudence leur activité. La diminution du nombre des emplois entraînait celle des salaires : la demande en fléchissant faisait alors baisser les prix, provoquant la faillite des firmes les moins compétitives qui n'arrivaient plus à écouler leur production à un tarif couvrant leurs prix de revient. D'où tout à la fois un nouveau chômage, l'écoulement de stocks à prix réduits, le rachat bon marché des usines arrêtées par les firmes survivantes...

Lorsque les stocks étaient écoulés et que la chute des prix permettait de dégager une nouvelle demande effective — en dépit de la baisse des salaires —, la production reprenait et, avec elle, l'emploi et la hausse des prix et des profits. » (G. Mathieu, *Le Monde,* 16 mai 1980).

Ce mouvement séculaire marqué d'une sorte de musique à quatre temps : expansion, crise, dépression, reprise, sera gommé de 1945 à 1974 ; pendant 30 ans (les Trente Glorieuses), une onde de croissance longue et relativement stable donnera le sentiment d'une régulation économique maîtrisée que la crise des années 70 remettra brutalement en cause.

Plusieurs niveaux d'analyse

Approche empirique et théorique

Ces fluctuations économiques par leur importance et leur régularité ont fasciné les économistes. Celles-ci peuvent être appréhendées sous un angle empirique : comment peut-on pour une période donnée mesurer l'ampleur des fluctuations ? Constate-t-on une périodicité dans la survenance des crises ? Ce type de travaux a été considérablement facilité par la mise en place, dans tous les pays industrialisés, d'un appareil d'observation statistique important.

Parallèlement les théoriciens ont cherché à expliciter les causes et les modalités de la croissance et des crises. Sur ce plan les oppositions d'analyse restent importantes entre les différents courants théoriques, et les différences à l'intérieur d'un même courant de pensée peuvent dépasser la simple nuance. Si, bien souvent, il existe un certain consensus sur l'importance de certaines variables (investissement, taux de profit...), la nature des liaisons et le poids des différents facteurs sont interprétés de façons divergentes.

Les modèles de croissance

De nombreuses tentatives ont été faites pour analyser les mécanismes de la croissance à travers des modèles quantifiables. Les fonctions de production néo-classiques en sont un exemple.

On peut distinguer deux types de modèles. Les premiers portent sur l'ensemble des déterminants de la croissance ou des fluctuations économiques, ils peuvent être qualifiés de modèles généraux de croissance. Les modèles de Harrod-Domar, de Solow, de Hicks sont parmi les plus connus. Les seconds cherchent à approfondir un mécanisme particulier de la croissance. Ainsi, par exemple, on cherchera à préciser les liaisons entre demande et progrès technique. Ces modèles ont un champ plus limité que les précédents, mais contribuent à affiner la connaissance des relations entre les différentes variables qui participent aux fluctuations économiques.

Des hypothèses théoriques sous-jacentes

→ Le caractère mathématique de ces modèles ne doit pas masquer leur arrière-plan théorique. Ainsi, les fonctions de production ou le modèle Solow reposent sur des hypothèses néo-classiques, les modèles d'Harrod-Domar prolongent les travaux de Keynes sur le long terme. Certains modèles tentent d'intégrer différents courants théoriques mais le problème de la validité de leurs hypothèses reste toujours posé.

De même, nombre de travaux dits empiriques s'appuient de fait sur des présupposés théoriques.

Les économistes classiques, des analyses hétérogènes

La concurrence moteur de la croissance

A. Smith a clairement formulé la motivation principale qui pousse le capitaliste à développer les richesses et donc à contribuer à la croissance économique : l'intérêt individuel.

« Nous n'attendons pas notre dîner de la bienveillance du boucher, du marchand de bière, ni du boulanger, mais bien de la considération qu'ils ont de leur propre intérêt. Nous ne nous adressons pas à leur humanité, mais à leur égoïsme, nous ne leur parlons pas de nos besoins mais de leur intérêt » (A. Smith, *Recherche sur la nature et les causes de la richesse des nations*).

Pour que la *multitude des intérêts individuels* aboutisse à un équilibre socialement souhaitable, il faut laisser jouer la *« main invisible » du marché concurrentiel.*

La concurrence oriente la production vers les produits correspondant le mieux à la demande des consommateurs solvables; d'autre part, elle permet d'économiser les ressources rares car les profits élevés attirent de nouveaux producteurs qui feront baisser les prix.

On se souviendra aussi que pour A. Smith, la division du travail est un facteur important d'accroissement de la productivité et par suite de croissance économique.

La « Loi des débouchés » et l'impossibilité des crises de surproduction

Tout accroissement de l'offre de marchandise induit un accroissement équivalent de la demande, tel est le principe essentiel de la *loi des débouchés* de J.B. Say.

Si je produis un bien d'une valeur de 100 francs, je devrais distribuer différents revenus : ainsi par exemple 20 francs pourraient rémunérer les matières premières et l'énergie, 10 francs pourraient être consacrés au remplacement des machines, 30 francs distribués sous forme de revenus salariaux, 15 francs prélevés par l'Etat au titre des impôts, le solde, soit ici 25 francs, revenant au propriétaire du capital.

A travers cette cascade de revenus monétaires, l'équivalent de la valeur de la production nouvelle est distribué. Ainsi l'accroissement de l'offre s'est accompagné d'une augmentation des revenus de même montant. Ce flux de revenu se transforme en flux de demande des divers agents (consommation publique et privée, investissement) qui rend impossible toute crise générale de surproduction.

La réalité des déséquilibres explique largement l'ampleur des critiques faites à la *loi des débouchés*. Sur le plan théorique celles-ci ont porté sur l'absence de prise en compte des phénomènes de thésaurisation, des délais d'ajustement et des effets pervers qui peuvent en résulter... (voir p. 87).

La perception des déséquilibres

Ce serait cependant une erreur que de croire que l'ensemble des économistes classiques constitue un bloc homogène.

Certains auteurs perçoivent bien l'existence de mécanismes déséquilibrant la croissance économique : ainsi Malthus voit dans le décalage entre la croissance de la population et celle de la production, l'origine d'une crise de subsistance (cf. *Dictionnaire économique et social*, crise, p. 111).

Sismondi aussi voit dans les déséquilibres de la répartition, qui réduit la consommation du plus grand nombre, l'origine d'une faiblesse de la demande qui provoque une situation de surproduction.

Ricardo lui-même, qui pourtant a contribué à montrer le rôle moteur du profit dans la croissance économique, estime que la baisse des profits est liée à l'accroissement inéluctable de la rente foncière sur le long terme, situation qui engendrera ainsi l'Etat stationnaire. Aussi préconise-t-il une politique de soutien des profits (par exemple dans le cas du Royaume-Uni, au XIXe siècle, par la suppression des droits sur le blé) pour retarder l'apparition de cet « état stationnaire » dans lequel il n'y aurait plus de stimulant à l'accroissement de la production.

L'analyse néo-classique de la croissance et des crises

Une analyse en termes de facteurs de production

A la question « qu'est-ce qui fait croître la production ? » les néo-classiques répondent : les facteurs de production. « L'on peut, selon la conception néo-classique, rapporter à trois sources distinctes la croissance de la production, à savoir : croissance de la main-d'œuvre, croissance du capital, enfin l'innovation technique en elle-même » (Samuelson, *L'économique*).

Un outil d'analyse essentiel : les fonctions de production

Quelle(s) est (sont) la (ou les) relation(s) qui uni(ssen)t le niveau global de la production et chacun de ces facteurs ? Les fonctions de production constituent un instrument d'analyse privilégié de ces liaisons dans l'analyse néo-classique. Il s'agit de définir une relation qui associe à une combinaison du capital (machines, bâtiments, produits semi-finis, énergie, matières premières...) et de travail, le résultat de leur action combinée (ou niveau de la production) avec capital (K), travail (L), Production (Y)

$$\boxed{Y = f(K,L)}$$

La fonction de Cobb-Douglas est sans doute celle qui a été le plus utilisée pour étudier la croissance[1]

$$\boxed{f(K,L) = A\,K^{\alpha} \times L^{1-\alpha}}$$

Elle implique comme la plupart des fonctions néo-classiques qu'il y a **substitution parfaite entre capital et travail**; un niveau de production donné peut être atteint d'une multitude de façons différentes comprenant chacune plus ou moins de travail.

Ainsi, la notion même de surproduction semble impossible car la production se divise en part des salariés et part des capitalistes, chaque facteur étant rémunéré selon sa contribution exacte à la production.

Les fonctions de production et l'étude empirique de la croissance économique

Les fonctions de production de type Cobb-Douglas ont été utilisées par l'Américain Denison pour étudier l'économie des Etats-Unis et par E. Malinvaud pour déterminer le rôle des différents facteurs de production dans la croissance économique française après 1945. La fiabilité des conclusions quantitatives auxquelles elles aboutissent repose bien évidemment sur la pertinence de la fonction de Cobb-Douglas comme instrument d'explication du réel. S'il est important d'insister sur ce point, c'est que bien souvent le caractère empirique de certaines études masque leurs présupposés théoriques (qui sont ici ceux de l'analyse néo-classique).

Parmi les conclusions de Carré, Dubois, E. Malinvaud il en est une qui a souvent retenu l'attention; le facteur le plus important pour expliquer la croissance française après la Seconde Guerre mondiale n'est ni la quantité de travail ni celle de capital mais le « facteur résiduel » qui comprend principalement le progrès technique. On comprend alors l'attention portée à l'intégration du progrès

1. α = part de la production attribuée au capital.
$1-\alpha$ = part de la production attribuée au travail.

technique dans les fonctions de production. Les économistes néo-classiques actuels se préoccupent aussi d'affiner les fonctions de production en tenant compte des données qualitatives relatives à chacun des facteurs de production.

L'introduction du progrès technique

Le progrès technique peut être pris en compte de diverses façons :

- La plus simple consiste à introduire un progrès technique à croissance constante en fonction du temps.
- Une deuxième méthode consiste à détailler les effets qualitatifs de chaque facteur de production.

• Pour **le capital** il est possible de constituer des modèles «*à générations successives de capital*» en considérant qu'une machine récente incorpore plus de progrès technique, donc a une productivité supérieure, à prix égal, à celle qui existait antérieurement :

En datant les générations de capital, un même montant de capital K sera plus ou moins efficace selon qu'il résulte d'un effort récent ou lointain (vieillissement des structures productives).

• Pour le **travail** une analyse de même type est tentée par les théoriciens néo-classiques : la théorie du « learning by doing » par exemple consiste à prendre en compte le « savoir-faire » acquis par une longue pratique; c'est une façon d'intégrer l'effet qualité à l'intérieur de l'analyse du facteur travail. Le niveau d'éducation constitue une variable explicative de la croissance économique.

La régulation spontanée par le marché

Une caractéristique majeure de la pensée néo-classique est sans doute la croyance en une tendance profonde à l'équilibre de l'économie en situation de concurrence pure et parfaite (voir marché du travail), symbolisée par l'analyse de l'équilibre général de Walras (cf. *Dictionnaire économique et social*, p. 379).

Il en résulte une régulation spontanée par le marché qui assure un retour automatique à l'équilibre. Les crises ne sont alors que des situations provisoires (sans doute socialement pénibles, mais nécessaires pour éliminer les canards boiteux) qui se résorbent spontanément lorsque le marché joue son rôle de régulateur.

Si cette confiance dans *l'efficacité d'un marché en situation de concurrence* caractérise bien l'ensemble de la pensée néo-classique, certains auteurs actuels admettent l'existence de certains *déséquilibres endogènes* provenant de données relatives à la monnaie en circulation.

Dans l'analyse néo-classique, le taux de croissance est fondamentalement déterminé par l'offre et l'efficacité des facteurs, la demande n'est pas active. L'équilibre offre-demande est atteint par la flexibilité des prix.

De l'explication des crises à la politique anticrise

Laisser jouer le marché pour résoudre les crises

Les crises économiques peuvent avoir plusieurs types de causes :

1. L'existence de *poids morts* dans l'économie (entreprises non rentables) dont l'élimination est la condition nécessaire d'une nouvelle croissance. La politique économique la plus efficace consiste alors à laisser jouer les mécanismes de régulation spontanés.

2. Un ou *des éléments perturbateurs exogènes*, le plus souvent conjoncturels, sont à l'origine des difficultés. Ainsi, à propos de la crise de 1974, a-t-on parlé de la conjonction d'importants besoins en matières premières, d'erreurs de prévisions dans les politiques de stockage des ressources énergétiques...

3. La crise est due au *non respect des règles de la concurrence*. Déjà en 1935 Robbins affirmait : « En général on peut affirmer sans se tromper que si les taux de salaires étaient beaucoup plus flexibles, le chômage se trouverait considérablement diminué... Si l'on n'était pas obstiné dans l'idée que les taux de salaire ne doivent être réduits à aucun prix, (...) la dépression actuelle en aurait été moins violente et le chômage qui l'accompagne n'aurait pas atteint une telle ampleur » (*The great depression*, 1935).

Une telle approche est reprise en des termes presque similaires par les néo-classiques actuels à propos de la crise de 1974. Tout ce qui entrave la fluidité du marché du travail (règles limitant les licenciements, fixant un salaire minimum...) introduit un frein à la meilleure allocation des ressources, bloque la productivité, réduit la rentabilité du capital base d'une accumulation sans heurts. C'est le non respect des règles de la concurrence en matière d'emploi et de salaires (voir marché du travail) qui explique l'ampleur et la durée de la crise.

De même au niveau de la formation des prix, des structures oligopolistiques peuvent provoquer des situations de crise. On pense en particulier au marché du pétrole et à ses implications sur les prix au cours des deux chocs pétroliers. C'est l'existence d'un oligopole (OPEP) qui a contribué à des fluctuations de prix du pétrole perturbateurs.

Pour lutter contre la crise, il faut donc favoriser le retour au respect des règles de la concurrence.

Une intervention trop importante et inadéquate de l'Etat

Fidèles au credo libéral, les néo-classiques ne rejettent pas toute intervention de l'Etat (voir intervention de l'Etat) mais considèrent que la politique monétaire laxiste est à l'origine de l'inflation qui éloigne sur le long terme les possibilités de croissance économique. C'est le sens des analyses monétaristes qui préconisent un contrôle strict de la croissance de la masse monétaire (voir monétarisme p. 249) comme moyen de lutte contre la crise économique quels qu'en soient les effets à court terme.

Mais ce n'est pas que sur le plan monétaire que l'intervention actuelle de l'Etat est inadaptée. Par ses prélèvements excessifs l'Etat décourage l'initiative, réduit ou supprime le rôle moteur de l'intérêt individuel et tue, ce faisant, le stimulant essentiel de la croissance. L'excès d'imposition provoque même une fuite vers l'économie souterraine (le travail au noir). Par ailleurs les gaspillages liés à l'intervention de l'Etat sont nombreux (phénomènes bureaucratiques, coût de la centralisation...). Enfin la relance de l'économie par les dépenses publiques est illusoire (voir politique de l'Etat). Il faut donc réduire les prélèvements fiscaux, modifier la nature et le sens des interventions de l'Etat dans un sens plus libéral.

ACCROISSEMENT DES DÉPENSES SOCIALES ET CRISE

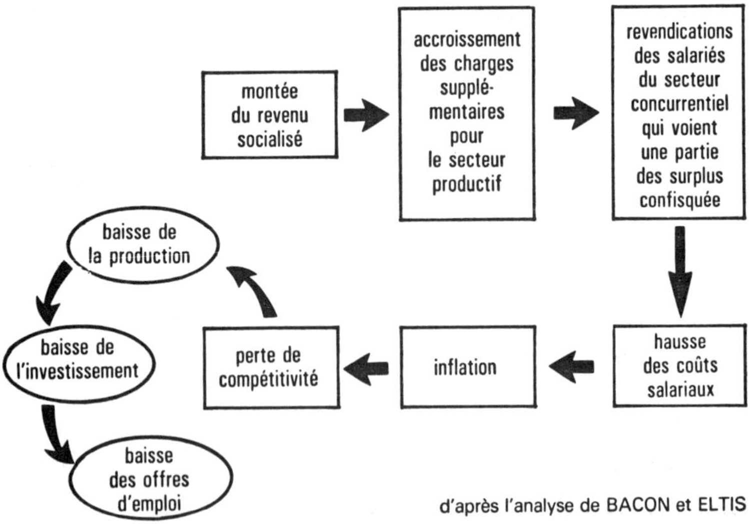

d'après l'analyse de BACON et ELTIS

Croissance et crise dans l'analyse keynésienne

L'insuffisance de la demande et l'analyse de la crise

Keynes met en cause le caractère automatique des ajustements en situation de concurrence (voir marché du travail p. 213). Les déséquilibres ne se résorbent pas spontanément si on prend en compte leurs effets macro-économiques. Il en résulte des possibilités d'équilibre entre l'offre et la demande de produits sans que le plein emploi de la main-d'œuvre soit réalisé.

La demande effective, c'est-à-dire le niveau anticipé par les entrepreneurs de la consommation et de l'investissement, joue un rôle central sur le niveau de l'emploi.

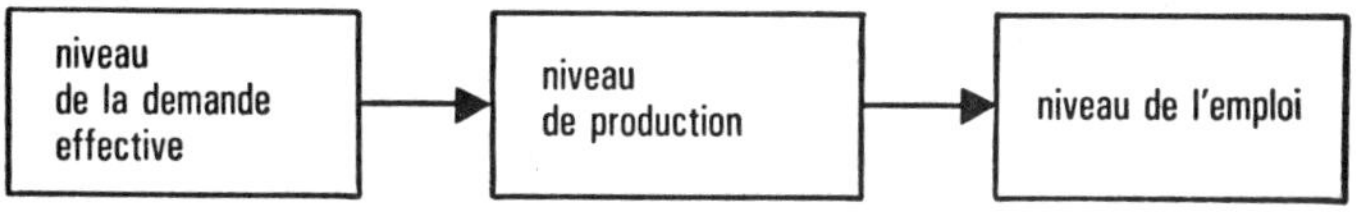

C'est pourquoi les politiques néo-classiques d'ajustement par la baisse des salaires peuvent favoriser la crise économique en réduisant le niveau de la demande globale et par suite le niveau de l'emploi offert par les entreprises (voir marché du travail).

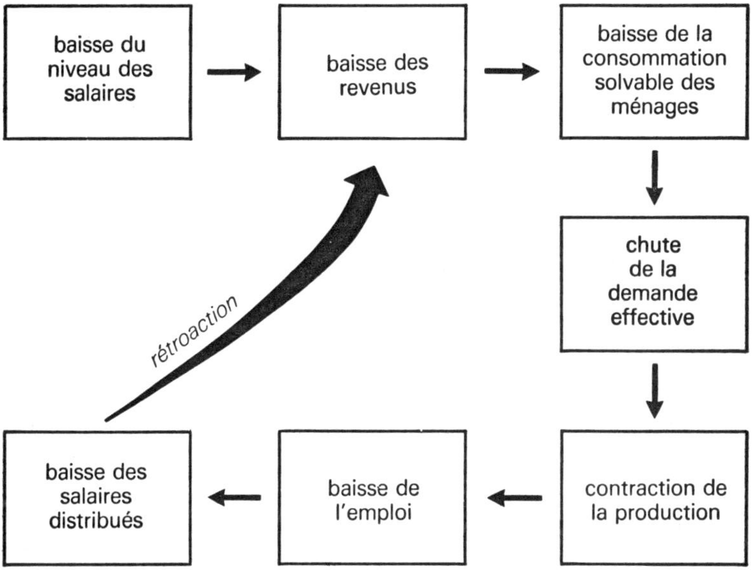

Des politiques de soutien de la demande

Si toute politique keynésienne cherche à soutenir la demande, les modalités de ce soutien peuvent être multiples : soutien des bas salaires ou de l'investissement public ? grands travaux ou indemnités de chômage ?...

De nombreux keynésiens ont traditionnellement insisté sur le rôle moteur des hausses des bas salaires. En effet plus le revenu est faible, plus la propension à consommer est élevée, et à un accroissement donné des revenus correspond donc un plus fort soutien de la demande, donc de l'emploi.

Pourtant aujourd'hui les keynésiens, reprenant en cela l'analyse de Keynes, insistent davantage sur le rôle moteur du soutien de l'investissement dont l'effet sur la demande est amplifié par des mécanismes multiplicateurs (voir investissement). Encore faut-il se rappeler que pour Keynes l'investissement privé est lié à la rentabilité des dépenses mises en jeu. Celle-ci sera d'autant plus grande que les charges financières seront faibles. (On se rappellera que les investissements s'amortissent sur la longue période et que le poids des charges financières dans ce coût est d'autant plus élevé que la durée du remboursement augmente). En conséquence *la baisse des taux d'intérêt*, en accroissant la rentabilité des investissements potentiels, stimule la réalisation effective de ces investissements et favorise la croissance économique. Ce soutien des investissements privés n'exclut pas, bien au contraire, la réalisation d'investissements publics autonomes.

L'économiste français keynésien A. Barrère analyse même la crise actuelle comme liée au « surinvestissement » c'est-à-dire à une situation « ou les entrepreneurs estiment, à tort ou à raison, que la rentabilité attendue de l'investissement nouveau risque de ne pas couvrir la hausse du coût anticipé de son remplacement ».

La répartition au cœur de la crise

L'école de Cambridge développe dans les années 50, sous l'impulsion de J. Robinson, une analyse de la croissance et des crises en termes de répartition[1]. Cette analyse inspire nombre de keynésiens actuels et suggère des voies de régulation particulières.

La répartition est principalement déterminée par des données extra-économiques; elle dépend des rapports de

1. Cette analyse qui prolonge l'analyse de Keynes est également marquée par l'influence de Ricardo et Marx.

force entre les groupes. Rien ne garantit que la structure de la répartition qui en résulte (part relative des profits et des salaires et par suite niveau de l'épargne et de l'investissement) soit compatible avec le plein emploi de la main-d'œuvre. Si la structure des revenus induit une épargne trop forte, la demande sera insuffisante. Si l'investissement est très élevé à court terme l'effet sur l'emploi sera positif, mais l'effet à long terme sera plus incertain, par suite de la création de capacités de productions nouvelles qui peuvent induire des chutes brutales de la demande de biens d'équipement.

La prise en compte des contraintes

Les politiques keynésiennes de soutien de la demande firent l'objet dans les années 1970 de nombreuses critiques. De fait ces politiques se heurtèrent à deux obstacles concrets : l'inflation et l'équilibre extérieur.

Les néo-classiques y virent la preuve de la faiblesse de l'analyse, alors que les keynésiens insistèrent sur le caractère simpliste, déformant et inexact d'une réduction de l'analyse de Keynes à une telle politique. En effet si Keynes préconise le soutien de la demande pour favoriser l'emploi, il analyse la fonction d'emploi en terme d'élasticité, et en tenant compte des seuils à partir desquels l'accroissement de la demande se traduit plus par des augmentations de prix que par des accroissements de production.

L'importance de la structure productive en matière d'emploi est également introduite par Keynes :

« La répartition prévue d'un accroissement de demande globale entre les diverses marchandises peut en effet influer grandement sur le volume de l'emploi. Par exemple, si la demande supplémentaire est en grande partie dirigée vers la production des industries possédant une forte élasticité de l'emploi, l'accroissement global de l'emploi sera plus grand que si elle est dirigée vers la production des industries possédant une faible élasticité de l'emploi.

De même l'emploi peut fléchir sans que la demande globale varie, si l'orientation de la demande change au bénéfice des industries où l'élasticité de l'emploi est relativement faible. »[1]

Aussi les keynésiens actuels insistent-ils sur l'impor-

1. Keynes, *Théorie générale*, pp. 288-289, éd. Payot.

tance de la prise en compte des élasticités et sur la nécessité de modifier les structures productives par une action consciente pour réduire les contraintes et permettre ainsi une meilleure politique de l'emploi.

En ce qui concerne l'équilibre externe, l'école de Cambridge distingue **les pays contraints** et les **pays non contraints** ; seuls les seconds peuvent accroître la demande interne sans provoquer de déséquilibre grave de la balance commerciale. Une politique anticrise doit donc passer par une réduction de la contrainte externe (politique industrielle...).

Les **politiques** préconisées par les keynésiens aujourd'hui sont principalement les suivantes :

- soutien de l'investissement, en particulier public,
- relance concertée au niveau mondial ou relance de la demande par les pays peu ou non contraints (pays locomotives).

Pour faire face au risque d'inflation, l'amélioration du consensus social, la mise en place de véritable politique des revenus ainsi que la modernisation de l'appareil productif sont les moyens de lutte les plus souvent préconisés.

Enfin le soutien de la demande devrait être modulé par secteur. Ainsi le secteur de la construction, étant faiblement importateur et fortement créateur d'emplois, devrait être soutenu.

Marx et Engels et l'analyse de la croissance

L'accumulation au cœur de la croissance

Le mécanisme de l'accumulation joue un rôle central dans la croissance. Supposons qu'un capitaliste produise pour 100 francs de marchandises en utilisant pour 50 francs de capital constant (machines, matières premières... incorporées à la marchandise), en dépensant en salaires et charges diverses 25 francs. Si le capitaliste particulièrement frugal réinvestit la totalité de cette somme (en vivant de rentes externes à l'entreprise) il peut élargir le niveau de sa production. Dans la première phase il avançait un capital de 75 francs (c = 50 francs, v = 25 francs) : il peut désormais réaliser une avance de 100 francs. En supposant que la composition organique du capital $\frac{\text{capital constant}}{\text{capital variable}}$ (c/v) reste de 2, il dépensera 66,66 francs en capital constant et 33,33 francs en capital variable. Un nouveau cycle de production dégageant une plus-value plus importante permettra d'obtenir une production de 133,33 francs de marchandises... Le secret de la croissance réside dans la dynamique qui pousse le capitaliste à bouleverser sans cesse les techniques de production pour obtenir une plus-value de plus en plus grande.

Les crises sont les fruits des contradictions du capitalisme selon les termes d'Engels : « Le mode de production se rebelle contre le mode d'échange, les forces productives se rebellent contre le mode de production pour lequel elles sont devenues trop grandes ». Les contradictions du capitalisme aboutissent à des crises économiques profondes. On trouve chez Marx deux types d'analyses des crises, la première est liée à la baisse tendancielle des taux de profit, la seconde est une analyse en terme de secteurs.

L'analyse en terme de sections productives

Pour Marx, il faut, pour comprendre la dynamique des crises de la croissance, distinguer deux sections principales dans l'économie : celle des biens de production (section I) et celle des biens de consommation (section II).

▼ Supposons que la section des biens de production (section I) a une production d'une valeur P1, un capital constant c1, un capital variable v1 et une plus-value PL1. En utilisant une notation indicée 1 pour la section I, et 2 pour la section II on aura :

section I	$P1 = c1 + v1 + Pl1$	Biens de production
section II	$P2 = c2 + v2 + Pl2$	Biens de consommation
Total I + II	$P = C + V + PL$	Ensemble de l'économie

Chaque section utilise dans son activité de production du capital constant qu'il faut reconstituer pour maintenir le potentiel de production à son niveau antérieur, en produisant dans les sections des biens de production une valeur équivalente

$P1 = c1 + c2$

comme $c1 + v1 + Pl1 = c1 + c2$

La condition d'équilibre est $v1 + Pl1 = c2$

Pour que la reproduction soit simple (sans accumulation) il faut que les livraisons de biens de production du secteur I au secteur II (c2) correspondent à la fourniture de biens de consommation du secteur II au secteur I ($v1 + Pl1$) : on retrouve $v1 + Pl1 = c2$. Lorsque la plus-value sert seulement à la consommation des capitalistes l'accumulation est nulle. ▲

L'étude des situations réelles suppose la prise en compte d'une reproduction élargie, une part de la plus-value du secteur (I ou II) va alors servir à augmenter les dépenses en capital constant et variable nécessaires pour entreprendre une production plus importante. **La reproduction élargie** implique que la production de moyens excède les moyens de production de la période antérieure. Le maintien d'une certaine proportionnalité entre les valeurs produites par le secteur des biens de production et celui des biens de consommation est encore nécessaire pour assurer un développement équilibré, ce qui suppose la croissance de la consommation des salariés et des capitalistes. Cet équilibre n'est pas automatiquement atteint, en effet il existe une opposition fondamentale entre les nécessités de l'extraction de la plus-value qui freine la distribution de pouvoir d'achat aux travailleurs et le besoin d'écouler les biens produits pour la consommation qui suppose une augmentation des salaires (v1 + v2). De cette contradiction vont naître des crises économiques. Les limites de la consommation vont créer des situations de surproduction.

Les données statistiques relatives à la crise de 1929 semblent confirmer l'existence d'un décalage entre le développement des secteurs. Dans les années qui précèdent la crise, la croissance des biens d'équipement aurait été 5 fois supérieure à celle des biens de consommation.

La baisse tendancielle des taux de profit

La baisse tendancielle du taux de profit commande la dynamique profonde des crises.

La hausse très rapide de la composition organique du capital tend à dépasser sur le long terme les accroissements de la plus-value extraits d'un capital variable qui représente une part sans cesse déclinante du capital avancé. C'est la **baisse tendancielle du taux de profit** (cf. *Dictionnaire économique et social*, p. 118). Privé de son moteur essentiel, l'accumulation s'essoufle et ne peut repartir que lorsque sont restaurées les conditions d'une nouvelle accumulation : élimination des entreprises les moins fortes, nouvelles sources de productivité (mise en place de nouveaux progrès technologiques..., stimulation d'une demande nouvelle...).

« C'est une pure tautologie que d'affirmer que les crises résultent du manque de consommation ou de consommateurs solvables (...). Si l'on veut donner à cette tautologie une apparence de sérieux en disant que la classe ouvrière reçoit une part trop faible de son propre produit, et que, pour remédier à cet inconvénient il suffit de lui en accorder une part plus considérable en augmentant son salaire, nous ferons remarquer que les crises sont chaque fois préparées justement par une période de hausse générale des salaires où la classe ouvrière reçoit réellement une part plus importante du produit annuel destiné à la consommation. » (*Capital*, livre II).

En fait le capital tend vers une suraccumulation et ce qui limite la consommation solvable, c'est justement la nécessité de produire de la plus-value : « La limite de la production, c'est le profit des capitalistes et nullement le besoin des producteurs. »[1]

Ainsi le capitalisme bute sur la loi de la baisse tendancielle du taux de profit qui l'oblige à limiter la progression des revenus salariaux minant par là même la base de son extension : les débouchés solvables. De multiples moyens peuvent contrecarrer ces tendances : débouchés extérieurs, politique impérialiste, dévalorisation du capital public moins rémunéré, commandes de l'Etat, hausse de la productivité, progrès technologiques... Par elle même la crise a une fonction thérapeutique et tel un bain de jouvence pour le profit elle restaure les conditions de la rentabilité.

Dans la mouvance marxiste : la théorie de la régulation...

Des crises de régulation

Le point de départ de ce courant d'analyse est que les crises ne peuvent s'expliquer que si on prend en compte le *système de régulation* dans son ensemble, c'est-à-dire « la façon dont se reproduit la structure déterminante d'une société dans ses lois générales » (Aglietta). Or si les structures fondamentales de nos sociétés restent celles du capitalisme, le capitalisme a fait preuve de fortes capacités d'adaptation et son mode de régulation s'est transformé. Les *crises majeures* sont celles qui mettent en cause le

1. Marx, *Histoire des doctrines économiques*, Costes;
Producteurs : ceux qui produisent, c'est-à-dire les travailleurs.

mode de régulation, par opposition avec les *crises mineures* qui ne font que permettre un nouvel essor des mécanismes de croissance. Les crises majeures sont des crises de mutation entre une régulation ancienne qui ne permet plus la croissance économique et une nouvelle régulation qui permettra de résoudre les causes profondes de la crise.

La crise de 1929, crise de la régulation concurrentielle

Ainsi la crise de 1929 aurait-elle été la crise de la régulation concurrentielle, c'est-à-dire d'un mode de régulation caractérisé par la flexibilité des prix, des salaires et de l'emploi.

L'extension du fordisme permettra la mise en place d'une nouvelle forme de régulation qui relancera la croissance et permettra de sortir de la crise de 1929.

La croissance d'après guerre, fruit de la régulation fordiste

La croissance de type fordiste est fondée sur un couple particulier : **une production de masse** et **une consommation de masse.**

La division taylorienne du travail, la production à la chaîne peuvent induire des accroissements de productivité importants si les produits sont à la fois standardisés et fabriqués en très grande série. Cette croissance de la productivité permet à la fois un accroissement des profits (stimulant la poursuite des investissements), une baisse des prix de vente en termes réels et une augmentation des salaires. Ces deux derniers éléments contribuent à leur tour à la constitution d'une demande massive qui est la condition indispensable de fonctionnement de ce système, puisque la rentabilité n'est assurée que si les débouchés sont suffisants pour justifier *une production de masse.*

De fait *une consommation de masse* va se développer. Des catégories de plus en plus nombreuses s'équipent d'appareils électro-ménagers, disposent d'une voiture...

Par ailleurs cette structure productive induit une hausse de la « composition organique du capital »; non seulement il faut des machines nouvelles seules adaptées à ce type de production mais le capital nécessaire par travailleur s'accroît. Les investissements induits sont donc considérables et stimulent à leur tour la croissance.

Ce mode de régulation repose sur le maintien d'une forte croissance de la productivité, condition nécessaire de la croissance de la demande sans baisse des taux de profit. L'intervention de l'Etat, le développement des accords entre partenaires sociaux dans les pays industrialisés après 1945 (indemnités de chômage, salaire minimum garanti, indexation de fait des salaires sur les prix...) favorisent la croissance régulière de la demande qui est une condition nécessaire de ce mode de régulation.

La crise actuelle, crise du fordisme

Ce mode de régulation ne fonctionnera plus lorsque divers éléments contribueront à réduire les possibilités d'accroissements importants de la productivité, base de ce mode de régulation. La crise du fordisme que nous vivons actuellement est liée à la conjonction de plusieurs mécanismes :

La plupart des catégories sociales ayant dans les pays industrialisés accédé aux biens auxquels s'appliquent facilement les méthodes de production fordistes, il devient de plus en plus difficile d'étendre le champ d'application du fordisme à des secteurs nouveaux susceptibles de prolonger la croissance de la productivité. Par ailleurs, la demande est de plus en plus une demande de renouvellement et non de première acquisition, or, on a constaté que cela se traduit par de très grandes fluctuations du niveau de la demande qui rendent nécessaire une plus **grande flexibilité** des quantités produites, difficilement compatibles avec la chaîne continue traditionnelle.

— Le fordisme provoque une aliénation du travailleur qui induit des comportements défavorables à la production : absentéisme, indifférence vis-à-vis de l'efficacité, turn over élevé... Parallèlement les activités improductives se multiplient provoquant un prélèvement sur le surplus disponible qui réduit les marges bénéficiaires.

— Enfin, on a pu se demander si l'internationalisation croissante de la production n'exercerait pas un effet dépressif sur le niveau de la demande globale en séparant lieu de distribution des revenus et lieu de vente, rompant ainsi la logique de soutien des revenus pour assurer une consommation de masse.

Pour sortir de la crise actuelle il faut donc trouver un nouveau mode de régulation. L'attitude des néo-classiques qui tente de revenir à une régulation concurrentielle (flexibilité de la main-d'œuvre des salaires...) ne peut répondre aux problèmes actuels.

La sortie de la crise passe alors par la mise en place de systèmes plus flexibles de production, par la transformation de l'organisation du travail, le développement d'une nouvelle demande et l'adaptation de l'appareil productif à la troisième révolution industrielle (bio-technologies, informatique, robotique, industries de communication...).

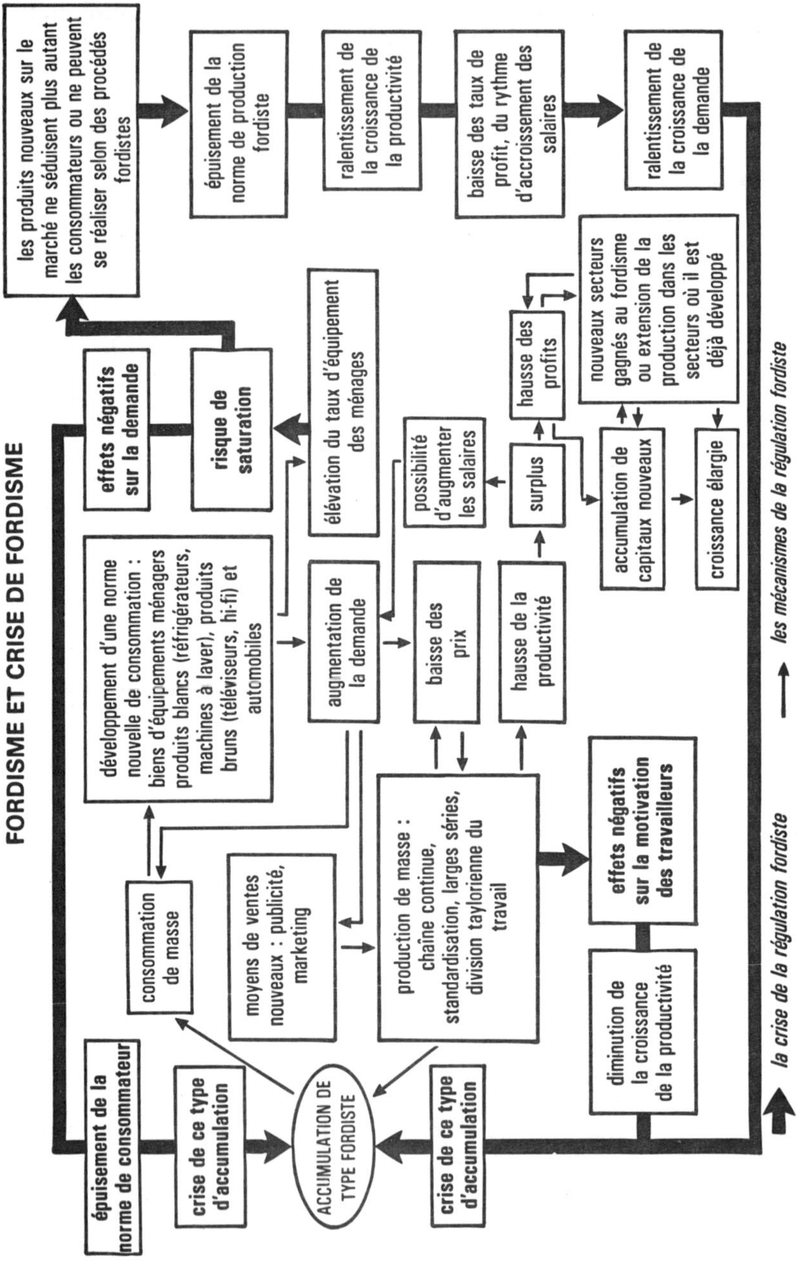
FORDISME ET CRISE DE FORDISME
ACCUMULATION DE TYPE FORDISTE
consommation de masse
moyens de ventes nouveaux : publicité, marketing
production de masse : chaîne continue, standardisation, larges séries, division taylorienne du travail
développement d'une norme nouvelle de consommation : biens d'équipements ménagers produits blancs (réfrigérateurs, machines à laver), produits bruns (téléviseurs, hi-fi) et automobiles
augmentation de la demande
baisse des prix
hausse de la productivité
surplus
possibilité d'augmenter les salaires
hausse des profits
accumulation de capitaux nouveaux
nouveaux secteurs gagnés au fordisme ou extension de la production dans les secteurs où il est déjà développé
croissance élargie
élévation du taux d'équipement des ménages
risque de saturation
effets négatifs sur la demande
effets négatifs sur la motivation des travailleurs
diminution de la croissance de la productivité
épuisement de la norme de consommateur
crise de ce type d'accumulation
crise de ce type d'accumulation
les produits nouveaux sur le marché ne séduisent plus autant les consommateurs ou ne peuvent se réaliser selon des procédés fordistes
épuisement de la norme de production fordiste
ralentissement de la croissance de la productivité
baisse des taux de profit, du rythme d'accroissement des salaires
ralentissement de la croissance de la demande
la crise de la régulation fordiste
les mécanismes de la régulation fordiste

... L'analyse des théoriciens du capitalisme monopoliste d'Etat

> « Le capitalisme monopoliste d'Etat annoncé par des transformations significatives dès le tout début du stade impérialiste surgit pendant la guerre de 1914-1918, sous la pression de la lutte à mort entre les Etats capitalistes, expression du développement des antagonismes impérialistes. Il est nécessaire de pousser au maximum la production et pour cela de commencer à dépasser les limites des rapports du capitalisme monopoliste simple, en mettant systématiquement la puissance de l'Etat, le pouvoir concentré de la société qu'elle représente, au service de l'accumulation capitaliste par les commandes, le financement et la programmation publique. »[1]

Ainsi l'intervention de l'Etat, en réduisant pour les entreprises les effets de la baisse tendancielle des taux de profit, suspend artificiellement et donc temporairement la crise économique. Mais l'intervention de l'Etat ne peut s'accroître indéfiniment. Pour lutter contre la suraccumulation, les entreprises vont exercer des pressions à la baisse des salaires et fuir les investissements productifs au profit des placements spéculatifs. Dans ce contexte, la nationalisation des grandes entreprises doit favoriser la relance économique en permettant une croissance planifiée et l'introduction de critères nouveaux pour juger de l'efficacité des entreprises. La logique du produit remplacerait celle du profit. Le nouvel indicateur généralement proposé est le fameux rapport : $\frac{\text{valeur ajoutée}}{\text{capital}}$

L'entreprise efficace serait celle qui maximiserait sa valeur ajoutée par unité de capital utilisée.

Cet indicateur a fait l'objet de nombreuses critiques, la principale est que ce critère induit pour le pays qui l'applique, une perte de compétitivité des entreprises par rapport au reste du monde.

Mondialisation de l'économie et redistribution des pouvoirs

Toujours dans une analyse en terme de modification des structures du capitalisme, un autre courant voit, dans l'internationalisation de la production, des échanges et des

1. C. Boccara, *Etudes sur le capitalisme monopoliste d'Etat*, éd. Sociales.

capitaux l'origine profonde des déséquilibres actuels. Après les années 50, le développement des firmes qui se faisait jusqu'alors principalement en fonction d'un horizon national s'est réalisé de plus en plus souvent en tenant compte du marché mondial. Cette intégration au marché mondial, qui avait pour objectif précis l'obtention de profits plus élevés, a contribué à retarder l'apparition d'une crise économique. Mais en même temps, l'internationalisation engendre des problèmes nouveaux. Quand une entreprise se délocalise à l'intérieur d'un pays, il peut en résulter des problèmes régionaux importants mais l'incidence globale sur l'emploi est neutre. Quand une firme décide de transférer une usine dans un autre pays, l'effet sur l'économie nationale est totalement différent. Certains mécanismes traditionnels d'ajustement vont donc devenir moins efficaces. La marge d'intervention de l'Etat de chaque nation va se réduire, les entreprises s'adaptant par exemple à des réglementations trop rigoureuses par des déplacements d'activité vers d'autres pays. Les politiques de relance keynésiennes vont se heurter d'autant plus facilement à la contrainte extérieure que l'internationalisation de la production contribue à l'accroissement de la pénétration du marché national par les marchandises étrangères.

Dans ce mouvement de mondialisation, où l'internationalisation est à la fois cause de la crise et moyen de lutte contre la baisse des profits, tous les pays ne sont pas égaux. La crise a pour enjeu la redistribution du pouvoir économique au niveau mondial.

L'intensification de la concurrence sur des marchés ouverts sur l'extérieur a induit une spécialisation accrue des économies qui accroît à son tour la dépendance des Etats vis-à-vis de l'extérieur et modifie les rapports de force mondiaux.

La constitution d'une structure productive bien adaptée à la lutte au niveau mondial (innovation, politique de filière) mais aussi permettant une réduction de la dépendance extérieure est alors considérée comme un moyen important d'adaptation à la crise. Le contrôle des politiques des firmes multinationales en particulier par des nationalisations peut aussi être préconisé dans cette optique.

Crise de l'innovation

L'explication de la croissance et des crises par l'innovation a été marquée par l'analyse de J. Schumpeter qui voit dans ce facteur l'origine des cycles longs mis en évidence par

Kondratiev. Le progrès technique est déstabilisant tant dans un sens positif qui est celui de la croissance, que dans un sens négatif (crise) quand il se ralentit. Des travaux plus récents, par exemple ceux de R. Vernon sur l'analyse du cycle de vie du produit, affinent ces analyses (voir p. 117). Le progrès technique stimule la croissance économique car il crée des opportunités de profit, stimule les investissements, favorise la mise en place de nouvelles structures organisationnelles. J. Schumpeter associe les phases ascendantes des fluctuations de Kondratiev à la mise en application des progrès techniques majeurs. Inversement lorsqu'une technologie est arrivée à maturité, elle n'engendre plus d'accroissement important de productivité et la croissance se ralentit.

Ainsi la crise actuelle serait due à l'arrivée à maturité de technologies ayant soutenu la croissance de l'après-guerre et au développement encore limité des nouvelles innovations majeures (électronique...).

La crise de l'innovation peut d'ailleurs être comprise dans un sens plus large que le progrès technologique. Il y aurait aujourd'hui crise de l'innovation parce que des mécanismes sociaux (crise du travail, modes de décision dans l'entreprise, bureaucratie tant publique que privée...) limiteraient les innovations efficaces.

Face à la crise, la politique préconisée sera alors un soutien de l'innovation tant au niveau de l'intervention de l'Etat (financement et soutien des secteurs à haute technologie, éducation ou recherche...) que par la transformation des structures des entreprises en vue de favoriser l'innovation (cercles qualités...).

La tendance à l'état stationnaire ?

Une autre école de pensée voit dans les effets induits de la croissance sur l'environnement, l'origine de limites structurelles à la croissance. L'accroissement rapide des biens disponibles au cours des « Trente Glorieuses » s'est fait au détriment de l'environnement. La pollution, les effets négatifs des nouvelles organisations du travail... ne sont pas pris en compte dans le calcul de la valeur de la production. Les matières premières et l'énergie sont des ressources par nature limitées.

Les effets négatifs de la croissance constituent sa propre limite. Il faut trouver une autre croissance, une autre organisation du mode de vie. C'est l'objectif de la « croissance zéro » mais accompagnée d'une transformation qualitative de l'organisation sociale et de la composition de la production.

Le social au cœur de la crise

Des interprétations différentes

Déjà au XIXe siècle, Max Weber considérait que « l'éthique protestante» était un facteur favorable au développement d'un capitalisme dynamique. De même, on a pu expliquer le déclin relatif du Royaume-Uni par des mécanismes liés aux mentalités.

Nombreux sont ceux qui aujourd'hui reconnaissent une composante sociale à la crise actuelle. Mais les caractéristiques retenues et les analyses qui en en sont faites divergent très fortement. Un même fait est même interprété de façon différente selon les courants de pensée. Si libéraux et marxistes constatent l'existence de comportements au niveau du travail défavorables à la production, les premiers parlent de crise de valeurs alors que les seconds y verront des réactions face à l'aliénation qui résulte des modalités du travail tayloriste et fordiste.

La lecture libérale

Pour l'approche libérale, la crise sociale a plusieurs dimensions :

— **Une crise des valeurs** est souvent évoquée à propos du refus des disciplines industrielles qui se traduisent par le développement de l'absentéisme, du coulage et aussi par certaines grèves d'ouvriers spécialisés.

— **L'insuffisance de consensus** est souvent analysée comme un facteur de rigidité qui freine les ajustements nécessaires. Les syndicats japonais « réalistes » qui acceptent les licenciements (en particulier dans les petites entreprises), la réduction des primes et la stagnation des salaires en périodes de difficultés économiques sont souvent présentés comme des modèles à suivre.

— **Une crise du système de protection sociale.** Les systèmes de protection sociale, outre le coût qu'ils représentent en termes de compétitivité, induisent des comportements anti-économiques : absence de mobilité liée aux entraves introduites par le Droit du travail aux licenciements, coûts élevés des sureffectifs, comportements bureaucratiques des travailleurs liés à une trop grande sécurité de l'emploi.

La mise en place d'*une société duale* est souvent préconisée pour lutter contre la crise actuelle. Celle-ci serait caractérisée par l'existence de deux systèmes d'emploi, un peu sur le mode japonais de fonctionnement du marché du travail. Un premier type de main-d'œuvre, très efficace, très mobile travaillerait dans des secteurs hautement concurrentiels et à forte productivité, les salaires y seraient élevés... ; un deuxième type de main d'œuvre moins performante aurait des salaires nettement plus faibles et travaillerait dans des activités moins exposées à la concurrence internationale.

Analyse critique vis-à-vis de l'économie de marché

Pour l'approche critique vis-à-vis du marché, la crise sociale peut aussi être interprétée de différents points de vue :

Au niveau de l'économie mondiale, S. Amin, G. Franck... insistent sur la remise en cause de la division Nord-Sud. La crise est aussi l'ébranlement de l'équilibre des forces au niveau international.

Au niveau national, la crise reflète aussi les résistances de certaines couches à la surexploitation. Les **normes de production** sont menacées par le refus des OS de rester à vie rivés à la machine; le coulage, le refus d'augmenter la productivité, la mise en question des licenciements entraînés par la robotique bloquent souvent la flexibilité du système. Femmes et jeunes demandent des rémunérations plus justes et même les immigrés ont rejoint les luttes syndicales. La mise en question des **normes de consommation**, la valorisation du temps libre, la remise en cause du modèle familial avec le refus des femmes de rester dans leur rôle de ménagères productrices d'enfants bouleversent la logique fordiste. La volonté de prendre le temps de vivre, de rester au pays, s'opposent à l'idéologie de la mobilité et du productivisme.

☞ **Investissement, épargne, productivité,
contrainte extérieure, régulation,
système monétaire international, échanges internationaux,
sous-développement.**

Croissance et crises dans les économies centralement planifiées

Le choix du type de croissance

Dans une économie planifiée, le taux de croissance résulte largement des choix effectués au niveau centralisé. Dès les premières années de l'expérience soviétique, des débats importants se développent sur la stratégie de croissance à adopter (débat Boukharine, Préobrajenski). Le débat s'est poursuivi depuis et a été une des composantes de l'opposition de Mao Tsé Toung vis-à-vis de l'U.R.S.S.

Croissance accélérée ou croissance équilibrée...

La croissance équilibrée (Boukharine)

La stratégie proposée par Boukharine était celle d'une industrialisation à un rythme modéré mais permettant un équilibre dans le développement des différents secteurs : « on allait ainsi pouvoir créer un surplus disponible pour l'exportation, et pour le développement industriel (l'agriculture fournissant à l'industrie à la fois des matières premières à transformer et des produits alimentaires pour l'entretien d'une main-d'œuvre supplémentaire). L'industrie serait à son tour en mesure d'accroître ses ventes (matériel agricole, biens de consommation) à destination de l'agriculture, trouvant là un marché en expansion, et le circuit des échanges une fois amorcé se poursuivrait sans à coups »[1].

Des mesures libérales devaient stimuler la production agricole, les paysans bien rémunérés pouvaient alors épargner et s'équiper.

L'industrialisation accélérée (Préobrajenski)

L'expérience de la N.E.P. donna des arguments empiriques aux courants favorables à l'industrialisation accélérée et centralement dirigée. « Le taux de consommation agricole à l'intérieur de l'agriculture augmentait avec l'accroissement de cette production aux dépens de l'épargne et de l'investissement. » Pour Préobrajenski la leçon est claire : « Ce qui a été perdu en vitesse de croissance (...) conduisant

1. Marie Lavigne, *Les économies socialistes*, A. Colin.

à l'extrême dénuement en moyens de base, il est nécessaire de le réaliser par une accumulation intensifiée aux dépens du secteur non socialiste. » Il faut donc sous-rémunérer le travail paysan et artisanal pour permettre à l'industrie naissante de se développer rapidement.

La politique de croissance accélérée présente quatre caractéristiques : le financement de l'accumulation primitive par un prélèvement sur la paysannerie, un taux d'investissement élevé, la priorité de la croissance à long terme sur la consommation immédiate, le rôle central de l'industrie et tout particulièrement l'industrie lourde dans le développement. Lénine écrivait : « La base réelle et unique du renforcement des ressources, du renforcement de la société socialiste est une et il n'y a qu'elle : c'est l'industrie lourde. »[1]

Une industrialisation accélérée doit permettre de rattraper les niveaux de production occidentaux... « Le capitalisme est le mouvement, le socialisme c'est un mouvement encore plus rapide » (Préobrajenski).

Ce mode d'industrialisation a fait l'objet de vives critiques qui portent d'abord sur les conséquences économiques et sociales de l'industrialisation accélérée : manque de motivations de la paysannerie qui constitue un frein à la croissance de la production agricole, caractère nécessairement autoritaire du régime politique car le prélèvement sur la paysannerie se heurte à des résistances. Pour Bettelheim cette politique serait à l'origine de la constitution de structures bureaucratiques dans les pays de l'Est.

La conception maoïste, une autre approche du développement équilibré

Au cours de 1er plan chinois, la Chine applique les principes staliniens de « croissance accélérée » avec priorité à l'industrie lourde.

Dans un pays moins industrialisé que ne l'était l'U.R.S.S. de 1917, des tensions importantes apparurent. Comment prélever sur l'agriculture alors que le niveau de production permet à peine d'assurer la subsistance de la population ?

Mao Tsé Toung préconise alors une croissance aussi rapide que possible, mais permettant un développement équilibré entre l'industrie et l'agriculture, l'industrie ayant pour première fonction d'aider l'agriculture à améliorer sa productivité. La conception maoïste se distingue

1. *Œuvres*, tome 32, Moscou.

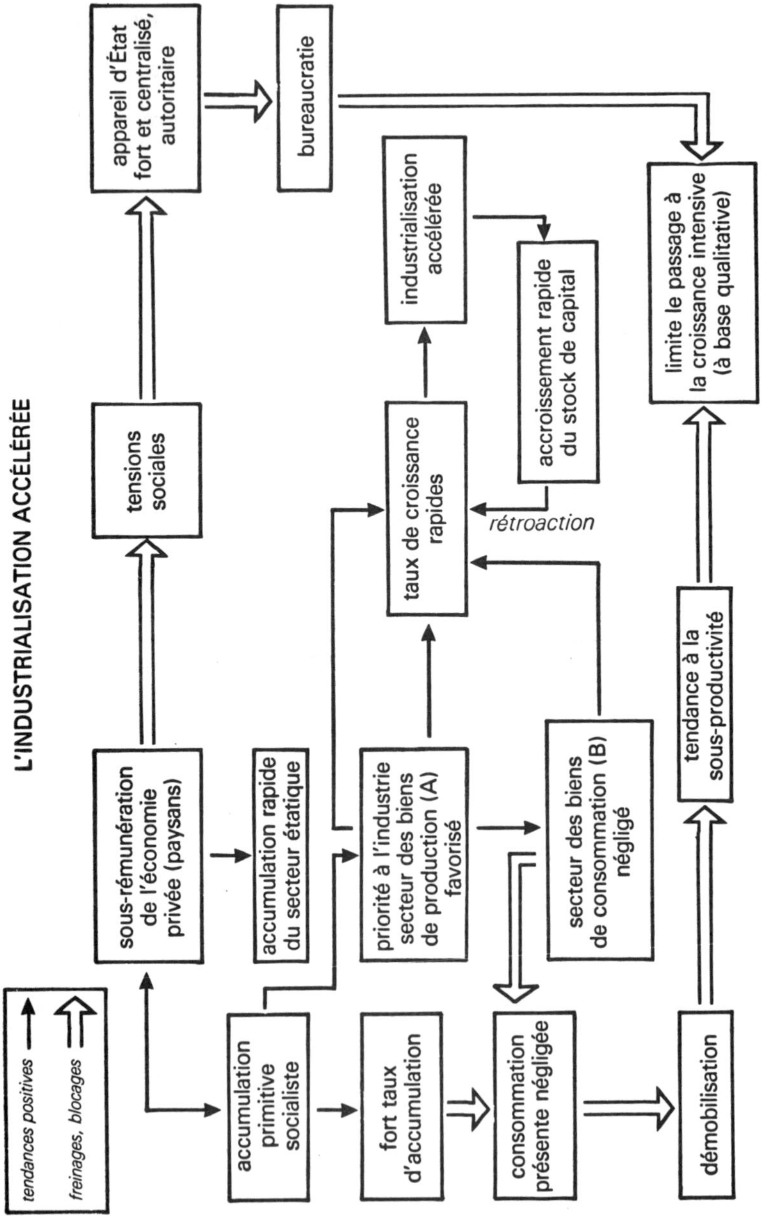
L'INDUSTRIALISATION ACCÉLÉRÉE
tendances positives
freinages, blocages
accumulation primitive socialiste
fort taux d'accumulation
consommation présente négligée
démobilisation
sous-rémunération de l'économie privée (paysans)
accumulation rapide du secteur étatique
priorité à l'industrie secteur des biens de production (A) favorisé
secteur des biens de consommation (B) négligé
tendance à la sous-productivité
tensions sociales
taux de croissance rapides
rétroaction
accroissement rapide du stock de capital
limite le passage à la croissance intensive (à base qualitative)
appareil d'État fort et centralisé, autoritaire
bureaucratie
industrialisation accélérée

de celle de Préobrajenski par la nature des moyens mis en place pour obtenir cet équilibre : alors que la deuxième approche envisage de laisser une certaine place aux mécanismes du marché, dans l'analyse maoïste, ce sont des mécanismes collectifs qui doivent permettre d'obtenir cet équilibre. L'approche maoïste ne sépare pas, par ailleurs, les aspects sociaux et politiques des données économiques dans sa conception de la croissance équilibrée.

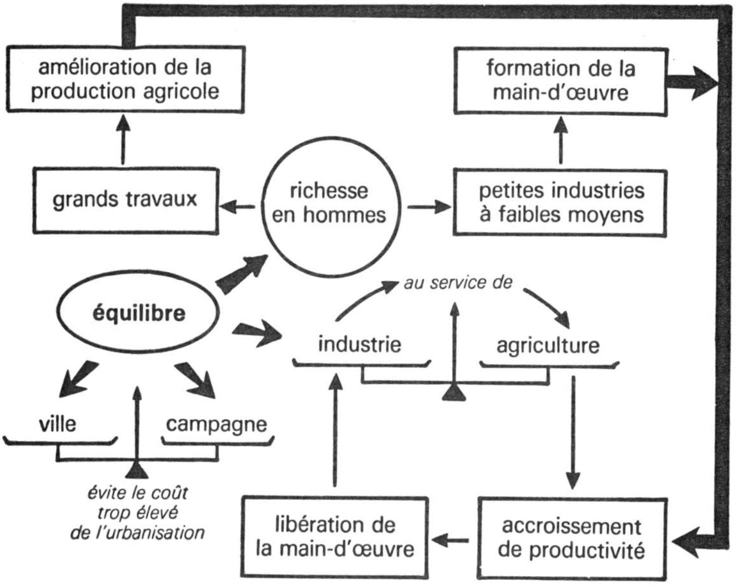

Régulation en économies planifiées

Des résultats contestés

L'analyse des résultats concrets des pays de l'Est fait l'objet de débats multiples. Le taux de croissance des pays de l'Est a-t-il été sur la longue période parmi les plus élevés du monde ? Ces pays connaissent-ils l'inflation ? le chômage ? la pauvreté ?

Les taux de croissance sur la longue période

Si l'on prend pour base les statistiques officielles, les taux de croissance sur la longue période sont très élevés en particulier pour l'U.R.S.S. Ces évaluations sont contestées. Ainsi selon l'estimation de l'Américain G. Warren Nutten le Revenu National soviétique aurait été multiplié par 2,5 entre 1937 et 1960, alors que les données officielles fournissent un coefficient multiplicateur de 6.

Ces différences tiendraient d'une part à une sous-évaluation de la production de l'année de base (dans l'exemple ci-dessus 1937), d'autre part au mode de calcul de la production dans la Comptabilité nationale soviétique qui ne prend pas en compte les services. De plus, des produits de qualités médiocres, invendables dans la logique d'une économie de marché, sont comptabilisés.

Certains spécialistes, tels Alec Nove et Marie Lavigne, considèrent cependant que les chiffres officiels révèlent les tendances réelles de la longue période car une comptabilité truquée affecterait la planification elle-même...

La baisse des taux de croissance

Dans le cas de l'U.R.S.S., un ralentissement net du rythme de la croissance apparaît à travers des statistiques officielles.

croissance réalisée en volume, par an, au cours de chaque quinquennat

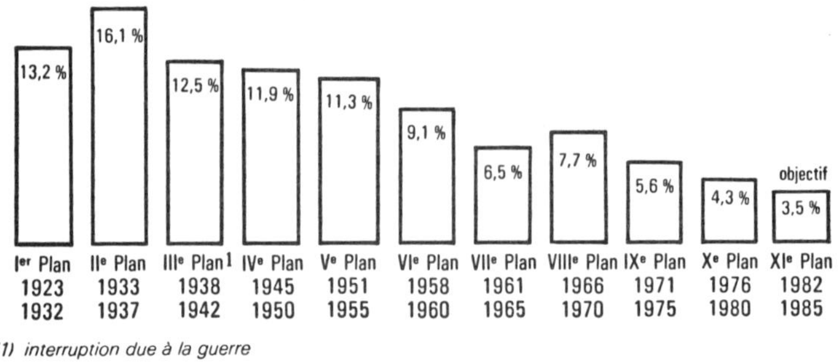

(1) interruption due à la guerre

Les analyses critiques y voient la preuve du développement d'une crise d'un type particulier, caractérisée par une quasi stagnation de la production à laquelle il faudrait ajouter d'autres données qualitatives : faible productivité, pénuries, qualité des marchandises insuffisante...

Pour les Soviétiques ce fléchissement n'implique nullement l'existence de crises dans les pays de l'Est comme il en existe dans les pays capitalistes. Tout au plus peut-on parler de difficultés. En effet aucun mécanisme interne ne peut provoquer de ralentissement de l'activité quand la demande solvable est insuffisante ou quand la rentabilité des investissements est trop faible, puisque ces valeurs macro-économiques sont fixées par le plan. On ne peut comparer un simple ralentissement des taux de croissance et la stagnation, voire la baisse de production, que connaissent les pays capitalistes actuels.

Peut-il y avoir sous-emploi de la main-d'œuvre ?

Le droit au travail est assuré dans les pays socialistes puisque nul ne peut se retrouver au chômage. Tout adulte en bonne santé est tenu d'avoir un emploi et ne peut rester sans travail plus de trois mois sans être considéré comme parasite (hooligan) vivant indûment de la production réalisée par d'autres. Statistiquement le chômage est donc inexistant.

Ce sont les entreprises qui recherchent des travailleurs et se disputent certaines qualifications. Pourtant dans beaucoup d'entreprises le nombre des travailleurs dépasserait les besoins, tels qu'ils sont évalués dans les entreprises américaines ou françaises. Ce surnombre correspond à une forme de partage de l'emploi : ce qui constituerait pour certains analystes occidentaux une forme de *chômage déguisé*.

Si on peut y voir une cause de sous-productivité, ses conséquences sociales ne sont pas comparables à celles qu'induit le chômage dans les économies occidentales.

Les prix

Dans la plupart des pays de l'Est les prix des marchandises et des services sont pour l'essentiel fixés au niveau centralisé. Le plan assure l'équilibre entre revenus distribués, niveau de production et prix. En principe il ne peut donc pas y avoir d'inflation. Bien plus les prix devraient avoir tendance à baisser sur le long terme avec l'accroissement de la productivité ! Ainsi, à quelques exceptions près, celles des pays très ouverts sur les pays occidentaux (Hongrie, Pologne...) les pays de l'Est ont un indice officiel des prix exceptionnellement stable.

Le débat sur l'inflation dans les pays de l'Est pose le problème de la définition de l'inflation. Y a-t-il inflation uniquement lorsque le niveau général des prix augmente ou bien l'inflation est-elle le produit de tensions entre offre et demande et peut-elle exister indépendamment d'une hausse véritable des prix ? Ainsi pour F. Seurot : « l'inflation est une demande excédentaire de biens sur le marché. Ce déséquilibre peut se résorber par une hausse des prix

— on parle alors **d'inflation ouverte** ou déclarée — ou par des files d'attente si les prix sont bloqués administrativement; cette dernière situation est, en général, appelée **inflation réprimée** »[1].

L'inflation réprimée se manifesterait dans les pays de l'Est par de fortes fluctuations sur les marchés libres lorsqu'ils existent (marchés kolkhoziens), le développement de marchés parallèles (marchés noirs) liés aux pénuries et sur lesquels les prix sont très élevés... ; l'importance de l'épargne non voulue, les délais nécessaires pour obtenir certains biens durables reflètent l'impossibilité d'utiliser les liquidités disponibles par suite de l'insuffisance des produits disponibles sur le marché...

Des interprétations différentes

Les difficultés économiques des pays de l'Est sont interprétées de façons très différentes, de l'analyse en terme de « bilan globalement positif » à la critique du régime.

Le bilan globalement positif

Les économistes soviétiques officiels affirment que le bilan est globalement très positif. « Les pays à économie planifiée et notamment l'U.R.S.S., connaissent eux-aussi des difficultés. Cependant, nos problèmes se situent sur un autre terrain que ceux des pays capitalistes évolués. Cela fait 53 ans que l'Union Soviétique ne connaît pas de chômage, bien au contraire, notre pays étant confronté à une insuffisance de la main-d'œuvre. Les prix sont plus que stables ces douze dernières années (1970-1981), l'indice des prix ne s'est accru que de 4 %[2]. »

Le ralentissement de la croissance s'expliquerait pour partie par le respect de certains acquis sociaux du socialisme : « Il serait possible d'accélérer la croissance économique littéralement en six mois, en affaiblissant ou même en supprimant pour cela les freins sociaux du développement économique. Mais, il faudrait renoncer en ce cas à certaines formes de la stimulation matérielle (...), ce qui pourrait provoquer une stratification trop poussée, à notre avis, de la société, une intensification du travail, une réduction des dépenses d'Etat pour l'instruction et la santé publique, la construction locative. »[3]

1. *Inflation et emploi dans les pays socialistes*, P.U.F., janvier 1983.
2 et 3. Texte soviétique, cité dans *L'Expansion*, septembre 1983.

Cette analyse n'exclut pas que des moyens nouveaux soient mis en place pour stimuler la productivité, l'innovation... (voir p. 139), mais condamne l'assimilation des difficultés présentes de l'U.R.S.S. à une crise comparable à celles que subissent régulièrement les pays capitalistes...

Les difficultés de passage d'une croissance extensive à une croissance intensive

Quels que soient les écarts dans les appréciations de la croissance, il ressort que la croissance de l'U.R.S.S. entre 1917 et 1960 a été forte. La croissance accélérée a donc donné des résultats en matière d'accroissement de la production industrielle; mais aujourd'hui la croissance ne peut plus résulter de la seule augmentation du nombre des usines et des ouvriers, les possibilités de passage de la population du secteur primaire vers le secondaire étant maintenant très réduites. D'autre part l'accroissement de la production entraînerait un changement qualitatif, la demande se diversifiant au fur et à mesure de l'augmentation du niveau de vie, crée des problèmes d'ajustement entre l'offre et la demande jusque-là inconnus : quand les chaussures manquent, peu importe la couleur, quand l'abondance est plus grande les exigences du consommateur s'accroissent.

C'est ce passage d'une croissance extensive à une croissance intensive[1] que les pays de l'Est n'arriveraient pas à résoudre et qui imposerait une modification de l'organisation de la planification (voir p. 110).

La crise reflète l'inefficacité du socialisme

Les économistes libéraux voient dans les difficultés actuelles des pays socialistes non un dysfonctionnement passager, mais le reflet de l'impossibilité des économies planifiées et socialisées à résoudre les problèmes d'une société de consommation diversifiée.

L'absence de liberté d'entreprise engendre pénuries et manque d'innovation. Le progrès technique est inhibé, la demande insatisfaite, la routine s'installe (voir p. 137).

1. **Croissance extensive** : L'essentiel du supplément de production provient de la mise en service de machines supplémentaires nouvelles.

Croissance intensive : Le taux de croissance provient essentiellement des gains de productivité dus au rajeunissement du stock de machines, de l'incorporation de progrès techniques et d'un meilleur savoir-faire dans le processus productif...

L'analyse anti-bureaucratique

Le rôle de la bureaucratie dans les difficultés économiques des pays de l'Est est analysé par deux courants très différents : d'une part le courant libéral qui voit dans toute gestion centralisée l'origine de mécanismes bureaucratiques facteurs d'inefficacité, d'autre part un courant néo-marxiste qui voit dans le développement d'une bureaucratie, en particulier en U.R.S.S., une forme de déviation par rapport aux principes socialistes.

L'analyse de Modzelewski et Kuron[1] est caractéristique de ce courant. Une nouvelle « classe sociale » s'est constituée, elle dirige le pays par délégation en se cooptant : le Parti communiste choisit ses membres et détient la liste des postes-clés qui donnent accès au pouvoir « nomenklatura ». Les membres de cette nouvelle classe détiennent des privilèges importants : revenus élevés, magasins réservés, accès pour ses enfants aux meilleures universités ouvrant les portes de la technocratie.

« La bureaucratie politique centrale est une classe dominante : elle a un pouvoir exclusif sur les moyens de production de base, elle achète la force de travail de la classe ouvrière, elle lui prend par la force brutale de la contrainte économique son surproduit (...). »

Le but fondamental de la bureaucratie est de se maintenir au pouvoir et d'accroître ses privilèges pour maximiser son pouvoir : elle va favoriser l'investissement, les grands projets et la force militaire (génératrice de puissance et de postes importants). Non seulement elle cherche à améliorer son niveau de vie, mais elle met en place des structures de reproduction sociale. Elle crée un style de vie, une façon de s'habiller qui lui est propre, l'endogamie se développe.

La crise économique actuelle résulte du développement de ces stratégies. Taux d'investissement élevé, priorité à l'industrie lourde et au secteur militaire engendrent frustrations, absentéisme, sous-productivité et tensions inflationnistes. Alcoolisme, mobilité excessive de la main-d'œuvre, marché noir, manque de motivations sont les reflets du refus de l'exploitation... La crise sociale est donc inséparable de la crise économique.

1. Théoriciens polonais liés à Solidarnosk.

☞ **Entreprise en économie planifiée, planification en économie socialiste.**

Echanges internationaux

Un enjeu majeur

Le commerce international, point de rencontre des forces économiques mondiales, est un enjeu majeur pour tous les pays du monde. Environ 20 % du produit mondial brut est destiné à l'exportation.

Déjà les mercantilistes voyaient dans l'excédent commercial une source de puissance car l'or ainsi obtenu pouvait constituer le nerf de la puissance militaire.

Analyse classique et néo-classique

Les analyses classiques et néo-classiques ont en commun d'expliquer et de justifier le libre échange à partir d'une approche en terme de dotation en facteurs de production.

Adam Smith et la loi de l'avantage absolu

« La maxime de tout chef de famille prudent est de ne jamais essayer de faire chez soi la chose qui lui coûtera moins cher à acheter. Le tailleur ne cherche pas à faire ses souliers mais les achète au cordonnier... Ce qui est prudence dans la conduite de chaque famille en particulier ne peut guère être folie dans celle d'un grand empire. Si un pays étranger peut nous fournir une marchandise à un meilleur marché que nous sommes en état de l'établir nous-mêmes, il vaut mieux que nous la lui achetions avec quelque partie du produit de notre propre industrie employée dans le genre dans lequel nous avons quelque avantage. » (*Recherche sur la nature et les causes de la richesse des nations.*)

Cependant une telle approche n'explique qu'une très faible fraction de l'échange international. Ainsi des pays présentant une situation de productivité inférieure dans presque tous les domaines seraient condamnés à l'autarcie et les échanges internationaux seraient bien limités.

Ricardo et la loi de l'avantage relatif (ou comparatif)

Pour Ricardo l'échange peut et doit exister dans des cas bien plus vastes que ceux analysés par A. Smith. Si, par exemple, un pays A produit un type d'ordinateur en 100 heures de travail et un type de moteur électrique en 20 heures de travail, le rapport d'échange sera, sans commerce international, de 5 moteurs pour 1 ordinateur. Supposons qu'un autre pays B mette 1000 heures pour fabriquer un ordinateur équivalent et 100 heures pour obtenir un moteur électrique, le rapport d'échange est alors de 1 ordinateur pour 10 moteurs électriques dans le pays B.

	Pays A	Pays B
Ordinateurs	100	1 000
Moteurs électriques	20	100
Rapport d'échange interne	5 moteurs pour un ordinateur	10 moteurs pour un ordinateur

A détient un avantage absolu, par rapport à B, pour les deux biens selon l'analyse d'A. Smith, mais Ricardo affirme que les pays A et B ont tout de même intérêt à commercer.

Si le pays A se spécialise dans les ordinateurs (pour lesquels son avantage relatif est plus grand) et le pays B dans les moteurs électriques (pour lesquels le désavantage est relativement moins important) chaque participant à l'échange international va économiser du travail. En effet, l'exportation de 10 moteurs électriques par le pays B ne coûte que 1000 heures de travail mais permet d'obtenir dans le pays A, cinq ordinateurs compte tenu du taux d'échange dans ce pays. Ces cinq ordinateurs que l'on peut ainsi importer auraient demandé 5000 heures de travail dans le pays B. Celui-ci a donc gagné 4000 heures de travail grâce à l'échange international dans le cas de ce rapport d'échange fictif.

Plus généralement, tout échange se situant entre un ordinateur pour cinq moteurs et un pour dix avantagera les deux pays. Cette transaction n'exclut évidemment pas l'existence de différences de niveau de vie entre les deux nations puisque l'efficacité du pays A est plus grande. La loi des « avantages relatifs » ne se propose pas d'expliquer le niveau précis des prix auxquels se réalisent les échanges mais seulement la fourchette de prix pour laquelle les deux participants réalisent des gains.

L'analyse néo-classique

Le théorème H.O.S.

Avec les travaux *d'Hecksher, Ohlin, Samuelson,* l'analyse des échanges internationaux prend en compte *les facteurs de production* et ne raisonne plus dans le seul cadre de coûts mesurés en heures de travail :

« Dans chaque pays, le facteur abondant tend à être relativement peu cher. Or, par ailleurs, les conditions de production doivent s'uniformiser au niveau mondial, par la diffusion du progrès technique. Suivant la logique de l'avantage comparatif, chaque pays a donc intérêt à s'engager dans les productions qui incorporent principalement le facteur qu'il détient en abondance et à délaisser les autres productions. » (E. Lafay, *Economie et finances internationales,* Dunod, 1982).

Les pays les plus développés, riches en capital, en technologies avancées, en main-d'œuvre qualifiée, exporteront des produits élaborés. A l'inverse les pays moins développés exporteront des marchandises incorporant leur facteur le plus abondant, le travail peu qualifié.

Le paradoxe de Leontiev

Cette analyse s'est heurtée à des constatations concrètes qui semblaient contredire l'interprétation néo-classique. Ainsi, « Une étude des échanges extérieurs du Canada, au cours des années cinquante, a montré que ce pays exportait plus de biens à forte intensité de capital qu'il n'en importait, alors que l'essentiel de son commerce extérieur s'effectuait avec les Etats-Unis, pays où le capital était abondant. Le Japon a également exporté des biens à forte intensité de capital et importé des biens à forte intensité de main-d'œuvre. » (Kindelberger, Lindert, *Economie internationale,* Economica, 1978).

Pourtant ni Leontiev, ni Kindelberger ni la plupart des néo-classiques n'ont renoncé au modèle d'interprétation de H.O.S. qui reste le cœur de l'analyse néo-classique.

Des éléments importants brouilleraient les cartes de la réalité et expliqueraient ce paradoxe :

1. Un certain protectionnisme modifie partiellement les flux d'échange. Parce que le libre échange est imparfait, la spécialisation naturelle est un peu déformée.

2. A l'intérieur du facteur travail, il faut faire une distinction par niveau de qualification. Il y a aux Etats-Unis abondance de main-d'œuvre qualifiée (au moins en termes relatifs par rapport aux autres pays du monde).

3. Les ressources énergétiques et minières importées, dont le lieu de production répond à des contraintes géographiques, impliquent souvent des investissements massifs (fréquemment américains) qui gonflent artificiellement la part du capital dans les importations des Etats-Unis.

Le paradoxe de Leontiev s'expliquerait alors par une analyse trop sommaire du facteur abondant aux Etats-Unis et ne mettrait pas en cause l'analyse néo-classique des échanges.

La théorie des avantages relatifs face aux critiques

Les préférences de structure

L'analyse ricardienne des échanges extérieurs a fait l'objet de nombreuses critiques. Celles-ci s'articulent autour de deux idées essentielles : d'une part, la théorie des avantages comparatifs est statique et ne prend pas en compte les effets à long terme de la spécialisation sur la structure productive; d'autre part, elle néglige les rapports de force et les effets de domination entre Etats.

Les rythmes de croissance de la productivité sont inégaux

Reprenons l'exemple utilisé pour présenter l'analyse de Ricardo. Renoncer à produire des ordinateurs, c'est aussi ne pas développer une technologie en pleine évolution, c'est accroître le fossé technologique séparant les deux pays. Ne risque-t-on pas de limiter l'incorporation d'électronique dans les produits les plus divers (jouets pour enfants, voitures, machines à laver...) et de ne pas bénéficier du même rythme de croissance de la productivité (machines-outils robotisées...) que dans le pays A ? Dans de telles conditions, le niveau de vie dans le pays B risque d'évoluer beaucoup moins vite que dans le pays A. Le fossé qui le sépare du pays A va s'accroître alors qu'en développant la production de produits de haute technologie le pays B pourrait peut-être réduire son handicap.

La demande mondiale n'est pas indifférente

Si la demande mondiale de moteurs électriques fléchit durablement, comment pourra-t-on, à terme, se procurer les devises pour acheter les ordinateurs ? Se spécialiser dans un secteur où l'évolution de la demande mondiale est défavorable, c'est risquer une crise des débouchés avec le chômage qui l'accompagne. Etre mal placé vis-à-vis de l'évolution de la demande se traduit bien souvent par une diminution des marges bénéficiaires qui ne permettent plus de financer les investissements de productivité ou les reconversions indispensables.

Certains théoriciens du commerce international insistent donc sur l'art de la stratégie. Le cas du Japon, s'organisant autour de quelques filières à forte valeur ajoutée, portées par le marché mondial et ayant des effets induits sur l'économie interne élevé, suggère que les coûts comparatifs ne sont pas les seules variables à prendre en compte.

Protectionnisme et préférences de structure

Tous les pays aujourd'hui industrialisés ont, à un moment ou à un autre de leur histoire, adopté une certaine protection douanière. Le protectionnisme comporte un certain nombre de risques (mesures de rétorsions, manque de dynamisme des entreprises qui ne craignent pas assez la concurrence...) mais il peut contribuer à la mise en place d'industries nouvelles, donner le temps de réaliser les nécessaires adaptations, éviter les conséquences d'une concurrence sauvage. Le Japon est l'illustration de l'efficacité d'un protectionnisme limité et habile permettant aux industries nouvelles de se développer à l'abri de la protection douanière jusqu'au moment où elles atteignent une compétitivité suffisante pour affronter victorieusement le marché mondial.

L'approche stratégique

Un réseau d'échange marqué par des inégalités de pouvoir

Plusieurs courants de pensée mettent en évidence des phénomènes hiérarchiques entre les systèmes productifs et analysent les échanges internationaux en terme d'effets de domination et de rapports de force.

« Le monde apparaît (...) comme un réseau d'échanges qui reçoit l'empreinte de l'inégalité des pouvoirs entre sous-ensembles économiques structurés (industries, secteurs)[1]. »

Il faut prendre en compte les différences de pouvoir entre les firmes multinationales, entre les Etats. Les espaces d'échange et les niveaux de pouvoir induisent des effets de domination dont il faut tenir compte.

A l'intérieur de ce courant d'analyse, il faut distinguer deux directions essentielles. La première, dans la mouvance du Français François Perroux, intègre les mécanismes de domination mais n'implique pas de rejet systématique de l'économie de marché. La seconde au contraire qui se rattache au courant marxiste, voit dans les échanges internationaux l'origine d'une exploitation des pays du Tiers Monde qui condamne le capitalisme.

1. F. Perroux, *Dialogue et monopoles des nations*, P.U.F., 1982.

Pays dominants, pays dominés

« Au sein de chaque révolution industrielle, le pays moteur joue un rôle d'impulsion et sert d'exemple au nouveau mode de production, de consommation, d'organisation sociale et de répartition des revenus. Il contribue, de ce fait, à définir le cadre dans lequel s'exerce la spécialisation internationale. »[1]

Ainsi l'Angleterre maîtrisant la première la révolution industrielle fondée sur des systèmes de machines (le textile et sa mécanisation; le chemin de fer, agent de circulation des marchandises...) va aussi dominer l'échange international. Puis, les Etats-Unis, champions du mode d'accumulation fordiste, prendront la tête de la deuxième révolution marquée par l'automobile, le pétrole, les biens de consommation de masse. Les Etats-Unis domineront les échanges mondiaux, développeront leurs multinationales qui structureront la nouvelle division internationale du travail.

Effets de domination et maîtrise des biens de production

« Dans la mesure où les biens d'équipement définissent des normes de production, leur maîtrise permet à certains pays de contrôler le processus de production et, par conséquent, d'exercer une position dominante par rapport à ceux qui ne produisent que des biens de consommation. → Les machines-outils sont dès lors placées au sommet de la hiérarchie des industries, puisqu'il s'agit de biens d'équipement au second degré (machines à produire des machines). »[2]

Les pays ayant les appareils productifs les plus faibles → subiront la domination des pays auxquels ils achètent les biens hiérarchiquement supérieurs. Chaque fois qu'un pays dépendant veut relancer sa production il doit acheter à l'étranger des biens d'équipement, ce qui déséquilibre sa balance des paiements. La contrainte extérieure pèse donc lourdement sur l'autonomie de décision de ces pays... Ainsi le rythme même de la croissance est contraint par les « trous de l'appareil productif ».

La dépendance peut aussi être politique, l'achat de certains matériels (ordinateurs... machines outils) étant lié à des conditions politiques.

1. Lafay, *Internationalisation et autonomie de la décision*, Economica, 1982.
2. Lafay, *Economie et finances internationales*, Dunod, 1982.

Des adaptations plus ou moins réussies aux conditions de la compétition mondiale

L'évolution des échanges entre nations correspond à des adaptations plus ou moins réussies des appareils productifs à la compétition mondiale : le niveau technique, la nature des productions nationales, l'organisation du travail, le taux d'investissement, la capacité à détecter les évolutions de la demande et à y répondre... jouent un rôle central dans la position d'un pays du point de vue des échanges internationaux.

Le cycle du produit

Pour R. Vernon, toute marchandise passe par différentes phases : démarrage, croissance, croissance ralentie puis déclin. Les marges bénéficiaires suivent une évolution symétrique. Lorsque le marché national n'est plus assez important pour assurer une croissance rapide des ventes, les firmes cherchent à exporter le produit pour maintenir le développement de leur chiffre d'affaires d'abord vers les pays industrialisés, puis vers le Tiers Monde. Pour diminuer les coûts de transport, pour contourner les réflexes protectionnistes,... la firme tend souvent ensuite à exporter des capitaux et à délocaliser sa production. En effet, au fur et à mesure que le produit se banalise, la concurrence par les prix devient le plus souvent décisive et la délocalisation de la production s'accentue. Le pays qui a été à l'origine de l'innovation va même importer des pays à revenu plus faible où la main-d'œuvre est bon marché.

L'impérialisme

Depuis Lénine, l'analyse marxiste accorde une place fondamentale à l'échange international dans le cadre de l'accumulation mondiale. R. Luxembourg en fait même une nécessité pour la survie du capitalisme.

La division internationale du travail apparaît comme une nécessité de l'accumulation du capital. L'exportation des capitaux permet d'extraire plus facilement une plus value en bénéficiant de matières premières, d'énergie, de main-d'œuvre, de conditions de travail plus favorables aux capitalismes que dans les pays développés.

Pour C. Palloix ces échanges sont **asymétriques et inégaux** :

« Le monde est soumis à des forces qui dominent, structurent, imposent la localisation des centres de production, détermine les rapports entre les prix et donc donne à certains l'avantage en surpayant leurs marchandises tandis que symétriquement d'autres subissent une rémunération insuffisante (termes de l'échange défavorables). »

S. Amin a placé ce type d'analyse au cœur de son étude de l'économie mondiale : « Or, les relations entre les formations du monde développé (le centre) et celles du monde sous-développé (la périphérie) se soldent par des transferts de valeur, qui constituent l'essence du problème de l'accumulation à l'échelle mondiale. »

L'échange international n'est pas le lieu d'un contrat entre agents égaux mais bien le lieu d'un prélèvement des pays dominants (centre) sur la périphérie.

L'échange inégal

Le modèle de l'échange inégal d'Aghiri Emmanuel tente de donner un contenu précis à « l'exploitation » du Tiers Monde par les pays développés.

« ... Trois journées de travail d'un pays peuvent s'échanger contre une seule journée de tel autre... Dans ce cas, le pays riche exploite le pays pauvre, même si ce dernier gagne dans l'échange (au sens de Ricardo). »[1]

L'échange inégal constitue donc un prélévement de valeur, un pays peut obtenir plus d'heures de travail cristallisées dans des marchandises qu'il n'en fournit en échange... Par ce processus, la plus-value extraite est transférée aux capitalistes des pays riches par le biais de l'échange inégal. En conséquence l'accumulation des pays dominants est renforcée.

▼ Compte tenu de l'importance de la concurrence mondiale et de la mobilité des capitaux, A. Emmanuel suppose qu'un taux de profit mondial unifié s'établit. Il correspond au rapport entre le total de la plus-value obtenue et le capital avancé. Mais les pays développés ayant une composition organique du capital supérieur (car ils paient des salaires plus élevés et leur stock de capital avancé est supérieur) un taux de profit identique aux pays sous-développés ne peut être obtenu que par un prélèvement sur la plus-value dégagée dans le Tiers Monde.

Cette hypothèse de l'unicité des taux de profit a été contestée; aussi des modèles plus complexes ont-ils été élaborés, pour affiner l'analyse; W. Andreff en particulier explique l'existence de profits différents par des différences dans les régimes d'accumulation. ▲

1. K. Marx, *Le capital*, éd. Costes, tome VII, p. 93.

☞ **Contraintes extérieure, taux de change, système monétaire international, firmes multinationales, communauté économique européenne.**

Entreprise

Un élément majeur du système économique et social

L'entreprise, lieu de création de richesses

Du XVIe au XVIIe siècle, l'essentiel de la production est encore réalisé dans le cadre familial. Aujourd'hui nous vivons dans des économies marchandes, l'essentiel des biens provient des entreprises et est vendu sur le marché.

Dans ce contexte, le niveau de la production d'un pays est alors la résultante de la « valeur ajoutée » par les firmes. Les comptables nationaux ne s'y trompent pas, qui évaluent le PIB par la somme des valeurs ajoutées par les entreprises du territoire national.[1]

L'entreprise, lieu de vie, lieu de répartition

L'entreprise est aussi un **lieu de vie** pour la quasi totalité de la population active. C'est près de la moitié de ses heures éveillées que le travailleur passe dans l'entreprise. Son statut et son comportement, y compris hors du lieu de travail, sont marqués par sa place dans la production (travail à la chaîne ou travail de responsabilité, ambiance chaleureuse ou rapports difficiles avec les collègues, avec les clients, les supérieurs hiérarchiques...).

L'entreprise est aussi un **lieu de répartition** de la valeur ajoutée entre les travailleurs, l'Etat et les propriétaires de la firme.

Parce qu'elle est au centre de la production et de la répartition des revenus, parce qu'elle est un lieu de vie, l'entreprise est au cœur des conflits pour le partage de la valeur ajoutée, pour les conditions de travail, pour l'organisation de la production.

L'entreprise, un sous-système de l'économie nationale

Les entreprises tiennent une place centrale dans la vie économique d'une nation. Elles déterminent le niveau et l'orientation de la Production Nationale et par suite celui du Revenu National, celui des exportations et pour une très large part celui des importations.

1. Voir *Dictionnaire économique et social*, Hatier.

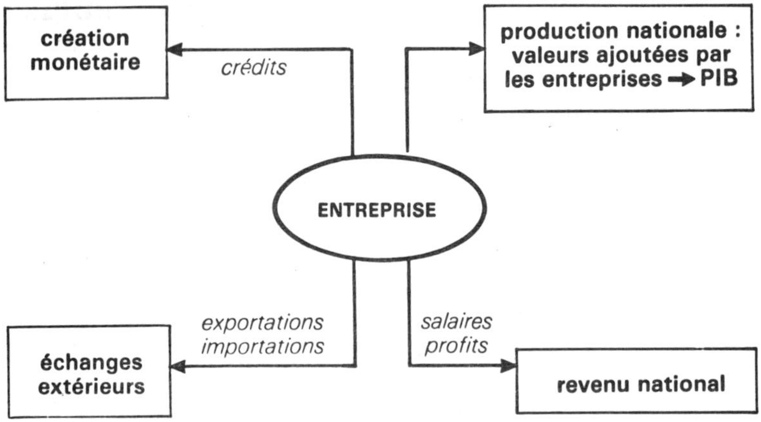

L'entreprise, un système

Un certain nombre de problèmes se retrouvent dans toutes les entreprises : que produire ? pour qui produire ? comment produire ? à quels prix ? Chacune de ces questions renvoie à une chaîne de sous-problèmes; définir « comment produire ? » : c'est choisir une technique de production, une politique d'organisation de la main-d'œuvre...

De la façon dont sont résolues ces questions dépendent l'efficacité de la production, les conditions de vie des travailleurs et plus généralement de l'ensemble de la population.

Selon que l'on se trouve en économie de marché ou en économie centralement planifiée (voir p. 134), les conditions de fonctionnement diffèrent : structure du pouvoir, rôle du profit, autonomie de décision.

A l'intérieur même des pays capitalistes, si la structure générale est la même, si les entreprises doivent résoudre le même type de problème, chaque entreprise est en même temps un cas particulier dans la mesure où chaque problème est spécifique et lié au contexte dans lequel il se situe.[1]

Le conflit d'analyse

F. Perroux disait de l'entreprise qu'elle est le microcosme du capitalisme ; c'est qu'en effet, si toute société doit orga-

1. Il existe néanmoins dans les pays capitalistes des entreprises publiques et des coopératives dont l'organisation diffère de l'entreprise capitaliste.

niser sa production, sa répartition, la façon dont fonctionne l'entreprise dans nos sociétés reflète et condense très largement la spécificité de notre organisation sociale.

On ne s'étonnera pas alors que pour les uns l'entreprise capitaliste est le lieu privilégié de l'initiative et de la liberté individuelle, un facteur d'efficacité et de croissance économique, alors que pour d'autres l'entreprise apparaît comme la source de l'exploitation, de l'aliénation du travailleur, ou tout au moins comme une structure hiérarchique à l'opposé de nos principes démocratiques, égalitaires et à l'origine de nombreux gaspillages[1].

L'analyse marxiste

Pour ce courant d'analyse, l'entreprise est au cœur des rapports de production.

1. **Les rapports de propriété** capitaliste font de la détention du capital un instrument de pouvoir qui permet d'imposer à tous des règles qui ne correspondent en fait qu'à l'intérêt du capital.

2. **Les rapports de pouvoir** sont fondés sur un contrat inégal entre ceux qui n'ont que leur force de travail et ceux qui disposent du droit de faire des réglements, de fixer les cadences, de peser sur les salaires et les conditions de travail.

3. **Les rapports de répartition** se traduisent par l'exploitation du travailleur qui se voit dépouillé d'une partie de la valeur qu'il a créée. La lutte des salariés a pour fonction de réduire la part de plus-value prélevée.

L'analyse libérale

Pour l'analyse libérale, l'entreprise dans les économies de marché est le reflet de la *liberté d'agir et d'entreprendre.* La possibilité de créer une entreprise, de pouvoir acheter à des entreprises multiples est un des aspects de la liberté. La sanction du marché garantit à chacun que chaque entreprise fournira au *meilleur prix* des marchandises adaptées à la demande sous l'aiguillon de la concurrence.

Le pouvoir d'achat est parfois comparé à des bulletins de vote qui permettent de choisir les meilleurs produits, les meilleures entreprises de façon démocratique.

Entrepreneurs et salariés ont *collectivement* intérêt au succès de l'entreprise car l'accroissement de la valeur

1. Externalités non prises en compte dans les coûts de l'entreprise, déviations par rapport à la satisfaction sociale optimale liée à la seule prise en compte des besoins solvables...

ajoutée contribue à l'augmentation à la fois des salaires et des profits.

Certains auteurs *néo-libéraux* (ou sociaux-démocrates) pensent cependant qu'il faut tempérer la froide logique du marché en créant lois et réglements pour défendre les plus faibles et éviter certains gaspillages. L'entreprise doit respecter un code du travail, un salaire minimum, une obligation de négocier imposés par l'Etat pour favoriser l'intérêt collectif. L'idée d'une entreprise, communauté pour produire, est sous-jacente à une approche réformiste de l'entreprise.

Qui détient le pouvoir dans l'entreprise ?

Le principe

Ce sont les propriétaires de l'entreprise qui détiennent, par principe, le pouvoir de gestion dans l'entreprise. Dans la société par actions, l'assemblée des actionnaires délègue son pouvoir à certains actionnaires, sous réserve d'un contrôle a posteriori des décisions, sanctionné par le non-renouvellement des fonctions de direction.

Propriété et contrôle de l'activité de l'entreprise

Dans la petite entreprise une même personne, le plus souvent, assure les fonctions de direction et détient l'essentiel du capital. Le développement des grandes firmes s'est accompagné d'un éclatement de la propriété et d'une certaine séparation entre propriété et gestion de l'entreprise.

Dans les grandes sociétés par actions, le capital est souvent très dispersé. Les petits actionnaires participent très rarement aux Assemblées Générales. Souvent un actionnaire, détenant 5 à 10 % des actions, contrôle de fait les décisions de l'entreprise. Dans ce cas il y a, pour 90 % des actionnaires, dissociation entre propriété et contrôle. Ceux-ci sont passifs et se contentent de recevoir les dividendes et les plus-values boursières.

La technostructure

J.K. Galbraith a largement analysé comment dans la société moderne la technostructure contrôle la gestion de la firme selon ses objectifs et motivations propres. Le caractère réel du pouvoir de la technostructure par rapport au capital a été vivement discuté.

« Dans la grande entreprise, les décisions importantes sont prises non par une personne isolée mais par beaucoup de gens. Nul n'a, à lui seul, tous les éléments nécessaires pour décider de lancer un nouveau produit, d'ouvrir une usine supplémentaire ou de s'implanter sur de nouveaux marchés. Il faut faire appel aux connaissances, à l'expérience et au jugement des gestionnaires, des directeurs commerciaux, des ingénieurs, des scientifiques, des avocats, des comptables, des chefs de personnel ou de tous autres dépositaires d'un savoir spécialisé. Chacun contribue en apportant la parcelle de son expérience de spécialiste.

C'est à cet appareil collégial de décision que j'ai donné le nom de technostructure.

Avec le développement de l'entreprise, la technostructure s'empare de tous les leviers du pouvoir. La raison en est évidente : seuls ceux qui ont les connaissances nécessaires pour participer au processus de décision exercent une influence.

Dans les grandes sociétés, le pouvoir tend à passer des mains du propriétaire à celles du gestionnaire. Dès le début des années trente, deux brillants économistes de l'université Columbia, Gardiner Means et Adolf Berle avaient étudié la gestion des deux cents plus grandes entreprises américaines. Ils constatèrent que la moitié d'entre elles étaient contrôlées par leur « management » — c'est-à-dire qu'un groupe d'actionnaires ne pouvait réunir un nombre suffisant de mandats pour battre en brèche l'autorité de dirigeants qui s'étaient nommés eux-mêmes. Car en fait les dirigeants nommaient les membres du conseil d'administration, c'est-à-dire les représentants des actionnaires propriétaires du capital, qui à leur tour les désignaient à leur poste. Une manière de pratiquer l'approbation en circuit fermé. »[1]

Les conséquences du développement de la technostructure sont fondamentales pour J.K. Galbraith : d'une part elles modifient la nature des objectifs de l'entreprise, d'autre part elles réduisent la différence entre entreprise publique et privée. (Théorie de la convergence).

Le pouvoir des travailleurs dans l'entreprise

« La démocratie s'arrête aux portes de l'entreprise », audelà, les propriétaires du capital ou leurs représentants contrôlent toute l'activité. Cette structure a fait l'objet de débats et de luttes sociales majeures. Deux thèses s'affrontent.

1. J.K. Galbraith, N. Salinger, *Tout savoir ou presque sur l'économie*, éd. du Seuil.

La défense du pouvoir hiérarchique de l'entreprise...

Pour les défenseurs de l'entreprise, dans sa logique traditionnelle, le pouvoir absolu du ou des propriétaires sur la gestion est une condition d'efficacité. La dilution du pouvoir entraînerait des discussions sans fin et bloquerait toute décision; elle aboutirait à orienter l'activité de la firme non en fonction de la recherche du profit mais en fonction de la satisfaction immédiate des travailleurs (amélioration des conditions de travail ou de rémunération), sans prendre en compte les effets à long terme. Il en résulterait des conséquences économiques dramatiques (insuffisance des investissements, hausse des prix de revient et chute de la compétitivité...).

La dilution du pouvoir bloque l'innovation. Le consensus étant le plus souvent impossible, l'activité de l'entreprise risquerait de tomber rapidement dans le cadre d'une bureaucratie centralisée (pouvoirs des syndicats ou bureaucratie d'Etat).

Sur le plan de la justice sociale, seul l'entrepreneur risque de perdre son capital, il serait inacceptable que ce risque ne soit pas compensé par le droit d'orienter et de gérer son capital comme il le souhaite.

... et sa critique

Les critiques portent sur deux points essentiels. Le premier caractérise le *courant social-démocrate*, il insiste sur le caractère non démocratique de la structure du pouvoir et sur la nécessité d'y remédier. Si les propriétaires prennent un risque en ce qui concerne leur capital, les travailleurs risquent d'être au chômage si l'activité de l'entreprise diminue. Le *courant marxiste*, pour sa part, insiste sur l'exploitation et serait donc favorable à une dépossession de la gestion des propriétaires de l'entreprise.

Les propositions de réforme de l'entreprise

Le premier type de réduction du pouvoir hiérarchique est l'intervention de l'Etat qui dans tous les pays industrialisés a limité les droits des entrepreneurs par **une législation du travail** (horaires, conditions de travail, de rémunération, de licenciement...).

Mais quand on parle de *réformes de l'entreprise*, c'est en général au *pouvoir de gestion* que l'on se réfère.

On distinguera tout d'abord participation à la gestion et participation aux bénéfices. Dans ce dernier cas, il s'agit d'une modalité nouvelle de répartition du surplus créé par l'entreprise mais non d'un partage du pouvoir.

La participation à la gestion peut prendre la forme d'un droit à l'information, de l'obligation pour l'entreprise de demander l'avis des travailleurs avant de prendre certaines décisions essentielles ou du droit à participer à la prise de décision avec voix délibérative. Selon que ce dernier droit est minoritaire ou majoritaire, les conséquences sur la structure des pouvoirs sont évidemment extrêmement différentes. La forme extrême de la participation à la gestion est *l'autogestion* qui donne à l'assemblée des travailleurs le droit de gestion sur l'ensemble de l'activité de l'entreprise (dans ce cas on ne peut plus parler d'entreprise capitaliste). Dans les pays occidentaux cette structure se rencontre dans les coopératives mais dans un contexte politique défavorable à leur développement.

L'entreprise, un centre de décision autonome

La prise de décision est indispensable à la vie de l'entreprise

Si aucune décision n'était prise dans l'entreprise, l'activité économique s'arrêterait rapidement, le peu qui en resterait proviendrait de la mise en application de décisions antérieures. Acheter, mettre en vente un nouveau produit, fixer un prix... la liste est longue des multiples décisions que suppose l'activité de l'entreprise.

La qualité des décisions, clé de l'efficacité

Choix malheureux dans la nature précise des produits, décision imprudente en matière d'investissements... les erreurs stratégiques peuvent conduire l'entreprise à la faillite... et le pays vers la régression économique.

La prise de décision s'insère dans une structure hiérarchique

Les décisions des différents agents qui participent à la vie de l'entreprise ne sont pas toutes de même niveau : tel responsable des stocks décidera d'accélérer son rythme de travail pour rattraper le retard accumulé, tel dirigeant décidera d'investir 2 millions de francs dans un projet qui orientera l'activité de l'entreprise pour 10 ans, tel travailleur ralentira son rythme de travail pour marquer sa réprobation face à un chef de service qu'il estime trop contraignant. Si les décisions peuvent apparaître à tout niveau, elles sont marquées par le principe hiérarchique. Sans doute, suivant les entreprises, les décisions peuvent être plus ou moins décentralisées mais elles restent caractérisées par le fait que l'entreprise est organisée suivant une logique pyramidale : le pouvoir de décision est pour l'essentiel d'autant plus important que l'on s'élève dans la hiérarchie. Les décisions majeures pour l'orientation de l'entreprise relèvent du dirigeant ou de l'équipe dirigeante. Celui-ci ou ceux-ci doivent alors déterminer les moyens de prendre les décisions dans les meilleures conditions d'information possibles, et de les faire ensuite appliquer avec efficacité.

La circulation de l'information et des ordres

L'entreprise cherche donc une organisation qui facilite la prise de décision et son exécution. Les moyens en sont multiples, certains sont bien connus : ordres transmis, par écrit... contrôle par la comptabilité, direction par le supérieur hiérarchique.

D'autres sont souvent moins visibles mais néanmoins très importants. Ainsi, l'entreprise attend de chaque travailleur des comportements précis qui sont valorisés par des promotions ou des avantages financiers mais qui ne sont pas le plus souvent explicités :

« Les habitudes vestimentaires sont différentes dans une agence de publicité et un cabinet d'expert-comptable ou, dans une même entreprise, entre les commerciaux et les financiers. Les mots ne sont pas les mêmes dans une entreprise française et dans la filiale française d'un groupe américain. L'usage ou la prohibition du tutoiement et du prénom, la façon de saluer et même les intonations varient d'une organisation à l'autre. Ces éléments et bien d'autres constituent la culture de la firme. [...]

Les réflexes sont essentiels à une bonne communication au sein d'une hiérarchie car ils permettent des gains importants. Ils rendent inutile l'explication de bien des détails qui « vont de soi » dans un contexte donné. Autrement dit, certains mots deviennent des macro-instructions qui renvoient en quelque sorte à des sous-programmes qu'il devient inutile de développer à chaque fois. L'embauche d'un nouveau cadre comporte donc un coût important d'apprentissage de la culture (réflexes et langage) de l'entreprise, qui constitue d'ailleurs un investissement, rentabilisé grâce aux gains réalisés ultérieurement dans les communications. »[1]

L'entreprise impose ainsi à ses membres des comportements spécifiques. Il en résulte plusieurs types de problèmes. Tout d'abord dans quelle mesure ceux-ci favorisent-ils effectivement l'efficacité ? Une part importante des

1. A. Burlaud et C. Simon, *Coûts, contrôle*, Vuibert, 1981.

comportements imposés n'a-t-elle pas pour fonction, comme le pensent les défenseurs des analyses en terme de technostructure (Galbraith), d'assurer le maintien des dirigeants en place et leur promotion individuelle ? Enfin, les comportements adoptés au sein de l'entreprise ne marquent-ils pas la totalité des relations de l'individu y compris hors de l'entreprise ?

Le profit est-il l'objectif de la firme ?

Bénéfice à court terme et à long terme

La question peut paraître curieuse; toute entreprise ne cherche-t-elle pas à avoir le maximum de profit ? Si le problème se pose c'est que l'entreprise recherche généralement non seulement à faire du profit à court terme mais également à survivre. L'on passe alors d'un objectif de profit à court terme à la recherche du profit à long terme.

Or, le profit maximum à long terme peut impliquer un moindre bénéfice immédiat. Comment apprécier alors les résultats à court terme ? En pratique, on considérera souvent qu'il existe *un seuil de profit minimum* nécessaire au maintien d'un niveau d'investissement suffisant.

Dans cette optique, la maximisation du cash flow qui permet d'assurer la croissance des investissements est souvent un objectif à court terme prioritaire. Enfin, la solvabilité de l'entreprise est une autre contrainte à laquelle aucune entreprise ne peut se soustraire sans risque d'être mise en faillite par ses créanciers.

Technostructure et objectif de croissance

Par ailleurs, le développement d'une gestion par la technostructure modifie quelque peu les objectifs de la firme. Ce qui importe à la technostructure, c'est la croissance de l'entreprise, seule source d'accroissement de puissance pour les dirigeants, les autres contraintes n'étant prises en compte que dans la mesure où elles contribuent à cet objectif et au maintien au pouvoir de l'équipe dirigeante[1]. Ainsi un taux de profit minimum doit être réalisé pour maintenir la confiance des actionnaires. Celle-ci est nécessaire pour permettre des appels à des augmentations de capital et éviter les risques d'O.P.A.[2] qui pourraient entraîner un changement d'équipe dirigeante.

1. Analyse de Galbraith.
2. Offre publique d'achat.

De la conception traditionnelle à l'analyse stratégique

L'analyse néo-classique de l'entreprise en situation de concurrence

Dans la conception néo-classique traditionnelle, l'entreprise ne peut pas agir sur son environnement extérieur et en particulier les prix de vente lui sont fournis par le marché. L'entreprise combine les facteurs de production mais n'a que des réactions d'adaptation vis-à-vis de l'extérieur.

Quelle combinaison choisir ?

Le gestionnaire doit choisir parmi les techniques existantes la meilleure combinaison à réaliser. En première approximation sa décision va se faire en fonction du prix des facteurs. Si pour produire 100 appareils électroménagers, il faut, avec la technique capitalistique 5 machines et 20 heures de travail payées 40 francs de l'heure, l'amortissement de la machine étant de 100 francs, il estimera son prix de revient à 1300 francs. Il comparera ce résultat à la technique plus gourmande en main-d'œuvre : 2 machines et 40 heures de travail qui coûtent 1800 francs. Le choix est ici clairement en faveur de la technique capitaliste. Mais dans un pays dans lequel le coût de la main-d'œuvre est plus faible, son choix pourrait être différent.

Quelle quantité produire pour le marché ?

Il n'est pas intéressant de produire une unité de produit supplémentaire si le prix de revient de sa fabrication et de sa commercialisation est supérieur au prix de vente. L'entreprise va donc produire une quantité telle que le dernier appareil réalisé ait un coût marginal au plus égal au prix de vente. Si l'entreprise ne peut couvrir ses frais au prix du marché, elle n'est pas compétitive et disparaît.

L'optimum

Un tel modèle est optimal car il sélectionne les meilleures entreprises et permet au consommateur d'obtenir les produits au prix le plus faible possible et de répartir son revenu suivant l'utilité marginale que lui procurent les biens vendus sur le marché.

La stratégie au cœur de l'entreprise

Dans la conception stratégique « l'entreprise a un pouvoir de négociation et une marge de manœuvre dans le jeu économique et social ».

Les entreprises se distinguent alors par leur plus ou moins grande capacité à agir sur l'extérieur. Des rapports de forces existent entre les firmes et à l'intérieur de l'entreprise sans qu'il soit nécessaire d'ailleurs d'en donner une interprétation marxiste.

Parce que l'entrepreneur peut à des degrés divers agir sur les prix, sur la demande... la qualité de ses décisions va devenir essentielle pour l'évolution de l'entreprise. Face à une situation donnée, il existe bien souvent non pas une, mais plusieurs politiques alternatives et les techniques quantitatives d'analyse, si elles peuvent constituer une aide à la décision, ne fournissent pas toujours d'indications précises sur les choix optimum et ce d'autant plus que l'évolution future n'est le plus souvent que très partiellement prévisible.

Une ou des stratégies ?

L'entreprise se caractérise par sa stratégie face à l'intérieur et par rapport aux agents qui participent à son activité.

L'ensemble des décisions fondamentales de l'entreprise constitue sa stratégie ; elles peuvent être décomposées en stratégie financière, stratégie commerciale, stratégie de production, stratégie vis-à-vis du personnel, de l'Etat... mais quelles que soient les distinctions réalisées pour des motifs de commodités concrètes, il reste que chacune de celles-ci n'a de sens que reliée aux autres stratégies.

Comment définir le niveau des investissements sans tenir compte de la politique commerciale, des possibilités financières... ? Inversement comment définir une politique commerciale sans prendre en compte les conditions de fabrication ?

De même comment peut-on définir une stratégie de prix sans tenir compte de la structure des prix de revient, des comportements de la concurrence, des besoins de financement.

Les difficultés des choix stratégiques ; un exemple : les prix

De l'adaptation au marché à la stratégie des prix

Pour les néo-classiques en situation de concurrence pure et parfaite, le prix est fixé par le marché et l'entreprise ne peut que s'y adapter ou arrêter de produire. Elle s'y adapte en produisant une quantité telle que son coût marginal est égal au prix du marché ce qui maximise son profit. Certaines entreprises n'ont aucune possibilité d'action sur les prix et doivent ainsi se soumettre. C'est souvent le cas pour les matières premières et les produits très peu différenciés. Heilbronner estime, qu'en ce qui concerne les Etats-Unis, 10 à 15 % de la production sont réalisés par des entreprises qui se trouvent dans des situations proches de la concurrence pure et parfaite. Il reste 85 % de la production qui seraient dus à des firmes en situation de concurrence imparfaite (30 à 40 % de la production), oligopolistique (30 à 40 % de la production) ou en situation de quasi monopole. Dans tous ces cas, l'entreprise peut avoir une stratégie de prix.

La stratégie de prix en situation de monopole

Les néo-classiques ont montré que le monopole induisait des prix plus élevés que la situation de concurrence. Plusieurs éléments limitent toutefois le niveau des prix. Tout d'abord la demande sera d'autant plus faible que les prix seront élevés, réduisant l'intérêt de hausses de prix trop importantes. Un monopole est presque toujours temporaire ou limité par le risque d'entrée d'un concurrent. Des prix trop élevés risquent de provoquer des réactions de l'Etat et de susciter des concurrents. Compte tenu de l'appréciation des différents rapports de force, l'entreprise en situation de monopole peut donc avoir différentes stratégies.

La structure des coûts joue souvent un rôle important sur la stratégie adoptée. Lorsque les économies d'échelle sont importantes, l'entreprise sera plus souvent orientée vers une politique de contrôle du marché et de bas prix bloquant toute possibilité de concurrence.

Stratégie d'entente ou stratégie agressive ?

En situation d'oligopole (quelques entreprises contrôlent le marché) l'entreprise peut avoir une stratégie d'entente ou une stratégie agressive.

La stratégie d'entente avec les autres firmes peut éviter une concurrence qui se traduirait par une guerre des prix dans laquelle toutes les entreprises risquent de perdre de l'argent. Inversement une stratégie agressive, si elle réussit, peut permettre d'éliminer des concurrents et d'étendre son marché. Là aussi la structure des coûts, le besoin plus ou moins impérieux d'accroître sa part du marché, jouent un rôle dans la décision.

Structure des coûts et prix

Le prix doit couvrir l'ensemble des coûts et permettre de dégager un bénéfice. Dans cette logique, nombre d'entreprises déterminent le prix de vente en ajoutant au prix de revient une marge de profit considérée comme « normale ».

Cette technique *très courante* a été accusée de favoriser l'inflation dans la mesure où elle amplifie toute augmentation de l'un quelconque des éléments du prix de revient.

Matières premières	Main-d'œuvre	Amortissement du matériel	Divers	Coût total	Marge 25 %	**Prix total**
100	200	150	50	500 F	125,00 F	625,00 F
125	200	150	50	525 F	131,25 F	656,50 F
				+ 25 F	+ 6,25 F	+ 31,25 F

Un accroissement de 25 francs du prix de revient se traduit par un accroissement de 31,25 francs du prix de vente.

L'entreprise peut aussi estimer qu'en vendant à un prix intermédiaire entre son coût variable et son coût total, elle dégage une marge qui couvre une partie des frais fixes ou qui dégage un bénéfice supplémentaire, si ceux-ci sont déjà couverts par les ventes antérieures. Ainsi face à la demande d'un client important qui risque de refuser un prix jugé trop élevé, l'entreprise peut décider, y compris dans une optique de profit à court terme, de vendre en dessous de son coût total unitaire mais au-dessus de son coût variable. Certaines entreprises adoptent même ce procédé couramment en espérant accroître considérablement le niveau de leurs ventes et abaisser ainsi le niveau du coût total unitaire. Ce procédé est alors assez risqué. Plus courant est le recours à un *double système de prix* : le premier sur le marché national doit couvrir à la fois les frais fixes et les frais variables, le second à l'exportation plus bas comprend les frais variables plus une marge de profit, considérée comme minimale. Ce système a pour fonction d'élargir le marché tout en assurant la couverture des frais fixes et la maximisation des profits. Toutes les entreprises n'utilisent pas de telles structures de prix, d'autant qu'en ce qui concerne le dernier exemple, il est considéré par les organismes internationaux comme susceptible de fausser la concurrence et peut être assimilé au dumping.

La politique de prix multiples peut aussi s'appliquer à l'intérieur d'un même marché. Il suffit de différencier artificiellement un même produit pour mettre sur le marché deux types de marchandises à des prix différents (première classe et classe touriste dans les avions...).

Le prix qui permet de couvrir les besoins de financement

L'entreprise face à un besoin de financement peut être tentée d'augmenter ses prix. Une telle politique pour être efficace suppose une certaine inélasticité des quantités vendues par rapport aux prix. Dans le cas contraire, la réduction des quantités pourrait induire une baisse du chiffre d'affaires malgré l'accroissement des prix.

La plupart des entreprises connaissent mal l'élasticité de la demande par rapport aux prix. Cela résulte pour partie de l'impossibilité de faire fluctuer continuellement le prix d'un produit et pour une autre part de l'incertitude quant aux réactions des concurrents qui peuvent à tout moment réagir par une guerre des prix ou une campagne publicitaire massive. La difficulté à estimer cette élasticité est souvent accrue par le fait que l'incidence des augmentations de prix peut être étalée dans le temps. Un manque de réaction immédiate n'implique pas que la demande ne réagira pas après un certain délai.

Stratégie de la firme et comportement de groupe

L'incertitude, quant à l'évolution de la demande, réduit les possibilités de déterminer avec précision les conséquences des variations de prix ; elle accroît aussi le rôle de facteurs subjectifs, souvent négligés dans l'analyse économique ainsi les comportements peuvent être influencés par des intérêts de carrière des membres de l'entreprise et par des groupes de pression. Les rivalités entre dirigeants d'une même entreprise peuvent infléchir les décisions, tel clan défendant telle stratégie alors que tel autre adopte un point de vue inverse.

D'autres stratégies

Ces quelques exemples de la diversité des politiques de prix illustrent le caractère stratégique des décisions dans l'entreprise. Il va de soi que dans d'autres domaines, par exemple l'investissement (voir p. 198), ou la politique des relations sociales (voir p. 369), ou la politique financière, les stratégies sont tout à la fois au moins aussi complexes et aussi importantes pour l'entreprise.

L'entreprise face à la crise économique mondiale

Dans quelle mesure, la crise économique actuelle induit-elle des mutations dans l'organisation de l'entreprise ?

« La crise des années trente a été surmontée par l'émergence d'un nouveau type d'entreprise associant l'organisation scientifique du travail et la division des tâches de gestion selon un principe managérial : de même, la période actuelle marque sans doute la recherche tâtonnante d'une nouvelle configuration de l'entreprise. [...] Combiner plus d'autonomie et de sécurité pour les travailleurs avec de nouvelles formes de mobilité et de responsabilité, intégrer une décentralisation de la production avec une cohérence d'ensemble des choix financiers, commerciaux et techniques, constituent deux des traits fondamentaux de cette figure de proue qu'est l'entreprise « moderne », capable de promouvoir une nouvelle productivité. »[1]

Quant à l'analyse des modalités de cette mutation, les oppositions renvoient aux divergences entre courants de pensée. Les solutions proposées sont très différentes : accroissements des droits légaux des travailleurs dans l'entreprise, développement de l'économie sociale (mutuelles, coopératives...) ou participation octroyée et limitée par la direction mais néanmoins suffisante pour modifier les attitudes dans l'entreprise (cercles de qualité...). Si l'idée d'un « management participatif » se développe. Quelle sera cette « entreprise du 3e type » qui actuellement se cherche ? (voir p. 376).

1. J. Mistral, R. Boyer, *Futuribles*, octobre 1983.

☞ **Comptabilité et gestion financière,**
entreprise dans les économies planifiées, publicité,
concentration, concurrence, productivité, investissement,
entreprises publiques.

Entreprise dans les économies planifiées

Le problème de gestion

Quel que soit le niveau de précision du plan central, l'entreprise doit chaque jour prendre une multitude de décisions pour lesquelles elle ne peut pas attendre d'ordre centralisé. Cette réalité fait que l'entreprise dans les pays de l'Est ne peut pas être un simple relais dans la réalisation du plan. Elle a une vie propre dont il faut tenir compte. Sans doute son degré d'autonomie peut-il être extrêmement réduit ou au contraire important, il reste que, même dans le premier cas, la qualité de la gestion de l'entreprise influe sur les résultats obtenus.

Comment obtenir que cette gestion soit efficace, qu'elle s'inscrive dans la perspective des objectifs collectifs fixés au niveau macro-économique ? A cette question deux types de réponses ont été apportés dans les économies planifiées. La première tend à réduire au maximum l'autonomie de l'entreprise pour confier aux organismes administratifs de planification toutes les décisions stratégiques (prix, nature et qualité des marchandises, procédés de fabrication, quantité et origine des matières premières et autres consommations intermédiaires...). Les économistes libéraux parlent alors d'économie « obéissante » (Sokoloff) ou « administrée » tant est réduite la marge d'autonomie des firmes. Les défenseurs de ce mode d'organisation insistent sur les possibilités de coordination, l'économie de cadres compétents qui en résulte, le caractère plus collectif des décisions prises...

La seconde réponse consiste à donner une assez large autonomie aux entreprises, tout en essayant de mettre en place des critères de gestion permettant de juger leurs performances. Suivant les périodes, les pays, le degré d'autonomie de l'entreprise va varier. Il reste que la gestion administrée est dominante dans les pays de l'Est même si un vent de réforme a conduit des pays comme la Hongrie à accroître le rôle du marché par rapport au plan.

L'entreprise soumise au plan

L'entreprise[1] soviétique de la période stalinienne est un exemple caractéristique de l'entreprise « administrée ».

1. Au sens large du terme : cellule juridique de base où se réalise la production.

Le « Khozraschet » ou « l'autonomie de gestion »

Le « Khozraschet » ou principe d'« autonomie de gestion » définit la logique de fonctionnement des entreprises en U.R.S.S. et dans la plupart des pays de l'Est :

L'entreprise jouit d'une autonomie comptable

L'entreprise tient une comptabilité et doit vivre (pour l'essentiel) du produit de ses ventes. Cependant des entreprises en déficit peuvent continuer leur activité par suite de l'octroi de subventions.

Les moyens de production appartiennent à l'Etat et le directeur doit rendre compte de la conformité de sa gestion par rapport aux normes qui lui ont été fixées.

L'entreprise est soumise à des prix planifiés, tant au niveau de ses achats que de ses ventes

Les équipements nouveaux, les quantités de matières premières et d'énergie de produits finis qui peuvent être obtenus, sont fixés par le plan. Les fournisseurs et souvent les clients sont déterminés hors de l'entreprise.

Les salaires qui constituent souvent le poste le plus important du prix de revient, sont pour l'essentiel définis par des grilles nationales de qualification.

Le manque de personnel qualifié oblige souvent à conserver un certain sureffectif de sécurité et même à augmenter indirectement les rémunérations... Les conditions de travail sont largement contrôlées par les syndicats.

L'entreprise est en principe responsable

L'entreprise doit exécuter le plan sous risque de sanction. Elle est récompensée par des primes en cas de succès. En fait le non respect des normes de qualité, des délais de livraison n'est généralement pas véritablement sanctionné...

L'activité est subordonnée au plan

Un plan technique industriel et financier définit ce que l'entreprise doit produire. Les moyens dont elle disposera pour produire : matières premières, produits semi-finis, investissements... sont pour l'essentiel déterminés hors de l'entreprise.

Les fournisseurs sont désignés par le plan et l'entreprise ne peut négocier que le détail des conditions matérielles de livraison. Au total la marge d'autonomie est faible.

L'influence du Parti communiste

Au niveau politique, le Parti détient l'essentiel du pouvoir et toute décision une fois adoptée à la majorité des membres du Parti ne peut plus être discutée (Centralisme démocratique).

Cette omniprésence du Parti se manifeste aussi dans la vie de l'entreprise, bien que celle-ci dispose d'une certaine autonomie de gestion. Cette intervention assure une certaine homogénéité dans la politique suivie et évite nombre d'absurdités dans l'application des directives (par exemple la production de marchandises véritablement inutiles) mais elle rigidifie aussi les comportements des agents économiques.

La structure hiérarchique

Une cascade d'ordres règle sans cesse les activités des unités de production et de distribution... « Le contremaître est obligé d'exécuter n'importe quelle instruction du chef d'atelier qui, à son tour, doit se plier aux instructions du directeur, lequel se conforme au plan du sovnarkhoze ; en d'autres termes tout responsable est censé a priori avoir plus de compétence que son subordonné. Or ce n'est pas juste. Comme directeur j'estime qu'il est beaucoup de questions qui me paraissent moins claires à l'échelon directorial qu'à celui du chef d'atelier... »[1]. Cette réflexion d'un directeur soviétique illustre le caractère hiérarchique de la structure de pouvoir dans l'entreprise soviétique.

Les indicateurs de succès

La mesure de la réussite d'une entreprise passe non par la sanction du marché (profits ou pertes, faillite, croissance...) mais par la réalisation de tâches planifiées. Celle-ci est mesurée par rapport à des objectifs fixés de façon centralisée. Les indicateurs d'efficacité sont de deux types : certains prennent une forme positive, par exemple le volume de production ou le taux de productivité à atteindre. D'autres au contraire sont des seuils à ne pas dépasser (fonds de salaire, volume des approvisionnements).

Le contrôle par le rouble

Les entreprises doivent avoir un compte dans une banque d'Etat. Tous les achats et toutes les ventes sont ainsi enre-

1. Témoignage cité par G. Kulagin, *La réforme économique en U.R.S.S.*, éd. de Moscou, 1966.

gistrés (marché noir non compris). Les autorités bancaires doivent autoriser les opérations en conformité avec le plan. Cette surveillance est plus ou moins stricte suivant les périodes. Les problèmes de financement ne constituent pas un véritable problème pour l'entreprise; ce qui importe c'est que l'investissement ou l'achat de matière première ait été planifié, le financement est alors assuré.

Le temps des réformes

La montée des critiques

Jusqu'au milieu des années 50, les planifications staliniennes s'imposent à l'U.R.S.S. et dans les autres pays de l'Est, d'une part parce que les résultats économiques de l'U.R.S.S. sont encourageants, d'autre part pour des raisons politiques. Après la mort de Staline une remise en cause vigoureuse de ce mode de planification va se développer, tant en U.R.S.S. que dans les autres pays de l'Est. Ces réactions seront plus ou moins importantes selon les pays et se traduiront par la mise en place de politiques assez différentes les unes des autres.

La période de Khrouchtchev marque en U.R.S.S. l'apogée des critiques. Ainsi *L'ingénieur Bakhirev* de Galina Nicolaieva qui montre la place de la bureaucratie dans le fonctionnement de l'entreprise ne sera publié que sur l'intervention personnelle de N. Khrouchtchev qui y voit un instrument de réflexion sur la nécessité d'une réforme de l'entreprise. N. Khrouchtchev lui-même, au XXe Congrès, critique les comportements bureaucratiques dans l'entreprise :

« Vous voyez ce bonhomme qui, tout racorni, raisonne dans son coin : « Qu'ai-je à me fourrer dans cette affaire ? Cela ne me causera que du tracas, et peut-être même des tas de désagréments ! On parle de moderniser la production. Cela vaut-il bien la peine de se casser la tête ? Qu'on y pense en haut, que les supérieurs réfléchissent ! Dès qu'il y aura une directive, on avisera ! »

Pendant la même période, la revue satirique *Krokodil* et une partie importante de la presse fait une large place aux incohérences de gestion. Les critiques portent principalement sur les points suivants :

1. La dissimulation des possibilités réelles de production

Quand une entreprise sait que si elle indique avec exactitude ses capacités de production, le plan de production qui lui sera donné sera difficile à réaliser et les primes de dépassement du plan en conséquence peu importantes, elle sous-estimera volontairement ses capacités de production. (...) Cette sous-estimation des possibilités complique la tâche des planificateurs. Si on raisonne sur des données fausses, on ne risque pas de faire un plan cohérent.

2. Des stocks d'invendus

Les entreprises étaient jugées sur les quantités produites et non sur les quantités vendues, elles n'avaient donc que peu de raisons de privilégier la qualité, les besoins des consommateurs. Si elles produisaient des biens mieux adaptés à la demande mais plus difficiles à fabriquer, elles diminuaient leur production donc leurs primes. (...)

3. Le gaspillage de capital

Jusqu'à la réforme de la planification, les entreprises ne payaient que l'amortissement du matériel qu'elles détenaient. Or pour produire une machine, il faut fournir du travail, que l'on économise ensuite en utilisant normalement la machine fabriquée. Si ceci n'était pas vrai, on voit mal pourquoi l'usage des machines se serait développé. Quand l'entreprise ne verse que l'amortissement, elle a presque toujours intérêt à demander beaucoup de matériel. C'est ce qui s'est passé en U.R.S.S. dans une situation où le capital technique était rare et la main-d'œuvre abondante. Devant cette demande intense de capital technique, il était difficile de définir (pour les privilégier) les investissements les plus efficaces et les plus nécessaires ».[1]

La baisse du taux de croissance de la production, les difficultés à augmenter la productivité ont accru les débats sur la réforme de l'entreprise. Deux courants s'opposent. D'un côté ceux qui veulent accroître le rôle du marché, de l'autre ceux qui veulent renforcer le caractère centralisé de l'économie, en particulier grâce au développement de l'utilisation des ordinateurs qui devrait permettre à la fois une planification plus détaillée et des prévisions de la demande plus exactes.

Selon les pays, les réformes effectivement mises en application vont être plus ou moins importantes. Aujourd'hui la Hongrie est considérée comme le pays sous

1. J. Brémond, C. Lidsky : *Les planifications économiques*, Hatier.

influence soviétique qui a le plus accru le rôle du marché alors que l'U.R.S.S., après avoir mis en place une vague de réformes dans les années 1965, 1969 et 1973, revient de plus en plus à une gestion centralisée. La Yougoslavie qui a donné un rôle beaucoup plus actif à l'autogestion a une logique tout à fait différente : elle donne une place beaucoup plus importante aux décisions décentralisées.

Accroître l'autonomie et la responsabilité des entreprises

Les propositions de Liberman au cœur des débats sur l'entreprise socialiste

Plan et marché

« Laissons les entreprises elles-mêmes (après avoir fourni le programme de production et les normes de rentabilité standardisée à partir du Centre) montrer ce dont elles sont capables par une concurrence tendue vers les meilleurs résultats. »[1] Cette revendication d'autonomie n'exclut pas le maintien du rôle dirigeant du Parti et du Gosplan : « Les plans d'entreprise doivent être composés entièrement par les entreprises elles-mêmes après émulation et confirmation par le Centre du volume à produire et de l'assortiment. [...] La planification centralisée doit s'exprimer par des directives et des normes de contrôle seulement au niveau des comités exécutifs départementaux. Il faut éliminer les pratiques consistant à fixer aux entreprises des normes en fonction des niveaux déjà atteints.

Les choix stratégiques doivent demeurer entre les mains du Parti et le Gosplan doit élaborer un plan qui assure l'orientation fondamentale de la production.

Un indicateur synthétique de gestion : le taux de rentabilité

La contrepartie de l'accroissement d'autonomie serait la mise en place d'un indicateur synthétique de gestion qui permettrait de mieux sanctionner et de mieux récompenser les entreprises qui ont une bonne gestion. Pour Liberman le meilleur critère est le taux de profit.

$$\text{Taux de profit} = \frac{\text{Quantités vendues} \times \left(\text{prix de vente unitaire moins prix de revient unitaire}\right)}{\text{valeur des biens consacrés à la production (fonds propres)}}$$

1. Liberman, *La Pravda*, 9 septembre 1952 et septembre 1962.

Pourquoi cet indicateur stimule-t-il une gestion efficace ?

Le taux de profit sera d'autant plus élevé que les quantités vendues seront importantes. Ce critère favorise donc l'adaptation de l'offre à la demande. Le taux de profit augmente aussi lorsque la productivité s'accroît ou lorsque l'on réduit les gaspillages de matières premières puisque ces deux éléments induisent une baisse des prix de revient unitaires. De même le fait de diviser le profit par l'ensemble des moyens utilisés réduit les demandes en capital ; seuls les investissements très rentables seront demandés par l'entreprise.

Ce seul indicateur devrait remplacer tous les autres car il pousse à produire en grande quantité ce qui se vend, à économiser les biens intermédiaires, les biens de production et de main-d'œuvre[1].

Les liens directs

L'accroissement de la responsabilité implique la maîtrise des achats. Comment organiser rationnellement la production si les matières premières ne sont pas livrées à temps, si elles ne correspondent pas sur le plan technique aux besoins précis de l'entreprise ? Pour que l'entreprise puisse gérer efficacement sa production, il faut développer les liens directs entre les entreprises.

« Prenons un exemple : l'usine d'automobiles Likhatchev fait une demande de roulements à billes, une demande qui ne compte pas moins d'une bonne trentaine de pages ! Avant d'être accepté, ce document devra passer par 14 instances. Or, c'est un fabricant situé à quelques kilomètres de l'usine qui fournit les roulements à billes d'automobiles. Finalement les roulements à billes sont commandés. A ce moment-là les intéressés se rendent chez leur fournisseur pour préciser, sans plus perdre de temps, les roulements à billes dont ils ont besoin. Quelle nécessité, dans ces conditions, de passer par 14 instances ? »[2]

En rapprochant offre et demande, en limitant la paperasserie administrative, il devrait être possible d'améliorer la vitesse d'adaptation du système et de rapprocher concrètement clients et fournisseurs (délais réduits, meilleure adaptation des livraisons aux besoins, responsabilité accrue du fournisseur).

1. « Il faut aussi mettre en place une procédure flexible d'élaboration des prix des biens manufacturés », Liberman, *La Pravda*, septembre 1962.
2. Liberman, *La Pravda*.

Le critère de profit remet-il en cause la logique socialiste ?

Pour Liberman le profit ainsi réintroduit se distingue très fortement du profit capitaliste « si en l'occurence la forme est la même, le fond est différent ». La prise en compte du taux de profit comme critère de gestion n'implique nullement qu'un groupe de personnes va pouvoir extorquer de la plus-value à un autre groupe, pas plus qu'il n'autorise un groupe social à décider des principales orientations de la production comme dans les pays capitalistes. Le taux de profit utilisé comme critère de gestion ne met donc pas en cause la logique fondamentale des pays socialistes. D'autant que le plan peut continuer à fixer les orientations essentielles.

Mais les critiques vont aussi porter sur un autre aspect du problème. Ou bien la part du profit distribué aux travailleurs de l'entreprise est faible et la stimulation est inexistante ou elle est forte et l'on développe de très fortes inégalités de niveau de vie qui vont à l'encontre d'une conception relativement égalitaire de la société.

Le profit est-il un critère efficace de la bonne gestion ?

Les critiques formulées sur le caractère imparfait du profit en tant que critère de gestion dans les pays capitalistes ne s'appliquent-elles pas en pays planifiés et si oui existe-t-il des moyens de les éviter ?

« Quel sens donner aux prix d'achat et de vente s'il n'y a pas d'économie de marché ? Si l'Etat fixe les prix des matières premières, des biens de consommation, sans parler des salaires, l'entreprise ne peut-elle être artificiellement bénéficiaire ? Ainsi se trouve-t-on conduit à la nécessité, soit de rétablir une économie de marché soit de fixer les prix à un niveau qui corresponde du moins à ce que tel produit coûte à la collectivité.

En réalité, le problème est plus délicat que ces quelques indications le laissent entendre. (...) Les prix de vente d'un produit peuvent être relativement élevés par suite d'un état de pénurie dû à un motif quelconque. Il en résulte, pour l'entreprise, un avantage indépendant de la qualité de sa gestion. Il apparaît alors excessif de la créditer de la totalité de la différence entre prix de revient et prix de vente. » [1]

1. Pierre Mendès France et Gabriel Ardant, *Science économique et lucidité politique*, Gallimard, 1974.

Des réformes différentes suivant les pays

L'U.R.S.S.

Des réformes de 1965 à 1969...

Progressivement l'U.R.S.S. va mettre en place, à partir de 1965, des réformes de l'organisation de l'entreprise qui s'inspirent des principes de Liberman mais en pratique, elle a fait droit aux adversaires de cette politique en maintenant d'autres critères de gestion. Les prix de ventes restent fixés au niveau centralisé mais une réforme des prix tend à rapprocher prix de ventes et coûts de production (plus marge bénéficiaire). Le développement des « liens directs » est en principe préconisé mais reste très limité en pratique. Les possibilités d'ajustement des livraisons de matières premières et autres produits intermédiaires pour répondre aux accroissements de demandes restent extrêmement difficiles.

... et celles de 1979

Retour au centralisme. Bien plus, c'est à un véritable retour vers une planification centralisée que l'on assistera avec le décret de juillet 1979 qui fait passer le nombre d'indicateurs imposés à l'entreprise de 10 à 17. Le taux de rentabilité et l'indicateur de production vendue, introduits en 1965 dans la logique de Liberman, ne sont plus des indicateurs obligatoires[1]; ils sont remplacés par le taux de valeur ajoutée normalisée.

Les planificateurs veulent mettre en place un critère proche de la *valeur ajoutée* telle qu'elle est définie dans la comptabilité nationale des pays occidentaux :

$$\text{Valeur ajoutée normalisée} = \text{valeur de la production vendue} - \text{consommations intermédiaires}$$

Ainsi l'entreprise n'aurait plus intérêt à gaspiller les biens intermédiaires pour maximiser son indicateur de production.

Le rôle du profit est réduit

« Ainsi, le profit réalisé en sus de l'objectif planifié reste acquis à l'entreprise à concurrence de 50 % (encouragement); mais la proportion est ramenée à 25 % à partir d'un dépassement de 3 % (pénalisation relative). Le profit imputable à des améliorations de qualité bénéficie d'un taux de

1. Le rôle de la valeur de la production vendue n'est maintenue qu'en tant qu'indicateur secondaire.

versement préférentiel (70 %). Inversement on applique des prélèvements sur le profit d'articles classés de second choix, ou simplement de produits à haute rentabilité fabriqués en longues séries (sans pour autant autoriser des rabais sur le prix payé par l'utilisateur). En cas de majoration abusive des prix ou de fraude sur la qualité, le profit correspondant doit être confisqué ».[1]

... Les contrôles se multiplient

La réforme de 1979 s'est traduite par l'accroissement du rôle des commissions de contrôle, la réhabilitation du rôle du contremaître, la chasse à l'absentéisme, au coulage et à l'alcoolisme. La discipline financière et le contrôle par le rouble sont accrus (La Gosbank doit surveiller tout paiement en fonction du plan).

Le système de travail en brigade (méthode Zlobin) correspond à une volonté d'incitation à l'action collective des travailleurs. « Le travail en brigade correspond à une délégation des pouvoirs en ce sens qu'il laisse la brigade responsable de la manière dont elle entend réaliser la tâche qui lui a été confiée, et libre de répartir à sa façon, suivant l'effort de chacun, la masse salariale qui lui a été allouée. Au besoin la brigade peut décider de diminuer le salaire de l'un ou de l'autre de ses membres. »[2]

Le système vise donc à établir une responsabilité collective qui oblige à intérioriser la nécessité de la productivité et de la rentabilité.

La Yougoslavie

L'autogestion

En Yougoslavie les principaux moyens de production ont été collectivisés. L'entreprise est autogérée, l'Organisation de Base du Travail Associé (O.B.T.A.) regroupe les travailleurs d'une entreprise. L'entreprise est dirigée par le « conseil ouvrier ». Ses membres sont élus par les travailleurs de l'entreprise pour deux ans. Le conseil ouvrier choisit un directeur responsable devant l'O.B.T.A.

Les différentes O.B.T.A. participent à l'élaboration du plan ; celui-ci n'a aucun caractère impératif mais se rapproche des plans indicatifs des pays capitalistes. Utilisant des moyens indirects, les directives du plan sont peu contraignantes pour les entreprises.

1. J.C. Asselain, *Plan et profit en économie socialiste*, Presses de la Fondation nationale des Sciences politiques, 1981.
2. Conseiller commercial à Moscou, 5 septembre 1979.

Des succès, mais aussi des problèmes

Les résultats relativement satisfaisants de la Yougoslavie en terme de croissance économique peuvent montrer que l'autogestion n'est pas une utopie pure et peut fonctionner dans une économie réelle.

Le poids de la bureaucratie paraît particulièrement faible. Par contre, alors que la législation donne à tous le même pouvoir dans l'entreprise, il semble que la participation soit très inégale.

La Réforme de 1965 devait permettre aux travailleurs de déterminer eux-mêmes la politique d'investissement de leur entreprise. En réalité, selon des témoignages concordants, les conseils ouvriers ont, en règle générale, abandonné cette responsabilité à la technostructure, et se contentent d'exercer un contrôle a posteriori sur l'efficacité des orientations prises.

Les travailleurs peu ou pas qualifiés « ne se sentent pas représentés par les conseils ouvriers ; ils sont souvent peu informés de leurs décisions ; peut-être aussi sont-ils peu désireux de l'être ». Ainsi, la grande masse des travailleurs semble se désintéresser de la gestion de l'entreprise (...)[1].

Mais cette situation n'est pas sans graves conséquences sur l'investissement. En effet, les travailleurs, repliés sur leurs intérêts immédiats, ne peuvent arbitrer dans le sens des intérêts collectifs les conflits qui surgissent entre les entreprises. Ils se bornent à faire pression pour obtenir une élévation des salaires, au détriment de l'autofinancement. Cette « préférence pour le présent » est particulièrement vive dans les entreprises les plus pauvres, où de nombreux besoins essentiels demeurent insatisfaits. Elle peut conduire ces entreprises à une politique malthusienne d'investissement et d'embauche.

La faillite épargne la plupart des « canards boiteux » et ne touche en fait que de petites et moyennes entreprises en général ; les entreprises en difficulté sont seulement placées, sur décision de l'Assemblée communale, sous « tutelle » administrative, et les droits d'autogestion sont suspendus.

1. N. Bonnet et A. Gely, *Economie et sociétés*, mars 1978.

☞ **Régulation dans les économies planifiées, planification en économie socialiste.**

Entreprises publiques et nationalisations

En France, un secteur public puissant

La montée du secteur public

Le secteur public français est un des plus importants des pays capitalistes, plus de 4000 entreprises, 30 % du chiffre d'affaires de l'industrie et 22 % de sa main-d'œuvre, un tiers des exportations, 35 % des investissements, 75 % du potentiel de recherche, l'essentiel du système bancaire...

Le secteur public est le fruit de l'Histoire; les vagues successives de nationalisations ont eu chacune leur logique et répondent à des motivations variées.

Le Colbertisme, berceau du secteur public...

Par une ruse de l'Histoire, la nationalisation de Saint-Gobain-Pont-à-Mousson en 1982 a renoué avec les racines historiques de notre secteur public. En effet, Saint-Gobain avait été créée par *Colbert* en 1665 afin d'assurer à la France un outil de production national dans la fabrication des glaces. On trouve dans cet exemple la motivation colbertienne de base : assurer une indépendance nationale par des manufactures royales, créer un ensemble productif public puissant, étendu et efficace pour assurer au pays une force économique garante de sa puissance géopolitique.

Pourtant, dans une France rurale, artisanale et peuplée de petits commerces, le poids du secteur public restait très modeste.

Après la guerre de 1914, une première vague de nationalisations

Jusqu'en 1914 la logique libérale domine, le XIXᵉ siècle fait une place modeste à l'intervention étatique. Ce sont des besoins spécifiques qui provoquent la création d'établissements publics : Service d'Exploitation Industrielle des Tabacs et des Allumettes (S.E.I.T.A.), service des alcools, P.T.T...

Mais la crise consécutive à la guerre de 1914 va entraîner une vague de nationalisations. L'Etat intervient pour restructurer l'appareil industriel là où l'initiative privée s'avère inefficace ou insuffisante; Office national de l'azote (1924), Mines des potasses d'Alsace, Office national du crédit agricole (1920); divers ports sont dotés de statuts d'établissements publics industriels et commerciaux : Le

Havre, Bordeaux, Strasbourg... (juin 1920); la Compagnie française des pétroles, outil d'indépendance énergétique, est créée par la loi du 25 mars 1924...

La crise des années 30 et le Front populaire

La crise des années 30 va susciter, sous l'influence des idées du Front populaire, une nouvelle vague de nationalisations.

Trois types de nationalisations peuvent être distingués, comme le montre J. Chevalier[1].

— « D'abord la crise économique allait durement frapper un certain nombre de secteurs de base, tels que les compagnies de transport (...). C'est ainsi que furent créées, notamment, la S.N.C.F. et Air France, et que la Compagnie générale transatlantique devint entreprise publique. A chaque fois le procédé est le même : l'Etat ne pouvant plus récupérer les créances qu'il possède sur les entreprises subventionnées décide, en contrepartie de l'abandon de sa créance, d'avoir une participation au capital des entreprises concernées, qui deviennent dès lors des sociétés d'économie mixte. »

— La nationalisation des sociétés fabriquant des matériels de guerre est décidée afin de mieux faire face aux tensions internationales (loi du 24 juillet 1936 concernant les industries d'armement et particulièrement trois sociétés de construction aéronautique).

— Certaines nationalisations correspondent à la volonté politique du Front populaire de voir l'Etat prendre la tête de certains secteurs. La nationalisation de la Caisse nationale des marchés de l'Etat et de l'Office du blé (office national interprofessionnel des céréales) obéit à cette logique.

Les nationalisations de la Libération (1945-1946)

Les conditions politiques de l'après-guerre permettent un large consensus national sur la nécessité des nationalisations. En 1944, les Charbonnages de France passent sous le contrôle de l'Etat, en 1945 E.D.F., G.D.F., Renault sont nationalisées, cette dernière entreprise à titre de sanction pour les activités de ses propriétaires pendant la guerre. La même année une partie importante du système bancaire passe sous contrôle de l'Etat. L'année suivante, les assurances, en 1948 la Compagnie Générale Transatlanti-

1. *Notes et Etudes Documentaires*, janvier 1979.

que et les Messageries Maritimes sont à leur tour nationalisées.

Au cours des Trente Glorieuses, le secteur public se révèlera très performant sur le plan technique, la productivité s'améliorera considérablement; la rentabilité sera plus décevante : l'Etat impose à ces entreprises des contraintes de prix souvent importantes tant pour des raisons sociales qu'économiques (le coût de l'énergie ou des transports pèse sur le prix de revient des autres entreprises). Par ailleurs l'actionnaire privilégié, l'Etat, apporte peu de capitaux frais ce qui accroît les charges financières de ces entreprises. Pourtant E.D.F. et surtout Renault ont pendant cette période des performances financières satisfaisantes.

La logique des nationalisations de 1981-1982

Les nationalisations de 1982 correspondent à la mise en application du Programme commun de la Gauche. « Pour briser la domination du grand capital et mettre en œuvre une politique économique et sociale nouvelle, rompant avec celle qu'il pratique, le gouvernement réalisera progressivement le transfert à la collectivité des moyens de production les plus importants et des instruments financiers actuellement entre les mains des groupes capitalistes dominants. Le secteur public sera étendu, démocratisé et restructuré. Les entreprises nationales, dotées d'une large autonomie de gestion, respecteront, dans leurs activités, les orientations du Plan. »[1]

Sur le plan industriel 12 groupes sont concernés :

— Cinq sociétés sont nationalisées à 100 % par transfert de la propriété des actions à l'Etat contre indemnisation : P.U.K. (Péchiney-Ugine-Kuhlmann), Rhône-Poulenc S.A., Thomson-Brandt, Compagnie de Saint-Gobain, Compagnie générale d'électricité (C.G.E.).

— Deux sociétés sidérurgiques Usinor et Sacilor voient l'Etat prêteur se muer en Etat actionnaire. L'Etat contrôle 95 % du capital par suite de cette transformation des créances en actions.

— Trois sociétés sous contrôle étranger passent sous contrôle public à la suite d'accords entre leurs anciens propriétaires et l'Etat : C.I.I.-Honeywell-Bull, I.T.T. France et Roussel-Uclaf.

— Pour Matra et Dassault-Bréguet, fortement impliqués dans les armements sophistiqués, la participation de l'Etat est de 51 % du capital social.

1. *Programme commun de gouvernement*, Flammarion, 1973.

— L'Etat complète son contrôle de l'émission monétaire par **la nationalisation des banques encore privées** : 36 banques sont nationalisées, les établissements mutualistes conservent leur statut, 75 % des dépôts collectés sont désormais entre les mains de l'Etat contre 22 % pour les banques demeurant mutualistes, 3 % pour les banques étrangères, le reste, soit 1 %, est collecté par les banques privées ayant échappé à la nationalisation du 11 février 1982 du fait de leur faible taille...

— Les banques d'affaires Suez et Paribas sont nationalisées.

Le secteur public ne se réduit pas aux nationalisations

Si l'attention est souvent centrée sur les nationalisations qui marquent le passage d'un contrôle privé à un contrôle public, il faut bien voir que le secteur public est plus large que le simple champ des entreprises nationalisées. Ainsi, l'Etat peut créer des entreprises qui participent à l'activité de production (Elf-Aquitaine, par exemple).

Pourquoi nationaliser ?

Les nationalisations de 1982 ont ranimé le débat sur l'intérêt du développement d'un secteur public. Aussi, faut-il préciser les arguments développés pour et contre ce développement. Tout d'abord, pourquoi nationaliser ?

L'approche empirique

Pour toute une gamme d'analyses des nationalisations, il ne faut pas rechercher une clé unique pour expliquer l'origine du secteur public car celui-ci est né dans des conditions historiques diverses comme le fruit de la volonté, de la nécessité ou du hasard... Des motivations précises peuvent cependant fournir l'explication de la naissance de telle ou telle entreprise publique...

— *La sécurité nationale* explique ainsi la nationalisation des industries d'armement en 1936 ou encore celle de Matra et de Dassault en 1982.

— Le caractère public *du contrôle de l'émission monétaire* est renforcé par la nationalisation de la Banque de France en 1936, par celle de plusieurs grandes banques commerciales à la Libération, puis en 1982 par celles encore restées dans le domaine privé [1].

1. A l'exception des banques étrangères, du secteur mutualiste et de quelques banques privées de faible importance.

— *Les déficiences du secteur privé* provoquent par exemple la nationalisation des sociétés de chemins de fer, incapables d'organiser de façon rationnelle leurs activités. Quand de nombreux emplois sont menacés par la faillite des firmes, quand l'Etat doit subventionner et prêter audelà des capacités de remboursement des sociétés (cas des entreprises sidérurgiques), les défenseurs de la nationalisation deviennent plus nombreux. De même la nécessité de s'approvisionner en pétrole va engendrer la création d'Elf-E.R.A.P.

— *Les raisons politiques* seront à l'origine de la nationalisation de la Régie Nationale des Usines Renault : il fallait sanctionner symboliquement les collaborateurs. Plus récemment les nationalisations des Compagnies financières de Suez et de Paribas auront pour but de limiter le pouvoir financier « du grand capital ». Ces ensembles financiers, constituant des alliances multiples entre groupes industriels, commerciaux et bancaires, ont été accusés de contrôler les principaux pôles de l'appareil productif.

— *Les raisons de conjoncture* économique sont souvent déterminantes : la dimension anticrise des nationalisations est souvent mise en évidence. Aux Etats-Unis, la crise de 1929 engagera l'Etat dans la voie du contrôle public au cours de la phase interventionniste du New Deal : création de la Tennessee Valley Authority... En France, le projet de loi de nationalisation de 1982 insistait sur la fonction de relance, le rôle du secteur public dans l'investissement.

Le caractère particulier de certaines activités

Le caractère *à haut risque* de certaines activités (investissement massif, rentabilité aléatoire) a incité l'Etat à intervenir dans le nucléaire, les activités de recherche, l'aéronautique (Concorde, Ariane).

Changer la société

Au-delà de l'approche empirique, les grandes vagues de nationalisations résultent au XXe siècle de l'intervention de gouvernements marqués par la pensée socialiste. L'extension du secteur public est perçue comme le moyen de changer la société, tant sur le plan économique que social.

Ainsi, aujourd'hui, le secteur public élargi doit faciliter le renouveau économique car :

— Il permet d'investir en fonction d'une logique nationale et non du seul critère de profit financier.

— Le capital bancaire ayant souvent « brimé » le capital industriel, la nationalisation des banques devrait permettre d'orienter les crédits vers le renouveau industriel.

Parallèlement les nationalisations, si elles sont suffisamment étendues, doivent permettre la suppression de l'exploitation des travailleurs (analyse marxiste) et la mise en place de *nouveaux rapports sociaux* (analyse socialiste).

Les défenseurs des nationalisations de 1945 (puis après celles de 1982) voyaient dans le développement du secteur public le moyen d'une organisation moins autocratique de l'entreprise donnant à tous une place dans la direction des entreprises. Les socialistes opposèrent *étatisation* et *véritable nationalisation*, celle-ci supposant consensus, concertation, dialogue et pouvoir des travailleurs.

Analyses critiques des nationalisations

Paradoxalement, deux courants diamétralement opposés ont développé des analyses critiques vis-à-vis des nationalisations : les néo-classiques et les théoriciens marxistes du capitalisme d'Etat. Pour comprendre ce paradoxe apparent, il faut préciser que les analyses de ce dernier courant concernent la façon dont un gouvernement favorable au capitalisme peut réutiliser le secteur public en faveur du secteur privé. Cette analyse ne condamne pas, bien au contraire les nationalisations de 1982.

L'analyse du capitalisme monopoliste d'Etat

Ce type d'approche privilégie les outils d'interprétation marxiste qu'elle applique au secteur public. Pour l'essentiel, elle considère que l'État nationalise en pays capitaliste pour lutter contre la loi de la baisse tendancielle du taux de profit qui menace la survie du capitalisme. L'Etat au service des classes dirigeantes tente de rétablir le taux de profit du secteur privé en étatisant les segments de production qui sont le moins rentables du fait de la masse de capitaux engagés, le taux de plus-value étant alors insuffisant pour assurer un profit stimulant l'initiative privée.

L'Etat prend en charge la fraction du capital procurant la rentabilité la plus faible, il accepte même des déficits (charbonnages, sidérurgie...).

Les capitalistes peuvent ainsi élever leur taux de profit moyen en se réservant les secteurs les plus rentables et les plus lucratifs (cf. analyse de la péréquation des taux de profit, *Dictionnaire économique et social* p. 383).

Il se produit même une véritable ponction sur les entreprises publiques qui vont transporter à un prix inférieur aux coûts les marchandises privées, fournir l'énergie aux entreprises privées à des tarifs préférentiels... Par ailleurs l'Etat par ses commandes massives et à prix peu élevés permettra aux grands groupes financiers d'obtenir de meilleurs taux de rentabilité... Au niveau financier, l'Etat permet de réduire la contrainte des taux d'intérêts et en fournissant des aides et subventions, il donne au secteur privé un véritable « effet de levier ». Indirectement, les capitaux étatisés subissent une dévalorisation en acceptant une rentabilité moindre que le taux de profit moyen obtenu par l'ensemble des capitaux.

La réponse « socialiste » à ce type de situation consiste alors à modifier le champ des nationalisations et à le gérer suivant de nouveaux critères : nationalisation des monopoles stratégiques, gestion en fonction d'un plan démocratique... Les nationalisations françaises ont été réalisées dans cette optique.

Les tenants des nationalisations mettent en évidence l'efficacité de Renault pendant les Trente Glorieuses, d'EDF ou même des Télécommunications avec une industrie du téléphone à la pointe de la modernité. La C.G.E. qui faisait des profits dans le privé a continué après sa nationalisation.

L'explication néo-classique

Le courant libéral est généralement hostile à tout ce qui limite la concurrence, le droit de propriété et le libre jeu du marché. Pourtant l'analyse néo-classique n'exclut pas la création d'entreprises publiques mais limite strictement son champ d'application.

L'entreprise publique peut être rendue nécessaire (ou acceptable) par certaines caractéristiques techniques et économiques :

- **Le caractère indivisible** de certaines productions peut rendre logique la constitution d'entreprises publiques : certaines productions constituent un bien collectif par nature. Ainsi, par exemple, l'éclairage d'un phare a le même coût quel que soit le nombre de bateaux qu'il informe... Certains néo-classiques admettront alors, dans ce type de situation, une intervention publique.
- **Le caractère politique** de la Défense nationale peut aussi justifier la création d'entreprises publiques[1].

1. On distinguera de ce point de vue l'analyse néo-classique elle-même qui n'admet qu'un nombre très limité de créations d'entreprises publiques et les positions des partis libéraux qui souvent admettent un secteur public plus important.

Plusieurs arguments sont invoqués contre le développement du secteur public :

- **Le risque bureaucratique est dénoncé** : statuts rigides, manque de contrainte de productivité due au moindre risque de licenciement, commandement plus diffus du fait des choix d'un Etat lointain, manque de pouvoir du président nommé par le Conseil des ministres et révocable à tout moment... risquent d'entraîner le développement d'une bureaucratie d'autant plus dangereuse que les pôles vitaux de l'industrie ont été nationalisés.

- **Le risque d'étatisation menace.** Par ailleurs l'équilibre entre les pouvoirs est rompu, la dispersion du pouvoir économique est nécessaire à la liberté. Des nationalisations aussi étendues sont donc dangereuses.

- **Le volontarisme technique est souvent coûteux.** L'Etat et son ministère de l'Industrie peut vouloir « jouer au meccano » en mettant en place des politiques irréalistes compte tenu de la compétition internationale. Des objectifs externes à l'entreprise sont souvent imposés par l'Etat : maintenir l'emploi, s'installer dans telle région déshéritée, acheter du matériel français même de qualité inférieure, développer un secteur pénétré par l'étranger (mais ne correspondant pas toujours à la logique industrielle de la firme), renoncer à des investissements rentables à l'étranger...

L'Etat risque aussi de développer des projets de prestige en négligeant la rentabilité. A trop vouloir tout faire, on risque de s'épuiser sur des filières au lieu d'exploiter des créneaux rentables.

- **Le risque de vieillissement de l'appareil productif menace** car les syndicats sont souvent forts dans des secteurs liés à la seconde révolution industrielle ou même la première (charbonnage, sidérurgie, automobile...). A trop vouloir sauvegarder l'emploi, on risque de perdre de la compétitivité en maintenant des emplois non compétitifs alors que les investissements feront défaut aux activités nouvelles liées à la troisième révolution industrielle.

- **Le risque de surenchère sociale** est aussi mis en avant comme nuisible à l'efficacité économique. Un pouvoir syndical créant des « avantages non monétaires » coûteux pour l'entreprise : monopole d'embauche, tarifs syndicaux, qualifications rigides liées aux postes..., menace la productivité.

L'effet d'éviction

L'indemnisation des actionnaires des entreprises nationalisées représente une charge importante pour les contribuables. Le financement des entreprises nationales (déficits, investissements...) se traduit par des prélèvement sur l'épargne nationale, ce qui réduit les ressources disponibles pour le secteur privé et contribue à la hausse des taux d'intérêt qui alourdissent les prix de revient.

Faut-il dénationaliser à l'anglaise ?

Parce qu'elles concernent les plus grandes entreprises du secteur concurrentiel, parce qu'elles donnent un poids très important au secteur public dans l'ensemble de l'activité économique française, les nationalisations de 1982 sont pour les néo-classiques beaucoup plus dangereuses que celles de 1946.

Que faire alors sinon dénationaliser ? Dans ce contexte on comprend l'intérêt que suscitent les tentatives britanniques de dénationalisation et de développement d'une logique de rentabilité dans les entreprises publiques.

La logique de la dénationalisation se décompose en deux phases :

1. Il faut créer les conditions de la rentabilité pour permettre à terme l'acquisition de l'entreprise par un capitaliste soucieux de profit.
2. Il faut dès que possible rendre l'entreprise au secteur privé ou, si cela s'avère difficile, maintenir autant que faire se peut des contraintes proches de celles du secteur privé.

- Pour réaliser la phase 1, une gestion rigoureuse est nécessaire :

a. Chaque projet d'investissement doit être rentable.

b. Les gestionnaires du secteur public doivent cesser de faire appel à l'Etat pour combler les déficits et ne doivent pas abuser des emprunts qui nuisent aux entreprises privées, celles-ci ne disposant pas de la garantie de l'Etat pour leurs emprunts. Le rationnement du crédit contribue d'ailleurs à faire peser la contrainte de rentabilité sur chaque décision.

c. Les rapports entre les entreprises publiques et l'Etat doivent s'apparenter à celles d'un holding avec ses filiales : elles doivent verser des bénéfices à l'Etat et fournir des objectifs stratégiques crédibles.

d. L'Etat doit s'abstenir en contrepartie de fournir des injonctions qui limitent la rentabilité, ainsi les petites lignes de la S.N.C.F. doivent être abandonnées si le gestionnaire en décide ainsi.

☞ **Politique industrielle,**
planification en économie de marché.

Epargne

Pourquoi épargner?

Les motivations des ménages

A la question, «pourquoi épargnez-vous?» posée par la SOFRES[1] près de la moitié des personnes ont répondu : « pour parer à des ennuis imprévus ». L'épargne de précaution tient donc une place majeure dans les motivations des ménages. L'épargne en vue d'une dépense future est aussi ressentie comme essentielle puisqu'un tiers environ des ménages destine leur épargne à l'achat d'une maison ou à l'achat de biens d'équipement du foyer. L'épargne spéculative n'arrive qu'en dernière place.

L'affectation de l'épargne se différencie, selon les catégories socio-professionnelles. Ouvriers, employés, cadres moyens privilégient l'acquisition de logements; leur épargne courante reste le plus souvent liquide et l'utilisation de l'épargne pour acheter des actions et obligations est peu fréquente, à la différence des cadres supérieurs qui connaissent mieux le fonctionnement de la bourse des valeurs et y investissent plus volontiers.

... celles des entreprises...

Tout autres sont les motivations des entreprises qui épargnent pour financer la croissance de l'entreprise. Accroître le fonds de roulement, mettre en place de nouveaux investissements suppose des moyens de financement. L'épargne permet de réduire le poids de l'endettement, d'économiser sur les frais financiers et d'accroître l'autonomie de l'entreprise en réduisant le rapport

$$\frac{\text{dettes à moyen et long terme}}{\text{fonds propres}}$$

... et de l'Etat

L'Etat a besoin de mobiliser l'épargne d'une part pour assurer le financement de ses propres investissements, d'autre part pour que le taux d'épargne par rapport au P.I.B. soit optimum par rapport à l'objectif de croissance économique.

1. 1982.

L'Etat investit pour améliorer les infrastructures du pays (routes, écoles...), pour soutenir l'économie, pour assurer la survie des entreprises publiques. Il en résulte des besoins de financement auxquels l'Etat doit faire face et qui impliquent une épargne éventuellement forcée (impôt ou inflation)[1].

Le taux d'épargne $\left(\frac{\text{Epargne}}{\text{PIB}}\right)$

définit pour un pays sa capacité à renoncer aux consommations présentes pour financer ses investissements. La modernisation des équipements, le volume de production à long terme dépendent de cette capacité de prélever sur le revenu actuel les moyens de leur financement. Quand le pays développe trop sa consommation et qu'il faut faire appel à l'épargne étrangère l'endettement provoque un véritable cercle vicieux de la dette car le jeu des intérêts cumulés tend à rendre le pays de plus en plus dépendant de ses créanciers étrangers. L'épargne est donc une condition de croissance sans endettement excessif et sans tensions inflationnistes c'est-à-dire sans consommation trop forte par rapport au développement de l'appareil productif.

Si l'investissement suppose une épargne, il n'en résulte pas nécessairement que toute épargne se traduit par des investissements équivalents. Ce dernier point fait l'objet de vives controverses entre les différents courants théoriques.

Les limites de l'épargne

Des ménages

L'épargne d'un ménage est limitée par le montant de son revenu disponible et par ses besoins de consommation. Plus un ménage est riche, plus le montant total de l'épargne peut être élevé et son taux d'épargne tend à augmenter.

1. L'impôt, en prélevant sur le revenu, réduit le niveau de consommation et permet, si l'Etat ne « consomme » pas les sommes prélevées, d'accroître l'épargne. De même l'inflation réduit le pouvoir d'achat d'une unité monétaire et le niveau de consommation à revenu nominal constant. Dans ces deux cas on parle d'épargne forcée car l'aspect économique subit une réduction de ses possibilités de consommation sans l'avoir décidée. Tout se passe pour lui comme s'il avait épargné, au détail près qu'il ne dispose pas de l'épargne réalisée.

L'épargne n'est pas seulement influencée par le niveau du revenu mais encore par sa *variation*. Ainsi, après le choc pétrolier, le taux d'épargne a chuté, les ménages recherchant par une réduction de leur épargne le moyen de maintenir une progression de leur consommation plus conforme à leurs habitudes.

Une hausse brutale des revenus engendre aussi des capacités d'épargne plus grandes. La conjoncture économique peut aussi influencer le niveau d'épargne, la crainte de difficultés à venir peut accroître la propension à épargner. Les comportements d'épargne varient fortement d'un pays à l'autre. Ainsi le Japon est célèbre pour sa « frugalité en matière de consommation » et l'importance du taux d'épargne qui en résulte; la faiblesse de la protection sociale majore l'épargne de précaution.

Des entreprises

La capacité d'épargne des entreprises est limitée par le montant de leurs bénéfices. Cette affirmation doit être nuancée de deux façons : d'une part les actionnaires ne sont pas tenus de laisser ces bénéfices dans l'entreprise; ils peuvent souhaiter en disposer immédiatement; en pratique pourtant on constate qu'une part importante des bénéfices reste à la disposition des firmes pour financer la croissance; d'autre part les dotations aux amortissements et dans une certaine mesure les dotations aux provisions réalisées dans l'année constituent une épargne qui fournit des moyens de financement des investissements.

De l'Etat

Pour accroître son épargne, l'Etat peut augmenter la pression fiscale (mais les niveaux atteints rendent ce procédé de plus en plus incertain) ou réduire les frais de fonctionnement des administrations et des entreprises publiques. Ce remède s'avère extrêmement difficile à mettre en œuvre, le montant des dépenses étant relativement rigide, (un fonctionnaire recruté doit être payé jusqu'à sa mort).

Une autre limite à l'épargne de l'Etat est constituée par le jugement porté sur l'intérêt de l'épargne publique. Ainsi les néo-classiques considèrent qu'il n'est pas souhaitable que l'Etat mobilise une trop grande fraction de l'épargne car il réduit, ce faisant, les possibilités d'accès à l'épargne du secteur privé (effet d'éviction).

Les mécanismes de l'épargne : un circuit complexe

Le besoin de transformation

Quand on interroge les Français sur ce qui compte le plus pour eux lorsqu'ils épargnent, la réponse la plus fréquente est : « la disponibilité de l'argent » (47 % des réponses dans un sondage réalisé en 1982); les intérêts perçus ne sont prioritaires que pour moins d'un cinquième et la plus-value en capital ne préoccupe principalement qu'une personne sur 10.

Le problème de l'épargne est donc celui d'un déséquilibre profond entre le désir de liquidités des épargnants et le besoin d'épargne à long terme pour financer les investissements lourds qui supposent une immobilisation des fonds. Le circuit de l'épargne doit permettre cette métamorphose d'une épargne liquide en un investissement lourd et fortement immobilisé; les intermédiaires financiers assurent cette *transformation.*

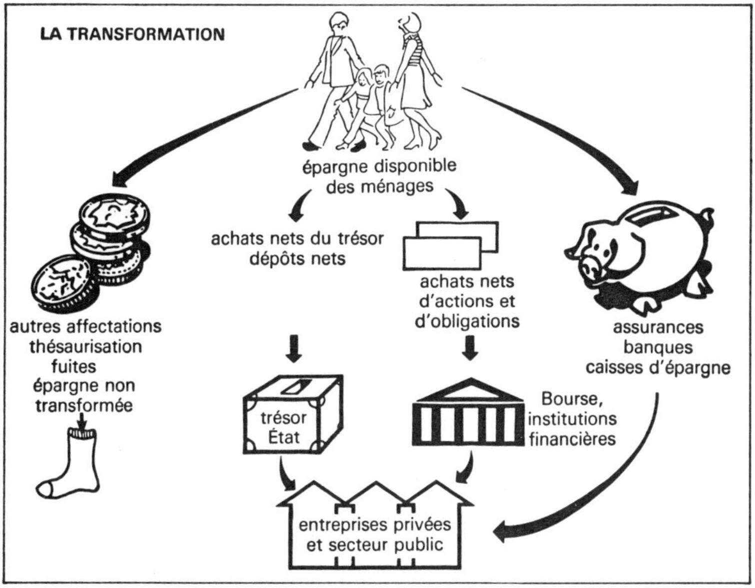

Les institutions financières, agents de transformation

Les institutions financières transforment l'épargne qu'elles reçoivent en crédits aux entreprises.

- Des liaisons existent, entre institutions financières et marché financier car les Compagnies d'assurances sont des investisseurs en bourse importants, les caisses de retraites sont aussi des investisseurs institutionnels qui gèrent des fonds considérables d'épargne provenant des ménages...

- Des liaisons existent aussi entre administrations et institutions financières, les banques et les intermédiaires financiers sont tenus d'acheter des Bons du trésor, la Banque de France doit fournir des concours au Trésor (financement du déficit budgétaire...). Evidemment le Trésor opère aussi des remboursements. Enfin l'Etat permet aux banques d'accorder des crédits supérieurs à l'épargne transformée, en relâchant l'encadrement du crédit.

Le marché financier source de transformation de l'épargne

Le marché financier va faciliter les transformations de l'épargne. La bourse, en rendant une certaine liquidité aux titres (actions, obligations) qui sont en principe des placements à long terme, permet aux entreprises d'obtenir plus facilement un accroissement de capital (actions) ou des crédits à long terme (obligations).[1]

La bourse fournit aussi aux administrations (Etat, collectivités locales) le moyen d'effectuer des placements d'obligations afin d'équiper les communes, de construire des routes, de financer le budget par emprunts.

Analyses théoriques des comportements d'épargne

Replacer les comportements d'épargne dans l'analyse générale des comportements

• La rationalité des agents économiques.

L'analyse néo-classique traditionnelle prend pour hypothèse que les décisions des agents sont rationnelles car ceux-ci maximisent l'utilité qu'ils peuvent obtenir. Ainsi en matière d'épargne, un taux d'intérêt élevé accroît l'utilité des placements et ce faisant augmente le niveau de l'épargne.

Ces hypothèses de comportement ont été contestées de différents points de vue : nombre de décisions sont impulsives et ne prennent pas prioritairement en compte le raisonnement économique. Les recherches en marketing, par exemple, ont analysé le caractère irrationnel de nombreuses décisions d'achat.

1. Les titres peuvent être vendus en bourse du jour au lendemain.

La « rationalité économique est fortement réductrice par rapport à la totalité de l'individu. Ainsi, les sociologues ont montré qu'à conditions économiques comparables, des comportements différents marquaient les diverses catégories socio-professionnelles.

La plupart des décisions sont le résultat à la fois des informations disponibles, des représentations de l'avenir, de l'horizon temporel de l'agent, du poids des habitudes et des capacités d'analyse économique...

Les néo-classiques actuels tentent d'intégrer cette complexité de la prise de décision (théorie des jeux, théorie des équipes, anticipations rationnelles...).

• Les esprits animaux.

Pour les keynésiens, les décisions des agents économiques ne sont que partiellement rationnelles : elles sont aussi marquées par les « esprits animaux » : « une grande part de nos activités positives dépendent d'un optimisme spontané plutôt que d'une prévision mathématique, qu'elle soit morale, hédoniste ou économique. Il est probable que la plupart de nos décisions d'entreprendre quelque chose de positif dont les conséquences s'étendront sur de nombreuses années peuvent être considérées comme le résultat des esprits animaux d'un besoin spontané d'action plutôt que d'inaction, et non comme le résultat d'une moyenne pondérée des bénéfices quantitatifs multipliés par des probabilités numériques »[1]. Néanmoins, pour faciliter une présentation mathématisable des mécanismes économiques, cet aspect partiellement subjectif des décisions des agents n'est pas toujours pris en compte par Keynes; c'est le cas en particulier en ce qui concerne l'épargne. La question qui se pose alors est de savoir si les simplifications introduites induisent ou non des écarts suffisamment importants pour remettre en cause l'essentiel des raisonnements keynésiens.

• L'approche structurale des comportements.

L'approche marxiste du comportement est fondamentalement différente. Elle raisonne en termes de structures et non d'individus. Ce qui importe n'est pas que tel ouvrier épargne plus que son voisin mais que l'épargne de la classe ouvrière ne sert pas à l'accumulation pour elle-même mais permet la reproduction de la force de travail. A l'inverse l'épargne de la classe des capitalistes permet d'accumuler...

1. Keynes, *Théorie générale.*

Keynes et la liaison épargne-revenu

Pour Keynes, plus le revenu augmente plus la fraction épargnée du revenu supplémentaire s'accroît (propension marginale à épargner croissante). Si cette liaison a paru assez générale à Keynes pour être admise dans son analyse, sa non vérification expérimentale rendrait plus difficile une présentation mathématique du multiplicateur mais ne supprimerait pas l'existence du mécanisme décrit par Keynes.

L'analyse néo-classique : l'effet de revenu permanent

Certains néo-classiques ont contesté l'approche keynésienne du comportement d'épargne. En particulier, pour Friedman, le comportement en matière d'épargne est d'abord fonction du « revenu permanent », c'est-à-dire du revenu que l'individu estime correspondre à l'évolution moyenne de ses gains sur la longue période, compte tenu de sa situation, sa qualification, la société où il vit...

Si l'épargne est fonction du revenu permanent[1], son montant est fonction de paramètres divers : âge, taux d'intérêt.... anticipations...

L'analyse marxiste

Pour Marx le capitaliste s'enrichit en proportion non de sa frugalité et de son épargne propre, mais en fonction de sa capacité à obtenir, au sein de rapports de force, une part plus grande de la plus-value. Les marxistes contemporains insistent sur la différence fondamentale entre l'épargne du salarié, producteur de plus-value qui met en réserve un pouvoir de consommer, et l'épargne du capitaliste qui résulte de la plus-value extorquée.

L'analyse sociologique

Cycle de vie et épargne

Une relation entre le cycle de vie et l'épargne semble statistiquement confirmée : Jusqu'à environ 30 ans l'épargne a tendance à croître car le revenu augmente plus rapidement que les charges familiales. Puis de 30 à 45 ans, la

1. Le revenu d'un ingénieur débutant et d'un ouvrier qualifié en fin de carrière peut être équivalent. Leur comportement en matière de consommation et d'épargne sera le plus souvent différent car le premier anticipe des augmentations importantes de revenus alors que le second sait que son revenu va se réduire lorsqu'il sera à la retraite.

famille a tendance à s'élargir (enfants); le revenu augmente mais moins que le nombre d'unités de consommation, le taux d'épargne baisse alors. De 45 ans aux environs de l'âge de la retraite, le revenu croît généralement moins rapidement mais le nombre de personnes se réduit (départ des enfants); l'épargne a alors tendance à croître. Après 60 ans, la retraite se traduit par une réduction des revenus, l'épargne de précaution est utilisée et non reconstituée, le taux d'épargne fléchit sensiblement.

La notion « d'habitus »

A revenu voisin, certaines catégories épargneront plus que d'autres. Ainsi les cadres supérieurs non propriétaires ont un taux d'épargne de 6 % seulement, bien que leur revenu soit en moyenne supérieur à celui des cadres propriétaires qui épargnent près de 10 % de leur revenu. Ainsi, à revenu égal, il peut y avoir selon les groupes sociaux des différences notables selon la place qu'ils attachent au patrimoine... ; les cadres supérieurs ont par rapport aux gros commerçants une stratégie d'accumulation moins importante. De même, les différentes catégories socioprofessionnelles n'utilisent pas leur épargne de la même façon.

Epargne, croissance et crise

Analyse libérale

Pour l'analyse libérale, l'épargne a un rôle actif dans la formation du capital, c'est l'abstention de consommation qui justifie la rémunération de l'épargne. L'intérêt est le prix du temps.

L'épargne permet d'engager un cercle vertueux de croissance : Epargne → Investissement
← Revenu plus élevé ↙

Les théoriciens de l'offre insistent sur le côté créateur de l'épargne qui prépare l'investissement donc l'offre accrue de demain. Il ne peut y avoir d'excès d'épargne, car, quand la rentabilité des investissements et des placements décline, la consommation devient plus attractive et il se produit une désépargne au profit de la consommation. A l'inverse une insuffisance d'épargne accroît le taux d'intérêt qui stimule l'épargne. Le taux d'intérêt va donc assurer l'adaptation permanente du volume d'épargne aux besoins de financement.

Analyse keynésienne

→ Pour Keynes, un accroissement de l'épargne n'engendre pas automatiquement un processus de croissance et peu même entraîner une récession.

L'égalité entre l'épargne et l'investissement n'est réalisée qu'« ex post ». « Ex ante », le déséquilibre est possible car l'épargne est fonction du revenu alors que l'investissement est fonction de la rentabilité marginale du capital et du taux d'intérêt. → Il n'y a donc aucune raison pour que ces deux variables s'équilibrent « ex ante ».

Ainsi, il n'existe pas d'équilibre automatique entre l'épargne et l'investissement projetés pour répondre à la demande effective... Keynes propose donc de stimuler non l'épargne mais la consommation ou l'investissement en période de sous-emploi...

Baisse des taux d'intérêts, politique fiscale encourageant la consommation, priorité à l'expansion sur la lutte contre l'inflation ont donné à Keynes la réputation de ne pas aimer l'épargne. L'obsession de la crise de 1929 a sans doute amené Keynes à négliger quelque peu les dangers d'une épargne insuffisante, mais les keynésiens ont eu le mérite de montrer qu'une épargne non investie est facteur de crise économique.

Analyse marxiste

L'épargne du capitaliste étant prélevée sur le surtravail, elle est le fruit d'une exploitation qui renforce la puissance du capitaliste... Pourtant l'épargne a un rôle positif car elle accroît la production sociale lorsqu'elle est réinvestie.

Un excès d'épargne reflète l'insuffisance de la consommation des classes laborieuses (la recherche du profit limitant la part de la production allant à la force de travail) et risque alors d'engendrer une crise (voir croissance et crises).

L'épargne peut aussi jouer un rôle d'accélérateur de la crise en s'orientant vers les placements spéculatifs au détriment de l'investissement productif. L'épargne est alors source de crise car elle ne féconde pas le renouvellement de l'appareil productif et au contraire réduit les débouchés en faisant du crédit un bien inaccessible aux consommateurs (biens durables) et aux investisseurs (modernisation de l'équipement...). L'épargne est donc au cœur des contradictions du capitalisme : surproduction, suraccumulation et crise financière y sont mêlés...

☞ **Consommation, investissement.**

Firmes multinationales

Le développement des multinationales

Les multinationales peuplent notre vie quotidienne

Il est 7 heures, mon réveil « Seiko » sonne, aussitôt je me prépare en me lavant avec « Palmolive », puis je me rase avec « Gilette ». Il est temps de boire mon café soluble « Nestlé ». Un léger mal de tête et l'aspirine « Rhône-Poulenc » me permet de mieux affronter la journée. En voiture je roule en « Ford » avec des pneus « Michelin » tout en écoutant mon poste « ITT ». A midi je me restaure rapidement d'un hamburger « Mac Donald » et me désaltère d'un « Coca Cola ». Au bureau mon ordinateur personnel « I.B.M. » me suggère que les placements dans les valeurs artistiques sont intéressants et l'agence « Sotheby » n° 1 mondial de la vente d'œuvres d'art est justement à Londres où « Air-France » va me déposer... Ce tableau imaginaire d'une journée quotidienne a évidemment pour seul fil conducteur de montrer l'omniprésence des multinationales dans notre vie...

Un phénomène ancien...

Les premières entreprises dont l'activité dépasse le cadre national sont très anciennes (Compagnie des Indes par exemple). Au XIXe siècle, l'exploitation des richesses des colonies contribue au développement d'activités de production (plantations, mise en exploitation des ressources minières...).

Il n'en reste pas moins que jusqu'à la Deuxième Guerre mondiale les firmes multinationales ne constituent pas, au niveau macro-économique, un phénomène dominant. Pour l'essentiel les choix des firmes relèvent d'une logique nationale.

... aujourd'hui une place centrale dans l'économie mondiale

Les trente dernières années par contre ont été marquées par un accroissement de la place des firmes multinationales dans l'économie mondiale. Les pays de l'Est eux-mêmes leur entrouvrent leurs portes.

Déjà en 1973 une étude de l'O.C.D.E. estimait que le chiffre d'affaires des 200 premières sociétés mondiales, qui sont toutes des multinationales, correspondait à peu près au tiers du P.I.B. des pays de l'O.C.D.E. Aujourd'hui le chiffre d'affaires des 100 premières firmes mondiales est de l'ordre de 1000 milliards de dollars, alors que le P.N.B. de la France est d'environ 700 milliards de dollars et celui des Etats-Unis de 3000 milliards de dollars.

On notera que parmi les vingt premières firmes mondiales 14 sont américaines; sur les entreprises qui dépassent 120 milliards de francs de chiffre d'affaires, 18 sont américaines.

Aujourd'hui leur poids est tel que leurs décisions jouent un rôle majeur dans l'évolution économique de tous les pays capitalistes.

La logique de leur développement

D'une firme à une autre, les stratégies peuvent changer. Elles peuvent même varier pour une entreprise donnée selon les produits, selon les périodes... Mais, le développement de la multinationalisation des firmes obéit essentiellement à trois motivations :

— La pénétration des marchés extérieurs.
— La réduction des coûts.
— La réduction et la répartition des risques.

La pénétration des marchés

La croissance de la production implique une extension des débouchés que ne permet pas toujours le marché national. L'exportation correspond du point de vue de la firme à une logique d'extension des débouchés. Bien souvent l'implantation extérieure peut être, par d'autres moyens, la continuation de cette politique d'exportation. La présence sur le marché « acheteur » permet de mieux s'adapter à la demande (étant plus près du consommateur, on le connait mieux), de contourner les barrières protectionnistes, d'éviter les réactions nationalistes et donc de vendre plus. C'est ainsi qu'I.B.M. qui est une des premières firmes sur le territoire français et une des premières firmes exportatrices provoque moins de réactions qu'un simple importateur. Globalement cette stratégie de pénétration des marchés extérieurs est à l'origine de nombreuses implantations américaines en Europe au cours des « Trente Glorieuses », période pendant laquelle le marché européen bénéficiait d'un taux de croissance de la consommation important. Dans les années 60, la mise en place progressive du Marché Commun pouvait laisser craindre une protection douanière dissuasive, ce qui incita nombre d'entreprises américaines à s'installer dans la C.E.E. La réduction de fait de la protection douanière commune, la baisse du taux de croissance européen ont diminué l'attrait de cette zone pour les firmes multinationales.

La réduction des coûts

Le coût du travail

Lorsque le coût salarial horaire (salaire + charges sociales) est 10 fois moins élevé dans un pays du Tiers Monde que dans un pays industrialisé, il est tentant pour une firme de délocaliser sa production pour réduire ses coûts. On peut même se demander pourquoi la délocalisation n'a eu lieu que dans les années récentes et pourquoi elle n'est pas encore plus forte ? Pour comprendre ce paradoxe apparent il faut prendre en compte le fait que le coût horaire n'est qu'un aspect du coût réel pour la firme et que l'opportunité d'implantation ne se réduit pas au seul coût immédiat. Une main-d'œuvre peu habituée à la production industrielle, par exemple, n'aura pas nécessairement la même productivité que celle obtenue dans les pays industriels. La difficulté à trouver une main-d'œuvre qualifiée peut réduire les gains réalisés au niveau de la main-d'œuvre peu qualifiée. Les risques de nationalisation peuvent diminuer l'intérêt de l'implantation.

L'analyse des avantages en termes de coûts ne peuvent donc être que globaux. Lorsqu'ils existent, il faut encore qu'ils soient estimés suffisamment durables pour justifier le coût fixe important que représente toute délocalisation et ce d'autant plus que le poids de la structure antérieure accroît souvent le coût de la délocalisation. En effet délocaliser dévalorise le capital productif des établissements dans lesquels on produisait. Cette perte en capital doit aussi être intégrée dans le calcul des coûts et avantages.

Les paradis fiscaux et les autres avantages fiscaux

Les différences de fiscalité sont à l'origine de certaines délocalisations. Ainsi des pays à faible fiscalité ont-ils pu attirer nombre de siège sociaux de firmes qui grâce à des prix de cession interne relativement arbitraires voient dans cette localisation le moyen de payer moins d'impôt. (Paradis fiscaux).

Un exemple chiffré peut permettre de comprendre le processus.

Pays A		Pays B
Impôts sur les bénéfices : 50 %		Impôts sur les bénéfices : 2 %
Bénéfice brut	10 000	10 000
Impôt	5 000	200
Bénéfice net	5 000	9 800

Pour que le bénéfice n'apparaisse pas dans le pays A, il suffit que les produits soient vendus à la maison mère qui est dans le pays B à un prix de cession interne (prix de vente entre établissements d'une même firme multinationale), proche du prix de revient. Si ce pays vend au prix du marché au client habituel, l'essentiel du profit apparaîtra dans le pays B.

Au-delà de certaines implantations qui sont plus formelles que réelles, des différences de fiscalité peuvent contribuer à attirer les firmes multinationales dans un pays donné. En effet la fiscalité est un élément des coûts réels.

Coût des matières premières et coût du transport

Le coût des matières premières et le coût du transport constituent des éléments du prix de revient mais globalement le coût du transport dans l'ensemble des prix de revient a fortement diminué depuis un siècle, contribuant ce faisant à accroître le rôle des autres éléments du prix de revient. La délocalisation n'obéit donc plus que rarement à des objectifs de réduction du prix du transport.

Réduire les risques

La sécurité des approvisionnements et des débouchés

Traditionnellement l'exploitation de ressources naturelles était une des causes premières de l'implantation des firmes hors de leur pays d'origine.

Le choc pétrolier de 1973 a remis à l'ordre du jour l'importance de la maîtrise des approvisionnements. La politique japonaise d'implantation extérieure dans le Tiers Monde (depuis cette date) répond particulièrement à cet objectif (Prise de participation ou/et contrôle d'entreprise dont l'activité est orientée vers la production d'énergies et de matières premières vitales pour le Japon...). La politique d'accroissement de la sécurité des approvisionnements prend aujourd'hui une forme souvent plus complexe, la délocalisation partielle de certaines productions nationales vers les pays fournisseurs, la vente à ces pays

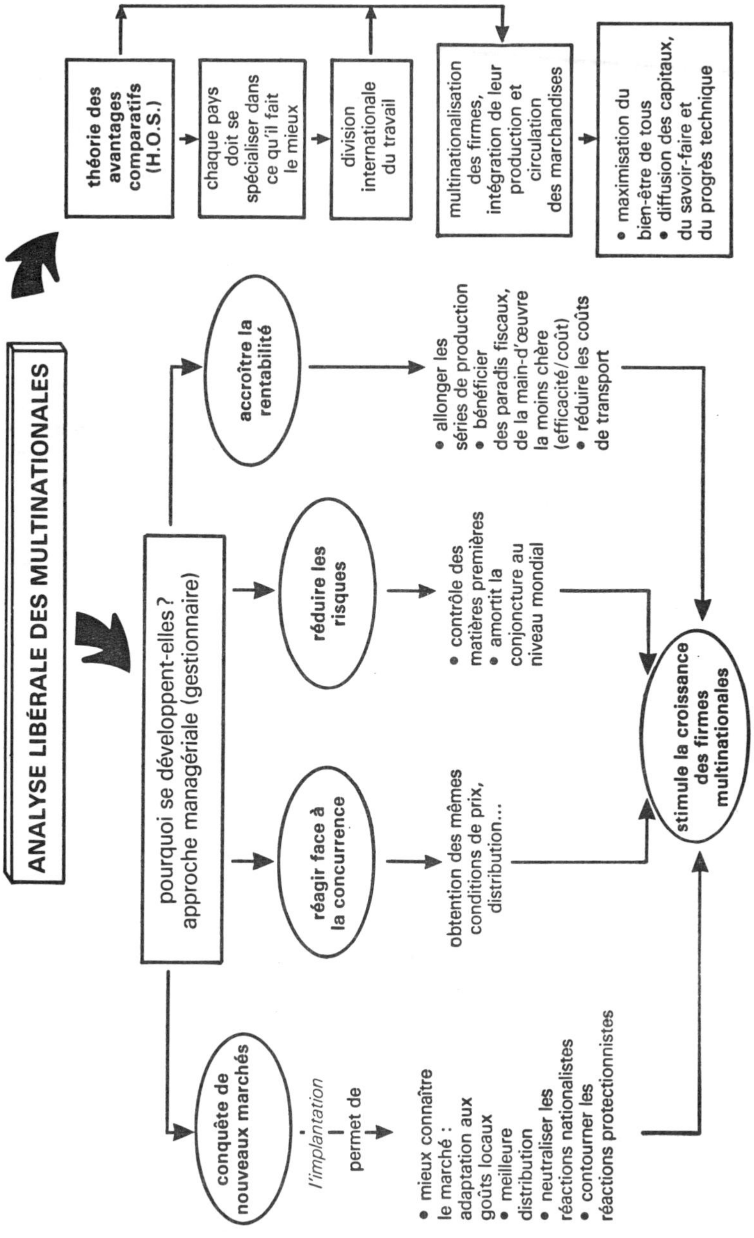
ANALYSE LIBÉRALE DES MULTINATIONALES
pourquoi se développent-elles ? approche managériale (gestionnaire)
conquête de nouveaux marchés
l'implantation permet de
• mieux connaître le marché : adaptation aux goûts locaux
• meilleure distribution
• neutraliser les réactions nationalistes
• contourner les réactions protectionnistes
réagir face à la concurrence
obtention des mêmes conditions de prix, distribution…
réduire les risques
• contrôle des matières premières
• amortit la conjoncture au niveau mondial
accroître la rentabilité
• allonger les séries de production
• bénéficier des paradis fiscaux, de la main-d'œuvre la moins chère (efficacité/coût)
• réduire les coûts de transport
stimule la croissance des firmes multinationales
théorie des avantages comparatifs (H.O.S.)
chaque pays doit se spécialiser dans ce qu'il fait le mieux
division internationale du travail
multinationalisation des firmes, intégration de leur production et circulation des marchandises
• maximisation du bien-être de tous
• diffusion des capitaux, du savoir-faire et du progrès technique

de produits de haute technologie accroissent la sécurité en créant un réseau d'interdépendance.

Les risques politiques

Enfin la multinationalisation peut correspondre à une stratégie de réduction des risques d'origine politique. Les tensions politiques se développent au niveau mondial ; ne vaut-il pas mieux, selon l'adage bien connu, « ne pas mettre tous ses œufs dans le même panier ». Si la production est réalisée dans plusieurs pays, la multinationalisation réduit la dépendance vis-à-vis de chacun des pays d'implantation.

Les risques financiers

Les nouvelles formes de développement des multinationales permettent de réduire les investissements. C'est le cas, par exemple, des contrats d'assistance à des firmes du Tiers Monde, où le pays prend en charge le financement de l'entreprise nouvelle et où la firme multinationale assure l'assistance technique et participe aux résultats.

De même, les nouvelles formes d'implantation, dans lesquelles la F.M.N. apporte son assistance technique mais ne participe pas à l'investissement financier, correspondent à cette stratégie de réduction des risques.

Les firmes multinationales et la mise en place d'une nouvelle logique économique

De la logique nationale à la logique mondiale

On appelle **logique nationale** une attitude qui consiste à considérer que le marché national est le marché principal ou exclusif. Au contraire la **logique mondiale** consiste à voir l'ensemble du monde comme le marché auquel on s'adresse, le pays d'origine de la firme ne constituant qu'un élément de cet ensemble.

Jusqu'aux années 1960 dans la plupart des firmes la logique nationale est dominante mais le développement des firmes multinationales a réduit l'importance de ce comportement. Les conséquences qui en résultent dans les rapports entre les F.M.N. et les Etats sont multiples.

Tout d'abord l'intervention de l'Etat en matière économique subit des effets pervers. Si l'Etat accroît les impôts ou les charges sociales de façon trop importante, il risque de provoquer des déplacements d'industries vers d'autres pays. Sans doute existe-t-il des rigidités, on ne prend pas une décision de délocalisation qui dévaloriserait des millions de francs investis en usines et implantations commerciales sans qu'il existe des différences significatives entre les coûts dans différents pays, mais de tels déplacements étaient pratiquement exclus il y a 50 ans.

De même les flux internationaux sont largement modifiés par la présence de F.M.N. En effet on estime qu'au moins un tiers du commerce mondial est un commerce interfirme. Or l'achat en priorité à des filiales du groupe est une des règles de comportement les plus générales adoptées par les F.M.N. On conçoit en effet qu'une firme privilégie les achats à l'intérieur du groupe. Il en résulte une certaine rigidité des flux commerciaux internationaux (et des *prix de cession internes* partiellement artificiels).

Intérêt et limite de la multinationalisation pour les nations

On voit aussi des Etats rivaliser pour obtenir l'installation sur leur territoire de telle ou telle F.M.N. De tels comportements posent le problème des effets de l'implantation des F.M.N.

Pour les pays d'accueil

L'implantation de F.M.N. est-elle favorable au pays d'accueil ? Les analyses sur ce point sont très divergentes. Les libéraux sont le plus souvent favorables à ces implantations au nom de la libre concurrence mais aussi parce qu'ils y voient l'origine :
- **d'une source nouvelle de financement** qui contribuera à accroître le capital productif du pays ;
- **de transferts de technologie** tant au niveau des techniques de production que du savoir-faire industriel et commercial qui favorisent à terme l'industrialisation du pays ;
- **de créations d'emplois** ;
- **d'un rééquilibrage du commerce extérieur** puisque les productions nouvelles contribuent le plus souvent soit à accroître les exportations du pays soit, si les biens sont destinés au marché interne, à réduire les importations.

D'autres analyses critiquent ce point de vue en faisant valoir que les F.M.N. se financent souvent en faisant appel, pour une forte part, à l'épargne du pays d'accueil (surtout pour les investissements en Europe), elles réduisent ce faisant les possibilités de financement des firmes nationales. Quant aux transferts technologiques, ils sont souvent limités par le fait que l'organisation de la production réduit les possibilités de transferts (contrôle par la maison mère, division internationale de la production (voir p. 115), brevets, cadres originaires du pays de la maison mère...)

Quant aux créations d'emplois leur nombre est très variable selon le type de production, la nature de l'implantation. Ainsi s'il s'agit d'un simple rachat de firmes existantes, l'accroissement d'emplois peut être limité voire nul ou négatif.

Enfin les critiques portent sur le risque de réduction de l'autonomie nationale, les possibilités d'extraversion (production pour le marché extérieur) que comporte l'accroissement des F.M.N.

L'impact de la présence d'une F.M.N. varie en fonction de multiples facteurs : le rachat d'entreprises en pleine expansion, la suppression des activités de production pour ne garder que le réseau de commercialisation n'ont pas le même impact que la création d'usines nouvelles accompagnées d'un accroissement de la production dans un secteur utilisant beaucoup de main-d'œuvre.

Pour le pays d'origine

Quels bénéfices le pays d'origine de la F.M.N. tire-t-il de son développement au niveau mondial ?

• Dans la quasi totalité des cas la maison mère, située dans le pays d'origine, se réserve sinon la totalité, du moins une part essentielle des activités de conception (recherche, définition des stratégies...); il en résulte que les grandes F.M.N. contribuent à **accroître le potentiel créatif du pays d'origine**.

En cas de diminution de débouchés, la production du pays d'origine est généralement maintenue aux dépens des productions dans le reste du monde.

• Les F.M.N. peuvent aussi contribuer à **assurer à leur pays d'origine des approvisionnements en matières premières, énergie** et produits intermédiaires dont elle a besoin pour sa production.

• Enfin au niveau politique, l'expérience a montré que l'on pouvait **utiliser politiquement les F.M.N. d'un pays pour exercer des pressions sur d'autres pays**. Ainsi par exemple les Etats-Unis ont demandé à certaines de leurs firmes installées en Europe de ne pas vendre de produits destinés à la construction du gazoduc U.R.S.S.-Europe dont ils désapprouvaient la construction.

A l'inverse, on peut faire valoir qu'un prélèvement sur l'épargne nationale risque de réduire les possibilités d'investissements nationaux et par suite de nuire à la compétitivité des produits nationaux et au soutien de l'emploi.

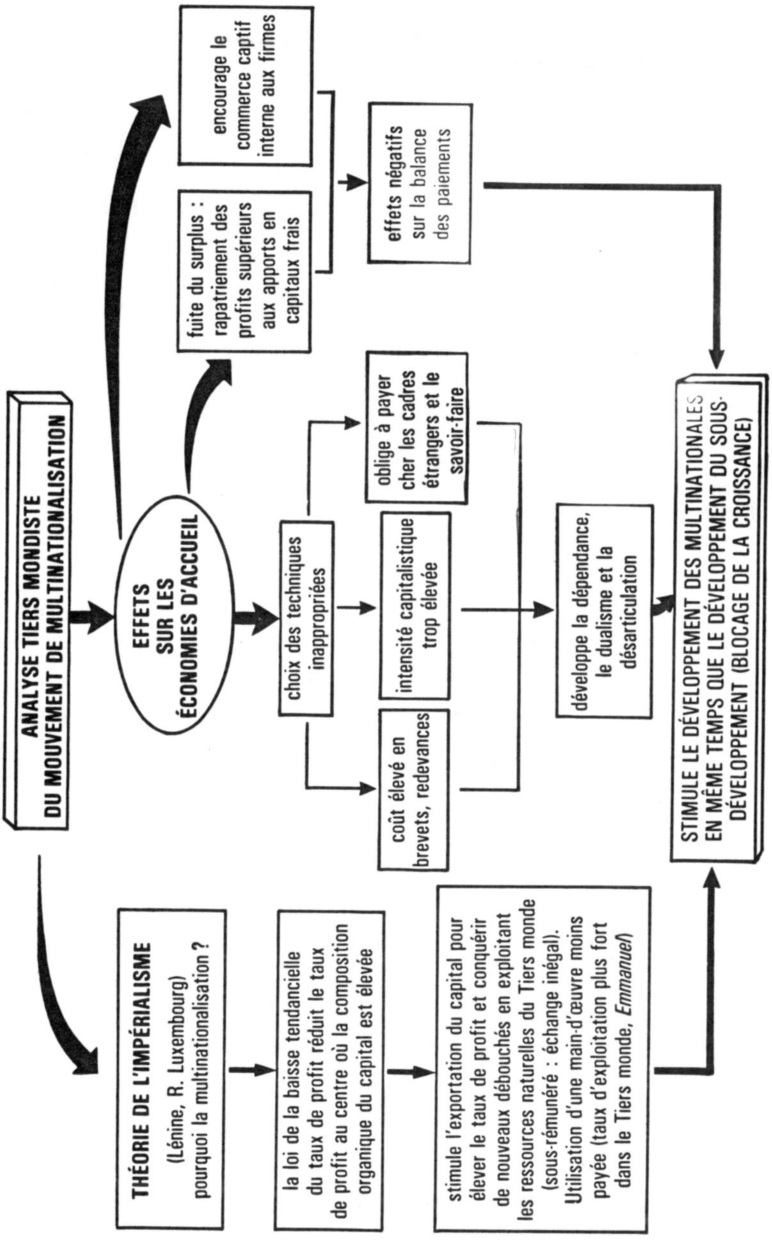
ANALYSE TIERS MONDISTE
DU MOUVEMENT DE MULTINATIONALISATION
EFFETS
SUR LES
ÉCONOMIES D'ACCUEIL
fuite du surplus : rapatriement des profits supérieurs aux apports en capitaux frais
encourage le commerce captif interne aux firmes
effets négatifs sur la balance des paiements
choix des techniques inappropriées
coût élevé en brevets, redevances
intensité capitalistique trop élevée
oblige à payer cher les cadres étrangers et le savoir-faire
développe la dépendance, le dualisme et la désarticulation
STIMULE LE DÉVELOPPEMENT DES MULTINATIONALES EN MÊME TEMPS QUE LE DÉVELOPPEMENT DU SOUS-DÉVELOPPEMENT (BLOCAGE DE LA CROISSANCE)
THÉORIE DE L'IMPÉRIALISME
(Lénine, R. Luxembourg)
pourquoi la multinationalisation ?
la loi de la baisse tendancielle du taux de profit réduit le taux de profit au centre où la composition organique du capital est élevée
stimule l'exportation du capital pour élever le taux de profit et conquérir de nouveaux débouchés en exploitant les ressources naturelles du Tiers monde (sous-rémunéré : échange inégal).
Utilisation d'une main-d'œuvre moins payée (taux d'exploitation plus fort dans le Tiers monde, Emmanuel)

Les firmes multinationales, quels problèmes de gestion ?

Le risque bureaucratique

La dimension même de la firme (souvent plusieurs milliers de salariés, des établissements répartis sur l'ensemble du globe à des milliers de kilomètres de la maison mère) induit un risque de bureaucratisation. La tentation est grande de fixer des règles intangibles qui définiront le comportement des filiales ou des établissements lointains. Progressivement l'application de ce règlement risque de se substituer à tout autre critère de gestion et l'initiative disparaît au profit de l'application de normes centralement déterminées. On imagine les risques de sclérose et les gaspillages qui pourraient en résulter et leur impact sur la rentabilité globale.

Inversement une autonomie trop grande des différents centres de production pourrait être du point de vue de la maison mère, à l'origine de gaspillage dus à des contradictions entre les politiques des filiales, engendrant des manques à gagner au niveau des économies d'échelle...

Quelle décentralisation ?

Le problème de gestion majeur est donc d'assurer la cohérence de fonctionnement du groupe tout en évitant les gaspillages liés à une trop forte centralisation.

La façon dont les différentes F.M.N. répondent à ce problème varie très fortement d'un cas à l'autre. Deux stratégies principales sont le plus souvent appliquées :

• **La logique de la distinction entre décisions stratégiques et de gestion courante,** les premières revenant à la maison mère et les secondes aux établissements décentralisés. Ainsi par exemple les décisions d'investissements ou de définition de produit peuvent être réservées à la maison mère américaine alors que la filiale française ou allemande pourra décider de l'opportunité d'une campagne publicitaire ou du licenciement d'un représentant.

• **La deuxième logique est celle de l'établissement d'une certaine concurrence à l'intérieur même de la F.M.N.** Une autonomie un peu plus grande est accordée aux différents centres de production et de commercialisation mais en contre-partie chaque unité, voire chaque responsable est jugé (donc promu) en fonction de sa capacité à dégager des profits.

Les techniques modernes de traitement de l'information et de communication accroissent les possibilités de contrôle au niveau de la maison mère.

Les multinationales échappent-elles à la crise ?

La crise économique accroît l'internationalisation des firmes

C.A. Michalet et M. Delapierre ont montré dans *Nationalisation et internationalisation, stratégie des multinationales françaises dans la crise* que « le ralentissement prononcé de l'activité économique s'est accompagné, depuis les dix dernières années, d'une accélération très forte de la croissance internationale des firmes. Tout se passe comme si les sociétés françaises avaient répondu principalement à la crise par l'investissement à l'étranger. Celui-ci a crû à un taux beaucoup plus élevé que celui de l'investissement domestique. »

Les multinationales, un moyen de résister à la crise

MULTINATIONALES : LIAISONS MAISON MÈRE - FILIALES

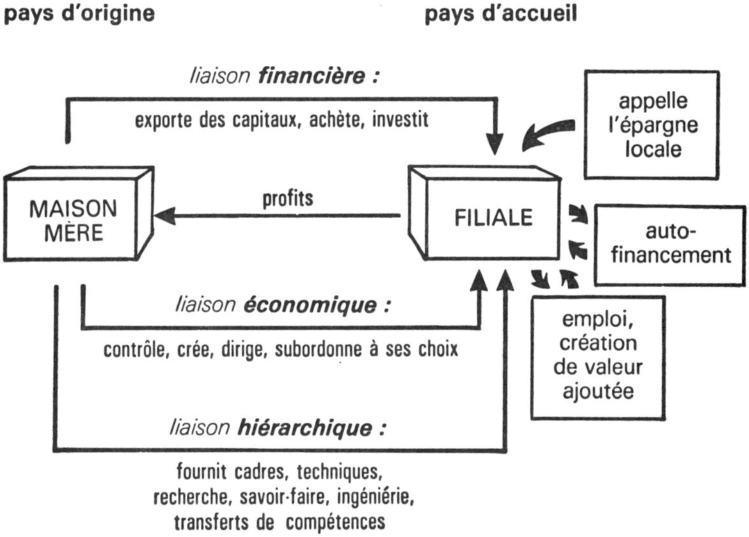

Deux thèses s'opposent sur les stratégies des F.M.N.

• **Pour un premier courant** (H. Bertrand et G. de Bernis...) c'est la logique même des multinationales qui serait à l'origine de la crise en réduisant l'efficacité de la politique économique, en déstabilisant l'organisation de la production des pays industrialisés...

• **Pour un second courant**, restructurations, redéploiement au niveau mondial, réorganisation de la production effectuée par les multinationales depuis 10 ans, sont une façon de s'adapter à la crise mondiale en renforçant leurs ➔ secteurs bénéficiaires, en mobilisant leur capacité de production et d'investissement sur les pôles les plus efficaces, en atteignant dans chaque secteur le niveau de prix de revient le plus bas possible, tout en maîtrisant au mieux les circuits de commercialisation, et en engageant au minimum l'avenir par l'accroissement de la flexibilité de la production, le soutien des nouvelles technologies et des créneaux en expansion.

Cette adaptation est-elle suffisante ?

Si on regarde les résultats financiers des multinationales, les profits restent dans l'ensemble élevés même si des pertes spectaculaires ont touché certaines années les plus grandes firmes mondiales. Ce qui fait dire à Wladimir Andreff que « les multinationales sont hors de la crise ». Il fait valoir par ailleurs, qu'elles bénéficient, de par la crise, de conditions plus favorables pour obtenir des subventions de l'Etat, des marchés publics et surtout pour bénéficier d'une stabilisation, voire une baisse, des salaires.

Lectures théoriques

Pour les uns, les multinationales sont des agents du progrès, symboles de l'efficacité transférant des techniques et des compétences, entreprises améliorant notre sort à tous. A l'inverse, un courant tiers-mondiste insiste sur le pillage du Tiers Monde dépouillé de ses matières premières, soumis à un contrôle extérieur, privé du fruit de sa production par l'échange inégal, plongé dans une dépendance qui bloque sa croissance.

Dans *le pays d'origine*, les F.M.N. ne sont pas toujours bien acceptées. Aux Etats-Unis aussi bien qu'en France elles sont accusées de nuire à l'emploi national. Pourtant la plupart des études semblent montrer que les effets sont globalement positifs pour le pays d'origine qui exerce ainsi un effet de domination et améliore son rapport de force. Les multinationales françaises se révèlent une arme redoutable contre la pénétration étrangère ; là où la France dispose de multinationales fortes, la pénétration étrangère est faible alors qu'à l'inverse l'absence de multinationales françaises ouvre la porte à la conquête des investisseurs d'autres pays...

☞ **Echanges internationaux.**

Fiscalité et parafiscalité

Pourquoi les impôts ?

Des raisons libérales à celles du « Welfare State »...

Les réponses concernant les finalités de l'impôt varient selon la conception de l'Etat retenue.

Presque tous les théoriciens admettent que l'impôt a pour fonction de permettre à l'Etat d'assurer l'ordre public, la Défense nationale. Cette fonction sociale est justifiée par le fait que nul n'a intérêt individuellement à dépenser pour défendre l'ensemble du pays bien que chacun ait besoin de sécurité. De même éclairer la rue, assurer l'entretien des voies navigables et des routes... n'a de sens que d'un point de vue collectif, à moins de réaliser un péage non seulement sur autoroutes mais encore en tous lieux. L'impôt permet donc d'assurer les dépenses publiques concernant les biens collectifs nécessaires à tous... Les oppositions commencent lorsque l'on en vient à détailler les dépenses publiques souhaitables. Faut-il inclure l'éducation et l'aide sociale (allocation-logement, indemnité de chômage...) dans les dépenses financées par l'impôt et la parafiscalité, et si oui à quel niveau ? la fiscalité doit-elle être utilisée pour orienter l'activité économique ? pour quels objectifs et dans quelles limites ?

Les théories du *Welfare State*[1] assignent à l'impôt un rôle de réduction des inégalités, d'élimination des poches de pauvreté : la fiscalité serait alors l'instrument privilégié d'une redistribution des revenus et du capital.

De l'intervention économique à la régulation du système capitaliste

Dans la mouvance keynésienne, nombre d'économistes voient dans la fiscalité un instrument d'intervention économique. Ainsi, aux objectifs sociaux de la fiscalité, se conjugueraient des perspectives d'action économique qui justifieraient souvent un niveau de fiscalité relativement élevé. Cette analyse s'oppose évidemment à l'approche néo-classique pour laquelle le meilleur impôt est presque toujours le plus faible, une forte fiscalité entraînant du

1. Programme des Travaillistes anglais en 1945 préconisant la réalisation d'un « Etat-Providence », devant assurer le bien-être à chacun des citoyens « du berceau à la tombe ».

point de vue économique des effets pervers importants : désintérêt pour le travail sous-rémunéré par suite de la pression fiscale, réduction de l'épargne...

Prenant le contrepied de cette analyse certains marxistes analysent la fiscalité en terme de régulation, celle-ci contribue au maintien de la structure de classe capitaliste. Elle remplit alors trois fonctions essentielles :

1. **Eviter les tensions sociales excessives** en prenant en charge les dégâts de la croissance et des crises (ainsi les aides au logement atténuent les effets de l'urbanisation et les indemnités de chômage font supporter l'injustice du licenciement).

2. L'impôt est une façon de **socialiser certaines dépenses** qui ainsi ne sont plus à la charge de l'économie privée (les dépenses d'éducation permettent de fournir une main-d'œuvre plus efficace...) et contribue ainsi à restaurer les taux de profit.

3. L'impôt permet aussi de **transférer vers l'investissement ou vers des dépenses indispensables au bon fonctionnement du système économique des sommes considérables** qui autrement seraient restées dans la sphère de l'économie privée rendant impossibles certains développements de l'appareil productif (financement de la filière électronique...).

Il permet aussi de financer des commandes publiques qui soutiennent le secteur privé.

Quels principes doivent gouverner la fiscalité ?

L'imposition selon les « bénéfices attendus » (analyse ultra-libérale)

L'impôt un paiement volontaire ?

Pour l'école du « Public Choice » l'idée de base est que : « Les impôts doivent être considérés comme des paiements volontaires des individus en échange des services offerts par le gouvernement conformément à l'évaluation personnelle de ces services par les citoyens » (Musgrave, *Public finance*, Mc Graw Hill).

Le vote, l'enquête ou tout autre moyen de révéler les préférences de la population pour les biens publics permet de définir concrètement la satisfaction que retirent les individus des diverses dépenses publiques. Les divers niveaux d'imposition induisent le renoncement à la consommation de biens privés par suite de la baisse du revenu disponible engendré par les impôts. Il est alors possible d'établir, estime ce courant libéral, un système d'imposition tel que l'effort demandé corresponde au bénéfice obtenu.

L'imposition selon la capacité contributive (du libéralisme au réformisme).

Tous les libéraux n'adoptent pas ce point de vue et certains rejoignent les courants réformistes pour affirmer que la base de la contribution fiscale doit être la capacité de chacun à payer. Mais l'évaluation de cette capacité et l'objectif du prélèvement ne sont pas estimés de la même façon par les différents courants d'analyse.

L'impôt progressif et le concept de sacrifice égal

J.S. Mill a posé parmi les premiers le principe de la capacité contributive en affirmant que l'équité commande que le sacrifice demandé à chaque contribuable soit tel que tous ressentent un égal effort. Cet effort égal doit être ajusté à la capacité de paiement inégale selon le niveau de revenu et de patrimoine.

L'impôt proportionnel implique que chacun se voit appliquer un taux unique exprimé en pourcentage de son revenu ou de son capital. Celui qui dispose de 5000 francs de revenu mensuel débourse 500 francs d'impôts et celui qui reçoit 80000 francs paie 8000 francs si le taux d'imposition est de 10 %.

Mais prendre 10 % d'un revenu mensuel de 5000 francs représente un effort plus lourd que de retirer 10 % de 80000 francs, si on admet la théorie néo-classique de l'utilité marginale décroissante. L'impôt progressif consiste à appliquer des taux marginaux croissants avec le revenu ou le capital. On prendra ainsi, par exemple 10 % de zéro à 5000 francs de revenu, puis 20 % de 5001 à 80000 francs... 30 % de 80001 à 150000 francs.

Evidemment des paramètres personnels peuvent être pris en compte (notion de quotient familial).

L'impôt progressif et l'approche redistributive

Des auteurs réformistes et socialistes tels Sismondi en France et Wagner en Allemagne vont dès le XIXe siècle proposer d'utiliser l'impôt comme un moyen de justice sociale et de redistribution. Les impôts sur le revenu et sur l'héritage sont alors un levier de transformation sociale évitant les inégalités excessives, l'accumulation des fortunes et les injustices liées à leur transmission. La volonté de taxer le capital, les plus-values, les successions... seront une constante du courant social-démocrate; l'Etat doit développer la justice sociale que l'économie de marché, soucieuse d'efficacité, ne permet pas de réaliser directement...

L'impôt comme moyen de changement de système économique

Certains marxistes veulent faire de l'impôt une arme radicale contre le capitalisme. En imposant à des taux très élevés, voire jusqu'à 100 %, revenus ou héritages, on modifierait fondamentalement les structures économiques.

Les impôts sur le capital, les successions, les plus-values... constituent dans cette optique des moyens de remettre en cause le système de la propriété privée des moyens de production et d'échange.

Quels types d'impôts privilégier ?

L'impôt sur la dépense

La Taxe sur la Valeur Ajoutée

L'imposition sur la dépense consiste à prendre pour assiette de l'impôt la dépense effectuée pendant une période donnée. La T.V.A. appartient à cette catégorie d'impôt. Le consommateur ne se sent pas vraiment contribuable lorsqu'il paie un disque 60 francs dont 20 francs de T.V.A... Les commerçants et les entreprises jouent le rôle de collecteurs. La T.V.A. est aussi un impôt *neutre par rapport au degré de concentration.* Chaque intermédiaire peut déduire de ce qu'il verse au fisc la T.V.A. déjà facturée aux stades antérieurs de la production (Si je vends un objet 100 francs dont 35 francs de T.V.A., alors que mon fournisseur m'avait facturé 15 francs de T.V.A., je ne paie au fisc que 35 francs − 15 francs soit 20 francs). La T.V.A. présente aussi l'avantage de s'appliquer aux produits importés et de ne pas affecter les biens exportés, elle présente donc l'intérêt de ne pas peser sur les seules entreprises françaises à la différence par exemple des charges sociales sur la main-d'œuvre employée.

Mais les critiques adressées à la T.V.A. et à l'ensemble des impôts sur la dépense proviennent à la fois des libéraux et des socialistes :

— **Pour les libéraux**, tout ce qui modifie le jeu des prix relatifs par le biais de la fiscalité compromet la réalisation d'un équilibre optimal ; la T.V.A. en renchérissant arbitrairement certains biens qualifiés de produits de luxe a un effet nocif sur l'économie.

— **Pour les socialistes**, la T.V.A. est profondément injuste. En effet si elle est théoriquement sélective selon le type de produit (taux faible pour les produits de première nécessité et élevé pour les produits de luxe), en pratique elle est sensiblement proportionnelle à la dépense globale quelle que soit la catégorie sociale concernée (6e rapport du conseil des impôts).

Pourtant la T.V.A. est adoptée par un nombre croissant de pays.

Les propositions de Kaldor

Selon Kaldor un seul impôt sur la dépense pourrait remplacer tous les autres tout en respectant l'objectif de justice sociale et l'efficacité économique. Il faudrait prendre en compte le flux de dépense annuel qui dépasse largement le revenu imposable (du fait du patrimoine, des revenus souterrains, des avantages en nature...). En déterminant pour chaque individu ses encaisses en début d'exercice (monnaie, actions,...), en y ajoutant les sommes encaissées (dons, gains salariaux ou profits, emprunts, liquidations d'actifs...) et en retranchant les prêts, les remboursements, les investissements et les encaisses en fin d'exercice, on aurait *la dépense imposable* sur laquelle serait fondé l'impôt. Celui-ci serait alors réellement basé sur le niveau de vie et la dépense effective tout en favorisant épargne et investissement (non taxés), il ne modifierait pas les prix relatifs mais prendrait en compte tous les revenus (salaires, profits, plus-values réalisées...). Un problème pourtant : comment disposer de toutes ces informations sans mettre en place une véritable inquisition ?

Les impôts sur le revenu

L'impôt sur le revenu est par nature personnalisé mais il suppose un réseau de perception considérable. Il est généralement considéré comme « juste » car l'institution de taux progressifs permet de moduler le prélèvement ; pourtant nombre de revenus échappent à l'impôt (revenus forfaitaires...).

Les impôts sur le capital

Il existe plusieurs modalités d'imposition sur le capital. Un impôt permanent sur le patrimoine (immobilier, valeurs mobilières, liquidités, œuvres d'art...) peut taxer chacun en fonction de son niveau global de richesse.

La fiscalité sur le capital peut aussi porter sur certains biens : les taxes foncières, les impôts sur les plus-values...

Les impôts sur le capital sont souvent critiqués par les libéraux qui y voient une stimulation de la consommation aux dépens de l'épargne (taxant en cascade le revenu puis les biens qu'il permet d'acheter...). Par contre, pour les socialistes l'impôt sur le capital permet de faire peser le poids du prélèvement fiscal sur la véritable source de la richesse ; l'impôt sur les successions pourrait être l'instrument majeur de limitation de la transmission héréditaire de la fortune, encore que des taux de taxation très élevés induisent des comportements pervers (ventes fictives ou transmissions de biens mobiliers entre vivants...) qui réduisent l'assiette de l'héritage.

Un impôt élevé sur les hauts revenus et faible sur le capital aboutit à maintenir les fortunes existantes mais freine l'accès à ce groupe de nouveaux venus.

Les impôts locaux

Ce type d'impôt est profondément inégalitaire car les communes pauvres sont souvent celles dont les besoins sont les plus grands, et elles doivent donc relativement faire payer plus d'impôts à leurs habitants. Ce mécanisme peut entraîner un véritable cercle vicieux car le manque d'équipement chasse les entreprises et les habitants les plus riches, et réduit donc les possibilités de financement.

La mesure de la redistribution par la fiscalité

La mesure de la redistribution par la fiscalité pose de difficiles problèmes méthodologiques.

Tout d'abord, suivant que l'on prend en compte les cas extrêmes ou que l'on situe l'analyse au niveau des moyennes par catégories socio-professionnelles, les conclusions peuvent être très différentes. Ainsi si on prend le cas de la France en 1982, entre un travailleur payé au S.M.I.C. et un P.D.G. salarié recevant 80 000 francs par mois, la pression fiscale globale, tous impôts confondus, est très différente (de l'ordre de 20 % du revenu dans le premier cas et de 55 % dans le second). Par contre si on compare le taux d'imposition moyen des ouvriers et des cadres supérieurs, l'écart est beaucoup plus réduit (21 % dans le premier cas, 28 % dans le second).

Les calculs tels que ceux qui précèdent sont effectués sur des montants plus ou moins représentatifs des revenus réels. En effet, les données disponibles sont presque toujours les données fiscales et les possibilités de fraudes ou de réductions légales varient selon les types de revenus. Ainsi par exemple les salaires, en faisant l'objet d'une double déclaration, ne peuvent se soustraire à l'imposition, alors que le travail noir n'est pas imposé et que certains bénéfices arrivent à échapper à l'impôt.

Enfin, pour mesurer la redistribution il faudrait tenir compte des avantages obtenus par le biais des dépenses publiques par chaque catégorie sociale. On a souvent fait remarquer par exemple que les cadres supérieurs utilisent en moyenne plus que les ouvriers l'université, les bibliothèques, les théâtres subventionnés, mais certaines aides par contre sont plus souvent attribuées aux faibles revenus (allocations-logement...)

D'autre part, il faut préciser entre quelles catégories sociales s'exerce la redistribution : des plus riches vers les plus pauvres ? des salariés entre eux ? des célibataires vers les familles nombreuses ? Ainsi actuellemennt par exemple pour les hauts revenus, l'impôt sur le revenu français favorise fiscalement le couple marié sans enfant dont un seul membre travaille, par rapport à la personne seule ayant les mêmes revenus et un, deux à charge, simplement parce que les déductions d'impôt pour enfant à charge sont limitées forfaitairement alors que la femme représente toujours « une part » du point de vue fiscal, qu'elle exerce une activité salariée ou non.

Fiscalité et activité économique

Indépendamment de son volume, la structure de la fiscalité agit sur l'activité économique.

Fiscalité et soutien des investissements

La structure des amortissements autorisés peut contribuer à stimuler les investissements. Illustrons ce mécanisme par un exemple : si le taux d'amortissement autorisé passe de 20 à 40 % par an les amortissements constants étant autorisés on aura pour un montant d'investissement de 100 000 francs :

	Amortissement taux 20 % hypothèse 1	Amortissement taux 40 % hypothèse 2	Déduction d'impôts supplémentaires dans l'hypothèse 2 (si le taux de l'impôt sur le bénéfice est de 50 %)
Année 1	20 000	40 000	10 000
Année 2	20 000	40 000	10 000
Année 3	20 000	20 000	0

La rapidité de l'amortissement réduit le poids du financement car elle se traduit à court terme par une réduction des impôts sur les bénéfices. Des taux élevés d'amortissement favorisent donc les investissements.

Fiscalité et soutien de la demande, de l'offre

De même l'accroissement ou la diminution de la pression fiscale modifie le niveau de la demande. Suivant la nature de l'impôt concerné, cette variation pourra même privilégier telle ou telle activité. Ainsi la taxation des produits énergétiques tend à réduire la propension à consommer ce type de biens : les réductions d'impôts sur le revenu pour les montants investis dans les équipements réduisant la consommation d'énergie diminuent les besoins et donc la demande. Encore faudrait-il déterminer l'ampleur des adaptations si l'on veut connaître l'impact réel de telles mesures.

Aux Etats-Unis, la réduction d'impôt a été utilisée aussi bien par Kennedy dans une optique keynésienne que par Reagan dans le cadre d'une politique de relance de l'offre. Selon que la réduction d'impôt touche principalement les coûts des entreprises ou les revenus des consommateurs, les effets économiques sont très différents.

Une croissance trop lente peut être stimulée par une réduction des impôts développant le pouvoir d'achat des ménages. Pour favoriser certaines branches motrices, on peut aussi diminuer leur fiscalité. Pour stimuler la création d'entreprises, de nouveaux établissements peuvent être dispensés, quelque temps, de certains impôts et de charges sociales. Les régions à croissance lente peuvent aussi voir leur fiscalité modulée afin de relever la rentabilité des implantations d'usines.

Fiscalité et soutien de l'emploi

La fiscalité peut être un élément de la politique de l'emploi. Ainsi, par exemple, on a proposé de modifier la structure des charges sociales qui pèsent d'autant plus sur les entreprises qu'elles emploient beaucoup de main-d'œuvre. A fiscalité globale inchangée, un accroissement de la T.V.A. et une diminution des cotisations sociales favorisent les entreprises créatrices d'emplois en particulier face à la concurrence étrangère (la T.V.A. est payée sur les produits importés).

Fiscalité et inflation

La T.V.A. a, par contre, souvent été accusée d'être facteur d'inflation puisque les commerçants ont tendance à reporter sur les prix toute augmentation de cette charge. Inversement, sa réduction exerce une action favorable à la baisse des prix.

Une diminution de la T.V.A. accompagnée d'un contrôle des prix et des salaires peut contribuer à réduire le différentiel d'inflation quand nos prix ont tendance à augmenter plus vite que ceux de nos concurrents.

Fiscalité et concentration

On a montré que la structure fiscale pouvait aussi exercer une action sur le degré de concentration des entreprises. Ainsi, l'ancienne taxe sur le chiffre d'affaires serait de nature à favoriser la concentration en faisant peser des impôts plus lourds sur les structures productives mettant en jeu de nombreuses petites entreprises.

Supposons que le taux d'imposition soit de 5 % du chiffre d'affaires et que le produit X puisse être produit soit par trois firmes complémentaires soit par une seule.

Premier cas	Chiffre d'affaires	Impôt
Entreprise A	200 F vendus à B	10 F
Entreprise B	500 F vendus à C	25 F
Entreprise C	1 000 F	50 F
		85 F
Deuxième cas		
Entreprise D unique	1 000 F	50 F
		50 F

L'impôt est alors de 85 francs dans le premier cas contre 50 francs seulement dans le second.

Par contre la T.V.A. ne pèse pas plus lourd dans un cas que dans l'autre, elle est donc relativement neutre du point de vue de la concentration.

☞ **Politique budgétaire, théorie de l'offre.**

Inflation

Au XIXe siècle des mécanismes régulateurs ?

L'inflation qui, aujourd'hui, pose tant de problèmes était à peu près inexistante au XIXe siècle. Quand l'historien J. Bouvier analyse les causes de cette différence, il nous éclaire aussi sur les mécanismes de l'inflation actuelle.

Pas d'effet de cliquet

Si, sur la longue période, le XIXe siècle a su écarter les tensions inflationnistes cela n'exclut pas des périodes courtes de hausse des prix. Mais, à la différence de notre époque, la rigidité des prix à la baisse que crée le fameux « *effet de cliquet* », le système répercutant les hausses mais jamais les baisses, n'était pas encore installé au XIXe siècle.

Les vertus de la convertibilité-or...

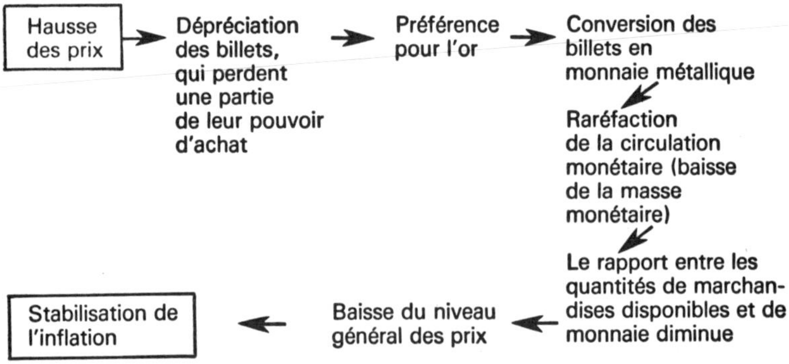

Une baisse des prix engendrera une séquence de réactions qui conduiront à une remontée des prix (raisonnement symétrique).

Le rapport entre masse monétaire et production est toujours contrôlé par la possibilité de transformer l'équivalent général en or ou argent qui sont désirés pour eux-mêmes. Quand le pouvoir d'achat de la monnaie diminue, il devient plus satisfaisant de détruire de la monnaie « billets » pour se procurer de l'or, désiré pour ses propriétés propres. Les agents économiques contraignent ainsi les autorités monétaires à adapter l'offre de marchandises et l'offre de monnaie (J. Rueff), selon des principes que ne renieraient nullement les monétaristes actuels qui sont hostiles à l'or, mais préconisent que la croissance de la masse monétaire suive le même rythme de progression que celui du produit national.

... mais aussi des coûts de production en baisse

Mais J. Bouvier fait intervenir un autre facteur explicatif : « la révolution industrielle entraînerait à la fois augmentation et diversification des productions, baisse des coûts de transport (par fer et par mer), maintien de capacités concurrentielles (malgré les concentrations de plus en plus fréquentes), le tout convergeant vers une tendance fondamentale à la baisse des coûts unitaires de production ». (J. Bouvier, *Le Monde*, 17 janvier 1980.)

Sans cette croissance de la production la seule régulation monétaire aurait engendré une stagnation et des tensions sur les prix.

De plus note J. Bouvier les « vertus bourgeoises » qui font de l'épargne et de l'investissement une valeur fondamentale modèrent la demande et réduisent les tensions inflationnistes.

Au XXe siècle la naissance de l'inflation structurelle

Au XXe siècle on voit apparaître une inflation structurelle. Si les prix augmentent souvent fortement, par contre, les baisses du niveau général des prix sont exceptionnelles. Ce mouvement s'amplifie après la Deuxième Guerre mondiale. Comment expliquer cette inflation d'un type nouveau ? Sur ce point les analyses s'affrontent...

L'analyse keynésienne

Pour Keynes l'inflation est d'abord un phénomène macroéconomique, son analyse doit donc prendre en compte les multiples interactions entre les variables du circuit économique.

L'accroissement des quantités de monnaie peut favoriser l'augmentation de la production ou l'accroissement des prix

Dans « *How to pay for war* », Keynes montre comment dans certaines situations un écart inflationniste peut se développer. En période de guerre, supposons que les revenus perçus, explique Keynes, soient de 6 milliards de livres, le percepteur prélève 1,4 milliard, les ménages disposent donc de 4,6 milliards. Supposons qu'ils épargnent 0,7 milliard, leur demande s'élèvera à 3,9 milliards de livres. L'économie réalise une production qui dans le système de prix de la période antérieure correspond à 6 milliards de livres. L'Etat prélève autoritairement sur cette production 2,75 milliards pour financer la guerre. Cela ne laisse que 3,25 millions de produits disponibles pour la consommation privée. *Un « écart inflationniste »* sera engendré par le fait que 3,9 milliards de livres sterling dépensés par la communauté ne correspondent qu'à 3,250 milliards de livres de biens disponibles. Un écart ou « gap » de 650 milliards sera créé. Si aucune contre-mesure n'est prise, cette situation engendrera l'inflation.

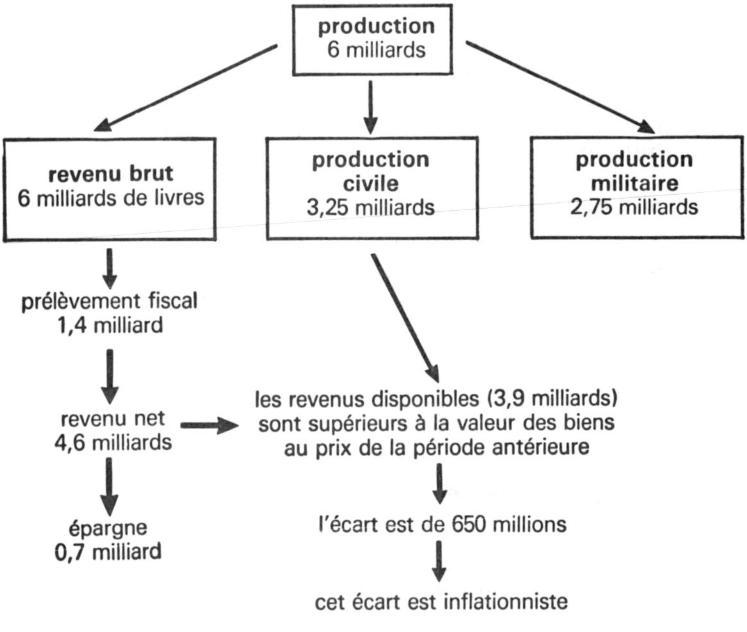

Cette analyse de l'incidence d'une forte demande pourrait rappeler les analyses monétaristes (voir p. 249), ce serait oublier que Keynes présente cette situation comme un cas extrême (situation de guerre !). L'originalité de l'analyse keynésienne est de prendre en compte le double aspect de l'impact d'un accroissement de la demande. Face à un accroissement de la demande, les entreprises qui jouent un rôle central dans la fixation des prix peuvent répondre par une production plus importante ou par une augmentation des prix :

Réactions des entreprises

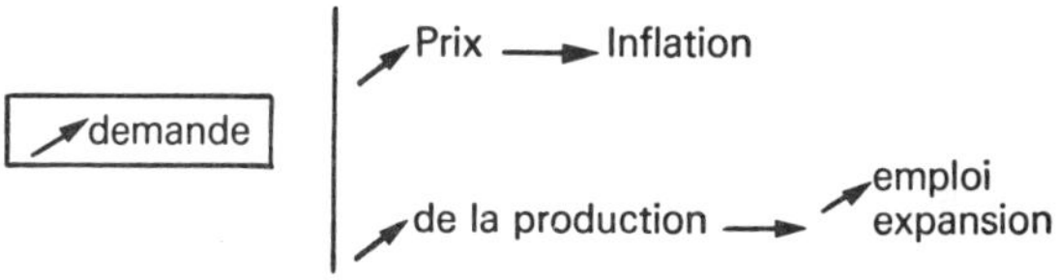

Et comme les situations qu'affrontent les différentes entreprises ne sont pas les mêmes, à une augmentation de la demande pourra correspondre à la fois une augmentation des productions et l'accroissement de certains prix. Ceci explique que les politiques de soutien de la demande qui favorisent l'accroissement de la production et de l'emploi puissent comporter un certain risque inflationniste qui reste modéré tant que la rigidité de l'offre est faible.

De plus le niveau de la demande agit sur les coûts, en particulier par l'intermédiaire du taux d'utilisation des machines. Une forte demande permet de répartir les coûts fixes sur un plus grand nombre de produits vendus et contribue ainsi à la baisse des prix de revient unitaires.

L'analyse keynésienne est caractérisée par la recherche des interdépendances : quantité de monnaie, offre et demande de marchandises, niveau des prix, productivité et niveau des coûts ne sont pas des variables autonomes, elles interfèrent les unes sur les autres et l'analyse de l'inflation véritable doit prendre en compte cette interdépendance.

L'inflation véritable résulte de la rigidité de l'offre

La source de l'inflation se trouve dans l'incapacité de l'appareil productif à accroître les biens fournis. Ceci peut résulter soit de l'insuffisance des facteurs productifs disponibles (plein emploi...), soit de l'impossibilité d'augmenter l'efficacité des facteurs en fonction de l'accroissement des quantités produites (productivité à croissance lente, insuffisance du progrès technique).

« Lorsqu'un nouvel accroissement du montant de la demande effective ne provoque plus de nouvelle augmentation du volume de la production et se traduit par un accroissement du coût qui lui est proportionnel, on est parvenu à un état qu'on peut proprement qualifier *d'inflation véritable.* » (*Théorie Générale.*)

L'élasticité de l'offre (taux de croissance de la production de biens réels par rapport au taux de variation des revenus distribués donc de la monnaie en circulation) est décisive dans l'effet inflationniste.

Dans les périodes de dépression l'élasticité de l'offre est généralement forte, ce qui permet d'utiliser la relance par la demande sans créer de tension inflationniste importante.

L'inflation a aussi son origine dans les rapports entre les groupes sociaux

Un courant keynésien important (J. Robinson...) explique aussi l'inflation par le caractère indéterminé de la répartition (voir p. 390). Une inflation forte est alors la marque de la faiblesse du consensus social et de l'âpreté de l'opposition entre les travailleurs et le patronat pour le partage de la valeur ajoutée.

Quelle politique anti-inflationniste ?

Lutter contre l'inflation ne peut se réduire à la limitation de la croissance de la masse monétaire comme le pensent les monétaristes. Une telle politique ne prend pas en compte, du point de vue keynésien, l'effet stimulant de l'accroissement de la demande sur la production et l'emploi ; elle n'intègre pas non plus l'incidence de cette augmentation sur la réduction des coûts ni la nature particulière de l'inflation véritable qui est liée à la rigidité de l'offre.

Sans doute existe-t-il un taux de croissance optimal au-delà duquel des rigidités de l'offre provoquent une inflation véritable mais ce taux n'était pas atteint dans les périodes de dépression économique qu'étudiait Keynes. Les moyens anti-inflationnistes préconisés par les keynésiens actuels sont essentiellement une politique des revenus permettant un meilleur consensus social et une politique économique atténuant les rigidités de l'offre.

L'analyse néo-classique

Les imperfections du marché à l'origine de l'inflation

Pour les néo-classiques, le prix résulte de la confrontation de l'offre et de la demande.

Une source importante d'inflation réside dans le non respect des principes de la concurrence pure et parfaite. Or, dans nos sociétés, longue est la liste des entraves au libre fonctionnement du marché : prix administrés par les grandes organisations qui planifient leur développement et incorporent les amortissements à leurs coûts, prix agricoles fixés par l'Etat sous la pression des paysans et non en fonction de l'équilibre de l'offre et de la demande, tarifs de corporations protégées (notaires, agents de change, taxis...). Les secteurs « abrités » de la concurrence sont nombreux et prélèvent des rentes. Par un comportement confortable de marges fixes les circuits inflationnistes diffusent l'inflation, chacun se souciant d'abord de se protéger des hausses intervenues au stade précédent de la production. L'action syndicale, les négociations collectives, l'importance des charges fiscales et para-fiscales limitent la véritable concurrence par les prix.

La politique préconisée est alors simple. Il faut réduire l'intervention de l'Etat, le pouvoir des syndicats, mettre en place une politique favorisant la concurrence véritable.

L'explication monétariste

La théorie monétariste est bien résumée par M. Friedman : « La cause immédiate de l'inflation est toujours et partout la même : un accroissement anormalement rapide de la quantité de monnaie par rapport au volume de la production » (*Inflation et systèmes monétaires*, Calmann-Lévy).

Le modèle quantitativiste classique

L'équation de base du monétarisme est, sous une forme plus ou moins développée, l'équation de Fischer qui est formellement une identité indiscutable :

$$\text{Masse monétaire} \times \text{vitesse de circulation de la monnaie} = \text{indice des prix} \times \text{production globale}$$

$$M \times V = P \times Y$$

Alors que les keynésiens estiment qu'un accroissement de la masse monétaire peut se traduire par une augmentation à la fois de la production et des prix (lecture keynésienne de l'équation de Fischer), les monétaristes considèrent que la vitesse de circulation de la monnaie est donnée ou varie peu, que le niveau de production dépend des conditions techniques et qu'en conséquence, le niveau des prix est uniquement lié à l'évolution de la masse monétaire.

Pigou et la prise en compte des « encaisses réelles »

Le monétarisme moderne tente d'affiner cette approche.

Pigou appelle *encaisses réelles le rapport :*

$$\frac{\textit{Masse monétaire}}{\textit{Niveau des prix}}$$

ou pouvoir d'achat de la monnaie nécessaire pour acheter les biens produits.

▼ Si l'offre de monnaie s'accroît au-delà de ce qui est nécessaire usuellement pour effectuer les paiements correspondant à la production Y, les agents économiques vont considérer que les encaisses réelles M/P sont supérieures à leur niveau habituel. En conséquence les agents économiques vont augmenter leurs dépenses, mais le revenu réel Y étant supposé déterminé par les conditions techniques de la production, la richesse réelle ne suivra pas. Il en résultera donc une tension car la demande excessive va provoquer une poussée des prix qui va venir éponger le pouvoir d'achat illusoire que la monnaie en excès a mis dans l'économie. Un nouvel équilibre sera donc atteint, P augmentant en proportion de M puisque Y et 1/V sont supposés déterminés et non influencés par la masse monétaire. ▲

Les anticipations rationnelles

L'agent économique, quand l'inflation s'installe, prévoit de plus en plus nettement l'inflation future (*auto-apprentissage*). Concrètement si les agents économiques voient une augmentation de 10 % de la monnaie qui circule, ils vont anticiper une perte de valeur de leurs actifs du même chiffre ; ils ne croiront nullement que la demande réelle est de 10 % plus élevée. Les entreprises pour se garantir d'une baisse de 10 % de leurs encaisses réelles (déduction des 10 % d'inflation) vont augmenter leurs prix de 10 % ; aussitôt les agents économiques vont réclamer 10 % de plus pour les salariés, les matières premières... Chacun s'adapte à l'autre, diffusant ainsi le message inflationniste. Nul ne songera selon Friedman à augmenter la production réelle sans changer ses prix car qui voudrait travailler plus pour des encaisses réelles inchangées ?

La monnaie devient un actif particulier, chaque personne choisissant une certaine répartition jugée optimale de son patrimoine parmi les actifs réels (biens et services achetés), les actifs financiers (actions, obligations...), et la monnaie (billets, C.C.P., compte en banque...).

L'effet de diffusion inflationniste est inséparable de la mutation des « *portefeuilles* » selon Friedman.

Face à l'afflux de monnaie les prix relatifs des biens réels vont paraître bas par rapport aux actifs financiers devenus plus chers, du simple fait de la demande de titres par une banque centrale créant trop de monnaie par rapport aux richesses existantes. Le public va alors trouver relativement avantageux l'achat de biens et services, la demande va s'accroître induisant une hausse des prix. A court terme M. Friedman admet fort bien, à la différence du quantitativisme absolu, des variations de la vitesse de circulation de la monnaie.

Paradoxalement les monétaristes, en supposant les agents économiques totalement conscients, nient tout rôle réel de la monnaie à long terme car chacun décide en éliminant *l'illusion monétaire*[1].

Quelle politique anti-inflationniste ?

M. Friedman (cité par D. Vitry dans *Le Monde* du 27 avril 1982) résume en cinq points la politique anti-inflationniste monétariste :

« — Il faut fixer un objectif à la croissance d'un agrégat monétaire.

— Les objectifs à long terme de la croissance monétaire doivent être compatibles avec la stabilité du niveau général des prix.

— La modification nécessaire du taux de croissance à court terme des agrégats monétaires doit être faite lentement, systématiquement et doit être annoncée à l'avance.

— Les autorités monétaires doivent prendre des mesures simples.

— Les autorités doivent éviter de manipuler les taux d'intérêt ou les taux de change. »

Analyse marxiste : l'inflation, une contre-tendance à la baisse des profits

Pour les marxistes, c'est une mutation du capitalisme depuis 1914 qui a rendu l'inflation inséparable du capitalisme contemporain.

Pour simplifier, supposons que valeur et prix se confondent. Dans ce cas le prix d'une marchandise se décompose en : capital variable (salaire + charges salariales...) qui engendre de la plus-value et capital constant consommé productivement (amortissement, consommations intermédiaires telles énergie, matières premières).

Capital variable (v)	Capital constant (c)	Plus-value (pl)

1. L'illusion monétaire consiste à ne considérer que la hausse nominale des revenus sans tenir compte de l'évolution du niveau général des prix qui influe sur la variation du pouvoir d'achat.

Supposons qu'un téléviseur ait une valeur de 3 000 francs son prix comprend 1 000 francs de salaires et charges sociales, 1 500 francs de matières premières et d'amortissement du matériel, 500 francs de plus-value. Dans ce cas le taux de profit $\frac{pl}{(c + v)} = \frac{500 \text{ F}}{2\,500 \text{ F}}$ soit 20 %. Supposons que le prix de vente passe à 3 300 francs : l'entreprise verra son taux de profit augmenter.

Si de nombreuses entreprises procèdent ainsi, le niveau des prix augmentera et entraînera une hausse des taux de profit des firmes et une réduction du pouvoir d'achat des travailleurs. Aussi les salariés tenteront-ils vraisemblablement de réduire ce taux en revendiquant une hausse de leur salaire. Le taux de profit baissera (sauf si l'entreprise recherche une nouvelle modification de la répartition par une nouvelle hausse des prix). L'inflation pour les marxistes est donc une façon de lutter contre la baisse tendancielle du taux de profit. Celle-ci est rendue possible depuis 1914 par la mutation du capitalisme vers une forme plus concentrée, plus monopoliste et laissant une place plus importante à l'intervention de l'Etat.

Les structures monopolistes, condition permissive

L'augmentation de la composition organique du capital $\frac{c}{v}$ (de plus en plus de machines par rapport au travail vivant) favorise aussi la hausse des prix.

La masse de capitaux engagés pour lancer un modèle de voiture, une unité de production de magnétoscopes, est telle que risquer, par des prix trop bas, de ne pas amortir le capital fixe, est trop meurtrier. Publicité, marketing, variation dans la gamme, sont des éléments de concurrence qui, plus que la baisse des prix, sont utilisés sur les marchés oligopolistiques.

Quand le prix du cuir baisse de 50 %, le prix des chaussures ne baisse généralement pas ; quand la demande fléchit, les prix peuvent même s'accroître. Les exemples sont courants de rigidité à la baisse des prix.

P. Zarifian note que cette dimension monopoliste est une condition nécessaire de l'inflation car elle va réduire le rôle de la concurrence par les prix.

« Les monopoles pourront imposer leur prix, d'autant plus et mieux qu'ils auront mis en place les mécanismes de prélèvement de la plus-value des P.M.E. (sous-traitance, rôle du crédit, etc.). P. Zarifian, *Inflation et crise du S.M.I.*, éditions sociales, 1975.

L'attrait du capital financier

P. Herzog développant en 1982 l'analyse du P.C.F. insistera sur les « coûts matériels et financiers du capital » qui engendreront l'inflation :

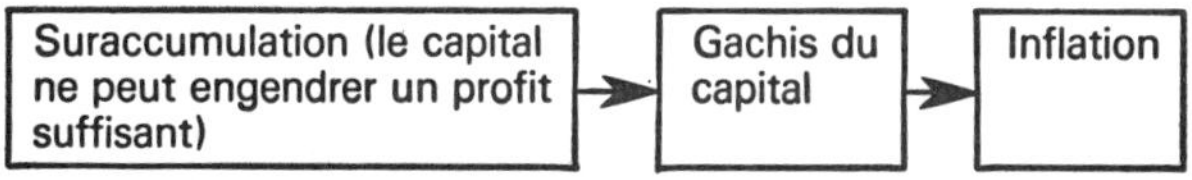

L'insuffisance des débouchés liée à la limitation de la consommation augmente les coûts de production en réduisant le taux d'utilisation des machines alors que les productions plus importantes permettraient d'amortir les machines sur de plus longues séries.

De plus « les capitaux s'orientent de façon croissante dans des opérations commerciales, financières, et non vers l'industrie. Il n'est pas rare de voir un patron fermer son usine et se transformer en importateur de produits ». P. Herzog et J. Faure notent aussi le rôle de structures commerciales qui laissent aux commerçants des marges assez fortes pour que le nombre d'entreprises de ce secteur augmente... alors que l'ensemble de l'économie est en crise. Les techniques financières sont aussi mises en cause, l'amortissement trop rapide du matériel incorporé aux prix des produits provoque des tensions inflationnistes... D'autres gaspillages sont aussi recensés : revenus excessifs des patrons, prix de transferts gonflés dans les filiales de pays à faible fiscalité... Cette approche insiste donc sur l'aspect parasitaire d'un certain capitalisme.

Crédit, maintien des profits et inflation

La composition organique du capital s'accroissant, il faut de plus en plus de capitaux pour financer les investissements. Pour compenser la faible rentabilité des fonds propres, les entreprises ont recours au crédit car, dans la mesure où la rémunération des fonds empruntés, en termes réels, est faible, le rapport profit/capitaux propres augmente.

Pour un taux d'intérêt nominal donné, le taux de rémunération des capitaux externes est d'autant plus faible que l'inflation est importante. Le recours au crédit est donc un moyen de lutte contre la baisse tendancielle des profits. L'inflation a rendu particulièrement attractif le recours au crédit mais, l'accroissement de l'endettement, quand la hausse des prix ne compense plus des taux d'intérêts croissants, favorise la chute des taux de profits.

L'analyse socio-économique

L'analyse socio-économique peut être le fait de courants divergents. L'inflation exprime les tensions entre les groupes dans le partage des revenus. De ce point de vue l'analyse marxiste relève de cette logique. Sa spécificité est de faire peser sur l'entreprise la responsabilité de l'inflation. Les keynésiens n'accusent aucun groupe particulier, mais estiment que la responsabilité de l'inflation est diluée dans tout le corps social en conflit pour la répartition.

P. Drouin compare ces mécanismes à une sorte de jeu de « mistigri » où les plus forts passent les mauvaises cartes aux plus faibles. B. Durieux conclut : « La répartition actuelle des fruits de la croissance dans nos économies résulte d'une succession d'escarmouches, des conflits ouverts ou des situations de force qui la plupart du temps ont été arbitrés par l'inflation » (*Le Monde*, 24 juillet 1974).

Les néo-classiques envisagent les données socio-économiques sous un angle différent.

Il faut briser les anticipations inflationnistes qui font que si l'on veut que son salaire réel augmente de 2 % alors que l'on prévoit un taux d'inflation de 10 %, on revendique un accroissement du salaire nominal de 12 %.

L'approche sociologique tente d'analyser les différents types de comportements possibles. Ainsi A. Chenicourt, dans la lignée du Français Aujac, définit quatre types de comportement :

L'effet de cliquet

Chaque entreprise se protège des hausses de prix qui l'affectent mais ne fait pas profiter ses clients de l'amélioration de la productivité ou de toute autre réduction de ses coûts. Seules les grandes mutations des conditions de production (par exemple l'électronique aujourd'hui) se traduisent par des baisses de prix significatives.

L'effet de perroquet

Les prix agissent les uns sur les autres. Une hausse du prix du pétrole va entraîner la hausse du prix de l'essence. Les salariés qui en consomment réagissent à celle-ci par des demandes d'accroissement des salaires, ce qui accentue la pression sur les coûts des entreprises qui amplifient à leur tour le phénomène.

L'effet de résonance

L'effet de résonance conduit à la diffusion très large du phénomène inflationniste. Chacun observe les revenus des autres et réclament la parité. Un acteur à productivité constante ne voit pas la raison de la stagnation de son pouvoir d'achat si les spectateurs qui viennent l'apprécier travaillent dans des secteurs de pointe à productivité rapide et à forte valeur ajoutée.

L'effet d'euphorie

L'inflation fait mieux passer les efforts à réaliser ; ainsi la contribution de l'épargnant à la hausse de l'investissement est plus facile quand il a l'illusion de gagner 8 % alors que l'inflation de 14 % lui « vole » 6 %. La T.V.A. de 33,33 % sur les automobiles permet d'augmenter les recettes de l'Etat quand les prix grimpent, sans que le consommateur se sente brimé par le percepteur...

L'inflation importée

La crise mondiale a accru l'intérêt pour l'analyse des mécanismes de transmission internationale de l'inflation. Dans quelle mesure une décision économique ou politique, un changement de conjoncture ou tout autre élément se produisant à l'extérieur d'un pays, peut-il avoir une incidence sur le taux d'inflation national ? la variation du cours du dollar, une politique monétariste ou un déficit de la balance commerciale des Etats-Unis peuvent-ils avoir une incidence sur l'évolution des prix en France ?

Accroissement du prix des produits importés et inflation

Quels ont pu être, par exemple, les effets de la hausse du prix du pétrole de 1974 ? Indiscutablement, tous les pays qui ne disposent pas de ressources énergétiques importantes ont vu se manifester des tensions inflationnistes mais, en même temps, les hausses de prix ont fortement varié d'un pays à l'autre, ce qui met en évidence à la fois l'impact réel de la hausse du prix du pétrole sur les inflations nationales et l'incidence du contexte national sur l'ampleur de cet effet.

Les mécanismes de transmission sont simples. Tout d'abord les produits importés constituent une part des biens pris en compte dans le calcul de l'indice des prix et contribuent ainsi directement à la hausse de cet indice. D'autre part les importations de produits intermédiaires induisent des augmentations du coût des produits de certaines entreprises qui vont, le plus souvent, reporter cette hausse sur les prix de vente. Si l'enchaînement des pressions inflationnistes s'arrêtait à ce stade, la hausse serait peut-être brutale mais le niveau des prix se stabiliserait à ce niveau plus élevé.

En fait, dans la plupart des cas, les différents groupes sociaux n'acceptent pas de voir leur part relative dans le revenu national se réduire. Il en résulte alors des pressions à la hausse des revenus nominaux qui entretiennent l'inflation (voir ci-dessus l'analyse socio-économique).

L'ampleur de ces mécanismes varie très fortement suivant la structure économique et sociale des pays. Plus le pourcentage de produits importés par rapport à la consommation nationale est faible, plus l'impact d'une hausse des prix est réduite. Plus la demande pour ce bien est *élastique* par rapport aux prix, moins l'incidence sera marquée. Si les entreprises acceptent de réduire leurs marges, si les relations sociales entre les partenaires sociaux limitent les revendications de hausse des salaires nominaux, les ajustements se feront à un niveau de prix inférieur.

La hausse du prix des produits importés peut aussi être analysée comme **une nouvelle modalité de partage de la production** à travers les systèmes de prix. Il faut vendre plus de produits nationaux pour obtenir la même quantité de produits importés. L'inflation interne devient alors une tentative de refus du nouveau partage.

Si les rapports de prix entre les importations et les exportations de deux pays évoluent de la façon suivante :

Période	Pays I produit arachide (quintal) A	Pays II produit acier (tonne) B	Rapport d'échange $\frac{B}{A}$
I	1 dollar	15 dollars	15 contre 1
II	1,5 dollars	15 dollars	10 contre 1
III	1,5 dollars	22,5 dollars	15 contre 1

Au cours de la première période 15 quintaux d'arachide s'échangent contre une tonne d'acier. A la suite de la hausse des prix de l'arachide il ne faut plus, au cours de la deuxième période, que 10 quintaux d'arachide pour obtenir la même quantité d'acier. La hausse des prix a modifié les termes de l'échange entre les pays. Dans la période III l'inflation dans le pays II va rétablir les termes de l'échange antérieurs puisqu'à nouveau, il faudra 15 quintaux d'arachide pour obtenir 1 tonne d'acier.

$$(15 = \frac{22,5}{1,5} \text{ dollars})$$

Structures monétaires dominantes et inflation

Les structures monétaires du pays, aujourd'hui le plus puissant du monde, les Etats-Unis, n'ont-elles pas aussi une influence sur le niveau des prix dans les autres pays ? Lorsque les tensions internationales font du dollar une monnaie refuge, et contribuent à sa hausse sur le marché des changes, les prix des importations exprimés en monnaie nationale augmentent, car un pourcentage très élevé des contrats internationaux est libellé en dollars. Ainsi par exemple un accroissement de 20 % du cours du dollar se traduit mécaniquement par une augmentation de 20 % du coût des importations de pétrole en France :

Produits	Prix en dollar	Cours du dollar	Prix en France
A	10	6 F	60
A	10	7,2 F	72
			accroissement du prix : + 12 F

Les variations du cours du dollar vont ainsi avoir des effets comparables aux variations du prix des produits importés avec une différence toutefois : l'ampleur des échanges internationaux libellés en dollars accroît quantitativement cet effet (on n'oubliera pas non plus l'effet, en principe stimulant sur les exportations, de telles variations).

Mais l'effet des structures monétaires peut dépasser ce seul cadre quand les taux d'intérêt élevés aux Etats-Unis obligent les autres pays à accroître parallèlement la rémunération des dépôts pour éviter les fuites de capitaux ; les Etats-Unis ne contribuent-ils pas au maintien de tensions inflationnistes en accroissant le coût du capital et donc les prix de revient ?

☞ **Monnaie, politique des revenus, régulation.**

Investissement

Pourquoi les entreprises investissent-elles ?

Une question de survie ?

L'automobile européenne est en crise. Paradoxalement la chute des ventes ne doit pas freiner l'investissement car ne pas investir, c'est diminuer la compétitivité de demain alors que les concurrents automatisent leur production et multiplient les modèles offerts à la clientèle. L'investissement est souvent une condition de survie dans un contexte d'économies ouvertes très concurrentielles.

Investissement de remplacement et investissement net

L'entreprise doit à tout moment conserver son outil de production en constituant un **investissement de remplacement**. Des machines s'usent ou deviennent inadaptées aux conditions de la compétitivité du fait du progrès technique ; il faut sans cesse renouveler des pans entiers de l'appareil de production. Pourtant le remplacement se fait rarement à l'identique et en pratique chaque nouvelle machine incorpore du progrès technique (plus d'automatismes, plus grande fiabilité, cadences plus rapides, économies d'énergie...). Mais une entreprise qui veut accroître ses parts de marché ou mieux résister à la concurrence doit investir par-delà le simple remplacement. **L'investissement net** mesure l'effort supplémentaire d'accumulation (investissement total moins investissement de remplacement).

Investissement de capacité et de productivité

Tous les investissements n'ont pas la même fonction. En période de forte croissance des débouchés, il faut conquérir des parts de marché, « faire du chiffre d'affaires ».

L'investissement de capacité prime alors. Il faut en effet des machines qui fournissent de nouvelles capacités productives pour faire face à l'accroissement des carnets de commande... Quand au contraire la demande se fait plus stagnante, la concurrence par les prix risque de devenir agressive ; quand les charges salariales deviennent lourdes, l'entreprise recherche le plus souvent **l'investissement de productivité** qui permet de réduire la main-d'œuvre nécessaire pour une production donnée.

Ainsi dans la sidérurgie la baisse de la demande et la chute des cours rendent indispensable la réalisation d'investissement de productivité alors même que les capacités de production sont excédentaires car l'investissement est souvent la condition de la baisse des prix de revient. Paradoxalement, la faiblesse de la demande oblige à investir, alors même que les conditions de rentabilité des entreprises sont frappées de plein fouet par l'insuffisance des ventes et des prix !

Investissement offensif et défensif

L'approche systémique distingue souvent les investissements selon leur caractère offensif ou défensif.

Par **l'investissement offensif**, l'entreprise recherche une conquête de parts de marché, un avantage technologique, la prise de contrôle de réseaux de distribution... Ainsi, les années 60 virent les banques faire la course à l'ouverture de nouveaux guichets, les années 80 voient les grands du « fast food » se battre pour les emplacements-clé dans les grandes villes... L'investissement offensif peut provoquer une riposte des concurrents en faisant monter très haut les enchères.

L'investissement défensif est d'une importance cruciale en période de crise ; si la demande se fait plus molle, il faut parfois lancer des investissements importants en campagnes publicitaires, en nouveaux produits, en redéploiements géographiques, en conquête de nouveaux marchés... L'investissement défensif sera aussi provoqué par l'entrée en lice d'un concurrent, ou par l'investissement offensif du rival qui se lance à la conquête de « vos » parts de marché...

L'horizon des investissements

Les motivations des investisseurs varient aussi selon que les effets attendus se manifestent à plus ou moins long terme. Certains décideurs restent attachés au présent et réalisent des **investissements tactiques** dont l'effet doit être une rentabilité à court ou moyen terme... D'autres entreprises, sans oublier l'impératif d'équilibre financier à court terme, mettent en place des **stratégies d'investissement** à long terme : recherche, mise au point de nouvelles techniques, élargissement de la gamme de produits, meilleure formation du personnel (investissement en capital humain), publicité et promotion des ventes, renforcement du réseau de distribution, recherche d'une organisation plus efficiente, implantation à l'étranger...

Investissement productif ou financier

Une autre distinction fondamentale dans la logique d'accumulation des entreprises consiste à distinguer les investissements à but principalement productif des actions financières pures (investissements de portefeuille, recherche de plus-value en capital, spéculation foncière ou sur les taux de change...). L'investissement productif a pour objectif la réalisation de bénéfices à travers une activité de production (changement de machines pour réduire les coûts...) alors que l'investissement financier correspond à une stratégie axée sur la plus-value en capital (placement sur le marché des euro-dollars).

Les effets sur l'ensemble de l'économie de chaque type d'investissement ne sont pas les mêmes.

Pourquoi les entreprises limitent-elles leurs investissements ?

Plusieurs facteurs peuvent limiter l'investissement des firmes : l'environnement général, les contraintes financières, la volonté de limiter les risques et l'insuffisante rentabilité de l'investissement.

L'environnement général

Un ralentissement des commandes, des décisions fiscales ou réglementaires susceptibles de réduire la rentabilité provoquent souvent un freinage des investissements. L'incertitude, quant à l'évolution économique et politique, l'importance du risque vont conduire à retarder certains plans d'investissement... Un véritable *effet de seuil* bloque souvent l'apparition de mutations technologiques. En effet pour rentabiliser les recherches, pour créer la demande solvable (convaincre de la supériorité du disque à laser sur le 33 tours usuel...), il faut souvent un effort financier considérable et ce d'autant plus que ces biens sont souvent dans un premier temps produits en petite série ce qui se traduit par des coûts élevés.

Les contraintes financières

Autofinancement insuffisant, marché financier circonspect, banquiers prudents limitent souvent les possibilités de réaliser des investissements.

Le financement interne est limité par la capacité d'autofinancement de la firme. Celle-ci est fonction à la fois des résultats (profits) dégagés par l'entreprise et de l'attitude des actionnaires plus ou moins disposés à laisser à la société les bénéfices qui leur reviennent de droit, même si dans les grandes sociétés actuelles ce pouvoir des actionnaires est de fait limité.

On a souvent reproché au financement interne des investissements de jouer un rôle inflationniste dans la mesure où le besoin d'accroître les moyens de financement inciterait les entreprises à augmenter leurs prix de vente pour préfinancer en quelque sorte leurs investissements.

L'augmentation du capital peut aussi être une modalité de financement, mais l'émission d'actions nouvelles ne peut être réalisée très fréquemment et suppose une situation financière suffisamment florissante pour attirer les capitaux. Elle comporte aussi, en particulier pour les sociétés familiales, un risque de perte de contrôle de la direction de l'entreprise.

Le financement externe par l'emprunt se heurte à d'autres difficultés : les banquiers mettront des butoirs à l'endettement. L'investissement par appel aux capitaux bancaires suppose aussi une véritable radioscopie de l'entreprise par la banque qui conduit souvent les P.M.E. à préférer le financement interne... A l'évidence un ensemble des ratios financiers significatifs d'une bonne gestion sont le point de passage obligé de l'investissement par capitaux externes.

L'émission d'*obligations* est le plus souvent réservée aux grandes entreprises dont la réputation nationale et la solvabilité sont appréciées par les épargnants.

Le financement par l'emprunt risque de peser lourdement sur la trésorerie et sur le prix de revient en particulier dans les périodes où les taux d'intérêt réels sont élevés, ce qui diminue la rentabilité des investissements donc leur intérêt pour la firme.

La rentabilité

Si l'entreprise investit, c'est pour accroître ses profits à long terme. L'investissement doit donc être rentable ou ne pas être réalisé. Les revenus qui en résultent doivent non seulement couvrir les coûts (amortissement, coût d'entretien, frais financiers...) mais aussi rémunérer le capital immobilisé à un taux jugé suffisant.

Puisque des contraintes financières limitent le volume global de l'investissement, ce sont les projets les plus rentables qui doivent *a priori* être retenus. L'application de ce principe général est limitée par la nécessaire cohérence entre les investissements, le caractère stratégique de certains investissements qui peut les rendre impératifs malgré leur faible rentabilité directe.

Enfin et surtout, l'avenir est souvent incertain, l'entreprise ne connaît pas le plus souvent la rentabilité réelle de son investissement qui ne sera connue qu'*a posteriori*. Un écart important peut séparer les bénéfices espérés et les résultats réels. L'entreprise ne peut négliger le risque qu'elle court.

Keynésiens et néo-classiques se retrouvent pour attribuer à l'espérance de profit attendue (liée à l'efficacité marginale du capital pour les premiers, la productivité marginale du capital pour les seconds) une place importante dans la décision d'investir. Les keynésiens insistent toutefois sur le fait que l'efficacité marginale du capital est pour partie liée au niveau de la demande effective, ce qui distingue très fortement les deux courants d'analyse.

Comment les entreprises choisissent-elles leurs investissements ?

La cohérence de l'ensemble des investissements

L'investissement doit être *cohérent*, c'est-à-dire s'insérer dans la politique globale de la firme. Ainsi, par exemple, le rachat d'une société produisant de la bière par une entreprise fabriquant du verre creux correspond à une politique d'intégration vers l'aval.

Plusieurs logiques différentes peuvent guider les choix : diversification, accroissement des parts du marché, spécialisation dans le haut de gamme... Si la politique choisie s'avère inadaptée, l'efficacité de l'investissement risque d'être réduite !

La cohérence concerne aussi les investissements entre eux. Très souvent les décisions ont des **effets en chaîne**, ainsi, par exemple, si une entreprise achète aujourd'hui un ordinateur Bull, elle sera conduite en cas d'extension à s'adresser à nouveau à ce fabricant pour éviter des coûts de reconversion trop importants. Lorsque de telles interférences existent, c'est sur la *chaîne d'investissement* que doit porter l'analyse financière.

La prise en compte de l'incertitude

Pour analyser la rentabilité, il faut aussi tenir compte de l'incertitude qui affecte les évaluations de la demande future, de l'évolution de coûts salariaux... Les erreurs d'appréciation en ce domaine ne concernent pas que les petites firmes, ainsi E.D.F. a défini ses investissements nucléaires en fonction d'une croissance estimée de la demande d'électricité qui s'est avérée très supérieure à l'évolution réelle, réduisant ce faisant la rentabilité des centrales nucléaires construites.

Ces erreurs d'estimation sont fréquentes et semblent inévitables, car comment être sûr que, dans les mois ou années à venir, un matériel révolutionnaire plus performant et moins cher ne rendra pas l'acquisition d'aujourd'hui tout à fait inadaptée face à la concurrence ? L'avenir est incertain et pourtant les décisions d'investissement doivent être prises. Deux méthodes de choix sont alors possibles, la première consiste à supposer que l'avenir est certain, la seconde plus complexe cherche à intégrer l'incertitude dans le raisonnement.

Le choix des investissements en avenir certain

Si les méthodes de choix des investissements supposant que l'avenir est parfaitement connu restent importantes au niveau de la pratique des entreprises, c'est qu'elles sont relativement simples.

Ainsi, en première approximation, on peut estimer que plus le **délai de récupération de la somme investie** est faible par rapport à la durée de vie du matériel acheté, plus l'investissement est intéressant. Un tel critère est relativement sommaire mais présente pour la petite entreprise l'intérêt de ne pas mettre en jeu des analyses complexes.

La méthode la plus connue en matière de choix des investissements est celle de l'**actualisation des revenus et des dépenses attendus**. Cette approche suppose que le taux d'actualisation est donné; quelle valeur doit-on retenir ? Le prix auquel on peut se procurer des capitaux auprès des banques, le taux d'intérêt que l'on recevrait en plaçant les ressources disponibles de l'entreprise... ? Face à cette difficulté certaines entreprises fondent leurs décisions sur des estimations en terme de *rentabilité interne* de l'investissement.

Ces deux dernières méthodes conduisent à classer les projets d'investissements, puis à ne retenir que ceux qui sont les plus performants compte tenu des contraintes. Si les contraintes sont multiples (capacité de financement limitée, flexibilité de la main-d'œuvre réduite...) les choix deviennent presqu'impossibles. Face à ces limites et aux autres critiques faites à ces méthodes, des techniques plus complexes ont été développées dont la *programmation linéaire* est un exemple.

La valeur nette actualisée

Si r est le taux d'actualisation qui permet d'estimer la valeur actuelle des revenus futurs, 100 francs aujourd'hui sont alors équivalents à 100 francs + 100 francs x r dans un an soit : 100 francs (1 + r) et inversement 100 francs perçus dans un an ont une valeur actuelle de 100 $(\frac{1}{1 + r})$.

Plus généralement on montre que la valeur actuelle d'une somme C est égale à C $\frac{1}{(1 + r)^n}$ n étant le nombre d'années à couvrir avant l'échéance de ce revenu.

On peut alors comparer la valeur actualisée des revenus nets à percevoir et le coût actualisé de l'investissement.

Le taux de rentabilité interne

Le taux d'actualisation qui *égalise* coût de l'investissement et revenus actualisés nés de cet investissement est appelé taux de rentabilité interne.

▼ Pour illustrer l'analyse financière en terme de taux de rentabilité interne, prenons un exemple : Un chef d'entreprise envisage l'achat d'une machine coûtant 10 000 francs et dont la durée de vie devrait être de dix ans. La production annuelle prévisible est de 1 000 produits qui devraient se vendre 2,50 francs l'unité; les dépenses de fonctionnement prévues s'élèvent à 1 000 francs par an (travail, énergie, matériaux...). Les recettes brutes annuelles attendues sont alors de 1 000 × 2,50 = 2 500 francs.

Les recettes nettes (recettes brutes - dépenses) sont de : 2 500 francs - 1 000 francs = 1 500 francs.

Au total l'investissement va donc engendrer sur dix ans un revenu supplémentaire de 15 000 francs (10 × 1 500), mais ce calcul ne tient pas compte de la préférence pour les revenus immédiatement disponibles. Pour comparer des sommes disponibles à des périodes de temps différentes les unes des autres, on procède à une actualisation.

Quelle est la valeur de r telle que notre investissement initial (10 000 francs) soit égal à la somme des revenus nets actualisés ?

$$1\,500 \left[\frac{1}{(1 + r)} + \frac{1}{(1 + r)^2} + (...) + \frac{1}{(1 + r)^n} \right]$$

Après calcul le taux de rentabilité interne de l'investissement dans notre exemple se monte à 4 %.

Concrètement si le taux d'intérêt réel (après déduction de l'inflation) est supérieur à 4 %, le projet peut être considéré comme non rentable, à l'inverse si les fonds coûtent ▲ moins de 4 % d'intérêt, le projet sera rentable (en négligeant le caractère incertain de l'estimation des coûts et des revenus et donc le coût de l'incertitude). Keynes insistera beaucoup sur la dimension prévisionnelle et donc incertaine de ce calcul de l'efficacité de l'investissement. Si de nouvelles techniques plus efficaces apparaissent, si les charges réelles s'avèrent plus élevées que prévu, si la demande ne suit pas l'évolution espérée, la rentabilité effective sera plus faible et le choix d'investissement pourra a posteriori s'avérer inadapté.

L'entreprise peut aussi renoncer à certains projets dont le taux de rentabilité interne est supérieur aux taux d'intérêt s'ils sont trop risqués, ou s'ils ne rentrent pas dans son plan de développement (ce qui est une façon d'intégrer empiriquement l'incertitude) ou si ses moyens humains et matériels ne lui permettent pas de les réaliser.

Le caractère limité des moyens de financement fait que souvent seuls les projets d'investissement ayant la rentabilité la plus élevée seront retenus.

Il existe bien d'autres méthodes d'évaluation de la rentabilité des investissements dans l'hypothèse d'avenir certain ; l'une des plus connues est la programmation linéaire.

La programmation linéaire et le choix d'un ensemble d'investissements

Le développement de la programmation linéaire a été rendu possible par l'extension des équipements en ordinateurs. Cette technique n'est pratiquée que par les grandes entreprises. Son intérêt par rapport à la méthode précédente est de permettre d'intégrer de façon quantifiée les contraintes de financement global, celles relatives aux disponibilités de matières premières, de main-d'œuvre et éventuellement celles concernant le niveau de la demande escomptée. On refusera ainsi un investissement très rentable, mais prélevant sur les ressources de l'entreprise des moyens financiers ou des disponibilités en matières premières... tels que le niveau de production considéré comme minimum ne puisse pas être obtenu.

La programmation linéaire se présente sous la forme d'une fonction de profit à maximiser tout en respectant une série de contraintes. Elle est principalement utilisée lorsqu'il s'agit de choisir entre différentes solutions techniques. Ainsi, par exemple, on pourra par la programmation linéaire définir le nombre de centrales nucléaires, hydrauliques... permettant de fournir au moindre coût ou avec le maximum de profit pour un prix de vente donné l'électricité d'un pays. La fiabilité des résultats repose, bien sûr, sur la pertinence des évaluations de coûts et des relations techniques prises en compte.

Le choix des investissements en avenir incertain

Si la plupart des entreprises n'incluent l'incertitude dans leur décision que de façon empirique en estimant les risques de façon intuitive, certaines techniques ont pour fonction de mieux quantifier son impact et de systématiser sa prise en compte dans la décision d'investissement.

La méthode la plus simple est celle des scénarios. Plusieurs hypothèses sont envisagées quant au développement de la demande, et la rentabilité de l'investissement est calculée pour chaque cas. Il est parfois possible d'attribuer une probabilité plus ou moins grande aux différentes hypothèses. Dans ce cas on pourrait penser que la décision est parfaitement déterminée et unique puisque, connaissant les probabilités de réalisation de chaque hypothèse, on peut déterminer *l'espérance mathématique de profit.*

Ainsi j'ai une probabilité de 0,3 de gagner 100 000 F (cas 1)
une probabilité de 0,5 de gagner 200 000 F (cas 2)
une probabilité de 0,2 de perdre 75 000 F (cas 3)
mon espérance mathématique de gain est de

$$\begin{aligned} 100\,000 \times 0{,}3 &= 30\,000 \\ 200\,000 \times 0{,}5 &= 100\,000 \\ -75\,000 \times 0{,}2 &= -15\,000 \\ \hline \text{Total} \quad & 115\,000 \text{ francs} \end{aligned}$$

Malheureusement cette espérance de gagner 115 000 francs n'est qu'une « espérance », rien ne garantit que je ne serai pas dans le cas 3 et que ma perte ne sera pas de 75 000 francs. Si j'estime que cette perte est insupportable pour la survie de l'entreprise ou constitue un risque que je ne veux pas prendre, je renoncerai à mon investissement.

La décision d'investissement n'est pas unique : tel entrepreneur préférera un investissement relativement risqué mais présentant une forte espérance de profit, tel autre (et cette situation est beaucoup plus courante) préférera minimiser les risques, quitte à n'obtenir que des profits plus limités.

Les études de marché, l'analyse des évolutions technologiques... ont notamment pour objectif de réduire l'incertitude de l'entreprise mais cette information coûte cher et se trouve donc peu accessible aux petites entreprises.

Parce qu'il y a incertitude sur de multiples aspects qui doivent être pris en compte, la décision d'investissement, quelle que soit l'amélioration des techniques quantitatives, relève toujours de la stratégie globale de l'entreprise. Malheureusement les erreurs de stratégie en la matière sont lourdes de conséquences pour l'entreprise mais aussi, souvent, pour la nation.

Investissement et croissance économique

L'investissement nécessaire à la croissance d'un pays

Si on se situe non plus du point de vue de la firme mais de celui d'un pays, l'investissement reste une variable stratégique. Sur la longue période seuls les pays ayant massivement investi ont atteint et maintenu le niveau de production industrielle et le niveau de vie des pays développés.

Si on analyse l'évolution à long terme de l'économie mondiale, on constate une forte corrélation entre pourcentage des investissements dans le P.I.B. et taux de croissance économique. Sans doute pour un même taux d'investissement existe-t-il des différences parfois sensibles suivant les pays et suivant les périodes mais la corrélation est suffisamment forte pour qu'elle appuie la liaison causale mise en évidence par un raisonnement très simple. L'accroissement de la productivité et des capacités productives engendrées par l'investissement est la condition d'un accroissement durable et important de la production supérieur à la croissance de la population active. Les difficultés de certains pays disposant de ressources financières importantes (pays de l'O.P.E.P.) montrent néanmoins que l'accroissement de l'investissement ne suffit pas toujours à engendrer une croissance rapide et durable. Il peut y avoir gaspillage des investissements.

Des effets négatifs possibles en période de croissance ralentie

L'expérience récente a montré, qu'en période de croissance ralentie, l'investissement s'orientant de façon privilégiée vers la rationalisation de la production, il pourrait être source de difficultés sur le marché du travail, au moins à court terme. Pourtant, même en période de crise, renoncer à l'investissement, c'est laisser les pays concurrents améliorer leur compétitivité relative, donc leur part de marché, ce qui exerce aussi un effet négatif sur l'emploi.

Acheter un robot c'est menacer les emplois que l'on automatise, ne pas l'acheter peut menacer tous les emplois de l'entreprise devenue non compétitive !

Une limite à l'investissement : le volume global d'épargne

Par ailleurs sur le plan macro-économique, la masse d'investissement doit être *compatible avec le volume d'épargne nationale* car un financement excessif par création monétaire peut se révéler inflationniste. L'appel au financement étranger peut faire supporter à terme à la balance des paiements le poids de la dette...

Il faut donc équilibrer la part de la consommation et de l'investissement car le déséquilibre entre les deux peut entraîner soit une surproduction génératrice de crise, soit un vieillissement de l'appareil productif réduisant les potentialités de consommation future et le niveau de compétitivité.

Des oppositions sur la politique de l'Etat

L'Etat dispose de moyens importants pour agir sur le montant global et l'orientation des investissements : investissements publics, commandes publiques, fiscalité (niveau d'amortissement autorisé en particulier), action sur les taux d'intérêt et les volumes de crédits autorisés...

L'Etat doit-il réduire le coût de l'investissement des entreprises ? Doit-il accroître ses propres investissements (investissements publics) pour compenser en période de dépression la faiblesse des investissements privés ou pour mieux contrôler l'orientation de l'investissement ? Doit-il, par une politique sectorielle directive, favoriser l'adaptation des industries nationales aux difficultés de la compétition mondiale ? Dans quelle mesure l'Etat dispose-t-il des moyens de mettre en place une politique cohérente d'investissements ?

On devine que les réponses à ces questions et les modalités d'intervention proposées varient selon les courants d'analyse. Les néo-classiques, sans être hostiles au soutien des investissements, souhaitent que celui-ci ne se traduise pas par des différenciations qui entravent le libre jeu du marché, ils insistent sur le risque de gaspillage que comporte l'accroissement de la part des investissements publics. Les keynésiens, par contre, verront dans l'accroissement des investissements publics un élément possible de relance de l'ensemble de l'économie[1] tandis que les défenseurs d'une analyse structurelle des difficultés présentes proposeront une intervention sélective de l'Etat pour restructurer le tissu industriel.

Productivité marginale du capital, du travail et niveau des investissements dans l'analyse néo-classique

Pour les néo-classiques, la décision d'investissement est liée au niveau de la productivité marginale. Le choix des techniques (poids relatif du travail et du capital) est fonction de la production marginale de chaque facteur de production.

1. Certains keynésiens voient dans le surinvestissement l'origine des crises.

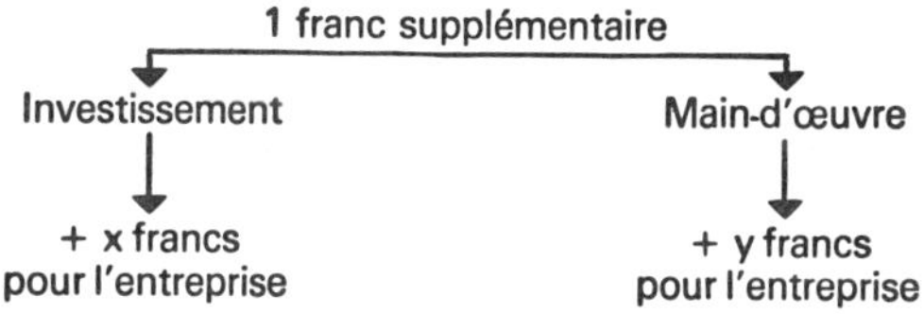

- Si x est supérieur à y, l'entreprise choisira d'accroître ses investissements.
- Si y est supérieur à x, l'entreprise choisira d'accroître l'emploi.

L'optimum d'affectation des ressources pour l'entreprise est réalisé lorsque la productivité marginale du capital est égale à la productivité marginale du travail.

La croissance sera d'autant plus forte que l'investissement réalisé est important et récent (Incorporation du progrès technique, apprentissage de savoir-faire...). Il faut donc stimuler les investissements. Or, ceux-ci sont d'autant plus massifs que les espérances de profit sont élevées ; l'Etat doit donc favoriser la réalisation de marges bénéficiaires suffisantes.

Le multiplicateur d'investissement keynésien ou comment l'investissement autonome stimule la production et l'emploi

Pour Keynes, l'investissement autonome joue un rôle dynamique sur la production. Celui-ci engendre des vagues successives de revenus qui se traduisent par des dépenses de consommation nouvelles qui inciteront les entreprises à accroître leur production et engendreront de nouvelles vagues de revenus.

Supposons que la consommation représente 80 % du revenu supplémentaire perçu[1], quel est alors l'ensemble des revenus induits par un investissement de 100 F ?

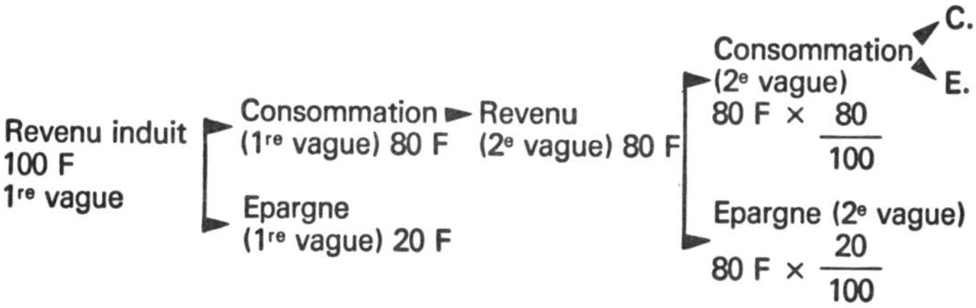

Au total le supplément de revenu est de

$$100\text{ F}\ \frac{1}{1 - 0{,}8} = 500\text{ F (multiplicateur} = 5)$$

1. La propension marginale à consommer (variation de la consommation divisée par la variation de revenu) est ici égale à 0,8.

L'accroissement des investissements publics est alors un moyen d'accroître la production et l'emploi puisqu'ils relèvent d'une décision autonome de l'Etat et peuvent être réalisés indépendamment de toute considération de rentabilité. L'investissement public doit être accru, lorsque l'investissement privé est insuffisant pour assurer le plein emploi.

Des conditions de fonctionnement du multiplicateur à la mise en place d'une politique structurelle

Le mécanisme multiplicateur est d'autant plus important que l'élasticité de l'offre par rapport à la demande nationale est élevée. Inversement, si cette élasticité est faible, l'influence d'un accroissement de l'investissement sur l'emploi peut se révéler très faible... ou même illusoire, alors que des tensions inflationnistes peuvent se développer et la balance commerciale se détériorer. Si on se situe dans une optique d'économie ouverte, l'accroissement de demande nationale risque de se traduire par une augmentation massive des importations... ce qui sans doute constitue un soutien pour l'emploi dans le reste du monde, mais risque de poser de graves problèmes d'équilibre de la balance commerciale!

Puisqu'une offre nationale suffisamment élastique à l'accroissement de la production est la condition d'efficacité des politiques de soutien de l'emploi par le soutien de l'investissement, il faut mettre en place, à chaque fois que cela est nécessaire, des politiques permettant d'accroître cette élasticité, par exemple en améliorant la spécialisation du pays ainsi *la maîtrise du secteur des machines-outils est primordiale* si l'on ne veut pas voir les effets multiplicateurs exportés... (voir politique industrielle p. 298).

La nature des investissements pourra aussi être prise en compte; ainsi, par exemple, on sait que les investissements dans le bâtiment ont un impact élevé sur l'emploi mais n'induisent pas des importations très importantes...

L'effet d'accélération et l'instabilité de la demande de biens d'équipement

Même si la demande de biens de consommation fluctue peu, la demande de biens d'équipement permettant de fabriquer ces produits (donc le niveau des investissements réalisés) peut être marquée par de fortes variations qui jouent souvent un rôle dans les fluctuations économiques.

L'effet dit « accélérateur » peut se résumer à une idée simple : il existe une relation technique stable à un instant donné entre le niveau de la demande et le stock de biens d'équipement nécessaires (par exemple pour produire 1000 unités de A, il me faut une machine coûtant 100000 francs); il en résulte que les variations de la demande stimulent la production de biens de production de façon différente selon les marges de capital disponibles mais surtout que le capital technique ayant la particularité de durer plusieurs années, à une stagnation de la demande de biens de consommation peut correspondre une diminution induite des investissements comme le montre l'exemple suivant :

Période	Demande de la période	capital nécessaire	Capital disponible sans investissement (1)	Investissement	
1	1 000	100 000	90 000	10 000	La demande d'investissement augmente plus que proportionnellement à la croissance de la demande de biens de consommation
2	1 100	110 000	100 000	10 000	
3	1 200	120 000	100 000	20 000	
4	1 400	140 000	110 000	30 000	Baisse des investissements alors que la demande s'accroît.
5	1 500	150 000	130 000	20 000	
6	1 600	160 000	140 000	20 000	
7	1 700	170 000	150 000	20 000	
8	1 700	170 000	160 000	10 000	La demande d'investissement diminue alors que la demande de biens de consommation reste constante.
9	1 700	170 000	160 000	10 000	

Nous retrouvons ici une constante de l'analyse keynésienne : le *rôle de la demande.*

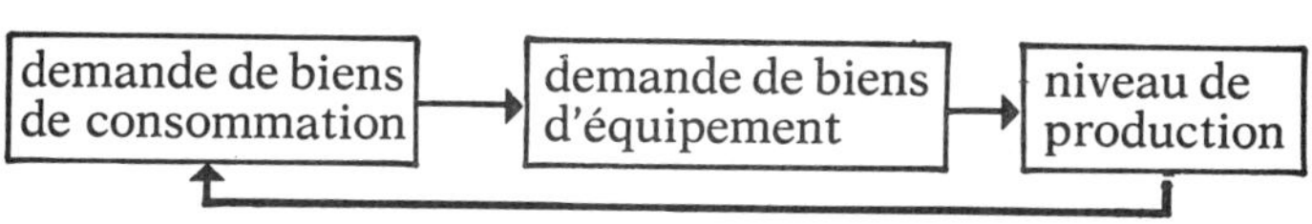

L'efficacité marginale du capital

Keynes définit l'efficacité marginale du capital comme la « prévision de rendement d'un bien capital ». L'entrepreneur n'investira que si l'efficacité marginale de capital est supérieure au coût du capital (taux d'intérêt).

1. Le matériel est supposé ici avoir une durée de vie de 7 ans. Le matériel acheté 7 ans auparavant doit donc être remplacé.

L'analyse marxiste et le rôle des investissements dans les fluctuations économiques

L'aiguillon de la concurrence pousse le capitalisme à bouleverser sans cesse ses moyens de production... Qu'un concurrent adopte des robots, choisisse un procédé plus performant, lance de nouveaux produits plus séduisants pour le consommateur, et l'entrepreneur doit se lancer dans la course à l'investissement.

L'investissement net (ou accumulation) consiste à consacrer une part de la plus-value à augmenter l'échelle de la production. Plus la plus-value est forte et plus une fraction élevée de celle-ci est consacrée à l'élargissement des moyens de production, plus la croissance est stimulée. Pourtant le profit n'est pas toujours à la mesure du capital investi et à la croissance va bientôt succéder la crise.

Le déséquilibre entre les secteurs à l'origine des crises économiques

Un point essentiel de l'analyse marxiste consiste à mettre en évidence la dynamique entre le secteur des biens de consommation et celui des biens de production. La croissance des investissements engendre à terme surproduction, suraccumulation et crise. La croissance de la composition organique du capital contribue aussi à la baisse des profits car la masse de plus-value doit sans cesse augmenter pour rentabiliser des avances en capitaux de plus en plus importants.

L'origine de l'investissement, une opposition théorique essentielle

Pour les libéraux, l'investissement n'existe que parce que le capitaliste accepte de risquer ses capitaux; le profit qui en résulte récompense l'efficacité des décisions prises et le risque encouru. Pour les marxistes au contraire, l'investissement résulte pour l'essentiel d'un prélèvement sur la plus-value; puisque celle-ci est prélevée sur la valeur créée par le travailleur, l'investissement en pays capitaliste est le fruit de l'exploitation du travailleur.

☞ **Épargne, croissance et crises, entreprise, productivité, comptabilité et gestion financière, politique industrielle.**

Marché du travail

Le « marché du travail », un concept contesté

L'expression « marché du travail » est un exemple des présupposés que contient souvent le vocabulaire le plus usuel. Sans doute lorsqu'un entrepreneur crée trois nouveaux emplois, chacun sera d'accord pour dire qu'il y a augmentation des offres d'emploi. De même quand de jeunes diplômés décident de rechercher un travail salarié, ils provoquent un accroissement des demandes d'emploi.

Mais, au-delà de l'existence bien réelle dans nos sociétés d'offres et de demandes d'emploi, l'expression « marché du travail » implique par son libellé même qu'il s'agit d'un « *marché* » c'est-à-dire d'un lieu (éventuellement abstrait) où l'ensemble des offres et l'ensemble des demandes d'emploi se confrontent, quantités offertes et demandées s'ajustant en fonction du niveau du prix (ici du salaire).

L'analyse néo-classique

Le salaire d'équilibre

Le marché du travail fonctionne comme les autres marchés. L'agrégation des comportements économiques permet de déterminer les fonctions d'offre et de demande d'emploi qui dépendent du niveau des salaires. **Le salaire d'équilibre** est celui qui permet d'égaliser offre et demande de travail.

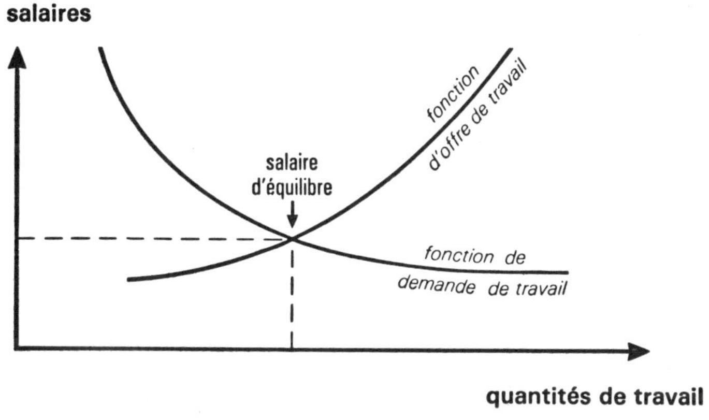

S'il existe un désajustement entre offre et demande, si tous les travailleurs ne trouvent pas d'emploi, c'est que le plus souvent le niveau des salaires est trop élevé. En diminuant le niveau des salaires, on réduit le coût marginal du travail. L'entreprise tend à embaucher des travailleurs tant que le coût marginal du travail est inférieur à la productivité marginale du travail ; la baisse du coût du travail se traduit donc par un accroissement des offres d'emploi.

Plus généralement, de multiples rigidités (intervention des syndicats, conventions collectives...) influencent les salaires réels qui s'éloignent du niveau d'équilibre, créant ce faisant un sous-emploi qui peut être important.

Pour les néo-classiques, le déséquilibre peut aussi avoir une origine monétaire (voir monétarisme).

Le chômage volontaire est celui qui résulte du refus d'accepter un emploi parce que le niveau de rémunération correspondant est jugé trop faible[1]. Ainsi nombre de néo-classiques voient aujourd'hui dans les indemnités de chômage l'origine d'une partie du sous-emploi, certaines personnes préférant être en chômage plutôt que d'accepter un travail dont le revenu différentiel par rapport à ces indemnités serait faible.

Dans ce schéma néo-classique, le niveau de l'emploi résulte donc bien de la confrontation entre offre et demande.

Le salaire (ou prix du travail) est la variable stratégique qui permet la réalisation de l'équilibre. On peut donc parler de marché du travail.

... et sa contestation par les keynésiens

Les keynésiens contestent vigoureusement l'existence d'un tel marché du travail.

Tout d'abord, font-ils remarquer, à court terme la demande de travail des firmes ne se détermine pas en fonction des salaires. Les besoins de main-d'œuvre des entreprises sont liés au niveau de production qu'elles veulent réaliser et celui-ci est lié au niveau de demande qui s'adresse aux entreprises.

Les quantités de main-d'œuvre demandée sont donc définies hors de ce que les néo-classiques appellent le « marché

1. Le gain obtenu par le travail est comparé à la désutilité qu'engendre l'activité laborieuse.

du travail » et le niveau des offres d'emploi peut être inférieur aux disponibilités en main-d'œuvre. Dans ce dernier cas il y aura sous-emploi.

D'autre part le salaire réel ne peut orienter le niveau de l'emploi car il n'est pas connu « ex ante » (à l'avance). Ce qui est connu des travailleurs ou de la firme est le salaire nominal et non le salaire réel. Celui-ci ne sera connu qu'a posteriori (ou ex post) quand on connaîtra l'évolution réelle du niveau des prix. L'analyse néo-classique suppose donc une information sur le salaire réel qui n'existe pas. Le niveau du salaire réel résulte de multiples rapports sociaux qui se situent eux aussi hors du pseudo marché du travail.

Une opposition irréductible ?

Plusieurs tentatives de synthèse entre néo-classiques et keynésiens ont été faites. Ainsi, pour le Français E. Malinvaud, il y aurait deux sortes de déséquilibres sur le marché du travail, le premier de type keynésien relèverait d'une insuffisance de la demande globale, le second néo-classique serait lié à l'absence d'opportunité de profit, les entreprises n'embauchent pas parce qu'elles estiment que ce n'est pas rentable, ou, ce qui revient au même, que les prix auxquels elles devraient vendre pour dégager un bénéfice, ne seraient pas compétitifs.

... et les marxistes

Marx a insisté d'abord sur le fait que dans le capitalisme, la force de travail est traitée comme une marchandise et que ce caractère engendre l'exploitation.

Pour les marxistes, l'existence d'une « armée de réserve » de travailleurs permet de maintenir les salaires à un niveau aussi proche que possible du niveau de subsistance, il ne saurait donc y avoir de plein emploi durable et ce d'autant plus que le capitalisme est caractérisé par une « instabilité dynamique » qui se traduit par des crises économiques. Aussi, le chômage est-il la tendance profonde du capitalisme ; par la baisse des salaires réels qu'il engendre il permet d'accroître l'exploitation des travailleurs.

Comment se détermine la demande d'emploi ?

Données démographiques et sociales

Les données démographiques agissent sur la structure par âge de la population et contribuent donc à déterminer la population susceptible de se présenter sur le marché du travail. Mais d'autres facteurs institutionnels et sociologiques interviennent également. Ainsi, l'Etat définit l'âge de la scolarité obligatoire, l'âge de la retraite. De même des données sociologiques relatives au taux d'activité des femmes, au désir de poursuivre ou non une formation initiale au-delà de la scolarité obligatoire... exercent une influence non négligeable sur le nombre de personnes qui effectivement cherchent un emploi.

Le niveau des offres influence celui des demandes

Le niveau même des offres d'emploi exerce une influence sur les demandes d'emploi. Plus les offres d'emploi sont importantes, plus tend à se manifester une demande d'emploi qui préalablement était dissuadée de se présenter sur le marché du travail par suite de la difficulté à trouver un poste.

La création d'un nombre x d'emplois n'entraîne pas, ipso facto, la réduction d'un même nombre de chômeurs.

Effet de revenu, effet de substitution

Comment les demandes d'emploi réagissent-elles face à une variation du niveau des salaires ? Face à une baisse des rémunérations horaires, le travailleur peut soit accroître son offre de travail pour essayer de maintenir son revenu réel **(effet de revenu)**, soit estimer que l'utilité marginale des gains obtenus est trop faible par rapport à l'utilité marginale de ses loisirs, dans ce cas il devrait y avoir réduction de l'offre de travail **(effet de substitution)**.

En pratique on peut se demander si le travailleur peut véritablement moduler sa demande d'emploi. On accepte, ou on refuse un emploi et c'est l'entreprise qui fixe les horaires, la durée des congés... et rares sont les emplois où l'on peut prendre un mois de congé supplémentaire parce que les revenus dont on dispose sont suffisants. Par contre le travail à temps partiel d'un côté et la recherche des heures supplémentaires de l'autre peuvent partiellement correspondre à cette logique.

La segmentation du marché du travail

Des problèmes de qualifications différentes... aux problèmes de dualisme

Des marchés du travail

Personne ne penserait employer un comptable quand le travail à effectuer est celui d'un typographe : la nature de l'activité professionnelle qui doit être exercée se traduit par une juxtaposition de plusieurs « marchés du travail ». Il pourra y avoir abondance de demande sur l'un d'eux et pénurie sur un autre. Le métier, la localisation géographique des emplois et de la main-d'œuvre constituent autant de barrières qui multiplient le nombre de marchés du travail, qui se juxtaposent. Cette pluralité explique que, même en période de sous-emploi important, des pénuries de main-d'œuvre puissent exister pour certaines qualifications.

Indépendamment de ces différences que personne ne conteste mais qui posent déjà des problèmes, une coupure plus profonde ne traverse-t-elle pas le monde du travail instituant un véritable dualisme ?

Le dualisme du marché du travail japonais

Le Japon constitue un cas caractéristique de *dualisme du marché du travail.* Les travailleurs permanents des grandes entreprises bénéficient de salaires relativement élevés, de primes à l'ancienneté importantes, d'une garantie d'emploi à vie, d'un statut social privilégié. Parallèlement, les autres travailleurs se retrouvent sur un autre marché du travail qu'on a souvent qualifié de secondaire par rapport au précédent qui serait le marché primaire. Le marché secondaire est caractérisé par une moindre qualification, des salaires plus faibles, l'insécurité de l'emploi. Il constituerait une sorte d'« amortisseur » aux crises économiques en assurant une forte flexibilité de la main-d'œuvre et en rentabilisant par la faiblesse de certains salaires des installations techniques relativement peu modernes.

Ce dualisme « à la japonaise » fait l'objet de nombreux débats : doit-il être imité parce que favorable à la croissance économique ou au contraire doit-il être rejeté en particulier pour des raisons politiques et sociales (division des travailleurs en deux classes d'intérêt et de niveau de vie différents) ?

La segmentation géographique : les bassins d'emplois

« Vivre et travailler au pays » est un sentiment fort en France qui limite la mobilité géographique de la main-d'œuvre.

Les courants de main-d'œuvre à l'intérieur de deux zones géographiques données sont plus ou moins intenses. On appelle *bassin d'emplois* une zone géographique telle que les flux de main-d'œuvre sont élevés à l'intérieur du bassin d'emploi et faibles avec les autres zones. L'intérêt de cette notion est d'attirer l'attention sur le fait qu'il n'y a pas géographiquement un marché du travail national mais juxtaposition d'une multitude de marchés locaux même si, pour certains emplois, le marché national est l'unité significative.

L'approche néo-classique

Les néo-classiques considèrent qu'il y a une certaine hétérogénéité des demandes et des offres de travail qui explique les différences de salaires. A chaque type de qualification correspond ainsi un marché du travail relativement autonome.

La théorie du capital humain

Individuellement, chaque travailleur potentiel a intérêt à se situer le plus favorablement possible sur le marché du point de vue des rémunérations. Dans cette optique, la formation (universitaire, technique...) peut être considérée comme un investissement en « capital humain » dont la rentabilité est fonction à la fois du coût des études et de l'écart de revenu lié à la différence de qualification tout au long de la vie active. Cette démarche est celle des théoriciens du « capital humain ».

Le « job search »

Dans une optique également néo-classique, les théoriciens du « Job search » (« recherche de travail ») estiment qu'une partie du chômage est liée à la recherche d'un meilleur emploi. Il s'agit alors d'un « chômage volontaire ». Un travailleur abandonne par exemple son emploi pour mieux rechercher une situation, soit plus agréable dans son contenu, soit mieux rémunérée. Cette période de chômage est alors en quelque sorte un investissement que les accroissements de revenus espérés devraient permettre d'amortir. Cette recherche est finalement liée à l'insuffisante transparence du marché et aux difficultés de promotion interne dans les entreprises. De nombreuses critiques de cette approche portent sur le caractère irréaliste ou peu significatif des hypothèses de comportement retenues ; en période de crise en particulier abandonne-t-on facilement un emploi pour en rechercher un meilleur, mais aléatoire ?

La théorie de la segmentation

On réserve l'expression « *théorie de la segmentation* » à une analyse tout à fait différente de l'analyse néo-classique des différents marchés du travail. Pour ce courant d'analyse non seulement les sous-marchés sont indépendants les uns des autres et fonctionnent en circuit fermé, mais cette segmentation est au centre des mécanismes de fonctionnement du marché du travail. Il y aurait deux marchés, l'un typique, l'autre atypique ou suivant les auteurs un **segment organisé ou central** caractérisé par la sécurité de l'emploi, l'importance des avantages sociaux, les possibilités de carrière, l'existence de procédures sociales institutionnalisées... et un **segment périphérique** caractérisé par des bas salaires, une rotation des travailleurs élevée, une faible qualification, la faiblesse des espérances de promotion, l'absence de sécurité de l'emploi. Cette coupure radicale entre deux marchés du travail ne serait pas spécifique du Japon ou de certains pays sous-développés, mais concernerait l'ensemble des pays industrialisés en particulier les Etats-Unis, l'Italie, la France... au moins depuis les années 70.

Le segment défavorisé concernerait les travailleurs en situation de faiblesse face aux employeurs : travailleurs émigrés, femmes, main-d'œuvre peu qualifiée, travailleurs des entreprises sous-traitantes... Dans cette optique la segmentation est un « processus de clivage » au sein du salariat ainsi qu'un processus d'exclusion sociale dans la mesure où cette structure tend à opposer les intérêts de deux groupes de travailleurs.

Cette analyse s'insère dans le cadre de la théorie de la régulation. La segmentation serait dans cette perspective une façon pour les entreprises de tenter de résoudre la *crise du fordisme*, le segment primaire continuant à assurer la stabilité de la production et le maintien d'une demande suffisante, le segment secondaire contribuant à réduire les coûts des entreprises, à assurer la flexibilité de la production... Concrètement cette segmentation du marché du travail se manifesterait dans nos économies par le développement des contrats à durée déterminée, l'extension du travail temporaire...

Le débat sur les conséquences pour l'emploi de la mondialisation de la production et des échanges

Les industries fondées sur une main-d'œuvre peu qualifiée (pourcentage élevé d'O.S.) et une technologie facilement assimilable par le Tiers Monde sont condamnées à se voir délocalisées dans un contexte d'ouverture des frontières (théorème de l'O.S. de M. Albert). Par suite du faible coût de la main-d'œuvre peu qualifiée dans les pays en voie de développement, le maintien de l'emploi dans les pays industrialisés ne peut se faire dans tous les domaines : il faut choisir la spécialisation qui correspond à nos avantages relatifs et abandonner des pans entiers de l'industrie :

textile bon marché, ronds de béton pour la sidérurgie... sauf à trouver les moyens d'automatiser suffisamment ces productions pour être compétitifs. Les industries d'intelligence (bio-technologie, informatique, télématique...) demandent une main-d'œuvre qualifiée dont disposent les pays industriels... Il en résulte une théorie duale de l'emploi : une partie des travailleurs du secteur abrité (services, fonctionnaires) bénéficieront d'une meilleure stabilité de l'emploi car une moindre contrainte extérieure pèse sur eux. Ils devront accepter des salaires relativement faibles... A l'inverse le secteur exposé à la compétition internationale doit être caractérisé par la mobilité et la rotation rapide des personnels..., la récompense étant surtout monétaire (salaires...)

La critique du dualisme et de l'absence de protection douanière

Que le libre échange implique une spécialisation dans les secteurs pour lesquels on bénéficie d'un avantage relatif, est peu contesté. Ce qui l'est par contre, c'est le caractère politiquement et socialement acceptable du dualisme et l'opportunité d'un libre échange quasi absolu qui se traduit par la disparition de pans entiers de l'économie.

Le libre échange risque de faire disparaître massivement des emplois dans les secteurs dont la demande mondiale décline ou pour lesquels les avantages relatifs sont faibles sans que l'on puisse être assuré de créer un nombre d'emplois équivalent dans les secteurs pour lesquels le pays se trouve en principe mieux placé. D'autant que pour les industries à forte valeur ajoutée, la concurrence des pays très industrialisés est elle aussi très forte.

Pour éviter l'engrenage de la diminution des emplois, il faut une protection douanière à la fois suffisante et tolérable pour éviter les licenciements massifs et brutaux et donner aux entreprises le temps et les moyens de leur adaptation. Dans cette logique, il faut définir des préférences quant aux structures de la production et mettre en place une politique industrielle et une politique douanière capables de soutenir l'emploi (voir p. 115).

Analyse marxiste

Les défenseurs des économies planifiées considèrent souvent que l'un des actifs fondamentaux du socialisme est la suppression du chômage. L'idée de base est la suivante : le travail est seul créateur de richesse, il ne peut en aucun cas être inutile car les besoins sont immenses. Quand on planifie les tâches, le travail ne peut être qu'une ressource rare. Quand on interroge les citoyens, la liste de leurs besoins insatisfaits est toujours assez longue pour mettre tout le monde au travail. Concrètement dans les pays de l'Est la logique de l'emploi doit donc être la suivante :

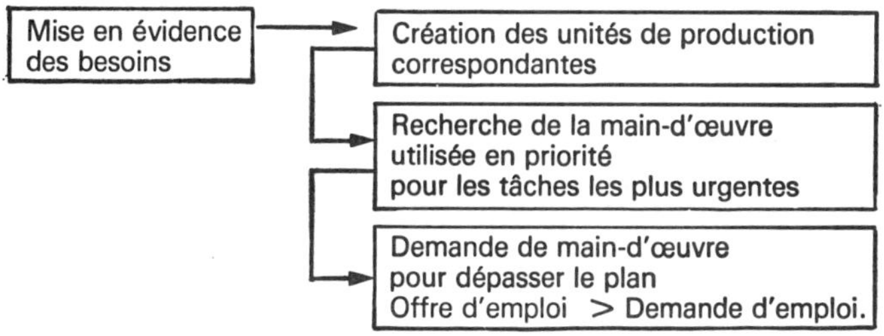

Si la réalité est plus complexe et si les entreprises ont tendance à se constituer un surcroît de main-d'œuvre, qualifié par certains économistes libéraux de « chômage déguisé », la politique de l'emploi fondée sur les besoins et la planification relève d'une logique radicalement différente de celle des libéraux et des keynésiens.

Dans cette politique les nationalisations et planifications sont les instruments d'une politique de l'emploi.

Politique de l'emploi

A ces oppositions dans l'analyse du marché du travail correspondent des recommandations très différentes en matière de politique de l'emploi.

Les thérapeutiques libérales

Mettre en place les conditions d'un marché concurrentiel

C'est en réduisant l'intervention sociale de l'Etat, en particulier en matière de protection contre les licenciements, en diminuant le poids des charges salariales des entreprises, en laissant fluctuer les salaires sans imposer de minimum, que l'on pourra se rapprocher d'un marché du travail concurrentiel, seul susceptible d'engendrer les ajustements nécessaires au plein emploi. Parallèlement, une réduction du niveau des indemnités de chômage, du poids des impôts sur le revenu induiraient une plus forte motivation pour le travail.

Améliorer l'efficacité du travail

L'Etat peut aussi soutenir l'emploi en favorisant l'amélioration de l'efficacité du travail par l'investissement et l'adaptation des qualifications aux besoins des firmes. La célèbre phrase du chancelier Schmidt symbolise la logique libérale qui fait de l'emploi la résultante de la compétitivité : « Les profits d'aujourd'hui sont les investissements de demain et les emplois d'après demain. » Une politique de soutien des investissements, dans cette optique, contribue à soutenir l'emploi.

L'accroissement de la qualification peut permettre d'accroître la productivité marginale et ce faisant d'augmenter le niveau de l'emploi. Elle peut aussi réduire les goulots d'étranglement de la production qui proviennent d'une insuffisante adaptation des qualifications de la main-d'œuvre par rapport aux besoins de la production. L'Etat doit donc favoriser la mise en place d'un système éducatif conforme aux besoins des entreprises.

Le soutien d'une offre compétitive est la condition du plein emploi.

La politique keynésienne

Une politique active de l'Etat

La baisse du coût du travail, sauf cas particulier (voir p. 391) a pour les keynésiens des effets macroéconomiques pervers (baisse de la demande effective) qui rendent la baisse du niveau des salaires tout à fait inefficace pour lutter contre le sous-emploi.

C'est pourquoi, les keynésiens préconisent, en cas de sous-emploi, d'une part une politique active de l'Etat centrée sur le soutien de la demande (niveau de consommation et d'investissement), d'autre part une politique structurelle active tendant à rendre la production plus élastique par rapport à la demande. C'est en ce sens que les keynésiens actuels sont favorables à une politique d'adaptation de la production à la demande mondiale, à la mise en place de structures productives réduisant la contrainte extérieure.

La relance de la consommation

La relance de la consommation, en particulier par la hausse des bas salaires dont la propension à consommer est forte, a été souvent proposée. Des carnets de commande gonflés par un pouvoir d'achat en hausse stimule l'embauche. Encore faut-il que la demande ne se porte pas sur les produits importés ou que la hausse du pouvoir d'achat n'induise pas une valse des étiquettes. La relance par la consommation doit donc être limitée à un niveau supportable pour l'équilibre extérieur, niveau qui varie fortement selon les pays. Une relance concertée avec celle d'autres pays est susceptible de réduire considérablement les risques de déséquilibre de la balance commerciale (voir p. 439). En ce qui concerne le risque de tension inflationniste, outre que les keynésiens rejettent l'idée d'une liaison simpliste entre quantités de monnaie et prix, ils pensent que les risques d'inflation peuvent être compensés par une politique des revenus active (voir p. 293).

Le soutien des investissements

Nombre de keynésiens préfèrent agir sur la demande effective par le soutien des investissements (en particulier les investissements publics) et ce d'autant plus que l'investissement peut être un instrument de politique industrielle pouvant contribuer aux restructurations nécessaires à la réduction de la contrainte extérieure. Mais cette politique se heurte à la contrainte extérieure quand il faut acheter les machines à l'étranger.

Traiter socialement le chômage

Rien n'est plus coûteux qu'un chômeur, affirment de nombreux keynésiens (et des sociaux-démocrates); en conséquence même des recrutements de fonctionnaires, des préretraites, des stages de formation peuvent être socialement et économiquement souhaitables.

Le maintien ou la création d'emplois, y compris avec l'aide de l'Etat, peut-être rationnel si on prend en compte le coût social que représente pour la collectivité l'indemnisation du chômage. Dans cette optique les abandons d'activités industrielles ne doivent pas être réalisés sans tenir compte du coût collectif des licenciements. Le partage du travail, la réduction de la durée de l'emploi peuvent limiter la progression du chômage.

A long terme le traitement social du chômage pèse sur les budgets sociaux (retraites, allocations chômage...). Il ne peut être qu'un palliatif des difficultés sociales en attente du retour à des créations d'emploi.

☞ **Relations du travail, croissance et crises.**

Mobilité sociale

Mobilité sociale et imaginaire

L'ascension sociale fascine. Les « faiseurs d'argent » qui, partis de rien, constituent de grandes fortunes ont une fonction psycho-sociale dans nos sociétés compétitives. Que ces destins soient peu nombreux n'en réduit nullement leur fonction. A l'inverse la régression sociale joue un rôle de repoussoir et la volonté de conserver un rang social stimule très tôt les comportements.

Mobilité et type de système social

La mobilité sociale

Les sociétés complexes comportent des positions sociales inégalement distribuées sur le plan du prestige, du pouvoir, de la rémunération... Comprendre la mobilité sociale c'est saisir le passage d'une place à une autre dans cette hiérarchie des positions sociales. Selon le type de *structure sociale* les systèmes hiérarchiques diffèrent. La possibilité de changer de position ainsi que la façon de le faire varient aussi radicalement. La mobilité sociale définit la façon dont une société reproduit ses hiérarchies.

L'analyse fonctionnaliste

L'analyse fonctionnaliste a insisté sur les mécanismes de reproduction du fonctionnement de la hiérarchie sociale qui conditionnent les règles du jeu de la structure sociale. Pour Sorokin, il y a dans chaque structure sociale des mécanismes de contrôle qui sélectionnent les individus en les préparant aux positions qu'ils occuperont, en leur transmettant les valeurs et les comportements correspondant à la strate sociale à laquelle ils appartiennent. Des mécanismes de sélection, de contrôle et de reproduction assurent ainsi une certaine inertie sociale qui évite une trop grande mobilité à la fois des individus et des hiérarchies qui risquerait de distendre l'ordre social. Dans ce type d'approche il est possible de mettre en évidence des mécanismes différents selon qu'il s'agit de sociétés traditionnelles ou industrielles. D'autres distinctions sont aussi usuellement mises en évidence : ordres, castes, classes... qui conditionnent différemment les mécanismes de mobilité...

Les sociétés traditionnelles et la mobilité (Sorokin)

Dans les sociétés traditionnelles, la famille transmet des valeurs et des normes qui limitent l'ambition et donc les efforts des individus pour changer de statut. Le réseau de solidarités familiales est d'autant plus grand qu'une partie importante de l'activité se déroule dans le cadre des structures familiales. Partageant un même statut social, les membres de la famille limitent ainsi la mobilité individuelle. Structurellement les places hiérarchiques dépendent des conditions objectives que vivent les familles (terres qu'elles cultivent, rôle social qu'elles reproduisent...). Tant que les activités traditionnelles ne sont pas bouleversées par d'autres techniques ou le contact avec d'autres civilisations, les hiérarchies ont tendance à se maintenir sans dysfonctionnement.

Le système de caste ou l'anti-mobilité

Certains systèmes ont même nié l'idée de mobilité en créant des castes séparées par des cloisons étanches et même des répulsions.

Dans le Japon d'avant l'ère Meiji il y avait quatre castes : les samouraï, les cultivateurs, les artisans et les commerçants. On naît et meurt dans sa caste, on se marie et on respecte des règles de conduite réciproques normalisées. L'expansion économique, le développement de la monnaie, réussiront à bouleverser l'immobilisme social en faisant naître des valeurs industrielles et marchandes plus puissantes que l'ordre guerrier des samouraï.

Les sociétés d'ordre : la mobilité au ralenti...

Roland Mousnier a particulièrement insisté sur la diversité des sociétés d'ordres dont l'Occident féodal a constitué le modèle. Les sociétés d'ordres se divisent en Etats : « distingués les uns des autres et ordonnés non d'après la fortune de leurs membres et la capacité de consommer qu'ont ceux-ci, non plus d'après leur rôle dans le mode de production des biens matériels, mais d'après l'estime, l'honneur, la dignité attachés par la société à des fonctions sociales qui peuvent n'avoir aucun rapport avec la production des biens matériels »[1].

Les ordres sont donc le plus souvent attribués à vie avec les honneurs et la dignité qui leur sont attachés, en fonc-

1. *Les hiérarchies sociales de 1450 à nos jours*, P.U.F., 1969.

tion d'un système de valeur qui fera par exemple du métier des armes l'état le plus apprécié (noblesse), du statut ecclésiastique (clergé) un état respecté et du Tiers Etat (le reste) un ensemble généralement dévalorisé (la richesse du bourgeois ne fait pas oublier son origine roturière). Les mécanismes de mobilité sont freinés :

« Dans chacun des états composant les ordres, il y a tendance à l'hérédité. L'on peut même parler d'une tendance à la caste, lorsqu'apparaît le souci de la pureté héréditaire du sang. [...]

La mobilité sociale est contrôlée et limitée par la société. Le nouveau venu doit faire reconnaître sa qualité par son nouvel état, tacitement, par le comportement des membres de celui-ci à son égard, et par l'Etat, qui consacre le changement de statut par un acte officiel. »[1]

Les sociétés industrielles et les sociétés de classe

La conjonction des idées démocratiques et des mutations industrielles se traduit par le développement d'une société de classe. Celle-ci se caractérise par la reconnaissance légale de l'égalité des citoyens, conjuguée avec l'existence de positions sociales différentes auxquelles aucun obstacle juridique ne limite l'accès. Pourtant dans toutes les sociétés industrielles, la mobilité sociale s'est révélée faible. Comment expliquer cette situation ?

Des liaisons significatives : capital culturel, capital matériel

Deux facteurs semblent limités la mobilité sociale : la détention plus ou moins importante de capital financier mais aussi l'existence d'écarts significatifs dans ce qu'on appelle le capital culturel. Le système scolaire tient une place essentielle dans la transmission des qualifications et dans l'acquisition des aptitudes à occuper ces postes. Mais la transmission du **capital culturel** n'est pas le seul fait de l'école, la famille continue à jouer un rôle important dans cette transmission qui varie donc très fortement selon l'origine sociale.

Un exemple : le langage

L'environnement familial est essentiel car il produit une

1. Roland Mousnier, *Les hiérarchies sociales de 1450 à nos jours*, P.U.F., 1969.

socialisation de l'enfant qui règle ses valeurs, ses comportements.

Selon les classes sociales la relation linguistique entre parents et enfants varie notablement. Ainsi dans les familles possédant un code linguistique élaboré l'enfant est très tôt sensibilisé à l'importance des mots, mais surtout à la structure des phrases. Le jeu avec les mots est valorisé et l'enfant apprend à être attentif aux moindres nuances dans le ton, les mots, la structure des phrases; de son savoir-faire vis-à-vis de certaines nuances linguistiques formelles dépendent des gratifications ou des punitions affectives de l'enfant.

La maîtrise du code linguistique se trouve ainsi largement améliorée. Etudiant les enfants du Quart Monde Marie-Catherine Ribeaud résume ainsi leurs difficultés linguistiques :

« Les institutrices les signalent, les tests les confirment. Les enfants parlent tard et mal. Les mots utilisés sont limités, et parfois amputés de leur propre signification : comme pour le petit enfant qui commence à parler, un mot peut signifier plusieurs choses.

Ne sont pas compris ni utilisés les mots les plus abstraits tels que les prépositions et en particulier celles qui désignent des notions spatiales (devant, derrière, sous, sur, dans, etc.)

Ne sont pas employés non plus les termes un peu complexes de causalité (parce que, puisque, pour que). En conséquence le niveau syntaxique reste pauvre, élémentaire. Les enfants ne disent pas -je- en parlant d'eux-mêmes, parfois jusqu'à sept, huit ans. Ils posent peu de questions et ne passent pas par cette fameuse phase des -pourquoi- en série qui fait le charme des enfants de trois ou quatre ans et l'embarras un peu agacé des parents dans les autres milieux » (*Les enfants des exclus*, Stock 1976).

Si de tels handicaps sont le fait des sous-prolétaires, ils n'en révèlent pas moins, à un degré plus élevé, ce qui handicape les classes populaires par opposition aux enfants des classes supérieures.

Ce développement verbal moindre va perturber l'acquisition de l'abstraction si nécessaire dans le domaine scolaire. Ainsi pour l'addition et la multiplication, l'enfant des classes populaires atteint des performances équivalentes aux classes supérieures mais : « les difficultés surviennent de ce qu'il n'est pas capable de généraliser ces règles et ces opérations pour les appliquer à des énoncés verbaux différents ». Le handicap linguistique se convertit donc en retard scolaire. L'échec scolaire va en conséquence handicaper l'acquisition d'un capital culturel donc d'un statut social...

Ainsi serait expliqué un des mécanismes de la faiblesse de la mobilité sociale.

Le capital matériel joue aussi un rôle important. L'héritage d'un patrimoine demeure un moyen d'accès privilégié à des positions spécifiques, l'accès aux situations d'artisan, de commerçant, de professions libérales ou de chef d'entreprise est facilité par la détention d'un capital. Pour les professions libérales la combinaison d'un capital culturel sanctionné par un diplôme (architecte, médecin...) et d'un capital matériel (moyens financiers pour monter un cabinet, une étude...) sont souvent nécessaires.

La mobilité sociale, l'approche empirique

L'analyse de la mobilité nécessite :

1. Une mesure précise de son *degré et de ses formes*; celle-ci est souvent faite à partir de l'étude de tables de mobilité qui présentent les positions sociales des fils en fonction de l'origine sociale des pères.

2. La prise en compte des transformations économiques et sociales (changement de la structure de la population active, périodes de croissance, de crise) est nécessaire pour comprendre les conditions de la mobilité.

L'interprétation des tableaux de mobilité sociale

Une série d'enquêtes de l'I.N.S.E.E. baptisées F.Q.P. (formation et qualification professionnelle) permet d'approfondir les mouvements entre C.S.P. que n'approchent que partiellement les recensements et les enquêtes emploi. Les tableaux élaborés doivent être interprétés avec précaution :

Lorsque le fils d'un agriculteur accroît le capital paternel et accède à la gestion d'une grande exploitation moderne, sa position sociale se modifie et une telle mutation n'apparaît pas dans les tableaux de mobilité sociale.

Pour comparer la position du père et du fils, il faut disposer des données comparables pour l'un et pour l'autre. En particulier, il faut que le fils ait atteint l'âge considéré comme celui correspondant à un niveau définitif (généralement on retient 40 ans), aussi les données les plus courantes sur la mobilité portent donc sur une période relativement ancienne et surtout antérieure à la crise économique actuelle.

L'effet de structure

La croissance rapide des années 1949-1973 s'est accompagnée de mutations considérables dans la nature des emplois : exode rural, montée des cadres administratifs, des ingénieurs et techniciens, développement des emplois du tertiaire; l'Etat Providence recrute agents et fonctionnaires. Il en résulte une mobilité structurelle importante due aux places à pourvoir et à celles qui disparaissent.

Prenons un exemple fictif pour montrer cet effet :

S'il y a deux catégories sociales et que leur poids relatif varie de la façon suivante :

	Période 1	Période 2
A	50 %	25 %
B	50 %	76 %

Il y aura forcément un nombre important de fils de la catégorie A qui passera dans la catégorie B.

C. Thélot, à propos de la société française, insiste sur le poids de l'effet de structure : « De génération en génération, la mobilité sociale entre pères et fils a évolué principalement en raison de cet effet structurel; indépendamment de ce facteur, les effets propres à chaque génération jouent un rôle modeste, qui se traduit cependant par une immobilité moins prononcée pour les générations les plus récentes ». La montée du chômage, la crise, le ralentissement des progrès matériels avec une croissance ralentie en ce début des années 80 peuvent faire craindre à un certain blocage de la mobilité ascendante.

Analyses théoriques globales de la mobilité

Deux logiques opposées

Deux approches principales de la mobilité s'opposent :

1. Celle de **l'inégalité des chances** qui étudie les trajectoires individuelles situées dans des familles, prenant place dans une société divisée en strates hiérarchisées. La mobilité sociale consiste alors en une étude des trajectoires d'individus qui conservent ou perdent (en montant ou en descendant) le statut des parents. L'étude de ce processus prend la forme d'une enquête sur la nature et les causes de ce phénomène. La mise en évidence de multiples facteurs est alors invoquée pour suivre le cheminement du statut de la génération des pères à celle des fils ou en cours

de vie active. Le niveau d'instruction des parents et du répondant, le revenu des parents, leur C.S.P., les normes familiales, les mécanismes de transmission du langage, sont autant de facteurs explicatifs qui relient la position atteinte par l'enfant et celle de ses ascendants (parents ou même grands-parents...).

2. **La logique de la reproduction de la structure de classe** s'intéressera non aux trajectoires individuelles, mais à la structure de classes.

Ce qui importe pour l'analyse du système capitaliste n'est pas que Bernard Tapie, fils d'un ajusteur de La Courneuve, soit devenu propriétaire d'un groupe puissant de sociétés, mais bien que les places dans les rapports de production demeurent stables : propriété des moyens de production pour les uns et disposition de sa seule force de travail pour les autres... P. Bertaux insiste sur la spécificité de l'approche en terme de reproduction de la structure des classes : « En mettant l'accent sur l'inégalité des chances, l'idée méritocratique détourne l'attention de l'essentiel : les différences structurelles de *condition*, telles qu'elles découlent de la structure de classe » (*Destins personnels, structure de classe*, P.U.F. 1977).

La prise en compte d'un ou plusieurs facteurs

L'explication de la mobilité sociale par un facteur

L'analyse de la mobilité sociale entre générations cherche les facteurs qui expliquent la relation :

statut socio-professionnel du père lors de l'enquête ⇒ Statut socio-professionnel du fils lors de l'enquête

A la liaison simple entre statut parental et filial (L) il faut donner une explication sociologique.

Pour certains l'explication est unifactorielle, ainsi la transmission du niveau d'éducation parental permettrait aux fils d'accéder le plus souvent à la même strate que le père, en schématisant nous aurions :

C.S.P. du père → Niveau d'éducation du fils → C.S.P. obtenue par le fils

L'explication du mécanisme de mobilité est alors très linéaire :

1. Une première liaison caractérise une inégalité des chances devant l'enseignement, la famille transmettant un capital culturel sanctionné par l'appareil scolaire qui distribuerait des diplômes reflétant les disparités sociales.

2. La deuxième liaison correspondant à l'idée d'une société *méritocratique* qui attribue les places sociales les plus élevées à ceux qui ont le meilleur niveau d'étude permet d'expliquer le statut social du fils.

L'inégalité sociale est ainsi perçue comme une série de filtrages successifs où la famille puis l'école jouent le rôle de distributeurs de niveaux d'éducation ou de strates sociales.

La prise en compte de plusieurs facteurs

• Capital matériel, capital culturel

Les études concrètes de mobilité sociale montrent que les phénomènes de mobilité sont plus complexes que l'explicaton linéaire ne le suppose.

Le schéma le plus classique d'explication par une conjonction de facteurs consiste à retenir l'influence du capital matériel d'une part, du capital culturel d'autre part.

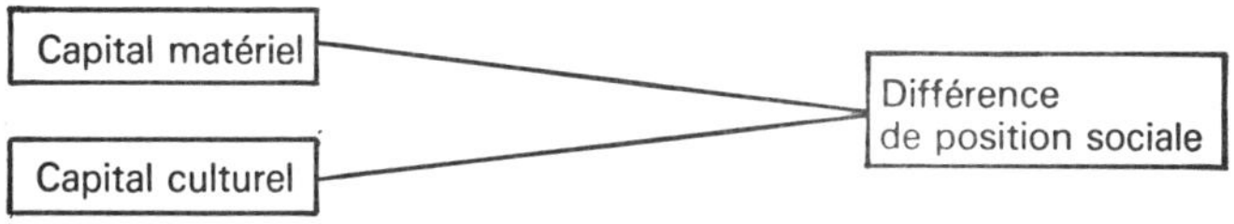

• Prendre en compte plusieurs générations

La mobilité suit des itinéraires sur plusieurs générations et pas seulement entre deux. Laurent Thevenot de l'I.N.S.E.E. a montré que pour les hommes deux filières de promotion professionnelle se dégagent principalement :

Le cheminement suivi se situe alors le long de la filière industrielle ou tertiaire :

filière industrielle

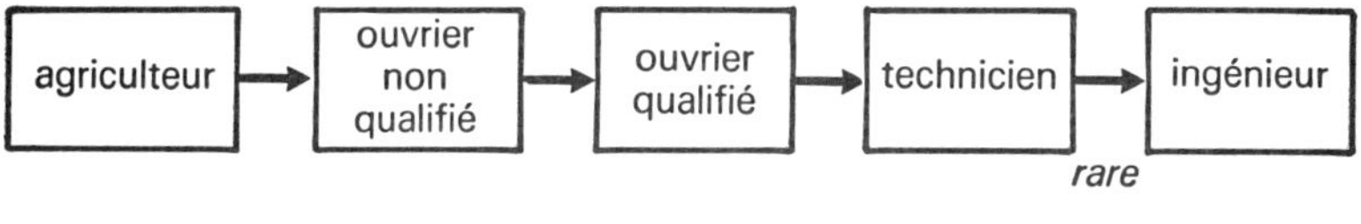

filière tertiaire

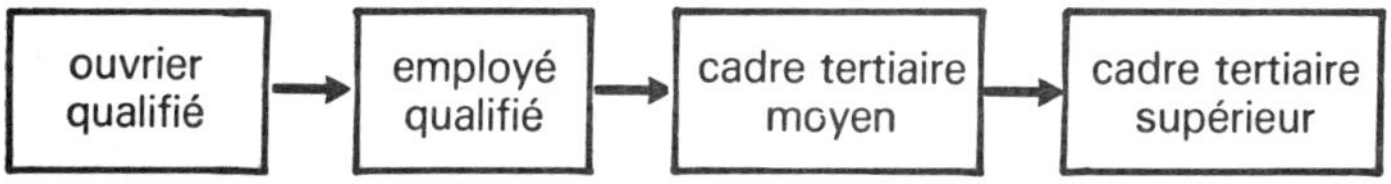

• Le modèle multi-factoriel de Blau et Duncan

Le modèle multi-factoriel de Blau et Duncan est une des tentatives pour saisir *l'interaction* des facteurs sur la mobilité. A l'aide d'une étude statistique ils ont mis en évidence des liaisons significatives entre :

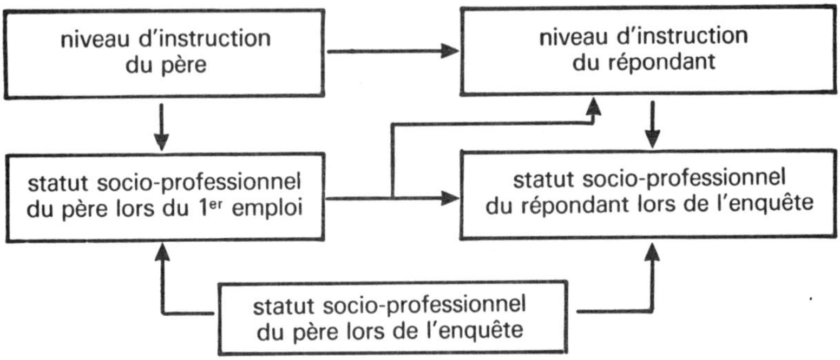

La C.S.P. du fils est liée à la fois à l'emploi passé du père et à celui qu'il occupe quand le fils répond à l'interview (processus à mémoire).

L'inégalité des chances

Le paradoxe d'Anderson

➔ L'étude d'Anderson a troublé bien des certitudes en matière de mobilité sociale. En comparant le niveau atteint par les fils relativement au père (diplôme aussi élevé, moins ou plus élevé) et le niveau social atteint par le fils (C.S.P. plus élevée, analogue ou moins élevée), Anderson a constaté une absence de liaison.

Quand un jeune compare son diplôme à celui de son père il peut fréquemment avec un niveau de diplôme supérieur avoir une situation sociale considérée comme inférieure... L'idée méritocratique d'effort est ainsi brouillée par une situation qui semble relever de la loterie plutôt que de la récompense du succès scolaire.

L'analyse de R. Boudon

R. Boudon a recherché un modèle qui simule la réalité et qui permette de comprendre le paradoxe d'Anderson.

Les principales hypothèses retenues par R. Boudon dans son ouvrage *L'inégalité des chances* sont les suivantes :

1. La société peut être divisée en strates ordonnées allant du sommet au bas de l'échelle du prestige du pouvoir et des C.S.P.

2. L'accès aux différentes positions sociales est inégal. L'école est au cœur du processus de mobilité des sociétés industrielles. Ce mécanisme fonctionne doublement :

Les probabilités d'obtenir un diplôme élevé sont d'autant plus grandes que les parents appartiennent à une C.S.P. élevée.

A réussite scolaire égale les enfants des C.S.P. les moins favorisées ont moins tendance à continuer leurs études que leurs condisciples plus favorisés socialement.

3. Il y a entre les places disponibles dans l'appareil scolaire et les places sociales disponibles des distributions différentes : les places sociales élevées seront ainsi moins nombreuses que le nombre des diplômés de rang élevé (tendance à la dévaluation des diplômes par rapport à la génération des parents).

4. Les études réussies donnent accès à de meilleures situations sociales (hypothèse *méritocratique* : l'accès aux C.S.P. largement conditionné par le « parchemin » obtenu dans l'appareil scolaire).

L'idée générale du modèle est de styliser les faits observés statistiquement tout en expliquant le paradoxe d'Anderson. L'interaction des variables est importante dans ce modèle ; ainsi à réussite scolaire égale, l'espérance de gains est relativement plus faible par rapport à l'effort demandé pour les enfants originaires des strates défavorisées. Boudon introduit une hypothèse de *dominance* qui complique les mécanismes de la mobilité ascendante : « les meilleures positions sociales sont attribuées en priorité aux individus ayant le meilleur niveau scolaire *(méritocratie)* et, à l'intérieur de chaque niveau scolaire, aux individus ayant une origine sociale plus élevée *(dominance)*.

L'étude statistique concrète confirme cet effet de dominance pour le diplôme du baccalauréat : « (sur 100 bacheliers) fils d'employés ou d'ouvriers ils sont 25 % à être cadres supérieurs ; fils d'artisans ou de petits commerçants 30 % ; fils de cadres moyens 39 % ; fils de cadres supérieurs 46 % » (Thélot).

L'origine sociale continue à influencer l'avenir social tout au long de l'avenir professionnel, relations, informations, ambitions, savoir-faire dans les contacts humains sont imprégnés par le milieu d'origine...

La logique de la reproduction des structures de classe

Pour cette approche, ce qui compte n'est pas d'insister sur les fondements micro-sociologiques des destins individuels mais de montrer le fonctionnement du système qui reproduit les structures dont il a besoin : propriétaires/non propriétaires ; dirigeants/exécutants ; capitalistes/salariés...

Deux éclairages fondamentaux caractérisent cette analyse : la notion de reproduction et d'héritage culturel (Bourdieu, Passeron), et l'approche en terme de *reproduction par la transmission du capital matériel* (Bertaux). Sur le plan concret les travaux de Baudelot, Benosiel, Cukrowicz, Establet ont recherché dans la logique de l'appareil de production la raison de la croissance des effectifs étudiants.

L'analyse de la reproduction et de l'héritage culturel

Pour Bourdieu et Passeron « l'école reproduit l'ordre établi ». La transmission d'un capital culturel, rendu légitime par la sanction d'un diplôme, permet aux classes dirigeantes de reproduire leur domination en transmettant à leurs fils les parchemins du pouvoir.

La domination de la langue écrite sur la langue parlée, l'importance de l'abstraction, la valorisation de certaines pratiques culturelles telles la visite des musées, la connaissance de certaines idées ou auteurs qui s'imposent dans l'appareil scolaire favorise les catégories sociales privilégiées. L'examen devient alors « une force symbolique » qui légitime le fait de diriger et donne l'apparence d'une méritocratie à ce qui n'est qu'une reproduction des classes dirigeantes.

→ La structure de classe est reproduite par l'appareil scolaire qui permet d'intérioriser normes et valeurs conformes à la hiérarchie antérieure. A l'appui de leur thèse, Bourdieu et Passeron citent en particulier un certain nombre de pratiques relevées dans le cursus universitaire des étudiants en Lettres.

Cette approche pose le problème de la nature de la culture transmise par l'école. Les opposants à cette analyse affirment que si la culture scolaire est plus proche de certaines C.S.P. et si certains aspects de cette culture peuvent être contestés, il reste que pour l'essentiel ses caractéristiques (maîtrise du langage écrit, sens de l'abstraction...) correspondent aux besoins de la démarche intellectuelle et ont fait leurs preuves en matière d'efficacité économique et scientifique.

La transmission du capital matériel (Bertaux)

Pour E. Bertaux « le premier pas est de remplacer le concept étriqué de mobilité sociale par celui de *distribution* : distribution des individus ou plutôt des êtres humains à des niveaux et places définis par la structure de classes ».

Ce qui est important c'est de rechercher comment se transmettent situations, rapports de pouvoirs et de répartition...

Il ne faut pas, à l'image de Bourdieu et Passeron, se centrer sur l'héritage culturel qui ne concerne que la reproduction de certaines fonctions d'encadrement : cadres moyens, cadres administratifs, enseignants et ingénieurs... La reproduction des rapports de production passe surtout par la *transmission du capital matériel*, héritages, alliances entre familles possédantes, mariages consolident le pouvoir de la classe dirigeante.

→ « Quand un membre de l'oligarchie hérite, nous héritons tous avec lui, mais pas de la même chose : il accède à la propriété du capital, nous n'y accédons pas plus qu'avant; en s'appropriant le capital il en exproprie tous ses contemporains; il hérite du capital nous héritons de la possibilité de nous faire exploiter par ce capital (...); ce qui se reproduit ce n'est pas seulement une famille capitaliste, c'est un rapport social; ce n'est pas seulement un rapport, c'est tout ce qui vient avec : propriété/non-propriété, appropriation/expropriation, profit/salariat... »

La façon dont des familles ont mené leurs héritages, leurs mariages, le nombre de leurs enfants, permet de comprendre précisément les alliances financières qui conditionnent l'avenir de la classe dirigeante française.

La logique des besoins de l'appareil de production et le système scolaire (Baudelot, Benosiel, Cukrowicz, Establet)

Le besoin de cadres lié aux transformations de l'appareil de production a largement coïncidé avec le boom des étudiants. La façon dont aurait fonctionné cet accroissement aurait correspondu aux intérêts des classes dirigeantes.

Les diplômes (grandes écoles d'ingénieurs : Polytechnique, Ecole des Mines, Ecole Nationale d'Administration...) donnant accès aux postes de dirigeants des grandes entreprises restent sociologiquement très fermés et le recrutement peu ouvert (les polytechniciens ont souvent des polytechniciens dans leur famille).

Pour les diplômes intermédiaires, le boom des effectifs universitaires témoigne de l'adaptation rapide de l'appareil scolaire aux besoins de la production (création de filières courtes : B.T.S., D.U.T.) pour pourvoir aux besoins d'encadrement. Au fur et à mesure que la sanction du diplôme devenait nécessaire pour obtenir un emploi d'encadrement l'accès des différentes C.S.P. à ces diplômes s'est élargi.

« Sur longue période (...) les relations entre le diplôme et l'emploi demeurent pourtant remarquablement stables (...). »

L'idée de démocratisation n'apparaît nullement vérifiée car si 99,5 % des enfants d'ouvriers étaient exclus de l'université en 1960 après le rapide gonflement des effectifs universitaires, ils sont encore 95,7 % à ne pas fréquenter l'université en 1976... A l'inverse les enfants de cadres supérieurs sont assurés de passer majoritairement par l'université; en 1976 ce sont 71,8 % d'entre eux qui sont sur les bancs du supérieur contre seulement 38,3 % en 1960.

Le diplôme devient la clé nécessaire pour accéder à l'encadrement, une fois les diplômes généralisés parmi les enfants des cadres supérieurs et professions libérales...

Cette dernière analyse a fait l'objet de vives critiques : l'enseignement préparant aux fonctions de cadres supérieurs ou professions libérales peut-il ne pas s'appuyer sur l'abstraction, le langage écrit, sans renoncer à assurer la compétence nécessaire à l'efficacité ? Existe-t-il des procédés plus démocratiques que les concours anonymes donnant une place privilégiée aux connaissances scientifiques universelles pour recruter de futurs ingénieurs. Tout autre procédé n'aboutirait-il pas à accroître le poids des effets de « dominance » au lieu de les réduire ?

Des politiques différentes face à la mobilité

L'analyse en terme d'inégalité des chances aboutit le plus souvent à des conclusions qui mettent peu en cause les structures sociales. Sur le plan pratique, elles conduisent à envisager des mesures concrètes tendant à réduire le poids de certains mécanismes pour atténuer les handicaps initiaux et donner à tous une meilleure égalité des chances : développement des écoles maternelles qui peuvent compenser au moins partiellement les difficultés d'accès au langage de certaines catégories..., élaboration de critères aussi indiscutables que possible dans le choix des dirigeants (définition des critères de compétence... mise en place de méthodes de sélection permettant de tester effectivement la réalité de ces compétences...).

L'analyse en terme de reproduction de la structure de classe estime que les démocraties occidentales ne sont que des démocraties formelles et que les classes dirigeantes ont non seulement tendance à s'auto-reproduire mais que l'organisation sociale est conçue en vue de cette reproduction.

Monnaie

La genèse de la monnaie

Des sociétés primitives sans monnaie

Au cœur du phénomène monétaire il y a des fonctions spécifiques liées à l'échange et à la circulation des richesses : mesurer, compter et diviser la valeur, payer et garder en réserve un pouvoir d'achat. Les sociétés ont lentement dégagé les moyens de remplir ces fonctions. Les ethnologues ont montré que des sociétés sans monnaie avaient tissé des réseaux d'échange non marchands car celui qui donne fait de celui qui reçoit son obligé (potlatch).

Le troc ou l'équivalence limitée

Le troc suppose l'établissement d'une certaine équivalence entre les objets. Des groupes sociaux complémentaires, pêcheurs et chasseurs par exemple, peuvent établir une relation d'échange telle que par exemple 100 poissons valent un cerf. La fonction de réserve de valeur et la divisibilité sont encore limitées.

La monnaie, marchandise

Progressivement des sociétés vont créer des chaînes d'équivalences plus complexes. Par exemple, des biens de luxe s'échangeront entre eux selon des règles précises alors que chaque bien courant aura un rapport d'échange donné avec chacun des autres biens usuels.

Une marchandise prendra progressivement une place privilégiée à la fois pour des raisons de commodité (biens non périssables) et de valeur (produit recherché par toute la collectivité), elle va acquérir ainsi le statut de monnaie. De fait l'usage des métaux précieux va progressivement se généraliser.

La naissance des formes monétaires modernes

Le rôle central de l'Etat

Le développement de la monnaie est inséparable de celui du pouvoir de l'Etat qui va contrôler l'émission monétaire (frappe légale).

« Emettre de la monnaie, est, proprement une affaire d'Etat. Un tel acte requiert donc le minimum d'organisation politique, sans quoi n'est pas possible la fabrication régulière de ces objets identiques que sont les pièces, sous la garantie d'une autorité reconnue. Il requiert surtout que soit parvenue à maturité la notion de souveraineté, l'idée que le prince est le soutien de l'ordre, le maître de la mesure; et qu'il lui appartient de mettre à la disposition du peuple les étalons nécessaires à la régularité des transactions. »[1]

La monnaie-papier

La monnaie-papier sera évidemment indissociable de la force de l'Etat qui garantit d'abord le remboursement des billets, puis les rend inconvertibles avec le cours forcé. Il est alors possible d'émettre plus de billets qu'il n'y a d'or sans craindre les effets d'une demande de remboursement des billets trop importante. Avec la monnaie-billet de banque, le pouvoir politique peut multiplier les signes monétaires selon les besoins de l'économie et les siens propres.

La monnaie scripturale

Les marchands italiens au XIIIe siècle ont, avec la lettre de change, mis en place les prémices de la monnaie scripturale en faisant circuler des créances sur un banquier. Ainsi, le commerçant qui achète du drap à Lyon règle son achat en remettant un billet payable à Lyon par un correspondant de son banquier parisien. Le drapier peut remettre ce billet à un fournisseur qui lui-même peut le remettre à un tiers. Ce qui circule ainsi est une créance sur une banque qui représente une certaine quantité de monnaie déposée chez le banquier. Il n'y a pas création monétaire, mais déjà des jeux de signatures et d'écritures remplacent les espèces métalliques. La création de monnaie scripturale se produira lorsque la banque émettra plus de crédit qu'elle ne détient de monnaie-papier ou d'or en dépôt.

Qu'apporte la monnaie aux agents économiques?

« ... En moyenne chaque Français détenait fin 1983 environ 3000 francs sous forme de billets de banque, 13000 francs sous forme de dépôt à vue dans les banques et 1300 francs de dépôt en caisse d'épargne. »[2]

Les liquidités en circulation des ménages reflètent le besoin évident d'actifs monétaires, sous des formes liquides (billets, avoirs en banque) ou sous des formes un peu plus contraignantes (livrets des Caisses d'Epargne, d'épargne-logement).

1. G. Duby, *Guerriers et paysans*, Gallimard, 1973.
2. J.H. David, *La monnaie et la politique monétaire*, Économica.

Le désir de liquidité

Ce qui fait l'intérêt de la liquidité c'est qu'elle permet d'acquérir ce que l'on désire immédiatement. Les billets et pièces (monnaie fiduciaire) étant acceptés par tous pour éteindre une dette, représentent la liquidité par excellence. La monnaie scripturale est aussi immédiatement liquide mais l'intermédiaire du chèque pour accéder au paiement suppose la confiance en la signature du remettant. La quasi-monnaie, telle que les avoirs des comptes sur livret dans les banques, est aussi très liquide mais suppose une opération de retrait avant de disposer des moyens monétaires. Il en va de même des comptes sur livret A ou B des caisses d'épargne.

Un instrument de réserve de valeur apprécié

Le comportement des agents dépend fondamentalement du pouvoir qu'a la monnaie de conserver de la valeur. Quand l'inflation est faible le pouvoir d'achat de la monnaie qui subit l'érosion monétaire va entraîner une certaine fuite vers des actifs plus solides : actifs financiers [1], or, pierre...

Une zone monétaire instable peut même voir supplanter la monnaie nationale par une autre monnaie comme au Vénézula ou en Israël où certains loyers sont libellés en dollars et non en monnaie nationale...

La détention de monnaie a un coût...

Si les agents économiques gardent des liquidités, ils renoncent ce faisant à des placements plus rémunérateurs.

Quand un Français conserve 30 000 francs en billets ou sur un compte chèque pendant un an et si le taux d'inflation est de 10 %, il perd environ 3 000 francs. D'un autre point de vue, en gardant des liquidités il perd le revenu qu'aurait pu lui procurer un placement. Malgré cette perte, la liquidité est recherchée car il faut payer les dépenses courantes, parer à l'imprévu, et l'on peut souhaiter disposer de monnaie pour pouvoir acquérir un bien au moment même où on le souhaite.

Champ monétaire, champ réel

Tout achat a un double aspect, c'est d'une part une circulation de biens ou de services et d'autre part un flux de monnaie :

1. Actions, obligations...

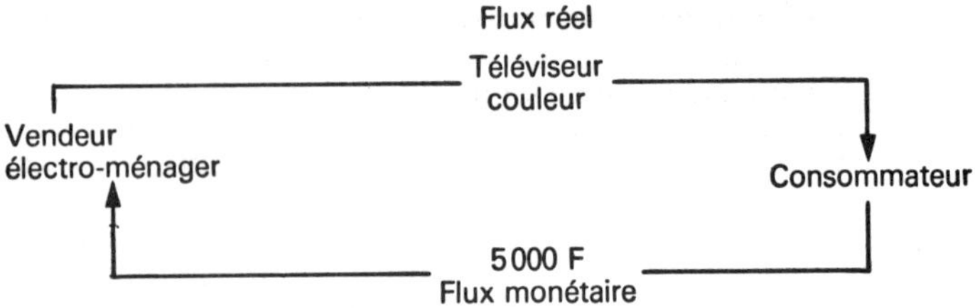

Actifs monétaires, financiers et réels

Un patrimoine peut être détenu sous forme de monnaie, d'actifs financiers (actions, obligations...) ou de biens physiques (immeubles, or...). Ces différentes formes peuvent évidemment coexister.

La monnaie a l'avantage de la liquidité, les biens financiers peuvent procurer des revenus supplémentaires (plus-values, dividendes, intérêts...). Les actifs financiers moins liquides que la monnaie peuvent cependant être négociés (vente d'actions ou d'obligations en bourse) et ainsi être rapidement transformés en liquidités... A l'inverse la monnaie peut à tout moment être placée... Les biens sont en moyenne peu liquides mais il y a des exceptions (or...)

On distingue les encaisses actives et oisives :

- **L'encaisse active** désigne la monnaie destinée à un usage sinon immédiat du moins à court terme (achat, paiement des dettes...).
- **L'encaisse oisive** correspond à la monnaie conservée sans être utilisée à court terme.

L'analyse théorique

Pour les premiers néo-classiques, la monnaie est un voile. La théorie monétaire quantitative est vérifiée.

Devant les critiques, en particulier celle des keynésiens, une reformulation de l'approche néo-classique sera développée. C'est chacune de ces approches qui sera successivement abordée.

L'analyse néo-classique traditionnelle

Pour Walras la monnaie facilite les échanges et reflète les rapports de valeur entre les produits, mais elle n'est pas désirée pour elle-même. Si on double la quantité de monnaie dans une situation économique donnée, les prix doubleront, mais la valeur relative des biens restera inchangée.

La monnaie est neutre en ce sens qu'elle n'affecte ni les prix relatifs ni le niveau de la demande des divers biens.

L'analyse walrasienne établit une « dichotomie »[1] entre la sphère réelle et la sphère monétaire. Elle se rallie au point de vue de l'analyse quantitative de la monnaie pour laquelle dans l'équation[2] $MV + M'V' = PQ$ une variation des quantités de monnaie se traduit uniquement par une variation de même sens des prix ; ce qui suppose d'une part indépendance entre la vitesse de circulation de la monnaie et le niveau de la masse monétaire et d'autre part l'absence d'élasticité de la production par rapport aux quantités de monnaie.

Les données quantitatives contre l'approche quantitativiste traditionnelle

Sur le long terme on constate une certaine variation de la vitesse de circulation de la monnaie :

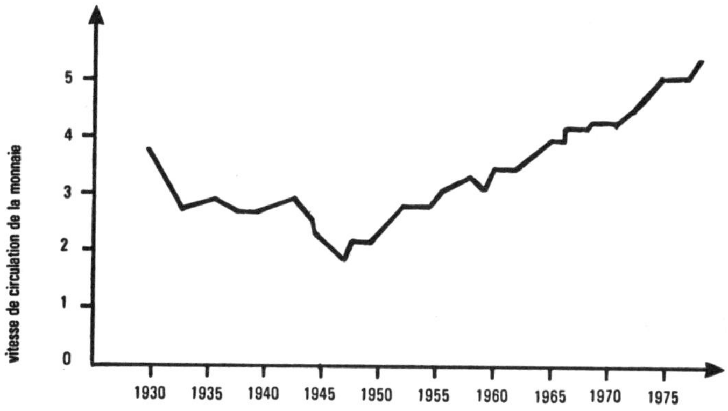

Helbroner, *Données relatives aux Etats-Unis.*

1. Séparation complète. L'équilibre walrasien se situe d'abord au niveau réel. Il y a équilibre réel au niveau des biens et des services. L'introduction de la monnaie se fait par l'introduction d'une équation supplémentaire qui définit l'équilibre monétaire.
2. M et M' : Quantités de monnaie fiduciaire et scripturale.
   V et V' : Vitesses de circulation de la monnaie.
   P : Niveau général des prix.
   Q : Production en quantité.

Par ailleurs les statisticiens estiment qu'*il existe un certain effet quantité.*

« Les modèles macro-économiques convergent lorsqu'ils soulignent que la politique monétaire, qu'elle soit expansionniste ou restrictive, agit sur l'activité économique (production et emploi) avant d'influer sur les prix ; d'après le modèle de la Banque de France un accroissement de la masse monétaire exerce ses effets sur six trimestres : pendant les deux premiers, prédomine l'effet volume de la politique monétaire qui cède la priorité au bout de trois trimestres à l'effet prix. »[1]

Ces mécanismes n'excluent pas l'existence d'une liaison entre quantité de monnaie et prix, mais montrent que la liaison est pour le moins plus complexe que ne le laissent supposer les premiers monétaristes.

L'analyse keynésienne

Si dans ses premiers écrits Keynes est encore marqué par l'approche quantitativiste traditionnelle, il va ensuite en faire une critique importante.

La monnaie agit sur l'économie réelle

Pour Keynes la monnaie agit sur l'économie réelle[2] : le niveau de la production, celui de l'emploi sont marqués par la plus ou moins grande abondance de monnaie et par le niveau de l'intérêt.

Lorsque les quantités de monnaie s'accroissent, la « demande effective » se fait plus forte, les entreprises ont alors la possibilité de réaliser des profits plus importants en augmentant leurs ventes. Sans doute certaines firmes en profitent pour augmenter leurs prix, mais si l'élasticité de la production par rapport à la demande est suffisamment forte (ce qui est généralement le cas en période de sous-utilisation des capacités de production) le niveau de la production augmente. *La monnaie est donc active.* Keynes par cette analyse met en cause l'approche quantitative traditionnelle puisque l'ajustement lié à un accroissement des quantités de monnaie ne se fait pas uniquement par les prix mais également par les quantités produites. Bien plus, l'ajustement par les prix ne se produit que dans les cas d'inflation véritable dont l'origine se trouve dans la sphère réelle (voir p. 187).

1. Christian de Boissieu, *Principes de politiques économiques,* Economica.
2. La perception d'une liaison entre croissance de la production et abondance monétaire est antérieure à Keynes.

La préférence pour la liquidité

La critique de la théorie quantitative porte aussi sur un autre point. Puisque la liquidité a un coût, les individus et les entreprises ne gardent sous forme monétaire que les sommes correspondant à des besoins précis.

Pour Keynes la masse monétaire totale se décompose en deux composantes qui se déterminent de façon indépendante.

La première est liée à des *motifs de transaction* (régler les achats courants et exceptionnels) *et de précaution* (risque de maladie, de chômage...); elle varie principalement en fonction du revenu :

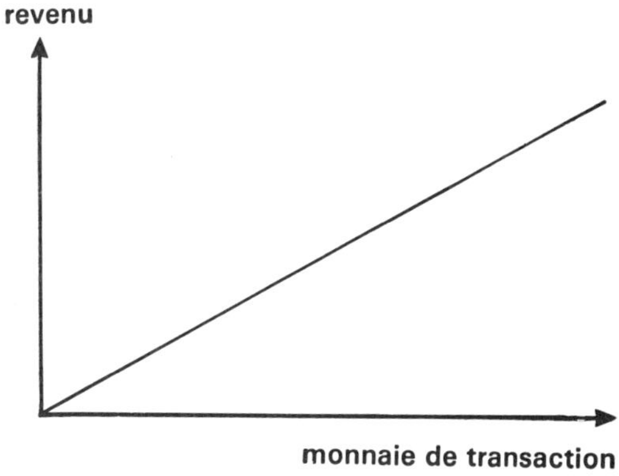

→ Or seule cette catégorie de monnaie est susceptible d'exercer une action sur le niveau des prix car c'est la seule qui est active.

La seconde correspond au *motif de spéculation* : si on estime que les placements vont devenir plus avantageux, par exemple si l'on pense que les taux d'intérêts vont augmenter, il vaut souvent mieux conserver son patrimoine sous forme monétaire en attente d'une occasion meilleure de placement. Quand les taux d'intérêt sont très bas les quantités de monnaie détenues pour des raisons de spéculation sont généralement importantes car on s'attend le plus souvent à une hausse; au contraire elles tendent à diminuer quand les taux d'intérêt sont estimés si élevés que l'on ne s'attend plus qu'à une baisse. Le niveau précis à partir duquel on renonce aux placements en faveur de la → monnaie dépend des anticipations et varie donc d'un individu à l'autre, d'une période à l'autre.

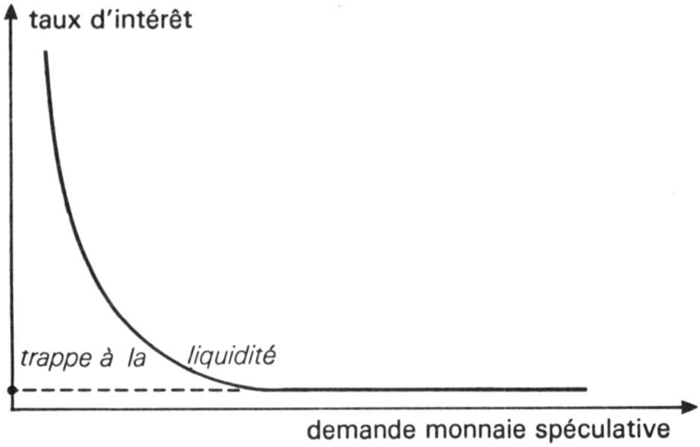

La trappe à la liquidité est le niveau du taux d'intérêt en dessous duquel la préférence pour la liquidité est telle qu'aucun placement financier ne se réalise. Ce niveau varie suivant les périodes.

La monnaie spéculative est une encaisse oisive. Si à une augmentation de la masse monétaire correspond un accroissement important de la monnaie spéculative par suite des anticipations sur l'évolution des taux d'intérêts, la croissance de la masse monétaire destinée aux transactions peut être limitée.

Le rôle du taux d'intérêt

A la différence des néo-classiques traditionnels qui pensent que l'épargne et l'investissement s'ajustent par le taux d'intérêt (prix de l'argent), Keynes estime que ces variables sont largement indépendantes l'une de l'autre (voir p. 246).

Le niveau du taux d'intérêt résulte de la confrontation de trois variables : le niveau de la masse monétaire, l'arbitrage entre la monnaie et les titres (importance de la monnaie spéculative), l'importance des réactions de l'économie réelle face aux fluctuations de la masse monétaire et du taux d'intérêt.

Si l'économie réelle peut être sensible à la baisse des taux d'intérêt, c'est qu'ils constituent un élément important du coût des investissements : leur baisse peut rendre rentables des projets qui autrement ne l'auraient pas été (ainsi par exemple, la baisse des taux d'intérêt stimule souvent l'acquisition de logements).

→ Mais le rôle du taux d'intérêt est fortement influencé par *la nature des anticipations*.

Quelle politique monétaire ?

Une politique en faveur du plein emploi peut s'appuyer sur une certaine abondance monétaire qui stimule la demande ; des variations à la baisse des taux d'intérêt peuvent dans un contexte favorable stimuler l'activité.

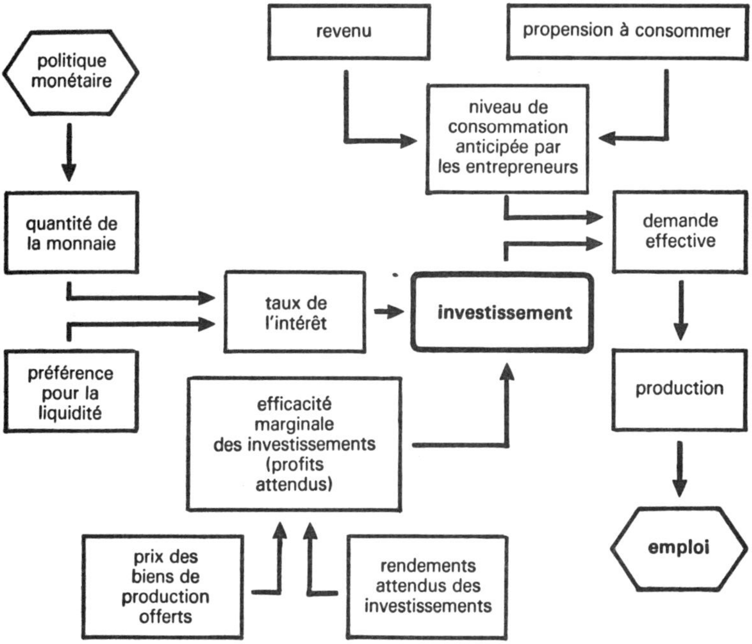

Les limites de la politique monétaire

Globalement, la politique monétaire n'a qu'un rôle limité en tant que moyen de sortir d'une crise grave dans l'analyse keynésienne. En effet celle-ci a des causes non monétaires (chute de l'efficacité marginale du capital).

La stimulation par l'abondance monétaire se heurte à de multiples problèmes : « Si nous sommes tentés de voir dans la monnaie un élixir qui stimule l'activité du système, rappelons-nous qu'il peut y avoir plusieurs obstacles entre la coupe et les lèvres. Alors qu'on peut espérer que, toutes choses restant égales, un accroissement de la quantité de monnaie fasse baisser le taux de l'intérêt, ceci ne se produira pas si les préférences du public pour la liquidité augmentent plus que la quantité de monnaie ; alors qu'on peut espérer que, toutes choses restant égales, la baisse du taux de l'intérêt fasse croître le flux d'investissement, ceci ne se produira pas si la courbe de l'efficacité marginale du capital baisse plus que le taux de l'intérêt ; alors enfin qu'on peut espérer que, toutes choses restant égales, une augmentation du flux d'investissement accroisse l'emploi, ceci ne se produira pas si la propension à consommer décline. »[1]

Le modèle IS-LM est-il keynésien ?

Le modèle IS-LM

Le modèle IS-LM de Hicks-Hansen se présente comme une modélisation des principes keynésiens. Outre l'importance historique qu'il a eue dans le développement d'une première interprétation de la pensée de Keynes, son actualité tient en particulier au fait que de nombreux néo-classiques le prennent comme référence de base de l'analyse keynésienne. Si ce modèle comporte des biais trop importants, les critiques qui lui sont adressées, ne s'appliquent pas nécessairement à l'analyse de Keynes.

La courbe IS

L'ÉQUILIBRE INVESTISSEMENT-ÉPARGNE

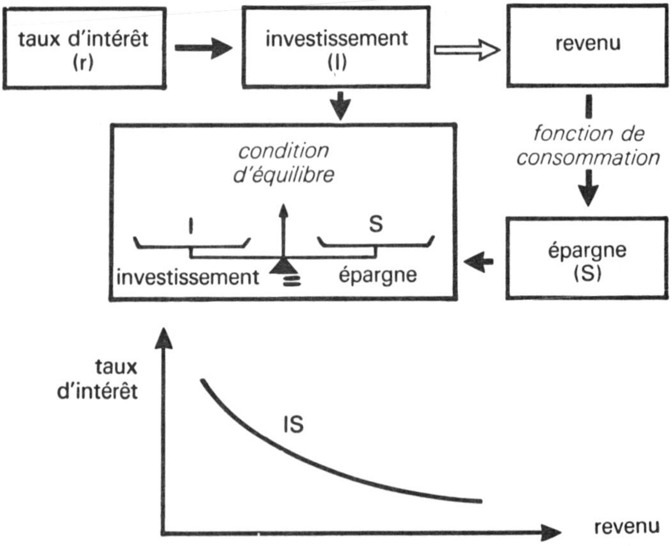

1. Keynes, *Théorie générale*, Payot.

▼ L'axe des ordonnées correspond au taux d'intérêt, celle des abscisses au revenu national. La courbe IS représente les situations d'équilibre, c'est-à-dire celles où épargne et investissement s'égalisent. Comme le revenu national correspond à la production nationale, il s'agit d'un équilibre sur le marché des biens et des services. La forme de la courbe est décroissante car le taux d'intérêt agit sur l'investissement.

Comme l'investissement est un élément de la demande effective, il agit sur le niveau de la production donc sur celui du revenu national et ce d'autant plus que le multiplicateur amplifie cet effet.

La courbe LM

La courbe LM est formée par l'ensemble des couples revenu — taux d'intérêt pour lesquels il y a équilibre de l'offre et de la demande de monnaie.

Pour un niveau de revenu donné, la demande de monnaie de transaction est déterminée.

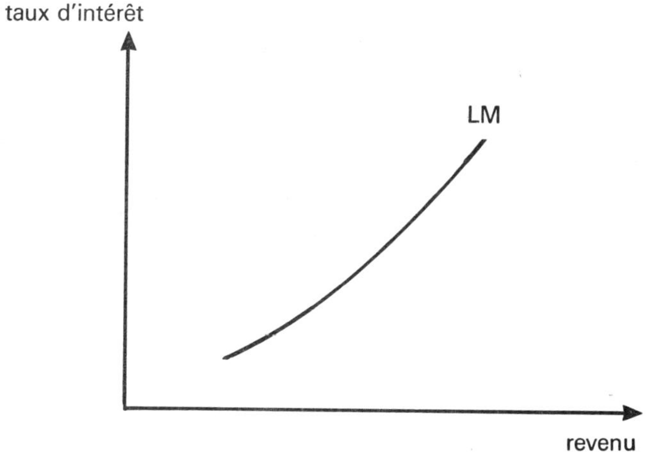

Le taux d'intérêt va conditionner la demande de monnaie spéculative. L'offre totale de monnaie est exogène.

Pour que le marché monétaire soit équilibré, il faut que le taux d'intérêt soit tel que l'offre totale de monnaie corresponde aux besoins de transaction et de précaution auxquels s'ajoute la demande de monnaie spéculative.

Pour un niveau défini de l'offre de monnaie totale, plus le revenu augmente, plus le besoin de monnaie pour réaliser les transactions s'accroît. ▲

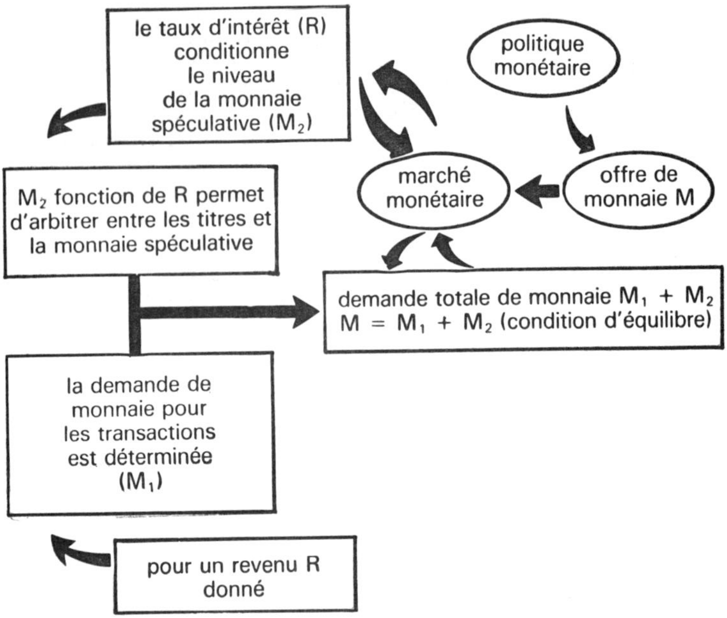

L'intersection IS-LM

L'intersection entre les courbes IS-LM correspond aux situations où il y a à la fois équilibre sur le marché monétaire et sur le marché des biens et services.

Quelles conséquences en matière de politique économique ?

Comment peut-on agir sur les deux courbes pour élever le niveau d'équilibre dans un sens favorable à l'emploi ?

L'action sur IS peut être obtenue soit par une élévation du niveau des investissements (investissements autonomes de l'Etat) soit par un accroissement de la propension à consommer. L'action sur LM implique des modifications dans la préférence pour la liquidité ou une intervention des pouvoirs publics et du système bancaire pour accroître le volume global de la masse monétaire. Dans le premier cas la *politique budgétaire* permet d'accroître les investissements, dans le second l'État peut agir par une *politique monétaire*.

Le modèle IS-LM est-il keynésien ?

De nombreux keynésiens estiment que le modèle IS-LM trahit la pensée de Keynes et correspond à une déviation néo-classique de l'interprétation de la *Théorie Générale*. J. Robinson parle à propos de ce modèle de « contre révolution ».

Parmi les arguments évoqués, on peut citer la simplification abusive qui induit des biais importants, ainsi par exemple :

« Keynes affirmait qu'une *baisse* du taux d'intérêt relativement à des anticipations *données* entraînerait une *augmentation*, dans des circonstances favorables, du taux d'investissement. Mais une chose qu'il n'a sûrement jamais dite est qu'une baisse définitive du taux d'intérêt entraînerait une augmentation définitive du taux d'investissement. »[1]

Un autre argument porte sur le caractère quantitativiste donc néo-classique du schéma IS-LM qui ne correspond pas à l'approche de Keynes : « Un montant M_2 donné n'est pas associé par une relation quantitative définie à une valeur r donnée de l'intérêt, ce qui importe ce n'est pas le niveau absolu de r, c'est l'écart qui le sépare du niveau qui paraît offrir une sécurité raisonnable à la lumière des calculs auxquels on se fie. »[2] La liaison n'existe donc que pour un état donné de la prévision.

Enfin, le modèle surévaluerait le rôle de la monnaie dans l'analyse keynésienne, alors que celui-ci précise que face à une crise, les remèdes monétaires ont un efficacité extrêmement faible, car celle-ci est liée à la chute de l'efficacité du capital.

L'analyse monétariste actuelle

Tenir compte des critiques adressées à la théorie quantitative traditionnelle

La liaison stricte entre prix et niveau de la masse monétaire est trop infirmée par les données statistiques, la réalité d'une certaine action des quantités de monnaie sur les prix dans l'économie réelle est trop évidente, pour que les néo-classiques puissent aujourd'hui s'en tenir à l'approche traditionnelle. Leur démarche a consisté d'une part à mettre en cause les règles de comportement retenues dans l'analyse keynésienne de la monnaie, d'autre part à prendre en compte certains effets développés par Keynes mais

1. Joan Robinson, *Hérésies économiques*, Calmann-Lévy.
2. Keynes, *Théorie générale*, Payot.

en limitant l'ampleur et le champ d'application. Ils distinguent par exemple des effets à court terme pour lesquels des effets quantitatifs seraient possibles mais s'accompagneraient d'effets pervers à long terme très importants. Il s'agit aussi pour les néo-classiques de montrer qu'il existe bien des mécanismes de retour à l'équilibre.

Si le niveau général des prix diminue, le pouvoir d'achat d'un patrimoine s'accroît. Cette augmentation suscite un accroissement de demandes qui contribuent au retour à l'équilibre (effet Pigou).

Ce mécanisme intervient tant que les prix n'ont pas assez baissé pour assurer le plein emploi. Il évite en particulier qu'un équilibre de sous-emploi s'établisse au niveau de la trappe à la liquidité.

La critique la plus importante de l'analyse keynésienne est relative aux comportements d'anticipations qui demandent une analyse spécifique.

Le rôle des anticipations et du temps

L'analyse de Friedman

Friedman a introduit le principe des **anticipations adaptatives**. L'expérience va conduire les agents économiques à anticiper la hausse des prix. Cette prise en compte réduira l'impact à court terme de la hausse des quantités de monnaie sur la production et induira des effets inflationnistes.

Evidemment il résulte de cette analyse que la hausse de quantités des monnaies n'est pas le bon moyen de stimuler la croissance économique.

Pour Friedman, la seule façon de maintenir l'effet positif de l'abondance monétaire consiste à accepter une inflation de plus en plus forte avec les effets pervers que cela implique.

Pour casser ce mécanisme dangereux, il faut progressivement réduire le taux d'augmentation de la masse monétaire pour le rapprocher de celui de l'augmentation de la production du pays.

Les anticipations rationnelles

« L'analyse dite des anticipations rationnelles[1] est en partie née de l'insatisfaction croissante ressentie par bien des économistes à l'égard de l'hypothèse des anticipations adaptatives [...].

1. J.F. Muth, R.E. Lucas.

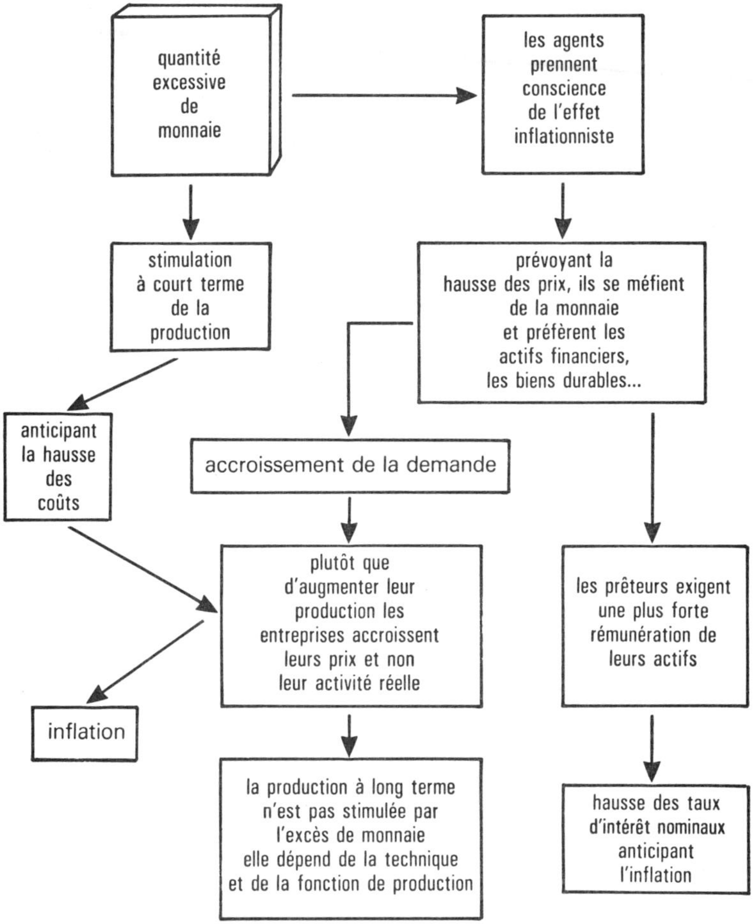

L'hypothèse des anticipations rationnelles repose sur l'idée que les anticipations, conçues « rationnellement » par les individus, sont des prévisions (statistiquement) optimales fondées sur l'information disponible. Pour le dire plus simplement, l'idée est que, contrairement à ce que suppose l'hypothèse des anticipations adaptatives, les individus ne feront pas d'erreurs continues et systématiques dans la formation de leurs anticipations inflationnistes. Les écarts entre le taux d'inflation réel et le taux d'inflation anticipé ne peuvent donc être que transitoires et aléatoires (...).

Cette hypothèse laisse encore moins de champ à l'intervention des autorités monétaires ou budgétaires que ne le fait l'analyse friedmanienne. En premier lieu, l'hypothèse des anticipations rationnelles signifie que le chômage ne saurait s'écarter de façon persistante de son taux naturel. Cela ne veut pas dire qu'il soit toujours au taux naturel, mais que le taux de chômage effectif ne s'écartera du taux naturel qu'à la suite de « chocs » imprévisibles et aléatoires sur l'offre ou la demande globales. »[1]

Hayek et l'analyse de l'école autrichienne

Trois idées essentielles marquent l'approche de Hayek en matière monétaire : la hausse de la masse monétaire agit sur la structure des prix. Les taux de change fixes sont une condition de la stabilité de la masse monétaire, une « dénationalisation » de la monnaie est souhaitable :

« Les entreprises qui sont les premières à bénéficier d'un nouvel afflux de ressources sont incitées à augmenter leurs investissements et leur main-d'œuvre. L'expansion monétaire ne stimule donc pas la demande uniformément dans tous les secteurs de l'économie. Elle modifie la structure de production au profit des secteurs qui sont les premiers touchés. Cependant, la hausse des revenus dans ces secteurs finira par nourrir la demande où les prix relatifs avaient commencé à baisser tandis que la production déclinait ou stagnait, ce gonflement de la demande fera monter les prix relatifs. Inversement, les prix relatifs des secteurs qui ont été les premiers touchés devront diminuer parallèlement. Par suite, l'allocation initiale des ressources engendrée par l'expansion monétaire se révélera incorrecte et artificielle. On verra alors se multiplier les pertes de capital et les licenciements ; le volume global du chômage s'accroîtra avant que les travailleurs licenciés soient réembauchés dans d'autres secteurs de l'économie, et que l'économie retrouve une allocation des ressources compatible avec la structure fondamentale des besoins et de la technologie. Les autorités monétaires n'ont qu'un moyen pour éviter ce processus, c'est d'accepter une nouvelle dose encore plus forte d'expansion monétaire. Ainsi, toute tentative visant à réduire en permanence le chômage en deçà de son niveau d'équilibre par le biais de la politique monétaire se soldera par une accélération permanente de l'inflation.

Les économistes autrichiens ont prôné l'abolition des banques centrales contrôlées par l'Etat en soutenant qu'un

1. *The bank review* (Edimbourg), juin 1982.

système monétaire fondé sur les marchandises pourrait alors se dégager du marché. Hayek s'est récemment rallié à une position voisine en prônant la « dénationalisation » de la monnaie, en autorisant la concurrence entre la monnaie d'origine privée et la monnaie des autres banques centrales ; l'Etat ne devrait pas garder le monopole de la détermination du cours légal de la monnaie. »[1]

Le contrôle de la masse monétaire, condition de l'équilibre économique

Une politique de restriction de l'offre de monnaie est préconisée par les monétaristes. L'inflation est causée par les politiques keynésiennes de déficit budgétaire accompagnées d'une création monétaire trop importante. Pour sortir de l'inflation il faut que l'accroissement de la masse monétaire accompagne celui du produit national.

Il faut limiter la croissance de la masse monétaire pour briser l'inflation, limiter les hausses excessives de salaires et rétablir ainsi la compétitivité des entreprises. Le mécanisme de base de l'action d'une restriction de la masse monétaire est le suivant :

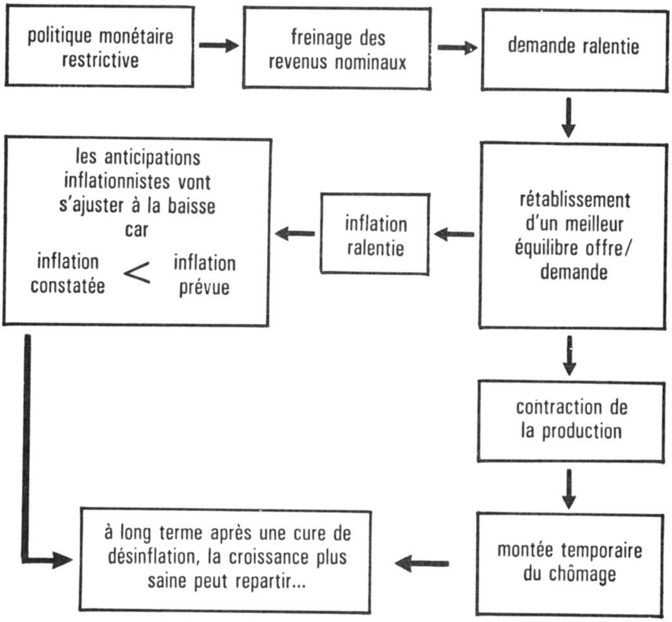

1. *The bank review* (Edimbourg), juin 1982.

Analyse monétaire marxiste

La monnaie agit sur l'économie

Dans *Le Capital* (livre 1) Marx montre qu'une marchandise particulière ayant la propriété de conserver la valeur, de servir d'unité de compte et d'instrument de paiement, est un équivalent général monétaire. Si les prix relatifs entre les objets sont donnés par la loi de la valeur travail et donc par la quantité de travail socialement nécessaire pour les produire, la monnaie permet d'établir une unité de mesure concrète. Si on prend une monnaie-marchandise qui contient 1 heure de travail et qu'on la pose égale à 1 F (unité monétaire), la chaise qui renferme 2 heures tendra à valoir 2 F et le téléviseur qui renferme 250 heures 250 F. L'équivalent général accepté par tous permet de fixer les rapports d'échange avec toutes les marchandises. Une propriété particulière retient l'attention de Marx : c'est la fonction de réserve de valeur qui permet de dissocier achat et vente et permet la thésaurisation. La monnaie peut être conservée sans servir immédiatement à de nouveaux achats, ainsi les possibilités de crise sont inséparables de cette fonction de réserve. La fuite hors du circuit de certaines quantités monétaires rend possible la surproduction car la détention de monnaie n'apparaît pas nécessairement comme un pouvoir d'achat actif...

Le niveau général des prix et l'équation quantitative de la monnaie

Marx est conscient du fait que la monnaie n'est plus une marchandise (or, argent) et qu'en conséquence l'Etat a le pouvoir d'imposer le cours forcé de la monnaie.

«Si 14 millions de livres sterling représentaient le total de l'or requis pour la circulation des marchandises, et si l'Etat jetait dans la circulation 210 millions de billets, chacun de la dénomination d'une livre sterling, ces 210 millions de billets seraient transformés en représentants d'or pour un montant de 14 millions de livres (...). Comme la dénomination de livre sterling désignerait désormais une quantité d'or quinze fois moindre, le prix de toutes les marchandises serait quinze fois plus élevé ». *(Contribution à la critique de l'économie politique.)*

Ainsi Marx explique le niveau des prix par une approche quantitative de la monnaie. Un doublement de la masse monétaire pour une vitesse de circulation de la monnaie constante et un volume de transactions identiques se traduirait par un doublement des prix sans modification des prix relatifs (neutralité de la monnaie).

Marx rappelle : « En analysant la circulation monétaire simple, nous avons démontré que la quantité de monnaie en circulation — la vitesse de circulation et l'économie des paiements étant données — est déterminée par les prix des marchandises et le nombre des transactions » (*Le Capital*, Pléiade, T II, p. 1234). Pourtant Marx n'est pas un quantitativiste traditionnel car : c'est le cycle productif qui détermine le niveau de l'offre de monnaie. La variable déterminante de l'activité économique et en particulier des crises est le taux de plus-value et le rythme d'accumulation et non la quantité de monnaie.

La vitesse de circulation de la monnaie est variable selon le cycle des affaires : « Le grand régulateur de vitesse de circulation c'est le crédit » (*Capital*, livre III).

Cycle du capital et du crédit

Dans le livre II du *Capital*, Marx insiste sur la liaison entre le rythme de l'accumulation et la monnaie. Le capitaliste doit sans cesse passer d'une forme marchandise à une forme monétaire :

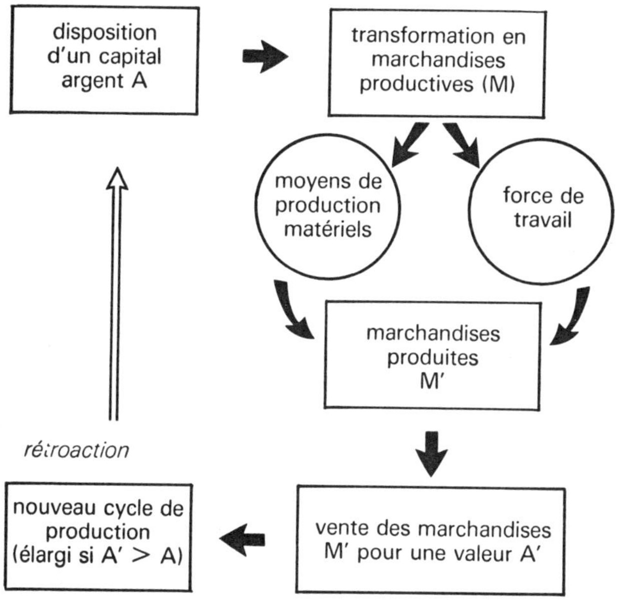

Le capitaliste doit faire face à des contraintes de paiement et doit conserver sous forme argent des sommes souvent considérables pour payer les salaires, les fournisseurs, les nouvelles machines... La rentabilité dépend aussi de la vitesse avec laquelle il récupère son argent pour le faire fructifier dans le temps (il doit réduire ses stocks et ses immobilisations, son temps de production... pour faire face à la concurrence). La mise en place d'un circuit bancaire performant est loin d'être neutre. Analysant d'un point de vue marxiste l'économie française Philippe Herzog montre comment l'endettement des entreprises est une course en avant pour réaliser l'*effet de levier* qui consiste à augmenter le taux de profit (Profit/capitaux propres) en faisant appel au crédit et donc aux capitaux d'autrui.

Le système de crédit permet donc au capitalisme d'accroître l'échelle de production et la concentration du capital. Accélérer la rotation du capital, faire circuler les marchandises en permettant de retrouver plus rapidement le capital avancé sont des fonctions décisives du développement du système bancaire.

Développement du capital financier, fluctuations et système de crédit

Réduisant la thésaurisation, accélérant la circulation des marchandises par le biais du papier commercial (traites, billets à ordre...) aisément monétisé au moyen du réescompte, le système de crédit stimule la croissance. Tant que la confiance joue, du fait du bon écoulement des marchandises et de l'élargissement des débouchés, le système financier fonctionne en « mettant de l'huile dans les rouages ». La crise contracte brutalement la solvabilité en brisant la chaîne des engagements interdépendants.

Le système de crédit joue donc comme un accélérateur de la croissance et un amplificateur de crise : « Celui-ci accélère, par conséquent, le développement matériel des forces productives et la création du marché mondial. Le système capitaliste a pour tâche historique de porter à un certain niveau ces bases matérielles du nouveau type de production. En même temps, le crédit accélère les manifestations violentes de cet antagonisme, c'est-à-dire les crises, et, par conséquent, les éléments de dissolution de l'ancien mode de production. » (Marx, *Le Capital*, T. III)

Les règles du jeu de la création monétaire

Les trois mécanismes de base de la création monétaire

Le crédit, source de monnaie scripturale

Quand une entreprise ou un particulier obtient un crédit d'une banque, le montant du prêt est inscrit dans le compte de la banque. L'observation prouve que le volume des crédits est sans commune mesure avec les capitaux du banquier (fonds propres) ni même avec l'argent apporté par les clients. En fait c'est le crédit qui va faire les dépôts et créer la monnaie par un jeu d'écriture dans les 8/10 des cas...

Le mécanisme de base est le suivant : l'entreprise Viandex veut créer une filiale « Burger Good », elle demande alors un crédit de 100 millions à sa banque Moneyland. L'argent va naître d'un jeu croisé d'écriture : à son actif la banque va inscrire une créance sur « Burger Good » de 100 millions, en contrepartie elle doit admettre le droit de son client à un avoir d'un montant équivalent qu'elle inscrit à son passif :

BANQUE MONEYLAND		BURGER GOOD	
Actif	**Passif**	**Avoir** (actif)	**Dettes** (passif)
Créance 100 M sur Burger Good = 100	Compte de Burger Good crédit de 100 M = 100	100 M sur le compte de Moneyland	100 M de dettes vis-à-vis de de Moneyland

Moneyland recevra un intérêt et à l'échéance, le remboursement du prêt.

Le monde des affaires et les banques de second rang ont l'initiative d'une partie très importante de la création des signes monétaires. Ces signes monétaires devraient être relativement peu inflationnistes car ils ont une contrepartie en marchandises produites (la demande est engendrée par les salaires versés, les achats aux fournisseurs). La monnaie sert à créer des richesses qui permettront à « Burger Good » le remboursement de la dette et même un certain profit qui donnera ultérieurement lieu à de nouveaux investissements et à de nouveaux crédits...

Le déficit budgétaire, source de création monétaire

Quand l'Etat dépense plus qu'il ne gagne, il peut faire appel à l'emprunt, augmenter taxes et impôts ou faire fonctionner « la planche à billets » : c'est-à-dire se faire financer par la Banque de France, le plus souvent par un jeu d'écriture et non par l'émission de billets ! Le Trésor fait appel à son banquier : « La Banque de France ». Celle-ci va, par un jeu d'écriture, fournir de la monnaie :

BANQUE CENTRALE

Actif	Passif
Concours au Trésor 100 M	Compte du Trésor + 100 M

Ce mode de financement est souvent jugé inflationniste car l'Etat ne crée pas nécessairement en richesses réelles la contrepartie des signes monétaires.

Les keynésiens pensent que l'augmentation des dépenses de l'Etat peut, en situation de sous-emploi, inciter non à la hausse des prix mais au contraire à la création réelle de biens en contrepartie du pouvoir d'achat créé. Les sommes versées accroissent la demande donc le niveau de production.

La conversion de devises

Quand les entrées excèdent les sorties de devises, la Banque de France enregistre à son actif un accroissement de monnaie étrangère et crédite en contrepartie les entreprises qui ont gagné ces devises de la valeur correspondante en francs.

Si Exportek a vendu pour 10 000 dollars de marchandises et déposé les devises correspondantes à sa banque, son solde créditeur va augmenter de 80 000 francs si un dollar vaut 8 francs. La masse monétaire s'accroîtra d'autant.

BANQUE MONEYLAND		BURGER GOOD	
Actif	**Passif**	**Avoir**	**Dettes**
Avoir en devises 10 000 $ × 8 F/$ = 80 000 F	Compte d'Exportek + 80 000 F	Devises 10 000 $ = 80 000 F	Compte de Moneyland + 80 000 F

BANQUE MONEYLAND (3e opération)

Actif	Passif
Avoir à la banque centrale 80 000 F	Exportek = 80 000 F

Les limites de la création monétaire

• **Les fuites** exercent une contrainte permanente sur la création monétaire par les banques de second rang, les clients retirent des billets, font des chèques dont les bénéficiaires ont un compte dans les banques concurrentes. Il faut dans tous ces cas faire appel à de la monnaie centrale (billets et avoirs auprès de la Banque de France). Plus la clientèle est importante moins les fuites sont abondantes et plus les dépôts permettent d'obtenir de l'argent peu rémunéré. L'Etat par la politique monétaire peut aussi grâce à la réglementation obliger les banques à détenir en compte à la Banque Centrale une fraction notable des dépôts... Ce qui du point de vue des banques de second rang accroît les fuites et les besoins de liquidité.

• **La faiblesse de la demande de crédit** peut être un facteur de restriction de la création monétaire. Quand les affaires marchent mal, quand la rentabilité des investissements paraît faible, la demande de crédit peut se ralentir, les banques n'ont plus alors l'occasion de créer beaucoup de monnaie dans des conditions de sécurité suffisantes.

• **Un risque élevé** dissuade en effet souvent le banquier de prêter. Quand les affaires déclinent, les possibilités de faillite augmentent, les banques restreignent les crédits aux entreprises pour ne pas risquer leur argent et celui de leurs clients.

• **Le profit** est en principe la motivation principale des banques. Si les prêteurs exigent des taux d'intérêt élevés, les banques augmentent leurs taux, rendant plus difficile l'accès au crédit et réduisent ce faisant à la fois la demande et l'offre de crédit.

• **La politique monétaire** est classiquement un facteur de régulation de l'offre, l'encadrement du crédit, le taux de réserve, les interventions sur le marché monétaire sont des moyens de contrôle de l'expansion du crédit.

La politique monétaire

Ses objectifs

Un certain consensus peut être trouvé pour affirmer que la politique monétaire doit fournir assez de monnaie pour permettre l'expansion des affaires sans engendrer de dérapage inflationniste.

Les désaccords proviennent de deux facteurs principaux : pour les uns la lutte contre l'inflation est prioritaire (monétaristes) alors que les autres (Keynésiens) accepteront plus facilement une inflation si elle permet de soutenir la croissance et l'emploi.

Les monétaristes pensent généralement que la monnaie ne doit pas perturber les anticipations des agents et proposent des règles assez mécanistes de croissance de la masse monétaire; les keynésiens sont plus favorables à l'action sur le taux d'intérêt pour stimuler l'investissement, la croissance et l'emploi... Ils pensent qu'une combinaison de la politique budgétaire, fiscale et industrielle avec l'action monétaire est susceptible de stimuler la croissance.

Les moyens de la politique monétaire

L'élément déterminant d'une politique monétaire consiste à contrôler les banques de second rang qui, en accordant des crédits, ont le redoutable pouvoir de créer de la monnaie scripturale.

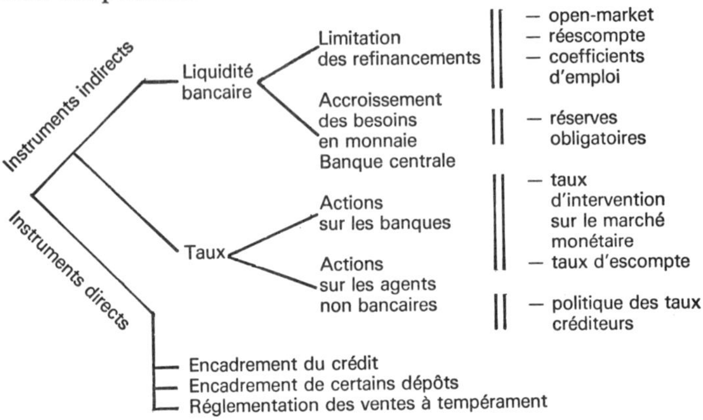

D'après Marteau et Chaise, *Le marché monétaire et la gestion de trésorerie des banques*, Dunod.

Limiter la liquidité bancaire

• **La limitation des refinancements** freine la création monétaire :

- *L'open market* : en achetant des titres, la Banque Centrale accroît les liquidités en circulation; en vendant elle les réduit.
- *En limitant le réescompte*, la Banque Centrale empêche les banques ayant des traites d'obtenir facilement les liquidités correspondantes avant leurs échéances en revendant à l'institut d'émission et aux organismes spécialisés le « papier » qu'elles détiennent.
- *Les coefficients d'emploi* obligent les banques à garder en portefeuille des effets mobilisables à la Banque de France ce qui limite la création monétaire par le crédit.

• **L'accroissement des besoins en monnaie - Banque Centrale** peut être provoqué par l'Etat lorsqu'il oblige les banques à maintenir un coefficient de trésorerie plus élevé

$$\left(\frac{\text{Liquidités}}{\text{Dépôts à vue et à terme}}\right).$$

Plus la Banque Centrale exige que les avoirs à la Banque Centrale soient élevés, plus elle gèle l'argent que la Banque préférerait prêter à des taux rémunérateurs.

L'action sur les taux

Pour les banques prêter de l'argent doit être rémunérateur, c'est-à-dire qu'elles doivent vendre l'argent plus cher qu'elles ne se le procurent.

L'action directe par la réglementation

1. **L'encadrement du crédit est souvent utilisé.** Il consiste à fixer une norme de progression des crédits, les banques ne peuvent accroître leur crédit que dans la limite du taux d'augmentation autorisé par rapport à l'année précédente. Des actions spécifiques en faveur des crédits à l'exportation ou en faveur des secteurs jugés prioritaires limitent souvent cet encadrement. La concurrence est réduite lorsque l'encadrement est très strict.

2. **La réglementation du crédit à la consommation** peut obliger par exemple à payer au comptant un pourcentage élevé de la valeur d'acquisition ou à ne pas dépasser 2 ans de crédit pour l'achat d'une voiture... ; elle permet ainsi de freiner la croissance de la masse monétaire... Mais il en résulte une réduction des débouchés des entreprises avec les conséquences qui peuvent en résulter pour la compétitivité et l'emploi. Les taux d'intérêt élevés liés à la restriction monétaire pèsent sur les prix de revient et induisent une inflation par les coûts, affirment les keynésiens.

L'opposition fondamentale entre keynésiens et monétaristes

La politique keynésienne

Pratiquement les keynésiens aboutissent à plusieurs idées en matière de politique monétaire.

- La politique monétaire est active car les agents économiques sont sensibles à la variation des taux d'intérêt et la hausse du pouvoir d'achat est facteur de relance.
- La politique monétaire doit être combinée avec la politique budgétaire de déficit des dépenses publiques.
- Pour déterminer l'accroissement de la masse monétaire souhaitable il faut tenir compte des élasticités de la production nationale car l'injection du pouvoir d'achat quand l'appareil de production national ne peut produire assez se heurte à l'inflation et à la contrainte extérieure.

La politique monétaire doit privilégier l'emploi par rapport à l'inflation tout en contenant cette dernière dans des limites raisonnables.

- La politique monétaire peut stimuler l'offre par la baisse des taux d'intérêt. Evidemment cette politique monétaire doit être combinée avec une politique industrielle car il ne servirait à rien de relancer l'investissement si l'on achète les machines à l'étranger...

- Une baisse du taux d'intérêt se heurte à la trappe à la liquidité : il existe un seuil où il ne devient plus intéressant de prêter car le renoncement à la liquidité n'est plus compensé par une rémunération suffisante...

La spécificité de l'analyse keynésienne est la croyance très limitée en la seule action monétaire.

La politique monétariste

- L'ajustement essentiel face à un accroissement de la masse monétaire se fait par les prix et non par les quantités produites.
- A long terme les agents économiques ne sont pas victimes de l'illusion monétaire (anticipations rationnelles). La monnaie est donc une arme trop sérieuse pour s'en servir conjoncturellement !
- Quand la masse monétaire croît plus vite que la production il y a inflation, il faut donc se contenter d'augmenter la masse monétaire au même rythme que les richesses réelles.
- Manipuler les taux d'intérêts ne sert à rien car les agents raisonnent en termes réels et une injection d'argent frais va créer de l'inflation et non une stimulation durable de l'investissement.
- Les autorités monétaires doivent avoir un comportement stable et régulier pour laisser le marché jouer son rôle.

☞ **Système monétaire international, taux de change, inflation.**

Planification en économie de marché

Pourquoi planifier en économie de marché ?

La logique libérale

A priori, économie de marché et plan sont incompatibles. Si les prix expriment les tensions et les raretés tant en ce qui concerne les quantités demandées qu'offertes, le libre jeu du marché suffit à orienter efficacement la production.

Le seul plan utile sera celui qui améliore l'information, mais en aucun cas il ne devra bouleverser les mécanismes du marché.

Le C.N.P.F. exprime la place assignée au plan dans une logique libérale : « Le plan en France ne peut avoir d'utilité que s'il répond notamment à deux exigences : ne pas perturber le fonctionnement de l'économie de marché, en faciliter le jeu en permettant le développement de la compétitivité des entreprises françaises » (Janvier 1968).

Un plan pour corriger les imperfections du marché et mettre en œuvre des préférences de structures

La défense d'un plan indicatif actif s'appuie souvent sur l'analyse des imperfections du marché concurrentiel : « En premier lieu, le Plan c'est un système d'informations périodiques et prévisionnelles sur le moyen et le long terme. On sait en effet (...) que le marché ne fournit que des informations, d'une part immédiates, d'autre part, considérablement biaisées. Personne ne croit plus que c'est le consommateur qui, en règle générale, détermine les prix; ceux-ci sont, en fait, largement déterminés soit par les grandes firmes, soit par les intermédiaires commerciaux (...). La logique du marché (...) est d'être myope. La fabrication d'un produit, la mise au point d'une technologie peuvent fort bien n'être pas rentables à court ou même moyen terme en regard du marché, tout en présentant technologiquement et économiquement une importance décisive.

Ces considérations sont particulièrement pertinentes dans les secteurs de pointe, rarement rentables dans le court terme. L'autre grande lacune du système de marché capitaliste est de faire largement abstraction des coûts sociaux et, notamment, des données spatiales du développement. Par exemple, déterminer le choix entre le transport ferroviaire et le transport automobile en termes de marché constitue une absurdité flagrante, si l'on ne tient pas compte des coûts sociaux très lourds entraînés par le déclin des transports collectifs, du coût des heures perdues en embouteillages, du coût des accidents de la route, des coûts sociaux et des incidences des fermetures des lignes secondaires de la S.N.C.F. »[1]

Une telle approche fait du plan un outil essentiel pour corriger les imperfections du marché.

Les fonctions du plan indicatif sont alors les suivantes : « Système d'information généralisé émanant de l'ensemble des agents économiques, bénéficiant des données les plus récentes en matière d'évolution technologique, la planification démocratique permet d'opérer les choix décisifs sur le plan économique dans le seul intérêt national.

En second lieu le Plan doit être l'instrument d'une stratégie politique de répartition du produit social.

Alors que les mécanismes du marché ont pour résultat d'accroître les inégalités, la planification démocratique a pour fonction de traduire, en termes économiques, la volonté politique de la nation.

A ce titre, le Plan doit fixer les grands équilibres macroéconomiques qui résultent de choix politiques, à savoir, notamment, les modalités quantitatives et qualitatives de la réalisation du plein emploi ; les conditions et les modalités de l'ajustement entre l'épargne et l'investissement ; l'équilibre entre la production d'énergie nationale, le marché intérieur et le recours à l'extérieur.

Bref, le Plan doit aller à l'essentiel, mais à l'essentiel seulement. Cela signifie qu'on planifie la production mais non pas le commerce ; la marche des grandes entreprises, mais non celle des petites et des moyennes ; l'investissement mais non les prix et les salaires ; la formation des groupes industriels mais non pas l'ensemble des relations inter-entreprises ; les arbitrages dans la répartition des revenus entre les salaires et les profits, dans leur utilisation entre l'investissement et la consommation, pour l'économie nationale, mais non pas pour chaque entreprise.

Autrement dit, on planifie les orientations, mais non pas le détail de l'exécution. Là où s'arrête la démarche du Plan, l'initiative des agents économiques industriels, l'esprit d'entreprise reprennent leurs droits, le rôle du marché son utilité. »[1]

Le plan indicatif, un simulacre de plan ?

Certains marxistes contestent la pertinence de l'appellation de plan à propos des prévisions macro-économiques

1. André Laignel, *Journal Officiel*, 14 juin 1983.

cautionnées par l'Etat dans les économies capitalistes.

Un véritable plan suppose des moyens d'imposer la réalisation des décisions, il implique que les unités de production soient contraintes par les décisions des planificateurs.

Les moyens d'action indirects de l'Etat sont dérisoires en face de la puissance des entreprises privées capitalistes... Les marxistes et certains sociaux-démocrates proposent donc de nationaliser, de créer un véritable organe de planification et une subordination effective des grandes unités de production aux décisions des organes de planification... De vastes nationalisations pourraient être la base d'un plan véritable puisque dans le secteur public, l'Etat peut exiger l'exécution de ses décisions.

La planification française

Du plan Monnet à aujourd'hui

Après la Seconde Guerre mondiale, une certaine planification va être mise en place et d'abord en France. Près de 40 ans après le Ier plan, on ne peut que constater que le plan français n'a pas remis profondément en cause les structures économiques, politiques et sociales du pays.

Le plan a-t-il été utile ? Il est difficile de préciser quelle est la part de croissance française de l'après-guerre qui s'explique par les mesures de planification.

Si les forces spontanées du marché avaient agi seules, les résultats auraient-ils vraiment été différents et, si oui, dans quelles proportions ?

Comment planifier en économie de marché ?

La logique institutionnelle

Qu'est-ce que le plan français ?

« Le plan détermine les choix stratégiques et les objectifs à moyen terme du développement économique, social et culturel de la nation ainsi que les moyens nécessaires pour les atteindre » (article premier). L'élaboration de la planification nationale met en jeu un ensemble d'organismes institutionnels dont les rôles sont de concertation, de conception, de décision, de consulation et de délibération. Tout part des directives du gouvernement, puis l'élaboration passe par des commissions, aboutit à un ensemble de rapports qui donnent lieu à un projet de plan présenté après délibération du Conseil des ministres au parlement qui délibère » (*Journal Officiel*, 29 juillet 1982).

Que contient le plan ?

1. « Art. 3 - La première loi définit pour une durée de cinq ans les choix stratégiques et les objectifs ainsi que les grandes actions proposées pour parvenir aux résultats attendus. »

2. « Art. 4 - La seconde loi du plan définit les mesures juridiques, financières et administratives à mettre en œuvre pour atteindre les objectifs de la première loi du plan.

Elle prévoit l'évolution de certaines dépenses ou recettes publiques et indique les moyens indispensables au financement d'actions nouvelles et tout spécialement les redéploiements nécessaires. Elle définit, pour la durée du plan, des programmes prioritaires d'exécution (...). Elle indique l'objet et la portée des contrats de plan que l'Etat se propose de souscrire avec les régions (...). » (*Journal officiel*, 30 juillet 1982.)

Les mécanismes empiriques

Analyse de la situation : forces et faiblesses

Tout plan implique une connaissance des moyens disponibles et demande une détection précise des forces et des faiblesses de l'économie. Ainsi, le IXe plan partira du constat d'un handicap important de notre pays dans certaines industries motrices (machines-outils, robotique, électronique grand public...), mais aussi vieillissement de l'appareil productif marqué par des trous importants. Nos industries traditionnellement les plus fortes (automobiles, armement) sont secouées par des difficultés. Le remède préconisé consiste à mettre en place une politique de filière pour supprimer les « trous dans l'appareil productif » et à adapter l'industrie française aux impératifs de la troisième révolution industrielle.

D'autres problèmes doivent être pris en compte : notre forte dépendance énergétique malgré l'effort nucléaire, le poids de tensions inflationnistes, l'importance de la contrainte extérieure, la faiblesse du consensus social, l'insuffisance de la formation dans certains domaines (informatique...).

Le choix des objectifs

L'adaptation à la troisième révolution industrielle, la réduction de l'inflation, la restauration de la capacité d'investir sont les objectifs essentiels du IXe plan. Le plein emploi doit être le résultat à long terme de l'amélioration des structures productives. Le taux de croissance doit rester compatible avec l'équilibre extérieur.

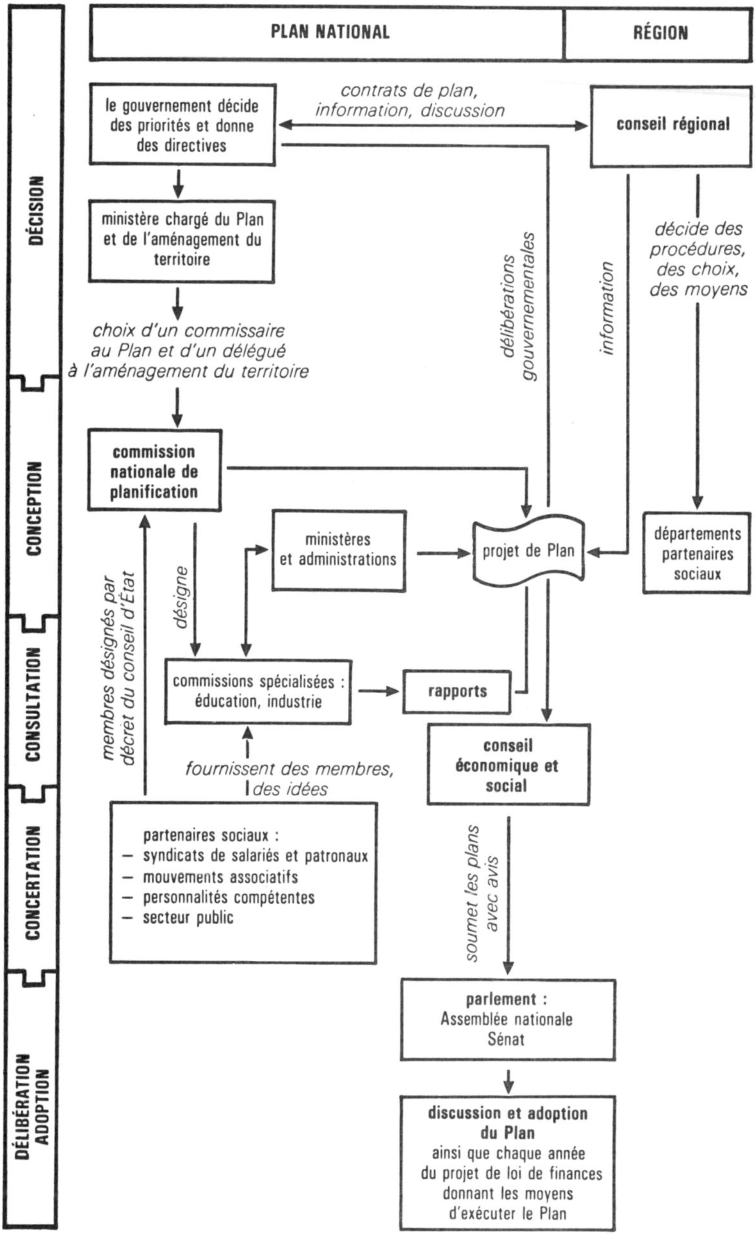
DÉCISION
CONCEPTION
CONSULTATION
CONCERTATION
DÉLIBÉRATION ADOPTION
PLAN NATIONAL
RÉGION
le gouvernement décide des priorités et donne des directives
contrats de plan, information, discussion
conseil régional
ministère chargé du Plan et de l'aménagement du territoire
délibérations gouvernementales
information
décide des procédures, des choix, des moyens
choix d'un commissaire au Plan et d'un délégué à l'aménagement du territoire
commission nationale de planification
ministères et administrations
projet de Plan
départements partenaires sociaux
membres désignés par décret du conseil d'État
désigne
commissions spécialisées : éducation, industrie
rapports
conseil économique et social
fournissent des membres, des idées
partenaires sociaux :
– syndicats de salariés et patronaux
– mouvements associatifs
– personnalités compétentes
– secteur public
soumet les plans avec avis
parlement : Assemblée nationale Sénat
discussion et adoption du Plan ainsi que chaque année du projet de loi de finances donnant les moyens d'exécuter le Plan

Définir des moyens adaptés aux objectifs

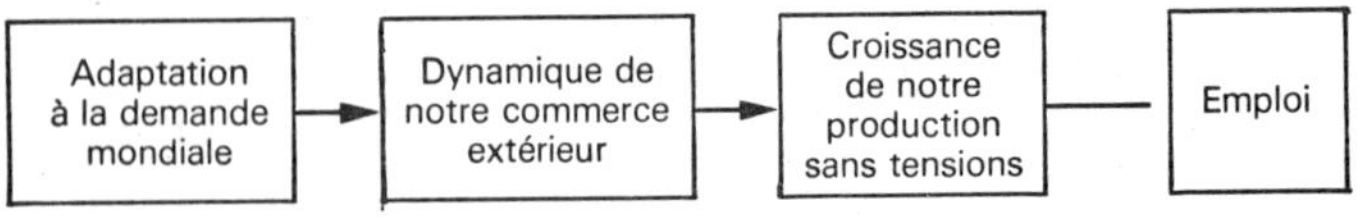

La réalisation du plan suppose la mise en place des moyens dont la définition implique une connaissance précise de leurs conséquences. Quelles seront les implications d'une réduction de la durée du travail sur les équilibres macro-économiques ? d'une croissance des revenus inférieure au rythme d'augmentation des prix ?

Chiffrer les différentes politiques envisagées suppose que l'on peut simuler les fonctionnements de l'économie française.

Le principal outil actuellement utilisé est le modèle D.M.S. de l'I.N.S.E.E.[1] Il s'agit d'un modèle dynamique (qui peut donner les résultats d'une simulation pour chacune des années) et multi-sectoriel (11 secteurs sont étudiés).

Près de 1 000 équations sont utilisées. Certaines retracent des comportements économiques (à long terme l'investissement dépend du profit, à court terme l'emploi dépend de la production qui dépend de la demande...). D'autres traduisent de simples équations comptables telles que le total des emplois ne peut dépasser l'ensemble des ressources. De plus, certaines variables exogènes peuvent être prises en compte (le modèle en retient 400) à condition qu'on lui précise les hypothèses retenues (évolution du prix du pétrole, de la valeur du dollar vis-à-vis du franc...).

La méthode utilisée est généralement celle des *scénarios*. Les experts de l'I.N.S.E.E. ont distingué trois scénarios externes (maintien des tendances actuelles, poursuite des politiques monétaristes, reprise durable de l'économie américaine). Il a fallu combiner ces hypothèses externes avec 5 variantes de politique interne : maintien de la politique de 1981, croissance forte du pouvoir d'achat, ralentissement des dépenses publiques, limitation de la dépendance extérieure, réduction de la durée du travail à 35 heures en 1990.

Si ces simulations présentent un intérêt certain dans la mesure où elles fournissent une certaine prévision quantifiée, leurs résultats reflètent très largement la structure

1. Dynamique multisectorielle.

du modèle initial. Ainsi, le poids de la contrainte extérieure que l'on découvre dans les résultats de la simulation se trouve au départ dans certaines équations du modèle; de même la prise en compte d'hypothèses néoclassiques en ce qui concerne le rôle du profit à long terme ou de mécanismes keynésiens à propos des liaisons entre la demande à court terme sur l'emploi, infléchit les résultats.

Prendre en compte les limites fondamentales de ce type de prévision, quel que soit d'ailleurs le modèle utilisé, est essentiel pour éviter des erreurs majeures.

Moyens d'action du plan en économie de marché

- Les moyens *directs* pour imposer le plan passent souvent par un *secteur public* qui doit impérativement se plier à l'autorité de tutelle. Par la réglementation et les lois, l'État peut aussi inscrire la formation professionnelle, le logement... au rang des dépenses des entreprises.
- Mais l'essentiel des moyens du plan indicatif sont *incitatifs* : aides, subventions, encouragements, dotation de moyens budgétaires, crédits plus faciles...

La planification japonaise

Les Japonais ont une démarche différente de celle de la planification française. Leur planification relève d'une gestion concertée de l'économie par les dirigeants des grandes entreprises et l'appareil d'Etat.

Peters et Waterman citent en exemple la démarche japonaise : « Pour acquérir une position compétitive au niveau mondial dans le domaine de la robotique ou des microprocesseurs, les Japonais prennent des individus-clés de diverses entreprises et les mettent dans des centres de projets pour qu'ils posent les bases de la recherche. Une fois résolus les problèmes technologiques critiques, les individus-clés regagnent leurs propres entreprises et se livrent une concurrence acharnée. Les produits sont alors prêts à être livrés au monde — après avoir été aiguisés par une concurrence coriace à l'intérieur du Japon. »[1]

Un travail concerté sans publicité ni débat démocratique! Discrètement, sans débat politique au parlement, sans débat d'opinion, les choix stratégiques sont effectués. Ainsi, des projets tels celui de la cinquième génération d'ordinateurs se voient dotés de moyens considérables, car l'Etat estime que l'avenir dépend d'une telle avancée technologique.

1. *Le prix de l'excellence*, Interéditions, 1983.

Le M.I.T.I. (Ministère de l'Industrie et du Commerce extérieur) tient une place particulière dans cette orientation de l'activité économique. Il s'occupe en fait de l'ensemble de la politique industrielle et dépasse encore ce cadre.

« Sa compétence est particulièrement étendue : le M.I.T.I. détermine le volume des échanges extérieurs, arrête les listes de produits libérés ou contingentés, l'achat et la vente de brevets et licences, le taux de participation de capitaux étrangers dans les entreprises japonaises. Il a un pouvoir de décision dans les fusions et concentrations de firmes en favorisant la création de sociétés à dimension internationale ; dans la préparation des accords de commerce... » (M. Moreau, *Le Japon aujourd'hui*, A. Colin, 1976). On comprend que le M.I.T.I. soit en mesure de choisir les industries clés correspondant le mieux à l'évolution du marché mondial à haute valeur ajoutée.

Les entreprises aussi doivent planifier...

L'utilité d'un plan d'entreprise est particulièrement nette dans les secteurs où les changements technologiques et commerciaux sont très rapides, où les investissements se programment sur de longues périodes. Risques accrus des investissements, rigidité, nécessité de tenir compte des mutations de l'environnement, obligation de dégager un profit à long terme se combinent pour inciter les entreprises à planifier.

Jacques Lemonier, président d'I.B.M. en France, n'hésite pas à affirmer : « On planifie tout, à I.B.M. et sans arrêt : de l'achat d'un immeuble à l'introduction d'une technologie nouvelle, d'un voyage de presse au niveau du tarif mondial, avec à chaque fois une étude précise de rentabilité, sur laquelle s'engage l'auteur du projet. »[1]

« Les budgets annuels s'inscrivent dans un *master plan* mondial ou plutôt dans deux plans, mis à jour chaque année : l'un à sept ans (dans une industrie où les générations technologiques se succèdent en moyenne tous les cinq ans, il faut le faire !), confié à un *think thank* de spécialistes, l'autre à deux ans.[1] »

1. *L'Expansion*, décembre 1977.

☞ **Planification en économie socialiste, entreprises publiques, politique industrielle.**

Planification en économie socialiste

Une planification détaillée

La planification se révèle un processus d'une dimension considérable quand on observe le cas soviétique. Près de 50 000 entreprises sont concernées. Plus de 250 000 agents répartis en 900 agences (unions, directions, comptoirs ou bases), près de 760 magasins de gros, un millier d'entreprises chargées de la répartition et 600 du reconditionnement concourent quotidiennement au plan. La fixation des prix est à elle seule le symbole du caractère gigantesque du plan : « La réforme des prix de 1967 a été le résultat de six années de travail de plusieurs milliers de spécialistes ; elle a abouti à des documents récapitulatifs totalisant 38 000 pages, ou, selon d'autres sources, à 2 500 listes de prix, dont certaines dépassent 300 pages : et personne ne semble en mesure de préciser le nombre exact (10 millions ?) des prix fixés à divers niveaux de l'administration économique » (J.-C. Asselain, *Presses de la Fondation nationale des Sciences politiques*, 1981).

Pour réussir à équilibrer l'ensemble des flux qui parcourent ce gigantesque ensemble il a fallu calculer l'équilibre comptable de 2 000 balances matières au niveau du GOSPLAN dirigeant la planification...

On comprend qu'un pays comme la Chine, à dominante agricole et aux faibles appareils d'encadrement, ait choisi une voie plus souple. Un petit pays comme la Hongrie ouvert sur l'extérieur (40 % du P.I.B. exporté...) devra renoncer à la fixation centrale de tous les prix.

Une logique radicalement différente de celle des économies de marché

Les économies planifiées des pays socialistes ont généralement un vaste ensemble productif nationalisé qui dépend de l'appareil d'Etat et du Parti. Le plan est alors un document qui comprend l'ensemble des directives d'orientation de l'activité économique. Les unités de production doivent alors respecter un ensemble de règles et d'ordres administratifs. Les plans peuvent être plus ou moins centralisés, certains tels celui de l'Union Soviétique indiquent à l'entreprise le détail de son activité (que produire ? en quelles quantités ? à qui fournir ? au moyen de quels approvisionnements ?), d'autres plans sont plus indicatifs

(Yougoslavie) et entre ces « extrêmes » les degrés de centralisation sont multiples (Hongrie, Chine...). La tendance la plus courante dans les pays de l'Est a longtemps été de suivre le modèle soviétique où le plan est centralisé, impératif et très détaillé. L'idée de base de la planification est de rechercher une cohérence d'ensemble entre les unités de production pour éviter gaspillages, surproduction, liés à la recherche de la seule rentabilité immédiate du producteur...

Le modèle de planification soviétique

Trois plans emboîtés et interdépendants

Pour planifier il faut se donner un horizon temporel. A tout moment l'U.R.S.S. est sous le régime de trois plans emboîtés...

1. **Les plans perspectifs** sont essentiellement qualitatifs, ils exposent les objectifs fondamentaux (ex. : rattraper le niveau de consommation occidental en 15 ans...). Ils prévoient les grandes mutations à réaliser dans le cadre d'hypothèses sur le progrès technique, l'environnement... (ex. : développer l'informatique, exploiter industriellement le fond des mers). L'actuel plan perspectif couvre la période 1981 à 1995 soit 15 ans. Les prochains sont conçus comme des plans décennaux (deux quinquennats) et seront eux-mêmes situés dans un plan de développement technologique à 20 ans.

2. **Les plans quinquennaux** sont l'épine dorsale du système de planification soviétique. Le plan quinquennal est chiffré et détaillé, c'est lui qui règle la vie économique concrète de la nation. C'est un plan directif qui définit les objectifs nationaux par *fonction économique* : niveau de consommation, d'investissement, d'épargne. Il fixe les proportions entre *secteurs* : agriculture, industrie des biens de consommation et de production, commerce... La décomposition régionale est précisée : spécialisation, échanges entre régions. Les principales *proportions* sont fixées : taux d'investissement, taux d'épargne, partage entre fonds de consommation et fonds d'investissement... Le plan descend au niveau *opérationnel* : il désigne les tâches que rempliront les entreprises (que produire ? qui livrer ?), les nouvelles implantations d'usines sont décidées, les sources de financement désignées, l'état d'avancement des projets est chiffré, les dates de mise en service programmées... Le plan directif est susceptible de révision en fonction de la situation économique observée en cours d'exécution...

3. **Les plans annuels** règlent concrètement la vie économique du pays. C'est seulement au niveau du plan annuel qu'on peut affirmer : « Le plan c'est la loi, l'ensemble des directives qui concernent le caractère, l'ordre et les délais de l'activité économique. » (Efimov). Schématiquement les entreprises reçoivent les directives suivantes :

MOYENS DE PRODUCTION	• Le plan fournit les moyens de production : matières premières, énergie, produits semi-finis, machines... • La liste des entreprises désignées pour fournir les moyens de production est communiquée à l'entreprise productrice...
CONDITIONS DE PRODUCTION	• Le plan détermine les conditions dans lesquelles l'entreprise va produire : indices et normes expriment les performances à accomplir pour réaliser les tâches planifiées : salaire maximum, niveau de productivité, rendement énergétique...
RÉSULTATS PLANIFIÉS	• Le plan exige des résultats précis : assortiment de produits, quantités réalisées. — Les clients à livrer sont désignés, les délais précisés... — Prix de vente, pourcentage de produits nouveaux... sont planifiés !

Les mécanismes en œuvre

Le Parti communiste est omniprésent dans la planification. Il assure une certaine cohérence, un contrôle et une unité; mais il crée aussi des rigidités, des oppositions et un manque évident de liberté... Pour l'essentiel la planification met en jeu trois niveaux hiérarchisés : 1. le centre, 2. les organismes intermédiaires, 3. les entreprises.

1. Le centre

La direction du parti (Secrétaire général, Bureau politique), le comité central mettent au point les orientations fondamentales (taux de croissance, priorité à la consommation ou aux investissements, efforts accrus pour l'agriculture, éléments d'incitation ou de contrôle...). Le Soviet suprême ratifie par son vote les choix soumis par le Comité central sous la direction du Secrétariat général. L'appareil d'Etat et tout particulièrement le gouvernement a une place majeure dans la direction de la planification; il agit en osmose avec l'appareil du parti qui contrôle tous les niveaux de l'appareil d'Etat.

Le Gosplan (comité d'Etat au plan) est la véritable centrale de planification soumise hiérarchiquement au pouvoir politique. Sa fonction principale est de transformer des choix quantitatifs élaborés au niveau politique en des chiffres concrets tenant compte des réalités. Le Gosplan élabore les plans, met en place les méthodes de planification, analyse les données et contrôle l'exécution en l'adaptant aux circonstances concrètes. Il comprend un niveau fédéral, des organes par république et des ramifications locales. Le Gosplan est divisé *par secteurs* (branches industrielles) et par *fonctions* (élaboration des balances, travaux d'études, investissements...). L'importance des ministères a fortement fluctué selon les périodes. Actuellement, leur importance est réelle.

« Les ministères sont constitués selon un principe sectoriel, par branche économique, il y en a plus de cinquante. Toutes les entreprises fabriquant tel type de produit relèvent théoriquement de l'autorité du ministère de la branche. Ce dernier établit les plans opérationnels des entreprises, nomme les directeurs et contrôle les résultats de leur gestion. » (B. Chavance, *Le système économique soviétique*, Le Sycomore, 1982).

2. **Les organismes intermédiaires.** Entre Le Gosplan et les ministères d'une part, et les entreprises d'autre part, on trouve de nombreux organismes régionaux dont la structure a fortement varié dans le temps.

3. **Les entreprises et les unions** (regroupements d'entreprises) constituent la base réelle de la vie économique soviétique. Les informations concrètes sur les possibilités de production ne peuvent venir que des entreprises. Des phénomènes de freinage ou d'émulation s'y développent (cf. p. 137). L'importance des réformes successives toutes centrées sur l'entreprise révèlent que c'est à ce niveau que se décide la réussite...

Chaque année le plan est réactualisé. Le principe de base du cheminement du plan est marqué par trois phases : préparation, mise au point, adoption. L'année suivante voit l'exécution et le contrôle.

Au cours de la période de mise au point, les plans par entreprise peuvent faire l'objet d'une certaine discussion; en effet différents facteurs peuvent rendre le plan totalement irréalisable. Si la nature et les quantités de biens à produire peuvent être partiellement négociées, les conditions de réalisation (normes et indices planifiés) ne peuvent pas en principe être mises en cause.

La réforme de 1979 ne rend possibles que des « contre-plans » en hausse par rapport aux propositions du Gosplan et des ministères, désormais plus réalistes au départ. Les contre-propositions remontent de bas en haut. Une série de

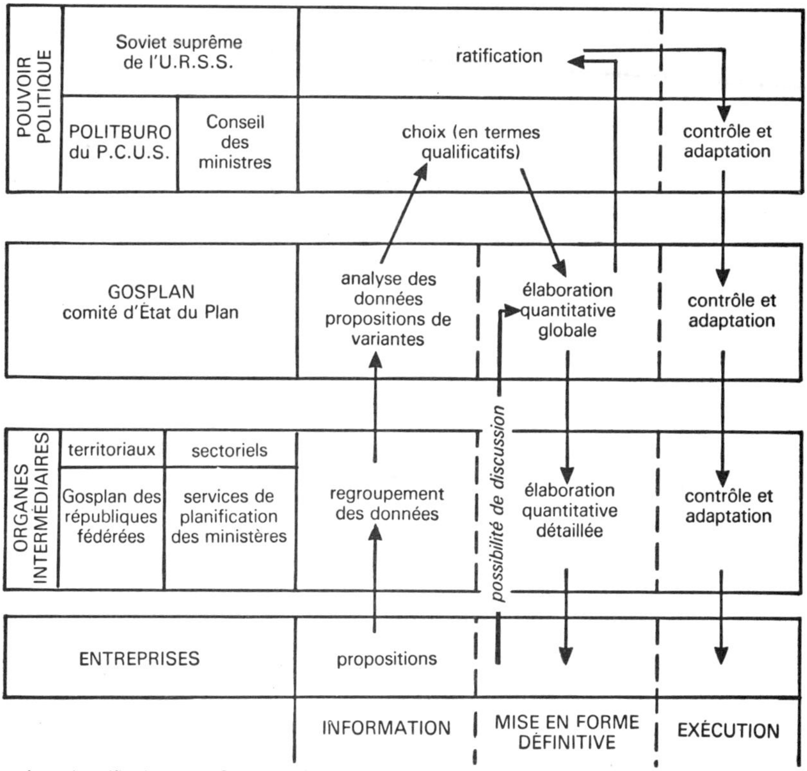

Avant la ratification par le Soviet suprême,
le comité central du P.C.U.S., puis le Conseil des ministres,
se prononcent sur le document remis par le Gosplan de l'U.R.S.S.
Extrait de *l'U.R.S.S.,* La Documentation française, Documentation photographique, n° 6002, 1972.

va-et-vient peut être nécessaire pour éviter des absurdités, par exemple le planificateur ne doit pas oublier de donner les moyens de réaliser ce qu'il demande.

Le plan définitif est alors chiffré après étude de sa cohérence, du respect des priorités (chaînons conducteurs, balances, tableaux inter-industriels). Soumis au pouvoir politique, il est adopté à la fin de l'année qui précède sa mise en exécution par le Conseil des ministres, le Comité central du P.C.U.S. et ratifié par le Soviet suprême.

Technique d'élaboration du plan et logique économique

Le plan doit tenir compte des interdépendances... Ainsi, il doit s'assurer que les revenus distribués ne dépassent pas le niveau de production, dans le système de prix employé.

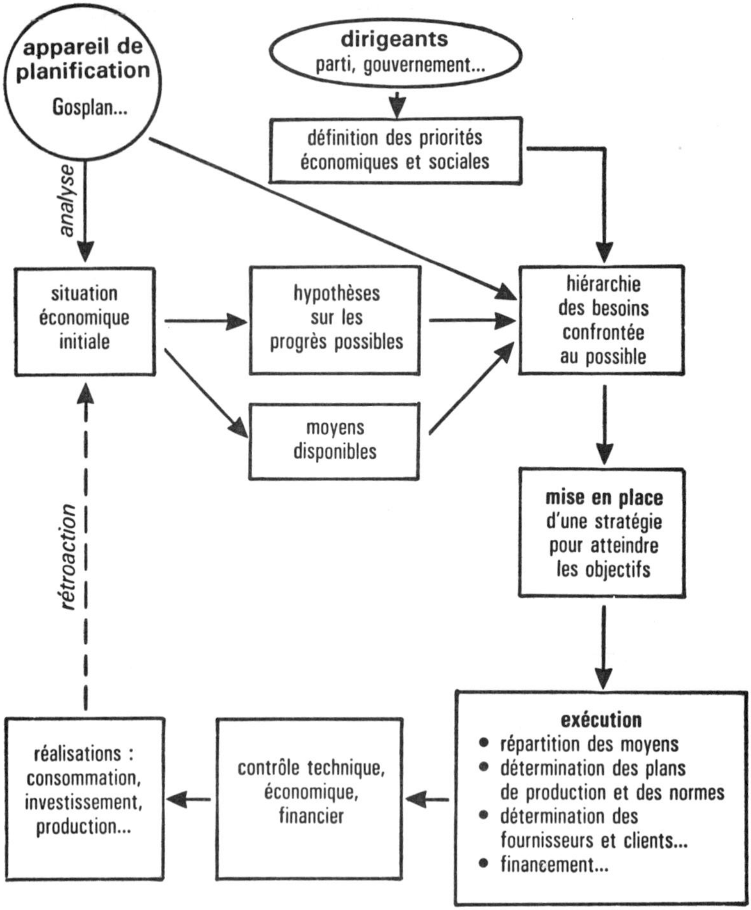

Quel taux de croissance ?

Au cœur de la stratégie de développement, il y a le choix d'un taux de croissance : « le paramètre le plus important d'un plan à long terme doit être considéré comme le taux de croissance annuel moyen de revenu national (...). Le gouvernement a une tendance naturelle à développer le pays aussi rapidement que possible, en conséquence il cherche à fixer les taux de croissance les plus hauts »[1].

Mais, ce désir doit tenir compte des possibilités réelles : « Les obstacles à des taux de croissance trop élevés pour les plans perspectifs sont : le haut niveau de capital nécessaire requis par la croissance interne et aussi les difficultés d'équilibrage de la balance commerciale ainsi que la possibilité d'une pénurie de main-d'œuvre. »[1]

Quelle priorité ?

Il faut déterminer les proportions entre les grands agrégats et particulièrement entre le secteur I produisant des biens de production et le secteur II qui élabore des biens de consommation. Evidemment il y a une interdépendance entre ces secteurs, car la branche biens d'équipement machines-outils est indispensable à la production des biens du secteur destinant ses produits à la consommation...

On parlera par exemple d'une stratégie stalinienne de développement pour le choix d'une accumulation extensive avec des taux de croissance élevés impliquant un régime d'accumulation sacrifiant le présent au futur et faisant de l'industrie lourde le pilier du développement...

On ne peut demander une croissance de 10 % de la production d'automobile sans prévoir la fourniture à cette branche de moyens de productions (acier, énergie, textile pour les sièges, plastique pour certains accessoires...). De même en aval il faut prévoir les services correspondants.

La méthode des chaînons directeurs

La recherche d'un équilibre par itération (pas à pas et selon une solution programmée) se fait par la méthode des chaînons conducteurs : « produits ou branches pilotes reçoivent à ce titre par priorité investissement et main-d'œuvre et qui sont susceptibles d'avoir un effet d'entraînement sur les autres branches et donc sur la croissance globale. On ne part donc pas d'une vision équilibrée de l'année finale du plan, mais d'objectifs assez élevés pour les produits-clés et on cherche à concilier ces objectifs avec l'équilibre économique général »[2].

On établit d'abord les balances matières de ces produits clés et puis successivement pour les branches et produits moins prioritaires. Les balances matières assurent l'équilibre planifié car elles mettent en regard les ressources et les emplois correspondants. Ainsi les ressources disponibles sont constituées de stocks existants en début de période et surtout de la production mais aussi des importations qui s'ajoutent à ce dont on dispose. Ces ressources sont affectées par les planificateurs soit à la consommation finale soit à l'activité productive ; elles peuvent aussi être exportées ou mises en réserve. La méthode des chaî-

1. Kalecki, *O.N.U.*, 1962.
2. Marie-Agnès Crosnier, *Courrier des pays de l'Est.*

nons conducteurs aboutit à accorder aux branches prioritaires la totalité des ressources dont elles ont besoin et à n'accorder aux autres branches que ce qui reste. Une telle méthode facilite l'obtention de bons résultats là où l'effort est porté de façon privilégiée mais engendre ailleurs des pénuries et des goulots d'étranglement qui occasionnent ruptures de stocks, malfaçons et arythmie du processus de production.

Le plan en question

Les résultats de la planification, en particulier depuis les années 60, ont fait l'objet de nombreuses critiques y compris en U.R.S.S. L'économie soviétique semble passer difficilement d'une croissance extensive à une croissance intensive et se heurte à une véritable baisse tendancielle du taux de croissance (voir p. 106).

Des solutions ont été recherchées dans la réforme de la planification. Elles ont d'abord cherché à introduire moins de rigidité, plus de décentralisation, des liens directs entre les entreprises; leur application n'a été que très partielle, leurs résultats décevants (voir p. 137). Depuis 1979 les partisans d'un plan centralisé, plus détaillé, disposant de moyens de sanctions, se sont renforcés.

La planification soviétique est-elle la seule forme possible de plan en pays socialiste ?

D'autres formes de planifications ont été mises en place : en Chine, en Hongrie, en Yougoslavie... pour ne citer que les cas les plus significatifs en pays socialiste.

La planification maoïste

La planification maoïste était adaptée à un pays pauvre, rural, sans véritable appareil administratif et économique. La mise en place d'un plan tendu, autoritaire et impératif, avec des unités de production spécialisées, était hors de portée.

Les principes essentiels ont donc consisté à décentraliser le pouvoir, à laisser une marge de manœuvre importante (plan non tendu), à limiter les prérogatives du Centre, à ouvrir la discussion à tous les niveaux pour adapter la production aux conditions locales, à donner à la base les moyens d'une coopération véritable avec la direction.

La décentralisation correspondait sur le plan économique à la nécessité de mieux coller à des réalités marquées par les paramètres locaux (climats pour l'agriculture, connaissance des technologies locales adaptées aux faibles moyens en capitaux disponibles...).

Plusieurs principes ont marqué l'expérience chinoise de type maoïste.

Deux niveaux de planification

A. **Le centre** se réserve les neuf domaines d'intérêt général commandant la dynamique de la croissance : objectifs de production pour les principaux produits, volume des investissements, projets d'importance nationale, flux d'approvisionnement entre provinces (matières premières, biens de consommation, d'équipement, biens intermédiaires), niveau du commerce extérieur, budget national, transports, main-d'œuvre globale et niveaux de salaires, enseignements supérieurs et aussi le détail des plans pour les grandes entreprises et les organismes sous contrôle du Centre.

B. **Les niveaux inférieurs** (provinces, régions administratives, cantons et municipalités, communes, équipes de production, brigades) se voient attribuer une part notable du pouvoir de décision économique. L'élaboration du plan commence dès septembre de l'année précédant le nouveau plan par des discussions d'ateliers, d'usines, de brigades et de communes. Les résultats du 3ᵉ trimestre du plan en cours étant connus, ceux du dernier trimestre peuvent facilement être estimés. Ainsi l'année qui finit de s'écouler sert de base aux propositions qui sont faites pour l'année suivante. Les propositions remontent alors de bas en haut et une série de discussions, de compromis réciproques permettent d'établir un plan définitif. Chaque niveau doit équilibrer ses ressources et ses emplois (brigade, commune, canton).

Ce mode de fonctionnement n'exclut pas des pressions importantes pour obtenir un accroissement de production de la base mais présente l'immense intérêt de laisser une place importante à la négociation.

Le principe de *décentralisation* permet de faire triompher la zone (municipalité et province)... pour adapter les plans aux conditions locales, tandis qu'un courant plus centraliste voulait faire primer la ligne (qui dépend du *centre* et organise les grandes entreprises par secteurs planifiés, les ministères étant agents de direction et de coordination). Le Commissariat au plan effectue les arbitrages finaux en conformité avec les neuf domaines planifiés centralement. Un plan annuel détaillé fournit alors de façon chiffrée les objectifs de production, d'investissement, d'approvisionnement (matières premières, produits semi-finis, biens d'équipement...). Le plan d'ensemble est alors prêt.

L'organisation des principales planifications adaptée au Tiers Monde ?

L'organisation de la planification maoïste a souvent été considérée comme particulièrement adaptée aux conditions du Tiers Monde. Par ailleurs, en ce qui concerne les pays industrialisés planifiés, le modèle maoïste pose le problème de la nécessaire collaboration des intéressés à l'élaboration du plan.

Le *principe de discussion* tient compte de la nécessaire harmonisation des points de vue : « deux pas vers le haut et deux pas vers le bas » est un mécanisme souvent utilisé pour harmoniser les propositions et des décisions.

La *politique de la marge*, permet de concentrer des moyens sur des projets importants car tous les moyens de production ne sont pas mobilisés par le plan impératif.

Le *Centre prélève peu de ressources* pour permettre à la province d'agir. Le contrôle financier par la monnaie (yuan) permet cependant d'assurer une certaine conformité des réglements avec les directives du Centre : tous les réglements passent par la Banque Populaire qui détient les comptes des entreprises.

Après Mao, ou la nouvelle voie chinoise

Critiquant le caractère trop flou du plan maoïste, l'insuffisante motivation individuelle, le choix de techniques trop peu modernes, la faiblesse de l'appel au savoir-faire et aux capitaux des pays capitalistes, les nouveaux dirigeants ont opté, non pour un retour à la voie soviétique, mais pour un mélange de plan et de marché... La nouvelle voie est caractérisée à la fois par un plan plus centralisé sur les grands objectifs et une déconcentration des choix par la réhabilitation du marché et même de la petite propriété privée combinée à l'alliance avec des capitaux étrangers dans les grands projets.

Le renforcement de la planification centrale se concrétise par le rôle accru des banques, une comptabilité d'entreprises centrée sur des critères de productivité et de rentabilité établis par le plan, une valorisation de la direction par le centre (commissariat au plan, ministères...), une limitation du financement extra-budgétaire des régions administratives, un plus grand contrôle des achats en conformité avec le plan officiel (contrôle par la monnaie et la Banque d'Etat donc).

L'ouverture vers davantage de marché et de propriété privée se traduit par la mise en place de nouvelles associations économiques « regroupant quelques paysans à la recherche du gain (huilerie, pépinière, porcherie...); là des petits commerces fleurissent, des ouvriers proposent leurs services et font refleurir l'artisanat privé. »[1]

Contrats entre les paysans et l'Etat, stimulants matériels liés au niveau de profit (critère d'efficacité), développement des spécialistes, appel aux technologies occidentales, association avec des capitaux étrangers pour stimuler les transferts de technologie marquent la nouvelle voie. De nouvelles inégalités, des tensions, un risque de dépendance, une montée de l'inflation, une course effrenée aux produits encore rares (téléviseurs-couleurs...) engendrent des déséquilibres jusque-là inconnus.

Cette combinaison plan marché/ouverture sur l'étranger et appel aux capitaux extérieurs témoigne d'une autre façon de planifier en économie socialiste que l'on retrouve sous d'autres formes en Hongrie.

La Hongrie, ou la recherche d'une plus grande compétitivité

La stratégie hongroise apparaît de plus en plus comme une solution originale modifiant notablement la nature du plan en économie socialiste. La très forte ouverture de la Hongrie sur l'extérieur (40 % du P.N.B. exporté) et en particulier le niveau élevé de ses échanges avec les pays capitalistes a favorisé une modification des modalités de planification, une plus grande liberté est donnée aux entreprises en matière de création de produits, de filiales et même de prix... Paradoxalement dans ce pays où l'omnipotence du parti demeure puissante sur la vie politique, dans les choix stratégiques ainsi que dans la nomination des principaux responsables, les dirigeants ont fait évoluer le plan vers un style occidental. Marie Lavigne n'hésite pas à affirmer : « Le plan quinquennal ressemble singulièrement au modèle français : peu de chiffres, une révision à mi-parcours, l'accent mis sur la sélectivité plutôt que sur l'exhaustivité (...). Planification à long terme et régulation économique sont dissociées, le Plan ne conservant dans ses attributions que la prévision et l'orientation à moyen et à long terme, tandis qu'une commission économique créée en 1980 assure la surveillance de la conjoncture. »[1]

Après avoir favorisé la concentration et le regroupement en grosses unités centralisées en étroite collaboration avec les instances de planification et le parti, la Hongrie découvre le principe de « small is beautiful » de Schumacher et réhabilite les petites entreprises.

Toutefois les faillites, les licenciements, la concurrence

1. *L'Expansion*, avril 1981.

pleine et entière avec ses conséquences meurtrières ne sont pas passées dans les mœurs d'une économie pragmatique qui recherche la croissance intensive par l'amélioration de sa productivité et de sa compétitivité, y compris dans l'échange international. Pourtant le capitalisme n'y est pas rétabli. Le parti, l'osmose idéologique assurent les cohérences essentielles malgré le rôle accru du marché. La réussite de l'agriculture hongroise ne manque pas d'intéresser les planificateurs des autres pays de l'Est. Les principes appliqués réhabilitent largement le marché dans la mesure où il permet de réduire les rigidités du plan à la soviétique.

Les entreprises sont appelées à déterminer largement leur production en fonction du marché tout en respectant les priorités du plan. Les P.M.E. peuvent depuis 1981 créer des filiales sans attendre d'instructions centrales et développer pièces de rechange, produits à la mode, services...

Le contrôle a posteriori doit remplacer progressivement les injonctions centrales...

L'intégration au commerce international a rendu insuffisant le système de prix semi rigide (avec fourchette et selon le type de biens) instauré en 1968.

Le système de prix est appelé à tenir compte du marché et près des 3/4 des prix sont fixés par analogie avec ceux du marché mondial depuis les directives de 1979-1980. Ils doivent tenir compte à la fois des coûts de production et des tensions sur le marché intérieur.

La fiscalité devient une arme décisive de régulation des tensions, les produits rares (voitures, HIFI, T.V. couleurs...) sont fortement taxés afin de limiter les déséquilibres provoqués par une offre trop faible pour une demande trop forte...

L'unification des prix à la production et à la consommation limite les subventions pesant sur le budget étatique et rend plus cohérents les signaux que fournissent les prix...

La Yougoslavie

La planification yougoslave s'apparente aux planifications indicatives. Sa fonction est d'encadrer des entreprises autogestionnaires (voir p. 143) et d'infléchir leur orientation par des moyens indirects.

☞ **Entreprise en économie planifiée, régulation, croissance et crises en économie planifiée, planification en économie de marché.**

Politique budgétaire et finances publiques

Un enjeu majeur

En 1872, les dépenses publiques de l'Etat représentaient seulement 8,2 % des richesses créées, les collectivités locales prélevaient 2,8 %, l'essentiel de l'économie était donc privé. Aujourd'hui les prélèvements obligatoires représentent près de la moitié des richesses créées.

Le poids financier de l'Etat est encore plus grand que ne l'indiquent ces chiffres, car l'Etat contrôle aussi les comptes chèques postaux, les caisses d'épargne et aussi les banques nationalisées qui drainent des sommes considérables qu'il peut utiliser.

Malgré son développement considérable, le budget de l'Etat est encore l'objet d'analyses contradictoires, il est pour les uns « providence », pour les autres « pieuvre tentaculaire ».

L'approche orthodoxe

L'Etat dépensier est une charge

Pour les classiques, l'Etat est perçu comme vivant aux dépens de l'économie. L'Etat apparaît comme un consommateur de richesses plus que comme un producteur de services non marchands. Le bon Etat doit être un Etat sobre dont la part consacrée aux dépenses publiques dans le revenu national demeure raisonnable.

Un extrait de Ricardo reflète clairement cette approche orthodoxe : « Malgré l'énorme dépense que le gouvernement anglais a faite pendant les vingt dernières années, il paraît certain que *cette déperdition* de richesse a été plus que compensée par l'augmentation de la production nationale (...) et cependant, il faut reconnaître que sans les prélèvements de l'impôt cet accroissement de richesses eût été plus rapide. Il est peu de taxes qui n'aient une tendance à diminuer la puissance d'accumulation inhérente aux capitaux. » (*Principes de l'économie politique et de l'impôt*, Flammarion.)

Cela ne signifie pas cependant que le budget idéal soit égal à zéro car les classiques considèrent que l'Etat doit ajuster ses dépenses au niveau de richesse du pays en remplissant certains devoirs fondamentaux. A. Smith résumait à trois les charges incombant à l'Etat :

1. **Protéger la société et la nation contre l'extérieur** ce qui inclut automatiquement dans le budget les charges de l'armée. Il est en effet nécessaire de faire supporter à tous la charge de la défense car elle est indivisible et nul n'a intérêt seul à en supporter le poids.

2. **Protéger les individus**, la justice doit être rendue afin que l'économie connaisse des règles précises.

3. « Le troisième et dernier devoir du souverain est de **construire et de maintenir les institutions publiques** qui bien qu'étant au plus haut degré importantes pour la collectivité sont par leur nature telles que le profit qui en découle ne peut jamais rétribuer les dépenses d'un ou de plusieurs individus de façon suffisante pour que leur initiative privée soit encouragée à les réaliser »[1].

L'Etat doit donc effectuer des dépenses socialement utiles que le capitalisme ne peut réaliser faute de rentabilité suffisante : travaux publics tels que routes, ponts, voies navigables... De même l'éducation des jeunes, les charges de l'administration de l'Etat sont aussi à budgétiser[2].

L'Etat doit se plier à la conjoncture et non être actif

L'Etat doit ajuster recettes et dépenses aux mouvements conjoncturels. Quand l'activité baisse, dans une phase descendante d'un cycle économique les revenus peuvent baisser, les rentrées fiscales vont se faire plus rares car il y a un lien direct entre les rentrées fiscales et les revenus sur lesquels ils sont assis... En conséquence l'Etat doit, pour équilibrer son budget, ralentir ses dépenses en période de crise. A l'inverse quand le revenu progresse, les rentrées fiscales se font plus abondantes et le train de vie de l'Etat en bénéficie automatiquement. Le budget doit suivre l'évolution économique et non chercher à l'infléchir.

La règle de l'équilibre

→ Une deuxième idée orthodoxe marque la pensée financière de A. Smith à nos jours : l'Etat ne peut durablement dépen-

1. A. Smith, *The wealth of nations*, traduction par A. Gélédan, Routledge 1908.
2. Aujourd'hui un courant ultra-libéral est hostile au développement du financement public en matière d'éducation.

ser plus qu'il n'a de recettes. Extrapolant le cas du ménage qui doit toujours financer ses dépenses sur ses revenus ou son patrimoine, la pensée orthodoxe affirme qu'un Etat qui dépense trop va engendrer de profonds déséquilibres qui se traduisent par une inflation, sanction de son manque de prévoyance. Les mécanismes pervers du déséquilibre sont alors les suivants :

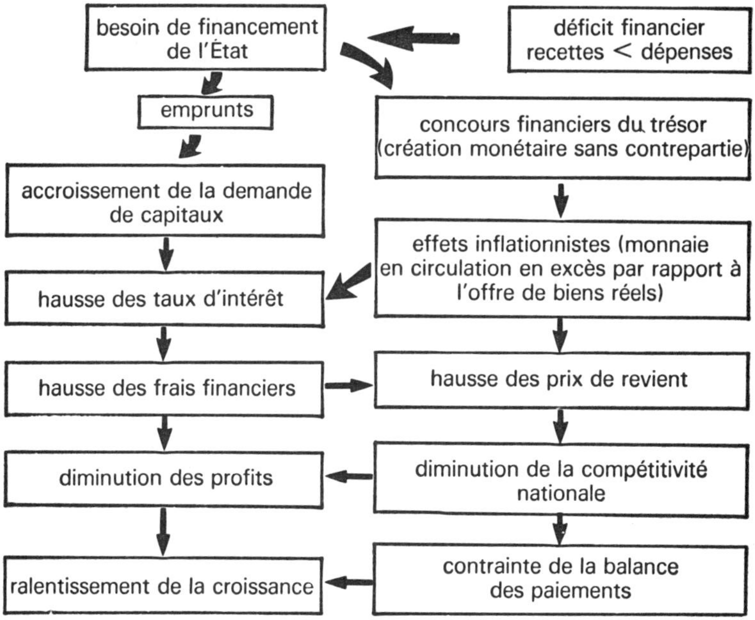

Le déficit se traduit par des tensions inflationnistes, des montées artificielles des taux d'intérêts qui découragent l'investissement et émoussent le profit. Le déficit se heurte aux contraintes monétaires et induit des pertes de compétitivité qui menacent les échanges extérieurs et la monnaie.

La révolution keynésienne

Le budget peut être actif

La pensée keynésienne va prendre le contrepied de l'orthodoxie budgétaire.

L'économiste doit rejetter le bon sens qui veut que le niveau des dépenses de l'Etat doive se calquer sur les fluctuations de ses recettes. Keynes assigne à l'Etat la tâche de réaliser une politique *budgétaire*. Samuelson définit ainsi cette attitude vis-à-vis des finances publiques : « Par politique budgétaire active, nous entendons le processus consistant à manipuler les impôts et les dépenses publiques aux fins de :

1. contribuer à amortir les oscillations économiques;

2. favoriser le maintien d'une économie progressive, assurant un degré d'emploi élevé, affranchie de toutes poussées excessives d'inflation ou de déflation. (*L'économique*, T 1.)

Keynes réalisa une véritable révolution des idées dominantes en finances publiques en suggérant que l'Etat devait faire exactement l'inverse de ce que font les individus : quand le revenu national baisse, que les dépenses privées diminuent, il faut que l'Etat soutienne activement l'économie en injectant des dépenses supplémentaires pour soutenir la demande effective qui influe sur le volume de production et donc sur l'emploi. A l'inverse, en cas de surchauffe quand le revenu s'emballe, quand les prix montent trop vite, quand l'investissement dépasse les possibilités d'épargne, l'Etat doit réduire ses dépenses afin de limiter la surchauffe.

L'effet multiplicateur

Le principe

Un franc dépensé par l'Etat se transforme en un franc de commandes qui elles-mêmes vont donner des revenus qui seront, soit dépensés, soit épargnés. Si la propension marginale à épargner est de 0,2, le franc initialement dépensé va engendrer une deuxième vague de dépenses de 0,8 F qui elle-même va donner $0{,}8 \times 0{,}8 = 0{,}64$ F dépensés et donc de revenus distribués à la troisième vague...; les dépenses publiques vont ainsi provoquer un accroissement du revenu national plus important que la dépense initiale.

$$\frac{1}{1 - 0{,}8} \times 1 \text{ franc soit 5 francs.}$$

Si l'on veut être plus rigoureux, il faut tenir compte des taxes et impôts qui vont provoquer une fuite du circuit de la dépense. Ainsi lorsque le prélèvement fiscal moyen est de 30 % des revenus, l'effet multiplicateur est moins important car pour 1 franc injecté, l'accroissement du revenu disponible ne sera que de 0,7 F. L'effet sur la demande globale en sera réduit mais restera néanmoins positif.

Quelle politique ?

Il ne faut pas rechercher l'équilibre du budget mais *la croissance équilibrée de plein emploi.*

L'équilibre économique peut s'obtenir avec un budget déséquilibré (recettes < dépenses). Pour Keynes une économie en situation de sous-emploi peut être stimulée par les dépenses de l'Etat, les agents anticipant une forte demande appuyée par des commandes publiques vont investir et relancer la machine économique. Evidemment une telle politique ne s'applique qu'en économie déprimée car si l'économie est déjà en situation de plein emploi des ressources, les agents ne pouvant faire face à la demande par un accroissement de la production vont réagir par l'inflation (voir Analyse keynésienne de l'inflation, p. 185).

Comment financer le déficit ?

Le déficit n'agit pas de la même façon sur l'économie selon son mode de financement. L'État peut faire appel à de la monnaie déjà créée (emprunt auprès du public, obligation pour les banques de souscrire des bons du Trésor...), ou bien accroître les quantités de monnaie en circulation (la Banque de France met à la disposition du Trésor des lignes de crédit, l'équilibre comptable étant réalisé par un simple jeu d'écriture, c'est la version moderne de ce que le public appelle la planche à billets... de façon impropre car il s'agit non d'une impression supplémentaire de billets mais bien d'un jeu d'écriture).

S'il y a création de monnaie, le déficit est source d'un véritable flux de demande additionnelle, facteur de croissance mais aussi de tension inflationniste (voir inflation). Dans le cas contraire, ce dernier risque est moindre, la stimulation de la demande restera réelle car les fonds empruntés proviennent de l'épargne des agents économiques.

L'équilibre de longue période

Plusieurs tentatives ont été faites pour intégrer la possibilité d'un déficit budgétaire en période de sous-emploi comme le préconisent les keynésiens et l'idée néoclassique d'un nécessaire équilibre. Ces analyses se situent dans une approche de longue période.

Les stabilisateurs automatiques

Il existe des mécanismes spontanés automatiques qui régulent l'évolution économique.

• Si *l'expansion* est trop forte, l'impôt sur le revenu assis sur la hausse du revenu national gonfle, la T.V.A. reçue par l'Etat s'accroît car la valeur ajoutée augmente avec le niveau de la production et la hausse du niveau des prix.

Ainsi les recettes se nourrissent de la croissance et de l'inflation; comme le budget déjà voté voit ses dépenses largement suffisantes pour stimuler l'économie dynamique, un excédent budgétaire automatique se constitue. L'Etat gèle ainsi une partie du flux de revenus, il stérilise de la monnaie car il entre plus d'argent dans ses caisses qu'il n'en ressort sous forme de dépenses publiques. Ainsi est engendrée automatiquement une stabilisation déflationniste.

• A l'inverse une *dépression* trop forte tarit certaines sources de rentrées fiscales (impôts sur le revenu, sur les sociétés, T.V.A...). Les rentrées se font moins fortes que prévu, les dépenses vont excéder les recettes car elles ont une forte dose d'inertie et certaines charges liées à la dépression s'accroissent (chômage qui pèse sur les finances publiques, soutien à certaines entreprises en difficulté...). Ainsi le déficit se creuse en période de dépression, la stabilisation conjoncturelle se fait automatiquement. Pour les keynésiens l'analyse en terme de stabilisateurs automatiques est un retour à l'orthodoxie de l'équilibre et des mécanismes spontanés, même s'ils intègrent pour partie l'idée de régulation par les dépenses publiques. En tout état de cause ces stabilisateurs sont insuffisants pour résorber les crises comme le montre l'histoire économique...

Le budget cyclique, ou la recherche de l'équilibre sur un cycle

Un autre courant a développé une analyse en termes d'équilibres sur l'ensemble du cycle. L'objectif est de compenser alternativement les phases hautes et basses des cycles sans renoncer à une gestion de la dette publique qui limite la création monétaire afin de ne pas déséquilibrer le niveau général des prix et la balance des paiements...

Les principaux arguments invoqués sont les suivants :

— Puisque les cycles durent plusieurs années, il faut rechercher l'équilibre du budget sur plusieurs années et non dans le cadre annuel.

— Les stabilisateurs automatiques sont insuffisants, il faut donc prévoir des phases volontaires de déficit puis d'excédent en jouant sur la fiscalité, l'amortissement de la dette, l'accélération et le ralentissement des programmes... Il faut que sur l'ensemble d'un cycle, excédents et déficits se compensent (somme des déficits + somme des excédents = 0).

— Plusieurs techniques peuvent être mises en œuvre pour réaliser ce budget cyclique d'équilibre pluri-annuel :

1. Technique du fonds de réserve

Il faut partir d'une période d'expansion où les rentrées fiscales abondantes permettent de constituer des réserves qui peuvent être inscrites au compte du Trésor, servir à acheter de l'or, des devises... Ainsi lorsque le cycle va se « retourner », l'Etat va intervenir en utilisant les réserves acquises durant les périodes fastes en lançant des grands travaux, en aidant l'investissement, en recrutant de nouveaux agents,... la demande publique pourra alors soutenir la consommation privée essoufflée.

2. Fonds d'égalisation des budgets

En période de dépression, l'Etat est amené au déficit, il engage des emprunts pour couvrir son déficit. Il ouvre alors dans son budget une ligne correspondant à sa dette : « fonds d'égalisation du budget ». Quand vient la reprise, des plus-values fiscales vont éponger progressivement le déficit, celles-ci serviront à rembourser la dette publique.

3. Une gestion anticyclique de la dette

Une politique de gestion de la dette donc des emprunts, doit servir à régulariser l'activité économique. En période d'expansion il faut rembourser de façon accélérée la dette, constituer des réserves; ainsi on compensera les effets inflationnistes d'une croissance trop rapide. A l'inverse il faudra pratiquer une injection monétaire quand la dépression va limiter les rentrées fiscales et émousser la demande privée.

L'école du « public choice »

A la différence de la logique keynésienne, l'école du « public choice » va partir d'une approche micro-économique.

Quand l'Etat doit-il intervenir ?

L'Etat doit intervenir principalement quand un bien de par sa nature est *indivisible*. (La Défense nationale... la Radio, la Télévision sont par nature des biens collectifs). L'utilisation du bien par une personne de plus a un coût nul. Le coût marginal est égal à zéro. L'indivisibilité engendre une véritable rationalité de la prise en charge collective...

L'existence d'*effets externes* est une deuxième cause d'intervention publique. Créer une autoroute, aménager une plage municipale apporte automatiquement des effets externes ; pour les uns, cela peut être négatif (bruit de l'autoroute, trop de touristes pour une villa bien située...), pour d'autres les effets externes sont positifs : plus de clients (près de la plage), transport moins cher pour les entreprises près de l'autoroute... Individuellement il est très difficile de se mettre d'accord pour financer des biens qui apportent une utilité difficilement quantifiable.

Pour Musgrave, il faut révéler les *préférences* des agents économiques d'une façon analogue à celle que met en évidence le consommateur qui choisit ses produits.

Chacun a une échelle de préférence concernant le niveau des dépenses publiques, la part à consacrer à l'école, l'aide à réaliser pour les plus démunis... Le pouvoir central doit construire une véritable fonction d'utilité collective agrégeant les préférences de tous. Arrow a montré que cette tentative se heurte à un obstacle majeur, la collectivité peut préférer A à B, B à C, mais contre toute attente préférer tout de même C à A (non transitivité). Face à cette impossibilité logique dont la démonstration vaudra à Arrow en partie son prix Nobel d'économie, Musgrave maintient l'intérêt de la démarche.

Par analogie avec le système politique, l'école du « public choice » va établir des stratégies visant à révéler les préférences du public. Ainsi Buchanan et Tullock proposent des démarches probabilistes s'appuyant sur des enquêtes auprès du public portant sur le niveau de dépense qu'il accepterait de faire pour obtenir un effet social donné.

Analyse en terme de mode de régulation

Les dépenses publiques contribuent à la régulation du système économique. Pour les marxistes[1] les finances publiques servent principalement :

— d'une part, à contrecarrer la loi de la baisse tendancielle du taux de profit en finançant certaines dépenses des entreprises afin de restaurer leur taux de profit,

— d'autre part, à limiter la contradiction entre le développement des forces productives qui se traduit par un accroissement de la masse de richesses disponibles, alors que la demande est restreinte par la nécessité de limiter la

1. Théorie du capitalisme monopoliste d'Etat (P.C.F.).

part de ceux qui créent la plus-value. L'extension des équipements collectifs... crée de nouveaux débouchés qui peuvent compenser une demande privée qui s'essouffle (politique keynésienne donc mais pour des raisons un peu différentes).

Le **rôle des commandes publiques** est crucial, en particulier pour certains groupes monopolistes : « C'est ainsi qu'en 1980 les six cents plus importants fournisseurs de l'Etat et des entreprises publiques, soit 1 % seulement du total des fournisseurs, accaparent 75 % des marchés. Pour ces groupes les commandes publiques représentent quelquefois la moitié ou les trois quarts de leurs ventes intérieures et sont sources de profits à la fois assurés et élevés. » (J. Vallier, *Une critique de l'économie politique*, t. II, Maspéro.)

Le budget de l'Etat (et des collectivités locales) sert aussi à **aménager l'espace du capital.** « L'aménagement de zones industrielles et parfois touristiques crée l'environnement nécessaire aux grandes firmes : La construction — aidée — facilite à la fois le déplacement et la fixation de la main-d'œuvre. » (*Traité d'économie marxiste*, t. II, Editions Sociales.)

Evidemment la mise en place de réseaux de communications est aussi essentielle à la circulation des capitaux, des marchandises et des hommes (routes, télécommunications,... ne peuvent être prises en charge par un capital privé qui ne se réserve que certains secteurs rentables : autoroutes à péage, satellites payants...).

Le financement public est indispensable dans un mode de production où la troisième révolution industrielle place la concurrence pour les technologies au cœur de la compétition économique. Bio-technologies, informatique, compétition pour la maîtrise des satellites, conquête des mers et de leurs richesses reposent sur une maîtrise des techniques et de la science à la pointe du progrès.

Mais les finances publiques peuvent aussi être l'instrument d'un changement de système économique. Instrument de régulation du capitalisme monopolistique, les dépenses publiques peuvent aussi, conjointement à une politique de nationalisation et de planification, être les outils d'une transformation sociale et économique.

La rationalisation des choix budgétaires

La rationalisation des choix budgétaires (R.C.B.) s'inscrit dans une tentative de rationalisation de l'affectation des fonds publics d'autant plus nécessaire que le niveau des dépenses publiques augmente.

Prenons un exemple appliqué à l'économie des transports publics. Si un carrefour se révèle particulièrement dangereux, il faut envisager une dépense publique pour y placer un feu rouge, des signalisations diverses...

→ Il n'y aurait pas de calcul économique à faire, si les crédits étaient illimités car la première réaction consiste à considérer comme naturel et obligatoire de sauver des vies humaines qui, selon la formule consacrée, sont censées « n'avoir pas de prix »... Mais une observation élémentaire met en évidence que les carrefours dangereux sont légion et qu'il faut *choisir* ceux qui doivent être équipés d'urgence. Plus important encore, il faut comparer l'efficacité des sommes consacrées au danger des carrefours, à l'aide aux chômeurs, à la lutte contre le cancer, au maintien de classes dans des villages isolés... Ce qui suppose la définition de modalités de choix.

Des économistes ont ainsi été conduits à calculer le prix d'une vie humaine, à l'associer à des probabilités d'accident pour pouvoir chiffrer le coût pour la collectivité d'un carrefour dangereux. On peut alors évaluer les gains actualisés résultant de la mise en place d'un équipement donné (moins de morts, d'invalidités...) et le coût actualisé des dépenses nécessaires pour éliminer ces risques. En opérant de même pour tous les carrefours et les autres projets de protection possibles on pourra effectuer une comparaison coûts/efficacité permettant de classer les différents projets entre eux. Le budget de la prévention routière sera ensuite affecté en priorité aux projets les plus performants.

Plus généralement on peut comparer efficacité et coûts.

Cette méthode n'est pas la seule adoptée dans les travaux de R.C.B., mais elle en indique la démarche.

L'idée d'analyser de façon quantitative l'efficacité des dépenses budgétaires et de l'améliorer est admise par tous. C'est au niveau des politiques concrètes que peuvent apparaître les choix.

Par exemple pour mesurer le coût d'une vie humaine il est parfois fait référence à la valeur moyenne des gains actualisés que la personne aurait pu obtenir (c'est le prix social et économique au sens néo-classique). Une telle démarche suppose que la vie d'un jeune est plus importante à protéger que celle d'une personne âgée, celle d'un cadre plus importante que celle d'un ouvrier...

☞ **Fiscalité, planification en économie de marché, politique industrielle.**

Politique des revenus

Pourquoi une politique des revenus ?

La conférence des revenus de 1962, dans le cadre de la planification française, a clairement exprimé l'enjeu d'une *politique des revenus* : « La politique des revenus est une action consciente, qui se situe au stade de la formation des revenus, et vise à contribuer à la réalisation d'une expansion rapide et équilibrée en maintenant le plein emploi et en prévenant des distributions excessives ou insuffisantes de revenus dans une économie ouverte vers l'extérieur où la compétitivité est désormais notre loi. » (Documentation française, 1964, rapport n°s 47-48.)

Elle suppose qu'on arrive à « dégager un consensus sur certains objectifs de l'action gouvernementale : amélioration du niveau relatif de revenu de certaines catégories de travailleurs, redistribution des revenus ou de la fortune, par le biais de la politique fiscale et des transferts, ou nécessité de réduire la part des revenus du travail en faveur des profits pour stimuler l'investissement ». (P.M. Cracken, *O.C.D.E.*, 1977.)

De tels objectifs et un tel consensus sont pour le moins difficiles à obtenir ; ainsi le besoin d'augmenter les profits pour stimuler l'investissement sera contesté par des syndicats, et ce, d'autant plus, que les sacrifices consentis en matière de consommation ne se traduisent pas nécessairement par des emplois nouveaux.

Une politique des revenus comporte deux caractéristiques essentielles :

1. La volonté d'agir sur **la formation initiale des revenus** afin d'influencer le montant global, mais aussi la répartition initiale des revenus tant en fonction de critères économiques que sociaux (mieux payer les travailleurs manuels, réduire les rentes de certaines professions, fixer un niveau minimal de ressources, restaurer les profits...).

Cette action initiale sur la formation des revenus ne doit pas être confondue avec celle qui peut intervenir a posteriori et qui conduit à la *redistribution*.

2. La volonté d'exercer **un effet régulateur sur la croissance et les prix**. Comme l'exprime P. Coulbois : « L'unanimité s'est faite (...) sur l'adoption de la règle dite de Wicksell, qui constitue la proposition fondamentale de la politique des revenus : ceux-ci doivent progresser en parallèle avec le produit réel, pour que le niveau général des prix reste constant. » (*La politique conjoncturelle*, Cujas, 1974.)

Les difficultés d'application d'une politique des revenus

« La politique des revenus est une action concertée entre les différents partenaires sociaux, en vue d'aboutir à une régulation de la croissance des revenus, régulation qui doit permettre une expansion rapide, équilibrée et équitable de l'économie. » (*O.C.D.E.*, 1972.) Si la quasi-unanimité peut se faire sur l'objectif d'équilibre et sur celui d'expansion rapide, le principal point d'achoppement réside dans la nécessité de se mettre d'accord sur la structure de revenus qui sera retenue. Chaque catégorie sociale s'estime facilement défavorisée et risque de remettre en cause le consensus social nécessaire. La concertation suppose aussi une information suffisante des partenaires, des procédures régulières de dialogue qui assurent une répartition socialement acceptable, un système qui permette à tous de gagner plus par la négociation que par la force..., une connaissance et un contrôle suffisant des revenus pour que tous les types de rémunérations soient concernés par l'encadrement.

La logique de la régulation des revenus

Une deuxième difficulté vient de la complexité d'une mesure de la productivité du travail, de celle du capital ou de celle de la totalité des facteurs. Faut-il décider d'une progression uniforme pour tous ou seulement encourager les entreprises et les salariés qui obtiennent des progrès de productivité supplémentaire ? Si la croissance de la productivité automobile est de 10 % et celle des services 2 %, est-il raisonnable que les salaires de l'automobile augmentent de 10 % et ceux des services de 2 % ? Le comptable de chez Renault aurait alors des revenus augmentant plus vite que ceux de son homologue de tel cabinet conseil... Un tel mécanisme serait sans doute ressenti comme injuste. Par ailleurs une augmentation de la productivité peut être soit répartie entre les agents de l'entreprise (salaires, profits), soit attribuée aux agents externes (le consommateur ou le client qui peuvent bénéficier de prix plus faibles).

Il existe donc *plusieurs types* de politique des revenus qui se distinguent par la structure des revenus favorisée et aussi par l'ampleur et la nature des moyens mis en place pour réaliser cette distribution.

Les expériences historiques concrètes

L'expérience Kennedy

Les règles adoptées par l'équipe Kennedy étaient une application concrète du principe de Wicksell : l'évolution des salaires horaires devait suivre l'évolution de la productivité moyenne, l'ajustement se faisant par les prix, la consommation devant bénéficier d'une baisse de prix dans tous les secteurs où la productivité augmentait plus vite que la moyenne nationale.

La guerre du Viêt-nam, les faiblesses d'une administration peu habituée à contrôler prix et salaires ont très vite fait renoncer au système.

L'expérience hollandaise

Dans le cadre d'une planification associée à une économie de marché, les Pays-Bas ont, dès 1945, défini un système dont le principe était également d'arriver à une croissance de la masse salariale qui ne dépasse pas les gains de productivité.

De 1945 à 1959 les revenus ont été contenus dans ces limites. Mais la forte croissance et le plein emploi qui en est résulté ont créé des tensions qui ont entraîné l'évolution du système.

Pour résorber le travail au noir, la pénurie de certaines qualifications dans les secteurs dynamiques, les planificateurs hollandais adoptèrent une formule de croissance des revenus différente : les salaires d'une branche augmenteraient en fonction de leur propre productivité (p) et de celle de l'ensemble de l'économie (q) selon la formule de progression des salaires $s = \frac{3p + q}{4}$. Ceci revenait à donner trois fois plus de poids à l'évolution de la productivité de la branche qu'à celle de l'ensemble de l'économie. Mais la réalité de l'inflation conduisit les dirigeants à arrêter cette expérience.

Dès 1962 les négociations salariés-employeurs font place à l'administration des salaires.

Progressivement les Pays-Bas renonceront au contrôle des revenus et 1971 marquera la fin de la politique officielle des revenus. Ainsi semblent clairement illustrées les difficultés d'une régulation des revenus centralisée dans un système où les rapports conflictuels règnent sur le marché du travail.

Le cas du Royaume-Uni

Les médiocres performances de l'économie anglaise après la Deuxième Guerre mondiale : inflation, taux de croissance de la production inférieur à celui de ses concurrents, taux d'investissement languissant, croissance de la productivité exceptionnellement faible ont rendu la politique des revenus à la fois nécessaire et difficile. Plus les progrès de productivité sont faibles plus le surplus à distribuer est limité et plus le consensus risque d'éclater mettant en cause la politique des revenus.

Patronat et syndicats sous la direction du gouvernement devaient se regrouper autour d'objectifs gouvernementaux. En pratique cela aboutit à une succession de périodes de gel des salaires et des prix, puis de retour à la concertation sous le signe du contrôle a posteriori par le bureau des salaires et des prix.

L'insuffisance de l'investissement et des progrès de productivité, la faiblesse relative du surplus à partager, l'absence de consensus, l'alternance de « stop » and « go » provoquée par le butoir de la contrainte extérieure, à chaque reprise de la croissance, ont eu raison de la politique des revenus.

Le capitalisme anglais n'a pu rétablir sa compétitivité en freinant la croissance de la part salariale pour restaurer un taux de profit générateur d'accumulation rapide.

Les analyses théoriques

Les analyses néo-classiques

La pensée libérale critique fondamentalement l'action sur la source même de l'allocation des ressources : la rémunération des facteurs ! il ne faut pas de politique des revenus, car elle va à l'encontre des ajustements spontanés; la recherche de l'équité ne peut se faire qu'a posteriori par les transferts... toute action générale et a priori nuit à l'efficacité.

Le marché mieux que le planificateur créera l'équilibre non inflationniste souhaité...

Analyse keynésienne et néo-libérale

Les keynésiens sont favorables aux politiques de revenus présentées (Pays-Bas, Grande-Bretagne, politique Kennedy). Ils y voient l'instrument d'une lutte efficace contre les tensions inflationnistes qui pourraient résulter d'un écart entre croissance de la productivité, de la production et croissance des revenus. En atténuant les tensions inflationnistes, la politique des revenus permet de mieux mettre en place une politique de relance de la demande.

Les défenseurs d'une interprétation sociologique de l'inflation quel que soit leur courant de référence (donc y compris les néo-libéraux) voient dans la politique des revenus un moyen de lutte efficace contre l'inflation. Si l'inflation a pour cause les tensions et les oppositions entre les groupes sociaux, il est clair qu'un consensus social sera de nature à réduire l'inflation.

Analyse marxiste

Les marxistes ont souvent reproché à la politique des revenus d'être surtout une *politique des salaires*, ceux-ci étant bloqués pour permettre l'accroissement des profits. A un niveau plus théorique, les *théoriciens de la régulation* insistent sur le fait que la politique des revenus est historiquement située après la Deuxième Guerre mondiale, c'est-à-dire au cours d'une phase marquée par la régulation monopoliste. Le développement des syndicats, des négociations collectives maintiennent la demande en croissance stable dont le fordisme a besoin. Dans ce contexte, la politique des revenus a pour fonction de régulariser un peu plus la croissance réduisant les antagonismes donc les tensions inflationnistes qui pourraient être préjudiciables à la régulation globale.

La politique des revenus apparaît donc comme une volonté des Etats de créer les conditions d'une restauration des taux de profits en rétablissant un taux de partage plus favorable aux profits tout en permettant aux salariés de maintenir un niveau de consommation compatible avec la croissance fordiste.

L'échec de la politique des revenus vient de l'impossibilité pour le capitalisme à lutter durablement et efficacement contre la baisse tendancielle du taux de profit : tout ralentissement de la croissance salariale se traduit par une diminution des débouchés qui réduit à terme les perspectives de profits et bloque l'investissement qui ne peut s'effectuer sans bénéfice suffisant.

☞ **Inflation, régulation.**

Politique industrielle

La montée des politiques industrielles

De l'intervention de l'Etat à la politique industrielle

Les interventions de l'Etat en matière industrielle sont anciennes. En France, au XVIIe siècle déjà, Colbert influencé par les idées mercantilistes (qui prônent le développement des exportations pour attirer l'or et les autres métaux précieux sur le territoire national) met en place une politique de soutien à l'industrie tant militaire (armement) que civile (verre, textile...). Mais, si au cours des XVIIIe et XIXe siècles, on peut relever des exemples d'intervention de l'Etat, c'est essentiellement après 1945 que se mettent véritablement en place des tentatives d'actions concertées sur les structures mêmes de la production (poids des différentes branches industrielles, localisation géographique, degré de concentration, niveau technologique...), auxquelles on réserve le qualificatif de politiques industrielles au sens strict. Au sens large toute intervention de l'Etat en matière industrielle est parfois qualifiée de politique industrielle.

L'intervention de l'Etat en matière industrielle peut être générale ou spécifique, elle peut concerner toute l'industrie ; par exemple, telle ou telle mesure fiscale stimulera les investissements ou bien elle peut concerner un secteur où des crédits spécifiques sont accrédités pour restructurer la production de biens d'équipement.

Un engouement général

En France

En France, la mise en place des premiers plans indicatifs après la Deuxième Guerre mondiale est marquée par une volonté de restructuration industrielle (développement prioritaire des infrastructures) ; certaines nationalisations comme celles des Chemins de fer obéissent aussi à cette logique. L'adhésion au Marché Commun s'accompagne d'une politique de concentration voulue et soutenue par l'Etat... et depuis 1974 cette volonté d'orientation s'est accrue sous l'effet de la crise.

Les nationalisations de 1982 ont exacerbé les opposi-

1. R. Delorme, C. André, *l'Etat et l'économie*, éd. du Seuil, 1983.

tions, relatives aux analyses sur l'efficacité de l'intervention de l'Etat en matière industrielle. Les partisans d'une politique industrielle active ne manquent pas de rappeler que nos points forts, face à la concurrence internationale, sont le fruit de grands projets soutenus par l'Etat : l'électronique professionnelle, les centrales nucléaires, l'aéronautique (civile et militaire), les succès d'Ariane, sont les sous-produits d'une certaine conception de l'Etat appliquée à l'industrie.

Les libéraux par contre insistent sur les difficultés financières de l'exploitation de Concorde, les pertes de nos groupes sidérurgiques renfloués grâce aux millions de subventions payées par le contribuable, les multiples « canards boiteux » dont le maintien des emplois coûte cher ; ils y voient la preuve du caractère négatif d'une politique industrielle de l'Etat.

Les conflits d'interprétation ne doivent pas faire oublier que tous les gouvernements depuis 1945, selon des modalités diverses, ont pratiqué une politique industrielle.

Au Japon

Au Japon la politique industrielle est ancienne, elle est souvent considérée comme une des clés des succès économiques de ce pays. Dès la révolution Meiji, l'Etat exerce une action décisive sur la mise en place des premières entreprises industrielles, puisqu'il prend en charge leur création avant d'en confier la gestion au secteur privé. Actuellement encore les négociations entre le M.I.T.I. (et aussi le ministère des Finances, les banques...) et les entreprises privées tiennent une place essentielle dans la détermination des stratégies de développement industriel.

Aux Etats-Unis

Les succès remportés par la politique industrielle japonaise ont suscité des réactions aux Etats-Unis mêmes. Un courant d'opinion important s'est récemment développé en faveur de la mise en place d'une véritable politique industrielle. Il existait déjà une aide du gouvernement à l'industrie, en particulier par l'intermédiaire des budgets militaires qui induisent des commandes à l'industrie extrêmement importantes et financent des innovations qui ont souvent contribué à la compétitivité des industries américaines.

Mais, cette intervention de l'État conformément à l'approche libérale ne s'est pas intégrée dans une politique industrielle visant à orienter le développement de l'industrie dans des directions précises. Face à la montée de la concurrence au niveau mondial les Etats-Unis ressentent de plus en plus la nécessité de cette coordination. C'est ainsi par exemple qu'en matière de technologie avancée, le gouvernement américain met en place des structures permettant de concurrencer le Japon.

Ainsi tandis que, face à la crise économique mondiale, on constate une montée des politiques libérales en particulier en matière monétaire, paradoxalement, le besoin de politique industrielle est ressenti de façon croissante alors que, dans son principe, il relève d'une immixtion de l'Etat dans l'orientation de la production, à laquelle s'oppose le courant néo-classique.

La politique industrielle, une préférence de structure

Cet engouement correspond à la reconnaissance de fait de l'importance des effets de structures en matière de commerce international et de croissance économique.

Comme l'ont souvent fait remarquer les adversaires de Ricardo, à propos de la théorie des avantages comparatifs et de la politique de laisser-faire et de libre échange qui en découle, il n'est pas indifférent de produire du vin ou du tissu ou des biens d'équipement. Si un bien est l'objet d'une demande forte et soutenue au niveau mondial, le pays qui le produit dans de bonnes conditions de compétitivité bénéficie sur le long terme d'un avantage important en matière de croissance économique et d'emploi. De même un pays qui importe l'essentiel de ses biens d'équipement risque de voir sa croissance interne limitée par une forte contrainte extérieure, les importations de machines nécessaires à l'augmentation de sa production pèsent sur l'équilibre de sa balance commerciale et risquent d'induire des politiques restrictives qui limitent la croissance de la production (voir *Dictionnaire économique et social*, p. 311, le « stop and go »).

Quelles préférences de structures ?

La politique industrielle japonaise, un modèle ?

En matière industrielle la stratégie japonaise exerce une véritable fascination car elle a été marquée par des succès réels. En quoi a-t-elle consisté ? C. Sautter résume la politique suivie :

« La création de nouvelles industries est difficile lorsque le marché est ouvert aux produits et industries étrangères adultes. Aussi, le Japon a-t-il suivi, avec une remarquable continuité, le même processus d'industrialisation et de relations avec l'extérieur dont les principes ont été dégagés par M. Akamatsu, sous le nom de « *développement en vols d'oies sauvages* » et qui se vérifie aussi bien pour l'industrie cotonnière au début du siècle que pour la pétrochimie aujourd'hui.

Pour un produit donné, M. Akamatsu distingue trois phases. Durant la première, le marché domestique est trop étroit, ou la technologie étrangère à imiter trop complexe : la demande intérieure est satisfaite par l'importation en provenance de pays plus avancés. La seconde phase commence lorsque le marché domestique est suffisant et la technologie assimilable : la production japonaise démarre et, d'une façon ou d'une autre mais de toute façon, l'importation en provenance de pays plus avancés diminue. A l'aube de la troisième phase, la production japonaise est solidement ancrée sur un vaste marché intérieur qui permet de tirer tout le bénéfice des rendements croissants ; la demande intérieure commence à décélérer et, la saturation approchant, l'exportation démarre vigoureusement.

On peut ajouter une quatrième phase aux trois phases de M. Akamatsu ; lorsque la fabrication du produit devient trop coûteuse au Japon, parce que la technologie en est « mûre » et que les salaires progressent vivement, la production et l'exportation plafonnent et l'importation reprend... mais cette fois en provenance de pays moins avancés, à plus bas salaires que ceux du Japon. Cette quatrième phase explique l'accent mis depuis quelques années par les industriels japonais sur l'investissement dans les pays limitrophes d'Asie du Sud-Est. On assiste en quelque sorte à une « émigration » des industries japonaises « dépassées ».

Au cœur du processus décrit par M. Akamatsu, se trouve aussi un déplacement progressif des capitaux et de la main-d'œuvre japonaise vers des activités de plus en plus élaborées c'est-à-dire de technologie de plus en plus complexe (aspect « offre »), et en même temps toujours sur la crête de la vague des besoins solvables du marché japonais, puis du marché mondial (aspect « demande »). On assiste ainsi à un glissement continu de la structure industrielle japonaise, de la chimie lourde (pétrochimie) vers la chimie fine (pharmacie, teinture, etc.), de la machine-outil banale vers la machine-outil à commande numérique. »

(Economie et statistique.)

La politique industrielle japonaise doit être interprétée en tenant compte des conditions particulières dans lesquelles s'est mise en place cette politique. En particulier :

1. Les reconversions sont facilitées au Japon par la structure des groupes japonais, le travailleur reste dans la

même entreprise même s'il change d'activité. Il en résulte une plus grande mobilité des emplois et de moindres résistances sociales.

2. Les reconversions majeures ont eu lieu avant le début de la crise économique mondiale qui a suivi 1974. La croissance d'alors facilitait les adaptations.

3. Le Japon par ses sociétés de commerce dispose de moyens de prospection et d'analyse de la demande mondiale qui garantissent une exceptionnelle efficacité des décisions. Ces mêmes sociétés constituent un instrument de protection du marché intérieur inégalé.

4. La nature des relations Etat/entreprise réduit les gaspillages des fonds publics.

Quels choix pour les pays industrialisés ?

Les pays industrialisés cherchent actuellement à s'orienter vers les industries à forte valeur ajoutée. Ne pas rater la nouvelle révolution industrielle semble être un objectif urgent, mais cet objectif, comment le réaliser ? Faut-il pour autant abandonner les industries traditionnelles ? Tout pays souhaite aussi un appareil de production bien adapté à la demande mondiale mais quelle est la politique permettant l'adaptation optimale ?

Quand on rentre dans le détail des politiques industrielles à mettre en place, les oppositions apparaissent. Ainsi s'opposent en particulier la défense de la politique des créneaux et celle de la politique de filière.

La politique des créneaux

La politique des créneaux a eu son heure de gloire en France pendant la période 1974-1981. Le principe général est simple : il faut se retirer des branches pour lesquelles on estime ne pas être assez compétitif sur le plan mondial ou pour lesquelles la croissance de la demande mondiale n'est pas ou ne devrait pas être suffisamment soutenue. Pour éviter une concurrence défavorable (la saturation des débouchés entraînerait tôt ou tard des luttes sur les prix qui limiteraient la croissance économique) mieux vaut se reconvertir à temps vers les secteurs où les possibilités de développement et de profits restent importants.

La politique des créneaux part aussi de l'idée que les ressources humaines et techniques sont limitées et qu'il faut donc concentrer les moyens disponibles sur les créneaux portés par le marché mondial et adaptés aux potentialités du pays.

Cette politique a fait l'objet de multiples critiques. D'une part elle favoriserait l'absence de production nationale

POLITIQUE DE CRÉNEAUX

pays ne disposant pas des facteurs de base en quantité suffisante (pétrole, matières premières...)

il faut se procurer les facteurs de production par l'échange international

dimension du pays insuffisante pour avoir un marché d'une taille critique

nécessité de se spécialiser de façon compétitive

il faut s'adapter à la demande mondiale (filière électronique grand public, industries d'intelligence, ingéniérie...)

on ne peut tout faire : il faut choisir les secteurs où l'on est le plus performant

- la compétitivité résulte de la maîtrise d'une **position dominante** sur un segment de marché bien identifié

- la compétitivité se trouve renforcée si l'entreprise sait opérer en même temps sur **plusieurs segments** du marché possédant des caractéristiques différentes du point de vue de la croissance (STOFFAËS)

- acquisition d'une masse critique (part dominante du marché mondial sur les créneaux)
- choix des secteurs à haute valeur ajoutée et à croissance forte de la demande internationale
- stratégie de portefeuille équilibrant une stratégie risquée dans les domaines d'avenir et un retrait des branches mortes à croissance lente
- combinaison d'investissement et de désinvestissement

dans des pans entiers de l'industrie, d'autre part à l'intérieur même d'un secteur, elle provoquerait des « trous » liés à la faible compétitivité. Ces deux effets se traduiraient par un accroissement de la dépendance extérieure, puisqu'il faudrait impérativement importer ce que l'on ne produirait plus. Si la conjoncture mondiale s'avère défavorable à nos exportations, le poids de ces importations induites resterait d'autant plus rigide qu'il s'agit le plus souvent de produits de première nécessité.

Par ailleurs, cette politique sous-estimerait l'intérêt, au moins à court et moyen terme, pour l'emploi de secteurs relativement archaïques mais employant beaucoup de main-d'œuvre. Il en résulterait une amplification du chômage inacceptable en période de récession. Enfin, cette stratégie d'extraversion risque de provoquer le développement d'une économie « à deux vitesses ». L'orientation vers l'extérieur rend nécessaire une compétitivité très forte qui peut s'accompagner de licenciements massifs. La seule solution du point de vue de l'emploi risque alors d'être la constitution de deux marchés du travail séparés, d'un côté des salaires élevés, une forte mobilité géographique... correspondrait au secteur concurrentiel et exportateur, de l'autre une faible productivité et des travailleurs peu payés qui participeraient à une production réservée au marché national.

La politique de filière

Qu'est-ce qu'une filière ?

Les liaisons entre les différentes productions sont plus ou moins intenses. On sait par exemple que si on augmente la production de meubles, il faudra disposer de plus de bois... Si on essaie de regrouper les activités en fonction de l'intensité des opérations d'achat et de vente qui les unissent on obtient une classification en filière.

« Chaque filière constitue une chaîne d'activités qui se complètent, liées entre elles par des opérations d'achat et de vente. »[1]

Une politique industrielle de maîtrise des filières consiste à définir des filières prioritaires et à intervenir (directement ou indirectement) pour mettre en place des structures productives telles que le pays dispose progressivement de capacité de production tout au long de la filière. Si on a une industrie de composants électroniques puissants, on pourra ensuite fabriquer dans de meilleures conditions de compétitivité et de sécurité d'approvisionnement, les matériels électroniques les plus divers.

1. J. Montfort, *Economie et statistique*, n° 151.

POLITIQUE SÉLECTIVE DES FILIÈRES

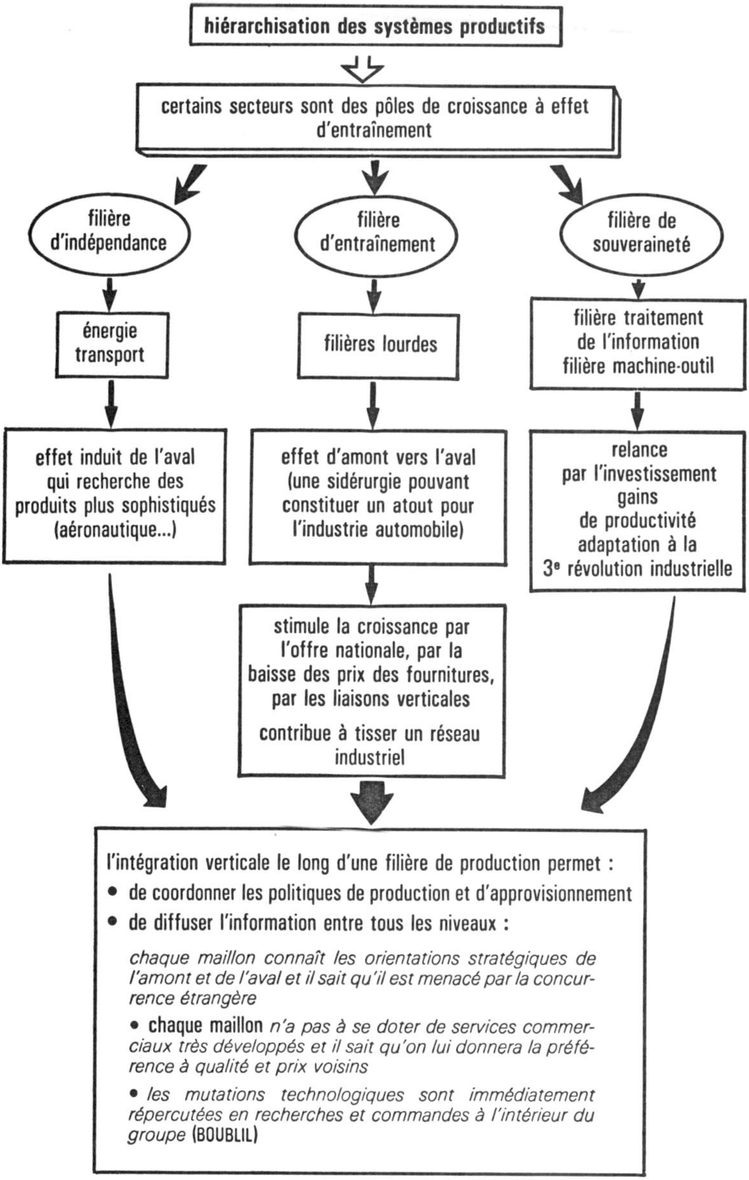

Boublil distingue différentes politiques de filière selon l'objectif retenu : les filières d'entraînement, d'indépendance (réduire les importations...), de souveraineté qui permettent d'éviter à terme des effets de domination extérieure (électronique).

Des créneaux aux pôles de compétitivité

« Une économie nationale n'est pas constituée uniquement de secteurs sur-compétitifs, voués à s'étendre et de secteurs sous-compétitifs, destinés à disparaître : sur un créneau donné, l'acquisition d'une forte compétitivité permet de créer un pôle, capable de diffuser des effets, d'entraîner tant en amont qu'en aval de la filière sur laquelle il est situé. En amont (biens intermédiaires et biens d'équipement destinés à cette industrie), le *pôle de compétitivité* ouvre un marché intérieur sur lequel les producteurs nationaux peuvent se lancer avant d'attaquer le marché mondial. En aval (produits des industries situées aux stades suivants), ce sont les coûts de production qui peuvent être abaissés. » (G. Lafay, *Economie et finances internationales,* Dunod, février 1982.)

Des pôles de compétitivité aux filières

Analysant la politique japonaise le C.E.P.I.I. [1] étudie la logique d'une spécialisation sélective de filières :

« Couvrir l'ensemble du champ industriel tout en concentrant les moyens sur quelques pôles industriels peut a priori paraître contradictoire. (...) La recette appliquée est simple dans son principe : sont privilégiés en premier lieu les secteurs produisant des biens ayant un marché de masse.

Cette priorité permet d'une part d'engendrer mécaniquement des gains de productivité grâce aux économies d'échelle, d'autre part de créer pour tous les stades amont des filières des débouchés de masse, ce qui permet à l'ensemble industriel de se renforcer, créant ainsi les bases nécessaires au développement de produits plus sophistiqués et d'activités de recherche ainsi que les moyens pour entretenir les secteurs plus faibles mais qui par nature doivent peser moins lourd. » (*Rapport du C.E.P.I.I.,* Economica, janvier 1983.)

1. C.E.P.I.I., Centre d'études prospectives et d'informations internationales.

Ne pas oublier les liaisons...

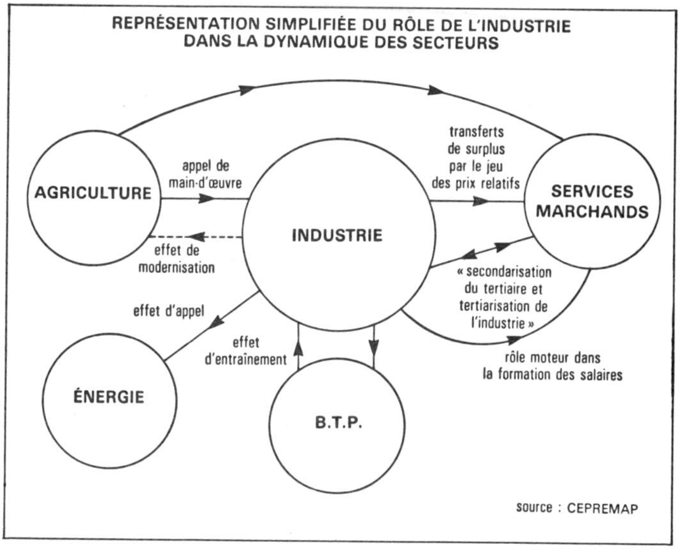

La politique industrielle, quels obstacles ?

L'Etat dispose d'un arsenal important de moyens pour orienter l'industrie. Dans certains pays comme la France l'autorité de l'Etat est directe sur une partie très importante de l'industrie qui a été nationalisée.

Vis-à-vis du secteur privé, les pouvoirs d'intervention sont plus indirects, mais néanmoins très importants; ils proviennent principalement :

— du maniement de la fiscalité et de la protection douanière;

— des aides et subventions;

— des commandes publiques;

— de la négociation de conventions internationales plus ou moins favorables (négociations d'accord de limitations des importations...).

Pourtant plusieurs éléments limitent les possibilités d'intervention de l'Etat en matière industrielle :

1. Sans doute l'Etat dispose des moyens de pression que constituent les commandes publiques, les subventions, la fiscalité, le crédit... mais sauf nationalisation importante (comme dans le cas de la France) **les décisions de restruc-**

turation relèvent du secteur privé et les aides doivent être massives pour emporter la décision. Or les moyens d'un pays sont finalement limités, particulièrement en période de crise économique.

2. L'efficacité de la politique industrielle repose sur **une estimation.** Or, cette vision claire des alternatives suppose une grande connaissance des marchés et des produits. L'appareil de l'Etat n'a que peu d'accès à ces informations. Sans doute celui-ci permet-il d'effectuer quelques études globales sur les secteurs mais elles restent le plus souvent superficielles par rapport au niveau d'information des grandes firmes. Il en résulte des risques d'erreurs stratégiques aux conséquences incalculables.

3. **Le problème de l'emploi.** Toute politique industrielle modifie la nature et la structure des emplois. Il en résulte des problèmes de reconversion dont le coût doit être pris en compte. Dans un contexte de crise, les politiques industrielles se heurtent aux difficultés de création d'emplois nouveaux et souvent à leur coût.

4. **Avoir une conception large de la politique industrielle.** Aujourd'hui l'industrie inclut les services marchands, tels les sociétés de conseil, la vente de savoir-faire, l'ingénierie... Quand on vend un ordinateur une part croissante revient au logiciel, à la formation du personnel, à l'entretien et à la maintenance... Une bonne spécialisation dans les services incorporant beaucoup de « matière grise » est inséparable de l'efficacité industrielle !

☞ **Planification en économie de marché, entreprises publiques.**

Politique sociale

Un phénomène récent et controversé

Protection sociale et solidarité

Aujourd'hui l'Etat intervient de multiples façons en matière de protection sociale : Sécurité sociale, allocations familiales, retraites, aides aux chômeurs...

La protection sociale repose sur le principe de solidarité, solidarité de ceux qui n'ont pas d'enfant vis-à-vis de ceux qui ont la charge d'éduquer les générations futures, solidarité des bien-portants vis-à-vis des malades, solidarité des actifs vis-à-vis de ceux qui n'ont plus l'âge d'exercer une profession, solidarité de ceux qui ont un emploi vis-à-vis de ceux qui sont au chômage.

Les débuts du libéralisme et l'absence de politique sociale

« La société est obligée de pourvoir à la subsistance de tous ses membres, soit en leur procurant du travail, soit en assurant les moyens d'exister à ceux qui ne sont pas en état de travailler » affirmait déjà Robespierre devant la Convention en 1793.

Pourtant la protection assurée par l'Etat restera presque inexistante jusqu'au milieu du XIXe siècle. Bien plus, un certain nombre de mesures accroissent l'isolement des plus faibles (interdiction des syndicats, du droit de grève...), réduisent les aides des sociétés de secours (interdiction des corporations), alors que l'industrialisation augmente la dureté des conditions de travail.

La charité privée, qu'elle soit le fait de l'Eglise qui gère écoles, hospices et hôpitaux, ou du patronat qui met parfois en place une politique privée d'aide aux plus méritants (à laquelle on donnera le nom de « paternalisme ») est la seule forme d'assistance reconnue.

Les ouvriers tenteront bien de mettre en place des sociétés de secours mutuel pour lutter contre le chômage et la maladie, mais dans le contexte de suspicion qu'elles rencontrent, ces tentatives resteront limitées jusqu'au milieu du XIXe siècle.

L'émergence du social dans la deuxième moitié du XIXe siècle

Les premières formes d'intervention de l'Etat en matière sociale au XIXe siècle portent sur la réglementation du travail (à partir de 1848), l'autorisation des syndicats (1884) et la réglementation des conditions de travail (1893, 1898...).

La IIIe République, en développant l'enseignement laïc et obligatoire, place l'Etat à la tête d'un service public important. Les hôpitaux, de plus en plus souvent pris en charge par les collectivités, la mise en place d'un véritable droit du travail, la recherche d'une couverture des risques majeurs (santé et chômage) dans le cadre de mutuelles contrôlées par le patronat, mais aussi par l'Etat, symbolisent l'émergence du social dans la deuxième moitié du XIXe siècle, alors même que les dépenses sociales représentent encore moins de 1 % du P.I.B. en 1892 !

La véritable naissance de la politique sociale

« La première brèche au principe de la liberté des contrats entre patrons et salariés se produit dans les années 1890. Elle porte sur les retraites des ouvriers mineurs, qui introduit une forme d'obligation pour les employeurs (1894, 1895). Elle correspond aussi à la loi de 1898 sur les accidents du travail (...).

La seconde brèche est ouverte par la guerre de 1914-1918 (...). Cette phase aboutit à la loi sur les assurances sociales en 1928.

Un troisième tournant est pris en 1936. La nouveauté vient de l'appel à l'arbitrage de l'Etat à la fois par des organismes patronaux et par les syndicats de salariés. On assiste pour la première fois à l'étatisation des conventions collectives. »[1]

Pourtant, durant toute cette phase, la part du revenu socialisé (revenus de transferts, revenus totaux) demeure modeste mais le principe de l'intervention de l'Etat dans la protection sociale semble acquis.

L'ère du social (1948-1974)

La part du revenu socialisé qui était de 6 % avant la Seconde Guerre mondiale passe à près de 20 % en 1948 pour représenter près d'un tiers à la veille de la crise de 1974. Le développement de la Sécurité sociale, des allocations familiales, l'institution du salaire minimun (1950), la création des A.S.S.E.D.I.C. qui permettent de mieux se protéger contre le chômage, le développement des retraites, les aides au logement marquent les trois décennies postérieures à la Seconde Guerre mondiale.

1. R. Delorme, C. André, *L'Etat et l'économie*, éd. du Seuil, 1983.

Après 1974, la montée des déficits et la crise du social

Après 1974, la montée du chômage, le ralentissement de la croissance du revenu national tendent à accroître les déficits des systèmes sociaux. La baisse de la rentabilité du capital, le ralentissement des progrès de productivité, la lutte contre l'inflation (supérieure à 10 %) incitent à limiter les déficits. La croissance des dépenses de santé devient un problème majeur car quand le revenu augmente moins, il faut ponctionner la consommation privée pour financer la progression des dépenses du budget social... Une certaine tendance à reprivatiser, à limiter le taux de couverture collective, à diminuer les droits des chômeurs se fait jour. Partout, la part des prélèvements obligatoires dans le P.I.B. est estimée atteindre un seuil dangereux.

Trois conceptions de la protection sociale

- **La conception libérale** de la protection sociale consiste à faire confiance au marché. La famille assure la solidarité entre les générations. L'épargne de précaution, l'assurance privée permettent à chacun de couvrir les risques de son choix, en en assumant le coût. L'assistance charitable d'origine privée (Eglise, particuliers) assure des secours aux plus pauvres.
- Une deuxième **conception, mutualiste,** s'appuie sur le principe associatif. Les individus s'organisent en mutuelles auxquelles ils adhèrent librement. Les cotisations de tous couvrent les risques de chacun.
- Une troisième conception, plus collective, veut que **le risque soit socialisé**. Tous les individus de la collectivité ont droit à une certaine protection sociale indépendamment de leur contribution au financement. Cette dernière conception a, le plus souvent, été défendue par le courant de pensée socialiste.

La protection contre la maladie, un exemple des oppositions d'analyse et de politique

L'analyse libérale

Le financement collectif des dépenses de santé est généralement considéré comme une charge qui limite la compétitivité, et en conséquence pousse à l'inflation (en augmentant les charges qui pèsent sur le secteur marchand).

Plutôt que le régime d'assurance-maladie pour tous obligatoire et universel, les libéraux préfèrent l'assurance volontaire qui permet à chacun d'ajuster ses dépenses en fonction de sa volonté de couvrir les risques qu'il encourt.

L'analyse du courant socialiste

Le courant socialiste critique l'analyse libérale sur plusieurs points. Tout d'abord la santé n'est pas une marchandise comme une autre ; il s'agit d'un besoin essentiel qui doit prioritairement être assuré à tous. De plus l'état sanitaire d'une nation n'est pas sans influence sur ses capacités productrices. L'intervention de l'Etat doit assurer une double redistribution des bien-portants aux plus malades, des plus riches aux plus démunis. L'assurance privée ou la charité privée pourrait permettre à certains de se soustraire à l'obligation de solidarité et ne pas assurer l'égalité de tous devant la santé. La protection contre la maladie est un des plus grands progrès réalisé au cours des dernières décennies ; il suffit de relire Zola pour s'en convaincre.

Cette analyse n'exclut pas nécessairement l'idée que le pourcentage de P.I.B. consacré aux dépenses de santé doive se stabiliser ; mais, la solution au problème du coût social réside dans une meilleure analyse de l'utilité sociale des fonds dépensés afin de réduire certains gaspillages. Certaines limitations des dépenses peuvent même être envisagées à condition de ne pas mettre en cause le principe de solidarité (limitation du remboursement des médicaments de confort, prévention...).

A quoi servent les politiques sociales

Malthus et les effets négatifs des politiques sociales

Dans son *Essai sur le principe de population,* Malthus défend clairement une analyse anti-interventionniste en matière sociale : « les lois des pauvres... créent les pauvres qu'elles assistent». Schématiquement, ce raisonnement classique inspirera la pensée libérale même si les variables et les mécanismes retenus dans les analyses plus récentes diffèrent de ceux pris en compte par Malthus.

La conclusion est claire : il ne faut pas aider les pauvres, même la charité a des effets négatifs, car on se heurte aux limites des possibilités de production en encourageant la natalité. Le seul remède à la pauvreté peut venir des pauvres eux-mêmes : plus d'épargne, moins d'enfants, sens de l'importance de la production, frugalité...

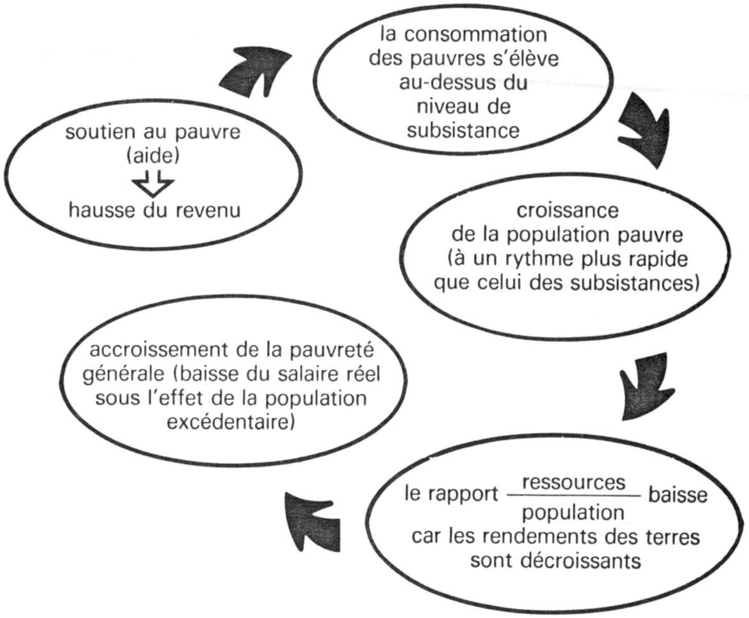

Les nouveaux libéraux et le refus de protection collective

Les vastes systèmes de transferts se révèlent incapables de résorber la vraie pauvreté. Tullock tente de mettre en évidence la logique perverse qui pousse la société globale vers des systèmes de transferts de plus en plus collectifs qui, au total, représentent un prélèvement sur la production bien supérieur à la préférence réelle et individuelle pour l'assistance sociale. Supposons que la politique sociale soit individualisée, chacun estime le montant du don qu'il doit faire au titre de la solidarité. S'il verse directement cette somme à une personne dans le besoin, la misère est immédiatement soulagée et le coût administratif est faible. Par contre, si le niveau des dépenses sociales est étatisé par des mécanismes de Sécurité sociale, l'individu espère bien souvent échapper individuellement au financement des dépenses décidées ou même peut recevoir une partie des sommes qu'il aura versées, si les critères d'affectation sont suffisamment généraux (logement, famille...)

Tullock et l'école libérale dite du *public choice* concluent que les sociétés choisissent des taux de transfert plus élevés que ceux qui résulteraient de leurs préférences individuelles. Ils optent pour les systèmes les plus impersonnels mais aussi qui redistribuent le moins aux vrais pauvres... Ces mécanismes sont renforcés par le fait que ceux qui veulent obtenir des aides (agriculteurs, familles...) ont intérêt à un système complexe et obscur qui leur permet de ne pas soulever d'oppositions. De façon générale, la pression de ceux qui luttent pour obtenir un transfert est grande car la probabilité de recevoir individuellement des revenus supplémentaires est forte, tandis que du côté de la masse de la population qui n'est pas concernée par la nouvelle mesure sociale, la résistance est faible car la probabilité de payer est limitée par la dilution de la charge sur l'ensemble de la collectivité. Ces mécanismes expliquent, selon les nouveaux libéraux, la montée du social au détriment du développement de la responsabilité individuelle.

Pour de nombreux sociologues libéraux le social serait le lieu d'*effets pervers*. L'Etat providence, chargé de mettre en place certaines lois sociales, engendrerait automatiquement leur contraire. Ainsi, pour protéger les locataires, on développera leur protection en limitant la hausse des loyers au nom du social. En fait un tel comportement risque rapidement de limiter la construction, tarissant totalement les offres de location.

La défense du social

La défense du social vient à la fois du courant libéral réformiste qui s'oppose aux analyses ultra-libérales précédentes et du courant socialiste.

La pensée libérale réformiste

Le capitalisme engendre des injustices sociales contre lesquelles il faut lutter ; la politique sociale de l'Etat doit permettre d'associer l'efficacité économique du capitalisme et le progrès social.

L'analyse de J.S. Mill préfigure la politique sociale réformiste des libéraux. La justice sociale ne s'oppose ni au capitalisme, ni au marché, ni à la compétition ; il faut rechercher non l'égalité absolue mais l'équilibre entre justice et efficacité en éliminant les inégalités « injustes » : héritage, rentes de situation, absence d'éducation pour les plus déshérités... La justice sociale passe donc par la suppression des avantages qui ne doivent rien au mérite personnel. Le manifeste radical de J.-J. Servan-Schreiber, l'impôt négatif (Stoleru) seront comme un lointain écho de certaines analyses sociales de J.S. Mill.

Les moyens préférés des *libéraux réformistes* sont : la fiscalité y compris la taxation de l'héritage, la mise en place de structures éducatrices par l'Etat qui fournit à chacun les moyens de s'instruire ; dans certains cas l'aide directe à condition qu'elle soit limitée, n'incite pas à la paresse et n'induise pas des conditions d'assisté.

La limite de cette intervention est le respect des mécanismes du marché. L'Etat doit intervenir en matière sociale pour compenser les effets sociaux négatifs qui peuvent résulter de la seule concurrence, mais sans mettre en cause les principes fondamentaux du capitalisme.

Le courant socialiste

Le social est le fruit des luttes contre la pauvreté, la maladie... Sans doute les transferts des plus riches vers les plus pauvres sont insuffisants ; même s'ils se font principalement entre salariés (des bien-portants vers les malades, des célibataires vers les familles nombreuses), ils constituent une forme de solidarité tout à fait essentielle. Quand on compare le niveau des soins donnés aux plus pauvres en 1900 et en 1983, le progrès social est incontestable.

Fondamentalement, le social est le fruit des luttes des travailleurs même si la gestion capitaliste tend à en faire un élément de régulation qui limite les fluctuations (politique keynésienne). La crise actuelle fournit l'occasion d'une remise en cause des acquis sociaux à laquelle les travailleurs doivent vigoureusement s'opposer. La société doit assurer à tous certains droits : protection face à la maladie, face à l'absence de ressources, face à la vieillesse, aux accidents du travail. Elle doit donner des services publics adaptés et de qualité et pas seulement assurer des revenus minima. Crèches, espaces verts... sont des éléments dynamiques d'une politique sociale au service du public.

Les transferts sociaux, éléments de la régulation d'ensemble

Indépendamment de leur finalité sociale, les transferts sociaux contribuent dans une perspective keynésienne ou marxiste à la régulation d'ensemble de l'économie.

→ Les transferts sociaux ont participé au maintien d'une demande croissante pendant les Trente Glorieuses, demande croissante nécessaire au soutien de la croissance de la production de masse, condition de l'amélioration de la productivité (fordisme). Ces transferts ont sans doute évité des chutes brutales de la demande et les engrenages récessifs qui en résultent traditionnellement.

☞ **Politique budgétaire, croissance et crises, fiscalité.**

Population

Un élément capital pour l'avenir économique et social

Un moteur de l'histoire ?

Les guerres napoléoniennes n'auraient pas été possibles sans le poids démographique d'une France qui alors rivalisait avec l'empire de Russie du point de vue population. Cet aspect militaire est loin d'être le seul. La forte croissance démographique des pays du Tiers Monde, la faiblesse de celle des pays industrialisés posent des problèmes de natures différentes mais dans les deux cas importants.

La bombe « population »

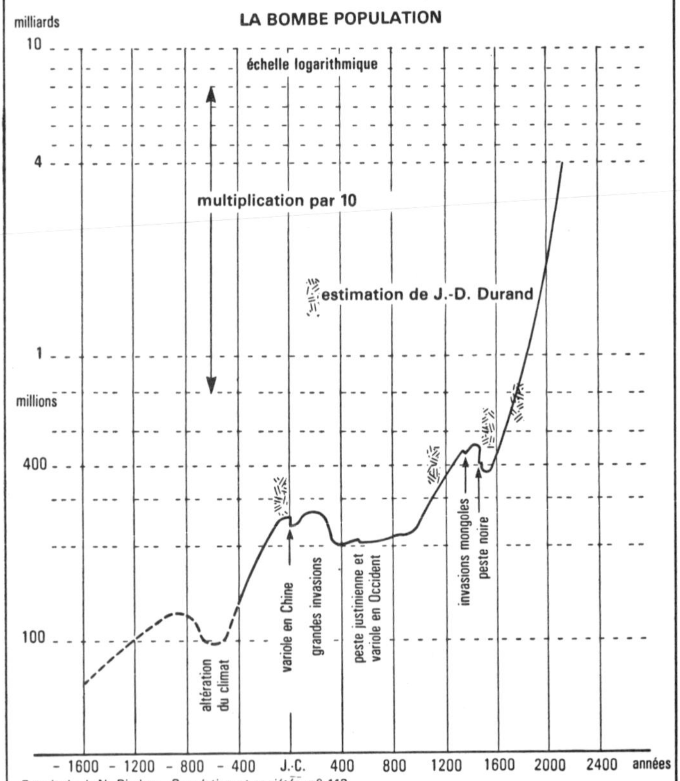

Extrait de J.-N. Biraben, *Population et sociétés*, n° 113

A partir de l'apparition de l'homme sur terre il s'écoule des millénaires pour que soit atteint l'effectif de 1 milliard (vers 1830), mais seulement un siècle pour passer de 1 à 2 milliards (vers 1930), trente ans de 2 à 3 (vers 1960) et quinze ans de 3 à 4 (vers 1975)[1].

Cette accélération du nombre des hommes a fait parler de bombe « Population ». Les famines ne sont-elles pas aussi destructrices que les armes ? L'équilibre économique et politique du monde ne va-t-il pas s'effondrer ?

Une dimension géopolitique : les rapports Nord-Sud

La croissance démographique rapide est aujourd'hui le fait des pays du Tiers Monde. L'opposition Nord-Sud devrait s'approfondir à l'approche du XXIe siècle :

- **Au Nord,** une population riche mais relativement peu nombreuse et vieillissante.
- **Au Sud,** une population très jeune et en forte croissance qui se heurte à des ressources limitées :

« Alors que la croissance démographique diminue encore dans les nations industrialisées (elle doit passer de 0,69 % à 0,4 % d'ici à l'an 2000), elle reste et restera forte dans les pays en voie de développement (2,02 % aujourd'hui et, prévoit-on, 1,71 % à la fin du siècle). Dans ces pays, la baisse des taux de fécondité (de 5,5 enfants par femme à 4,1 entre les périodes 1970-1975 et 1980-1985) a été très inégale : en Afrique, il est encore de 6,43 enfants par femme. »[2]

	1980		2100 (prévisions)	
	millions	%	millions	%
Pays les plus développés	1 181	27	1 300	12
Pays les moins développés	3 193	73	9 600	88
Population mondiale	4 374	100	10 900	100

Cette opposition ne doit toutefois pas masquer l'existence de différences très importantes en particulier parmi les pays du Tiers Monde.

1. J.N. Biraben, *Population et sociétés,* n° 113, mai 1978.
2. G. Herlich, *Le Monde,* 15 juin 1984.

La connaissance des données démographiques

Dénombrer les populations, préciser les évolutions, analyser leurs structures telles sont les préoccupations premières des démographes.

La structure par âge de la population

Une bonne connaissance quantitative de la population suppose des *recensements* fiables et une bonne tenue de *l'Etat civil.*

Les pyramides des âges constituent de véritables cartographies de la population d'un pays puisqu'elles permettent de visualiser l'importance de chaque groupe d'âge dans l'ensemble de la population considérée.

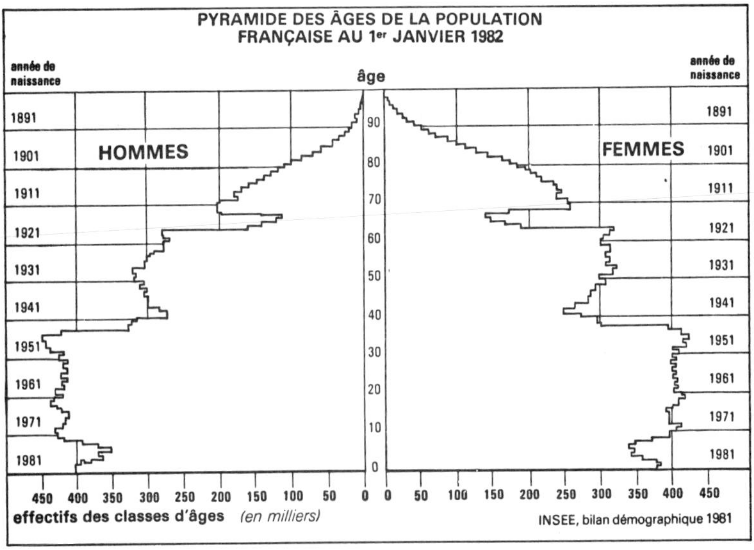

Les courbes démographiques gardent la marque de l'évolution passée, dans la mesure où la forme de la courbe ne peut se comprendre qu'en prenant en compte les déficits des naissances ou/et les taux élevés de mortalité des périodes antérieures (guerres...). Le futur peut aussi être décelé car la base de la pyramide définit l'importance des générations adultes de demain et le haut de la pyramide permet de prévoir le poids futur des retraités.

La natalité

Si le nombre des naissances fournit une base de calcul à l'évolution à court terme de la population, le taux de natalité met en évidence le dynamisme démographique.

	Maroc	France	
Population en 1981	20,9 millions	54 millions	Écart important en valeur absolue.
Nombre de naissances	961 000	810 000	Écart peu important.
Taux de natalité	46 ‰	15 ‰	Écart qui laisse présager des évolutions très différentes du point de vue de l'évolution de la population totale.

Le taux de natalité est fonction à la fois de la structure par âge et des comportements de fécondité.

La mortalité

La mortalité se mesure par le nombre de décès dans l'année civile. Ce nombre est influencé par la structure par âge mais aussi par le niveau sanitaire, les guerres ou les épidémies...

« Le taux de mortalité des pays en voie de développement devrait rejoindre d'ici à la fin du siècle celui des nations industrialisées (aux environs de 10 ‰) — il est déjà de 11 ‰ — aujourd'hui, mais l'Afrique avec 25 ‰ reste au niveau des années 1950. Elle n'a pas non plus comblé son retard en matière d'espérance de vie : celle-ci y est de 49,7 ans, alors que des progrès considérables ont été constatés en Amérique latine ou en Extrême-Orient. »[1]

Si les populations du Tiers Monde ont des taux de mortalité souvent proches de ceux des pays industrialisés c'est dans une large mesure parce que leur population est extrêmement jeune. La transmission des principaux acquis de la médecine explique parallèlement cette évolution. L'espérance de vie fait aussi des progrès mais demeure encore très différente selon les niveaux de développement.

Inégaux devant les richesses, les pays le demeurent devant la mort.

1. La mortalité infantile est encore très élevée dans le Tiers Monde, *Le Monde*, 15 juin 1984.

Taux de fécondité et remplacement des générations

En matière d'évolution à long terme, la fécondité est au cœur de la dynamique de la population. Quand on rapporte le nombre annuel des naissances à l'effectif moyen des générations féminines d'âge fécond, on obtient la fécondité du moment. Le nombre des enfants nés dans l'année est donné par l'Etat civil. Ainsi en France, en 1983, il a été de 750 000. Le nombre de femmes pouvant avoir des enfants est calculé par l'I.N.E.D. (en France). Cette estimation prend en compte le fait que la structure par âge des femmes joue un rôle sur la probabilité d'avoir un enfant. Celle-ci est plus faible au-dessous de 17 ans et au-delà de 40 ans qu'entre 24 et 26 ans.

L'effectif calculé de femmes d'âge fécond en 1983 était de 412 000. L'indice de fécondité qui en résulte est alors de $\frac{750\,000}{412\,000} = 1{,}8$. Pour assurer le remplacement des générations il faudrait que ce taux soit en France de 2,1. 210 naissances permettent à une génération nouvelle de 100 femmes d'arriver à l'âge de la fécondité. Il naît 105 garçons pour 100 filles et il faut tenir compte de la mortalité à chaque âge.

Lorsque la mortalité des jeunes est plus forte, le taux de fécondité qui assure le remplacement des générations est plus élevé ! le taux de remplacement permet de quantifier le niveau de remplacement des générations, ce taux est égal à :

$$\frac{\text{Indice de fécondité réel}}{\text{Taux de fécondité nécessaire au remplacement des générations}}$$

Ainsi en France, le taux net de remplacement est de 1,78/2,1 % soit environ 85 %. Pour assurer à long terme le remplacement des générations, le nombre de naissances en 1983 aurait dû être de 412 000 × 2,1 soit 865 200 enfants... Le déficit des naissances est donc de plus de 100 000, et pourtant la population de la France n'a pas diminué en 1983, au contraire elle a augmenté.

Ne pas confondre croissance de la population actuelle et renouvellement des générations

« Supposons, par exemple, que la fécondité se stabilise un peu en dessous de 1,8 enfant par femme, au niveau correspondant à 85 % de celui de remplacement (1,78/2,10 = 0,85).

Alors, la génération des enfants sera de 15 % moins nombreuse que celle des parents : la population en âge de procréation diminuera de 15 % en 27 ans, à peu près de 0,5 % par an. Mais cette population n'est qu'une partie de la population totale. Celle-ci comporte aussi des personnes plus âgées, qui ne procréent plus. L'évolution de cette population totale dépend du nombre total de *décès*, déterminé principalement par le nombre et la mortalité des personnes âgées.

L'histoire nous lègue une pyramide des âges et une mortalité telles que le nombre annuel de décès est de l'ordre de 550 000. Il suffirait donc de 550 000 naissances, en l'absence de migrations extérieures, pour maintenir la *population totale* à son effectif actuel d'environ 54,5 millions d'habitants. Avec un nombre annuel de 750 000 naissances, la population s'accroît d'environ 200 000 par an (excédent des naissances sur les décès). Mais cela ne suffit pas pour accroître la population en âge de procréer : la génération qui naît, au rythme de 750 000 enfants par an, est moins nombreuse que les générations « qui s'en vont ». Par cette expression, on entend *les générations qui quittent peu à peu l'âge de procréation,* dont l'effectif à la naissance était de 865 000 par an, *et non celles qui meurent* au rythme actuel de 550 000 décès par an.

Dans l'hypothèse faite plus haut, si la population susceptible de procréer diminue de 15 %, à chaque génération, c'est-à-dire à peu près de 0,5 % par an, et si le régime de mortalité reste ce qu'il est, alors la population totale finira par décroître au rythme de 0,5 % par an. Selon les projections faites sur la base 1975, si la fécondité restait à 1,8 enfant par femme, la population de la France, à mortalité stable et en l'absence de migrations extérieures, commencerait à diminuer vers 2005. Si la population totale continue de croître, alors que la population en âge de procréer décroît, c'est que la part des personnes âgées augmente : il y a *vieillissement* de la population. La France est dans cette situation[1]. »

L'impact des comportements sur l'évolution de la fécondité

Certaines données sociales influencent la taille de la famille : les employés ont moins d'enfants que les manœuvres; les familles catholiques et pratiquantes ont plus d'enfants que les autres; la fécondité en Bretagne est plus élevée que la moyenne française... Néanmoins les comportements dans les pays industrialisés s'homogénisent. Le nombre d'enfants le plus souvent désiré est de deux. La disparition des familles nombreuses, la raréfaction du

1. Michel-Louis Lévy, *Population et sociétés,* janvier 1984.

troisième enfant expliquent largement le non-renouvellement des générations.

Plusieurs facteurs expliquent cette évolution. Sur le plan économique les familles ayant un troisième enfant subissent une perte de niveau de vie notable. Le phénomène est encore plus accentué pour le quatrième et le cinquième enfant. L'*investissement* affectif attaché à l'enfant s'est accru et en même temps *l'enfant gêne* dans la mesure où sa présence modifie le genre de vie (loisir, indépendance, division des rôles dans le couple...). L'urbanisation aussi contribue à accroître le problème des familles nombreuses. L'évolution de la conception du rôle de la femme, son désir de ne pas se limiter au rôle maternel peuvent aussi freiner le développement des familles nombreuses. Le modèle familial dominant est ainsi progressivement devenu la famille de un ou deux enfants, ce qui n'assure pas les remplacements des générations...

Enfin le développement des moyens contraceptifs fait qu'aujourd'hui le nombre réel d'enfants se rapproche beaucoup plus que par le passé du nombre désiré. Le modèle familial de un ou deux enfants devient réalité.

L'incertitude sur l'évolution de la population mondiale

Si on extrapole les tendances à long terme l'évolution est explosive.

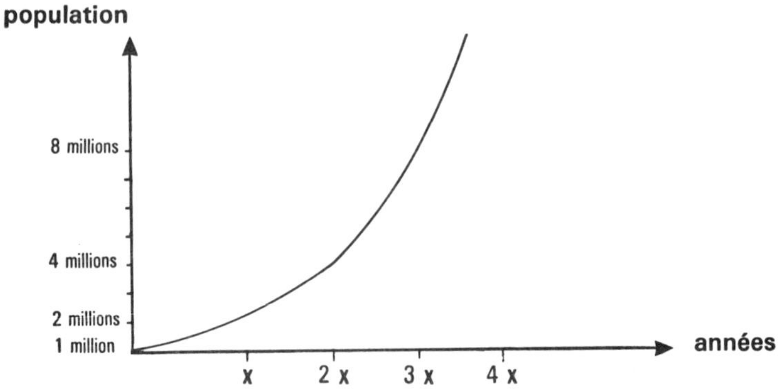

→ Si une population double en x années, elle passera pendant la première période de 1 à 2 millions, puis au cours de la deuxième période elle doublera à nouveau, elle passera à 4 millions ; au bout de n périodes la population sera de 1 million $\times 2^n$.

Au bout de 10 périodes on aura :
1 million d'habitants × 2^{10}, soit 1 024 millions.

Une telle croissance prolongée suffisamment longtemps se heurte au caractère nécessairement limité de l'espace que représente la terre.

Historiquement cette croissance exponentielle ne se rencontre que sur des périodes de temps limitées.

L'extrapolation des taux d'accroissement, même observés sur une durée de quelques siècles, ne peut en aucun cas donner d'indication à lointaine échéance sur la population mondiale : calculée entre 400 et 200 avant J.-C. elle aurait donné 20 milliards aujourd'hui ; calculée entre 200 et 400 après J.-C. elle aurait, au contraire, fait « prévoir » une baisse jusqu'à 40 millions d'hommes sur la planète aujourd'hui[1].

Les difficultés de projections de population

« Une projection de population est le résultat d'un calcul qu'on fait « pour voir » comment évoluerait une population particulière sous de telles hypothèses.

Etant supposés connus, dans un pays donné, la répartition par âge et sexe de la population, le régime de mortalité (proportion de décès pour chaque âge) et de fécondité (proportion à chaque âge de femmes procréant), il est facile de faire « vieillir sur le papier » cette population en calculant la composition de la population de l'année (n + 1) à partir de celle de l'année *n*.

Pour les années les plus proches le résultat est très assuré : dans un an, la population sera en quasi-totalité composée des mêmes personnes qu'aujourd'hui, qui auront un an de plus ; les naissances, les décès, l'émigration et l'immigration représentent des flux faibles en proportion de cette population, et on peut calculer avec une bonne approximation le nombre des naissances et décès qui se produiront dans l'année. L'incertitude, non seulement sur l'effectif total, mais même sur la composition par âge et sexe de la population dans un an, est donc très faible.

Quand on éloigne l'horizon, les choses se compliquent de façon différenciée : la simulation de la survie de la population d'aujourd'hui, qui constituera la partie âgée de la population future, est relativement sûre. En 1980, on peut dire assez clairement combien il y aura en France en 2040 de personnes âgées de 60 ans et plus : elles sont déjà nées.

1. J.N. Biraben, *Population et sociétés*, n° 113.

Mais la constitution de la population jeune, qui va naître dans l'intervalle, dépend de *l'évolution du comportement procréateur*, plus hypothétique. Quand on aborde des époques où seront présents les enfants des enfants à naître — il y en aura déjà d'ici vingt ans — puis les enfants des enfants des enfants à naître et ainsi de suite, l'incertitude est multipliée et les erreurs cumulées. »[1]

L'incertitude sur l'évolution des taux de fécondité rend les projections d'autant plus difficiles qu'une légère modification de ce taux a des implications importantes à long terme. Ainsi en France, il suffirait que le taux de fécondité passe de 1,8 à 2,1 pour que le renouvellement des générations soit assuré.

La transition démographique

Le régime démographique traditionnel

Pendant 99 % de l'histoire de l'humanité, des taux de mortalité de 40 ‰ habitants n'étaient compensés que par un niveau de natalité équivalent ou légèrement supérieur[2]. Ce sera la baisse de la mortalité qui amorcera la véritable révolution démographique et permettra une transition vers un régime démographique moderne caractérisé à la fois par une plus faible natalité et une plus faible mortalité...

C'est cette évolution majeure que l'on a qualifiée de révolution démographique, puis de transition démographique.

Dans le *« régime démographique primitif » ou traditionnel,* l'évolution de la population est dictée par les ressources disponibles. Des progrès technologiques majeurs permettent des bonds démographiques importants : ainsi J.N. Biraben estime que 30000 ans avant l'ère chrétienne l'utilisation d'outils en pierre taillée permit probablement aux populations qui maîtrisaient cette technique de multiplier massivement le produit de la chasse, la population s'accrut fortement puis se stabilisa.

La révolution néolithique marquée par la conquête de l'agriculture, la sédentarisation et la domestication du bétail entraîna un accroissement considérable de la population mondiale (multiplication par six).

1. M.-L. Lévy, *La population de la France des années 1980*, Hatier.
2. La natalité est néanmoins souvent inférieure à la fécondité « naturelle » du fait de l'existence dans de nombreuses sociétés de pratiques contraceptives très anciennes.

La transition démographique, fruit de la révolution industrielle

« Les trois siècles qui ont précédé la révolution industrielle ont connu de fortes progressions démographiques : vers 1500, la population mondiale devait être de l'ordre de 400 millions d'habitants : de Christophe Colomb à James Watt, elle aurait donc doublé en moins de trois siècles : les grandes découvertes géographiques ont permis une forte croissance démographique, que les découvertes technologiques transformèrent trois siècles plus tard en explosion » (*Economie et sociétés*, n° 113).

LA RÉVOLUTION DÉMOGRAPHIQUE

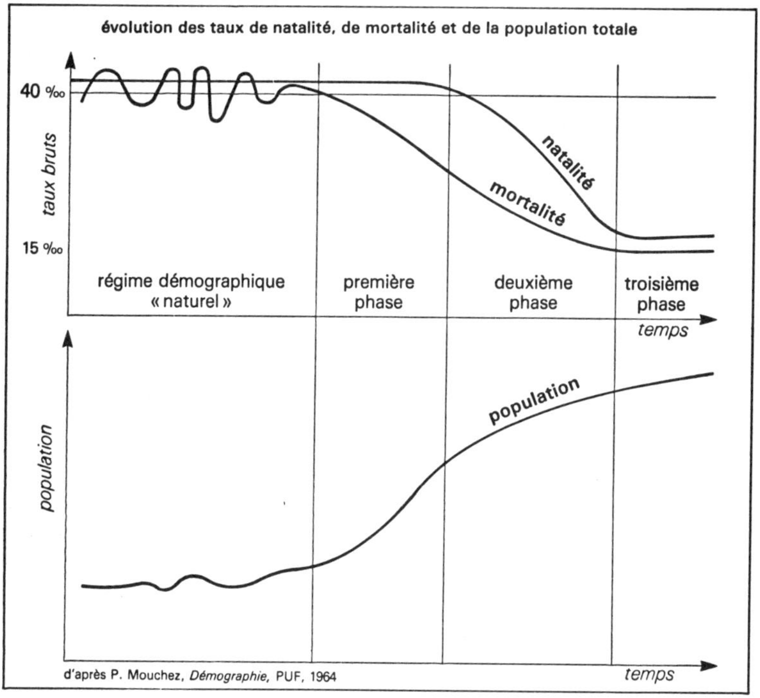

Les valeurs chiffrées ne correspondent pas à des observations statistiques mais donnent des ordres de grandeur.

Première phase : la baisse de la mortalité

La baisse durable de la mortalité va induire une croissance démographique rapide. Un taux de natalité qui reste élevé, un taux de mortalité qui baisse et l'excédent naturel des berceaux sur les cercueils devient considérable... Au XVIIIe siècle les progrès de la productivité agricole et de la distribution des denrées s'accompagnent d'une baisse de la mortalité. Ainsi en Angleterre la mortalité passera de 38,5 ‰ en 1740 à 27,1 ‰ en 1880. Les progrès de l'état sanitaire renforceront surtout au XIXe siècle et au XXe siècle cette tendance.

Deuxième phase : l'ajustement

Progressivement, le taux de natalité diminue et se rapproche du taux de mortalité. Les causes de cet ajustement sont multiples. Tout d'abord il n'est plus nécessaire d'avoir 6 à 8 enfants pour en voir survivre 2 ou 3 à la mort des parents; la réduction de la mortalité infantile réduit l'incitation à avoir de nombreux enfants. Des préoccupations de niveau de vie, de confort, l'urbanisation ont sans doute joué un rôle important dans ce changement de comportement.

Troisième phase : la maturité

Aujourd'hui les pays industrialisés combinent une faible mortalité et une faible natalité. Une tendance à la stagnation démographique se développe.

Quelle transition démographique dans le Tiers Monde?

La croissance démographique précède le décollage économique et provoque ce faisant des problèmes aigus.

La baisse de la mortalité résulte d'abord du contact avec les techniques médicales occidentales : vaccination, médicaments efficaces (pénicilline, antibiotiques, anti-inflammatoires, sulfamides...). Celles-ci ont largement enrayé la maladie et se sont traduites par une forte baisse des taux de mortalité.

Les taux de natalité restent souvent élevés. Ainsi par exemple au Kenya en 1981, le taux de natalité n'a pas varié depuis 1960 et culmine à 55 ‰, tandis que le taux de mortalité est passé pendant la même période de 24 ‰ à 13 ‰. L'accroissement naturel de la population s'est donc brutalement accru, (42 ‰ soit 4,2 % d'augmentation de la population par an, migrations non comprises). A ce rythme la population double en seize ans!

« Les vaccinations, les antibiotiques, la lutte contre les insectes et les parasites... ont fait beaucoup diminuer la mortalité. Loin d'améliorer le niveau de vie de ces population, ces techniques les réduisent encore, et, si un grand nombre d'hommes vivent plus longtemps, ils vivent aussi plus pauvrement. »[1]

La montée de la population constitue un défi qui peut pousser à la modernisation, mais c'est aussi un facteur de freinage par l'importance que représente pour un pays aux moyens limités le coût de l'alimentation, de l'éducation des plus jeunes (produits agricoles, coût de la scolarisation). Les possibilités d'investissements en vue de moderniser le pays s'en trouvent réduites.

Les politiques démographiques

Ainsi les pays du Tiers Monde à fort taux de croissance démographique cherchent-ils à limiter cette augmentation. Au début des années 1980 si la croissance démographique moyenne dans le Tiers Monde reste d'environ 2 %, le taux moyen de croissance des ressources n'est que de 1,9 % et suffit à peine à couvrir le coût de la croissance démographique.

La dimension économique

Dans les pays occidentaux, la croissance économique s'est partout accompagnée d'une réduction des taux de natalité. Aussi nombre de démographes et d'économistes estiment que le meilleur moyen d'obtenir une réduction de la croissance démographique se trouve dans l'augmentation de la production et du niveau de vie.

Si de nombreuses religions font de l'enfant un don de Dieu qu'il faut accueillir, l'absence de protection sociale, accroît le désir d'une famille nombreuse qui constitue un soutien dans les vieux jours. Si la mortalité infantile diminue ce besoin s'atténuera.

La diffusion par les télévisions de modèles occidentaux de comportement, la volonté de mieux éduquer ses enfants, l'image de la femme active se diffusent dans les couches aisées du Tiers Monde et font leur chemin, stimulant la transition démographique et laissant espérer une stabilisation de la population mondiale vers la fin du XXIe siècle à un niveau très élevé de l'ordre de 7 à 11 milliards.

La baisse du taux de fécondité n'agit qu'à long terme par suite d'un effet de structure

Le ralentissement de la croissance de la population qui peut résulter d'une baisse du taux de fécondité ne se pro-

1. J.-M. Poursin, *La population mondiale*, éd. du Seuil, 1971.

duit qu'à long terme, en effet le poids des jeunes est tel que même avec un taux de fécondité plus bas, la population mondiale croîtra fortement avant de se stabiliser.

Les pays industrialisés face au vieillissement

Croître ou vieillir

La transition démographique s'accompagne nécessairement de transformations successives de la composition par âges de la population. La baisse de la mortalité a d'abord eu peu d'influence parce qu'elle concernait tous les âges. C'est l'évolution de la fécondité qui est alors essentielle. Si celle-ci reste élevée, la population de jeunes reste forte, et la population croît. C'est ce qui s'est passé dans les pays voisins de la France, c'est ce qui se passe aujourd'hui de façon « explosive » dans de nombreux pays peu développés. Mais si la fécondité baisse, la proportion de jeunes diminue, celle des personnes âgées augmente et la croissance de la population est faible. C'est ce qu'Alfred Sauvy résume, en paraphrasant un slogan célèbre, par la formule « croître ou vieillir, il faut choisir ».

« Dans la transition démographique des pays développés, la France est le seul à avoir d'abord choisi inconsciemment de « vieillir », plutôt que de croître. Ce fut l'inverse pour ses voisins. De ce fait, la France fut longtemps le pays le plus « vieilli » du monde. C'était encore le cas au sortir de la Seconde Guerre mondiale. Mais les autres ont fini par « vieillir » aussi, et la France ne fait plus cavalier seul. Elle n'est plus seule à être « vieille », mais dans la phase présente de l'histoire, il y bel et bien une « vieille Europe » entourée d'un monde encore jeune, qui aspire à « vieillir »[1]. »

Quelles conséquences ?

« Si le taux de fécondité continue à dégringoler comme il l'a fait jusque-là, la France comptera en 2050 : 38 millions d'habitants seulement dont 28 % de plus de 65 ans. Personne ne le dit, personne ne veut le savoir. Aucun lendemain n'est possible pour la France à ce rythme, en 2100 elle est tout simplement rayée de la carte du monde. »[2]

Ce vieillissement suscite de multiples inquiétudes, le potentiel de rajeunissement va diminuer, le poids des inactifs risque de modifier les conditions de financement des retraites; globalement la capacité d'innovation va diminuer.

1. M.-L. Lévy, *La population de la France des années 1980*, Hatier.
2. P. Paillat (de l'I.N.E.D.), *Le Monde*, 2 novembre 1980.

Population et croissance économique

La thèse malthusienne

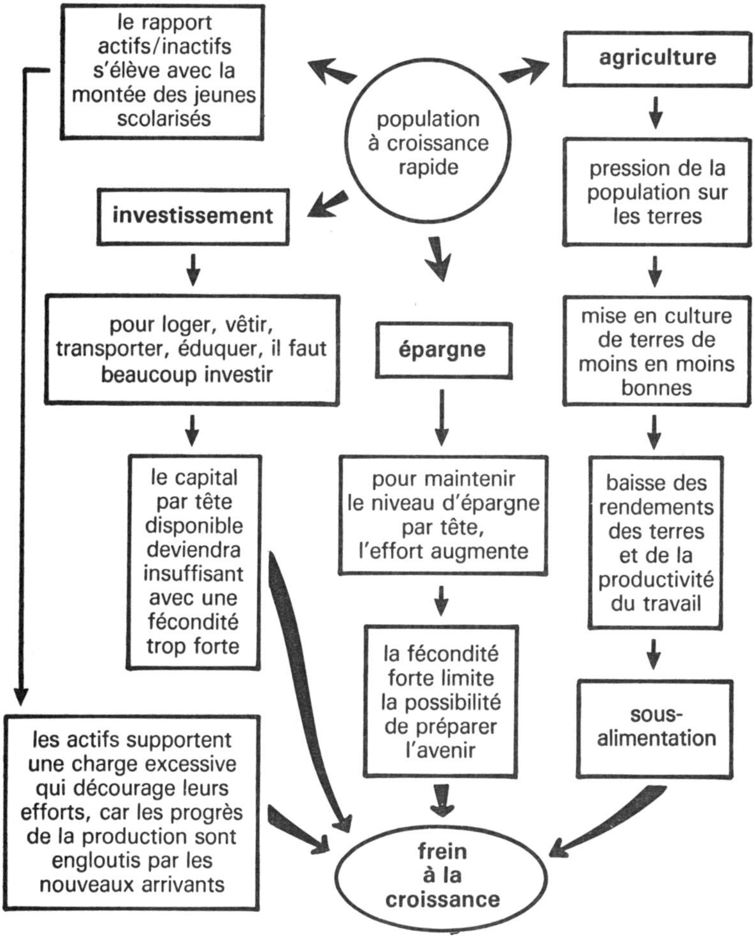

Pour Malthus, les ressources alimentaires augmentent à un rythme lent (suivant une progression arithmétique) tandis que la population s'accroît selon une progression géométrique :

Alimentation	1	2	3	4	5	... n
Population	1	2	4	8	16	...2^n

Ceci s'expliquerait par le fait que dans un premier temps

les terres utilisées sont les meilleures donc les plus productives, puis progressivement sous la pression croissante de la population les terres cultivées sont moins fertiles et procurent de plus faibles rendements.

La pression démographique tend à épuiser les ressources disponibles. Pour lutter contre cette évolution spontanée, il faut limiter le nombre des naissances. Si de nouvelles bouches arrivent dans des familles qui ne peuvent subvenir à leurs besoins, il ne faut pas les aider à survivre car ces nouveaux arrivants « au banquet de la nature » accroîtront le déficit alimentaire par les enfants qu'ils mettront au monde. L'approche malthusienne de la population est donc antinataliste.

Les possibilités d'épargne par suite de la pression de la consommation sur la production se réduisent. Le poids très lourd des équipements nécessaires aux jeunes non productifs (santé, éducation, logement...) détourne les faibles capitaux disponibles des investissements qui permettraient d'améliorer le niveau de vie.

La thèse nataliste

Il faut distinguer plusieurs approches natalistes. La première est opposée à toute limitation du taux de natalité, la seconde plus fréquente considère qu'une certaine croissance démographique est nécessaire mais qu'il existe néanmoins un seuil au-delà duquel l'augmentation de population pose de véritables problèmes.

L'approche nataliste considère que contrairement aux idées malthusiennes, les richesses ne sont pas fixées a priori puis partagées, mais au contraire qu'elles sont en → expansion constante. *Le progrès technique* repousse les limites de la rareté et le dynamisme d'une population jeune stimule fortement la production.

La croissance démographique entraîne des *économies d'échelle*. Plus une population est nombreuse plus elle bénéficie d'économies d'échelle car les charges d'entretien du réseau routier, la disposition de services collectifs à faible distance (écoles, crèches, police, métro...) seront moins onéreux par habitant. A l'inverse une population trop faible obligera à fermer les écoles de campagne, éloignera les perceptions et les services administratifs, rendra l'entretien du village, des routes hors de prix...

Une population rajeunie crée des débouchés donc stimule l'emploi. Les charges sur les actifs sont moins lourdes car à terme les jeunes seront des actifs.

Une population jeune à fort pouvoir d'achat stimule mieux la production industrielle qu'une population âgée qui consomme beaucoup de soins médicaux, de biens traditionnels... De plus, à terme, ces nouveaux travailleurs représentent une demande importante qui favorise les investissements en particulier dans les pays industrialisés.

La main-d'œuvre jeune s'adapte mieux aux nouveaux emplois. La demande est plus dynamique, les anticipations sont plus optimistes et prennent en compte l'avenir. Les idées nouvelles, les innovations se propagent plus vite.

Au niveau statistique, pas de liaison simple

J.C. Chesnais et A. Lefebvre ont montré que l'observation des faits ne semble pas faire apparaître de liaison significative entre le taux de croissance de la population et celui du P.I.B. Au contraire on observe dans quelques pays à croissance démographique très rapide, des taux de croissance du P.I.B. supérieurs à la moyenne!

La loi des rendements décroissants de Malthus et de Ricardo a été largement contredite par les faits. La production agricole moyenne par habitant n'a pas été affectée significativement par le taux de croissance démographique. Le progrès technique, les progrès de l'agronomie, l'usage d'engrais et de nouvelles espèces de semences ont permis d'améliorer les rendements moyens.

Néanmoins dans les pays les moins avancés, il semble bien qu'un taux de croissance élevé constitue un frein d'autant plus important que les ressources sont plus faibles et que, dans nombre de cas, on se heurte au problème des rendements agricoles décroissants.

L'approche en terme de population optimale

Les très fortes densités de peuplement des plaines asiatiques suggèrent une situation de surpeuplement; inversement des zones relativement riches et peu peuplées laissent penser que le potentiel est sous-utilisé par suite de la faiblesse de la population. Ce type d'analyse a conduit au concept de population optimale.

La population optimale désigne le niveau de peuplement qui permettrait à un pays de mettre pleinement en valeur son potentiel matériel et humain. Le débat est très théorique car rien n'assure que le comportement démographique puisse permettre d'atteindre 120 millions de Français même si les théoriciens démontraient que ce chiffre est le meilleur pour son avenir économique et social.

L'idée centrale de cette approche est qu'en dessous d'un certain niveau de population, des effets pervers se manifestent (manque de dynamisme... surcoût des services collectifs...) alors qu'inversement au-delà d'une certaine densité qui varie selon le niveau de richesse du pays, d'autres effets pervers de nature différente se produisent (surcoût lié à l'encombrement, rendement décroissant, impossibilité d'investir suffisamment). Cette approche a été vivement critiquée dans la mesure en particulier où elle a pu être utilisée pour justifier l'idée que certains pays (l'Allemagne) avait un « espace vital » insuffisant.

L'approche systémique, une autre façon de poser les problèmes

Les raisonnements précédents, qu'ils soient natalistes ou malthusiens sont généraux et censés s'appliquer à toute situation économique et sociale. Or on peut toujours trouver des cas où chacun de ces mécanismes s'applique et inversement aucun de ces mécanismes n'est généralisable à toutes les situations.

Ainsi, l'accord se fait actuellement sur l'effet de blocage économique, qui résulte pour certains pays du Tiers Monde, d'une démographie galopante quand le contexte économique et social ne permet pas de profiter des effets positifs théoriques d'une forte natalité (impossibilité financière d'importer les machines qui permettraient d'accroître la productivité agricole et industrielle tout en finançant les dépenses d'éducation). Si la loi des rendements décroissants n'est pas vérifiée en moyenne, elle peut l'être dans un cas précis.

Les capacités d'adaptation de l'appareil productif d'un pays varient très fortement d'un pays à l'autre. Ainsi la stimulation de l'investissement par suite du développement d'une demande nouvelle se vérifie surtout dans les pays industrialisés. La capacité d'adaptation d'*une économie varie aussi en fonction de la conjoncture*. Ainsi au cours des « Trente Glorieuses », l'économie française avait besoin de main-d'œuvre et la faiblesse de sa croissance démographique des années antérieures au boom démographique de l'après-guerre, se traduit par un déficit de travailleurs. L'arrivée des jeunes, nés pendant le baby boom, sur le marché du travail vers les années 1965 fut facilement absorbée car la croissance économique était forte; par contre dans le contexte de crise mondiale actuelle le nombre élevé de nouveaux demandeurs d'emploi pose des problèmes réels; et pourtant cette difficulté ne doit pas laisser penser que la pression démographique est trop forte car on sait bien qu'à terme, ce sont ces jeunes qui permettront de maintenir le niveau des retraites et que de ce point de vue, le niveau de la croissance démographique est faible.

☞ **Sous-développement.**

Productivité, production, niveau de vie

Vers 1900, un agriculteur français nourrissait à peine quatre personnes; aujourd'hui, près de trente... On pourrait multiplier les exemples de la croissance de la productivité du travail tant agricole qu'industriel depuis deux siècles.

La production ne peut augmenter que dans des limites très restreintes si la productivité n'augmente pas

L'accroissement de la durée du travail, l'appel à une main-d'œuvre antérieurement « inoccupée » (femmes, enfants, chômeurs...) peuvent permettre des accroissements de production; mais cette augmentation est limitée par les capacités de travail disponibles qui ne sont pas extensibles. Par ces moyens on peut, éventuellement, accroître la productivité de 10 ou 20 % mais on ne peut pas multiplier la production par 10 ou 20 ou plus, comme cela s'est produit pour de très nombreuses marchandises depuis la révolution industrielle.

L'accroissement de la productivité ne s'accompagne pas toujours d'une augmentation de la production

Supposons que les agriculteurs d'un pays passent d'une production moyenne journalière de 10 unités à 20 unités. La productivité agricole augmente mais, si parallèlement le nombre d'agriculteurs passe de 15 millions à 5 millions par suite de l'exode rural, la production agricole aura diminué.

Production avant l'augmentation de productivité :	15 millions × 10	= 150 millions d'unités
Production après l'augmentation de productivité :	5 millions × 20	= 100 millions d'unités

Dans ce cas, il y a bien augmentation de la productivité mais baisse de la production. Sans doute, une fraction de la population est aussi libérée et peut produire dans d'autres secteurs... encore faut-il qu'elle y trouve des emplois...

L'accroissement de la productivité, condition nécessaire d'une croissance durable et importante du niveau de vie

Pour que le niveau de vie moyen augmente il faut que la production totale s'accroisse puisque le niveau de vie moyen est lié au rapport : $\frac{\text{production totale}}{\text{nombre de travailleurs}}$.
Comme la production ne peut s'accroître de façon durable que si la productivité s'améliore, l'augmentation de la productivité est donc une condition nécessaire d'une augmentation importante et persistante du niveau de vie moyen. Le boom de la consommation qu'ont connu les pays industrialisés au cours des deux derniers siècles n'aurait pas été concevable sans l'explosion de productivité qui l'a accompagné.

L'origine des gains de productivité

Si la productivité est au cœur de l'amélioration des niveaux de vie, il devient stratégique de déterminer les facteurs qui agissent sur la productivité. Classiquement on distingue le rôle de la mécanisation, celui de l'organisation de la production, de la qualification du travail, des comportements et des relations sociales. Les variations de conjoncture et les mutations sectorielles influent aussi sur la productivité, comme nous le verrons ci-dessous.

Productivité et mécanisation

La révolution industrielle offre de multiple exemples du pouvoir multiplicateur de la machine. M. Pietsch note que la machine à filer hydraulique a permis à la fin du XVIIIe siècle de multiplier par 200 la production par travailleur [1].

Depuis 1974, face au ralentissement de la croissance de la demande, l'obtention de prix compétitifs est souvent devenue une question de survie. Pour maintenir des coûts compétitifs, il a bien souvent fallu investir pour adapter des structures productives, trop gourmandes en main-d'œuvre ou en énergie... Cette politique s'est souvent traduite par des progrès importants de productivité alors que la production stagnait et même, dans certains secteurs, régressait.

Aujourd'hui encore, les progrès dans l'automation sont un des aspects majeurs des bonds de productivité liés à la mutation des machines utilisées.

1. *La révolution industrielle*, éd. Payot.

Si l'entreprise accepte de supporter la charge financière de l'achat d'une machine, c'est que celle-ci lui permet, le plus souvent, de réduire le temps de travail par unité produite et de compenser et au-delà le coût matériel par la diminution des frais de main-d'œuvre[1].

Le matériel technique n'est pas uniforme. Chaque jour se mettent au point des machines plus performantes, plus productives. Le type de matériel, ses caractéristiques techniques interviennent donc dans la productivité obtenue.

Le matériel le plus récent est généralement le plus performant. On constate souvent une liaison étroite entre investissements et croissance de la productivité. Aux taux élevés des investissements du Japon par rapport au P.I.B. de ce pays correspond un taux de croissance de la productivité exceptionnel. Pourtant les résultats souvent médiocres de certains pays pétroliers qui ont affecté des sommes fabuleuses aux investissements industriels montrent que la croissance de la productivité ne se réduit pas à la définition d'un volume d'investissement élevé.

Sans rechercher hors de notre territoire, les exemples ne manqueront pas d'investissements massifs inefficaces, mal adaptés à leur objet, mal utilisés... Sans compter les cas de secteurs favorisés du point de vue de l'investissement de productivité aux dépens d'autres secteurs où la dépense s'avérerait plus efficace.

La division du travail

D'Adam Smith à Ford

L'exemple de la fabrique d'épingles d'Adam Smith, où pas moins de 18 opérations élémentaires contribuent à la fabrication d'une simple épingle mais permettent un accroissement considérable de la productivité, montre l'efficacité de la division du travail. Celle-ci s'accentuera ensuite avec le taylorisme qui décompose le travail en gestes élémentaires et supprime les mouvements jugés inutiles, définit les outils appropriés. Le chronométrage de chaque opération et la définition du temps standard que l'ouvrier doit passer, réduit la « flânerie » et accroît le rythme de travail. Ford, en systématisant le principe de la chaîne continue[2], en standardisant les tâches pour construire une voiture, a préfiguré dès 1920 la forme classique d'organisation du travail industriel.

Le taylorisme et le fordisme sont à l'origine des fabuleux

1. Voir p. 209.
2. L'homme reste à un poste fixe tandis que les produits se déplacent.

gains de productivité qui ont permis que des biens d'équipement tels que l'automobile, l'équipement ménager fassent l'objet d'une consommation de masse.

Si l'efficacité de la division du travail en tant que facteur de productivité n'est pas contestée, c'est la façon dont elle est réalisée dans les pays capitalistes qui est mise en cause, en particulier par des auteurs tels que l'Américain Marglin. Sa critique porte d'abord sur le fait que la division du travail capitaliste a pour fonction première de réduire l'autonomie de l'ouvrier pour accroître le contrôle du patronat sur les travailleurs. Toute organisation du travail qui rend plus dépendant de la hiérarchie ou des normes du capital, sera préférée même si elle n'accroît pas directement la productivité.

Ce qui est efficace, c'est la division des tâches pour une production donnée, et non l'affectation d'un ouvrier à un seul et même travail pendant des années et années..., comme l'a fait le taylorisme.

Le fordisme aujourd'hui contre la productivité ?

Par ailleurs le fordisme se heurte aujourd'hui à des difficultés.

1) L'évolution de la demande réduit son efficacité. Ainsi, dans le secteur automobile le fordisme suppose des séries longues alors que la demande dans les pays industrialisés (qui est très largement une demande de renouvellement) devient plus fluctuante.

2) Devant le travail fordiste, des comportements de fuite (turn over élevé, absentéisme, malfaçons...) accroissent les prix de revient.

Qualification, comportement et relations du travail

Un des facteurs de l'efficacité est la qualification et le comportement de la main-d'œuvre. L'exemple cité par Gaudin et Aubert dans *Après demain* (mars 1980) illustre ce rôle : « Un sidérurgiste français voyageant au Japon apprend avec surprise que 1 h 10 suffit à ses collègues japonais pour une coulée de four électrique qui demande 7 heures en France. Croyant à une mutation de procédé, il demande à visiter. Il n'en est rien, le four est le même. Voyant un ouvrier manipuler une calculette, il lui demande ce qu'il fait ; réponse : un calcul de régression. Il se renseigne et apprend alors que tous les ouvriers de la plateforme ont le baccalauréat, qu'il n'y a pas de contre-maître, que l'installation, truffée d'instruments de mesure, est un véritable laboratoire en grandeur réelle, où tout est calibré, mesuré et suivi. La formation y mérite le nom de permanente puisqu'elle occupe la moitié du temps des ingénieurs. Elle s'accompagne d'une décentralisation des décisions (appelée « soi-même administration » en japonais) où chaque chef de service peut engager immédiatement des investissements allant jusqu'à 100 000 francs. Le rapport à l'outil de production est un rapport d'appropriation culturelle. » Cet exemple peut ne pas être représentatif de la situation générale du travailleur japonais, il illustre néanmoins l'importance du travailleur, de son rapport à l'outil de travail et à l'entreprise dans la productivité.

Le niveau de formation initiale, le recyclage continu, la familiarité avec l'ensemble de l'outil de production, l'importance d'une culture technique amplement valorisée et diffusée, le sentiment de maîtriser son travail semblent autant d'éléments favorables à une forte productivité.

La qualification

Au niveau le plus global, les pays les plus industrialisés sont aussi ceux qui ont le plus haut niveau de qualification. La main-d'œuvre qualifiée conçoit les méthodes de demain les plus efficaces, les utilisateurs compétents sont nécessaires au bon fonctionnement de matériels de plus en plus sophistiqués.

Un économiste hongrois, Jerenc Janossy, illustre l'importance de la qualification à travers un exemple fictif[1] :

« Supposons, dit-il, qu'il soit possible d'interchanger en une nuit la population de deux pays de mêmes dimensions. Cinquante millions d'Anglais se réveilleraient au Népal, par exemple, et cinquante millions de Népalais se retrouveraient un beau matin en Angleterre. Les Anglais auraient subitement à faire face aux difficultés de l'économie népalaise. Les Népalais seraient confrontés aux richesses de l'économie anglaise. Les Anglais auraient emmené avec eux un immense réservoir de connaissances et de techniques alors que les Népalais n'auraient apporté qu'un très faible « capital humain » qui est la caractéristique des pays en développement. Peut-on douter, demande Janossy, que les taux de croissance du Népal, doté de sa nouvelle population, auront toutes les chances de s'améliorer considérablement, et que ceux de l'Angleterre auront probablement celles de chuter catastrophiquement ? »

Cet exemple pose le problème de la définition des qualifications requises. Qu'est-ce qu'une main-d'œuvre quali-

1. La présentation qui en est faite ici est extraite de R. Helbroner et L. Thurow, *Comprendre la macro-économie*, Economica.

fiée ? Une main-d'œuvre ayant une formation générale importante ? Une formation technique élevée ? Une main-d'œuvre capable d'adaptation, d'innovation ?

En fait selon les secteurs, les périodes, les niveaux et le type de qualification les plus favorables à la productivité varient. Le taylorisme et le fordisme ont considérablement accru la productivité; pourtant ils s'appuient d'abord sur une main-d'œuvre peu qualifiée, parfois illettrée même si le développement du nombre de cadres est lui aussi important par suite de la polarisation des qualifications qui résulte de ce type d'organisation.

Relation du travail et productivité

Les relations du travail japonaises et (même allemandes) sont souvent présentées comme des facteurs de la forte productivité de ces pays.

L'impact du sentiment d'appartenance à une collectivité de travail et de participation active à la vie de l'entreprise
→ favorise la productivité :

— au niveau de l'encadrement par les gains qui en résultent (plus le consensus est grand, moins la surveillance nécessaire est importante);

— par la réduction des malfaçons qui contribuent à accroître les prix de revient;

— par l'absence ou la réduction des conflits qui bloquent la production (grèves totales ou partielles...);

— par l'amélioration des techniques de production et de commercialisation qui accompagnent une meilleure expression et une meilleure prise en compte des capacités d'innovation de tous les travailleurs;

— par des gains liés à une capacité d'adaptation supérieure.

On note toutefois que consensus social et productivité ne vont pas toujours de pair. Syndicats de travailleurs et patronat peuvent être d'accord pour retarder (pour des raisons différentes) une modernisation devenue nécessaire aux progrès de productivité.

Si les difficultés à réaliser cette participation active sont grandes c'est que les oppositions sont profondes.

Du côté patronal, on craint que la participation se traduise par une réduction du *pouvoir hiérarchique des détenteurs du capital*; du côté des syndicats, les réticences sont souvent aussi importantes car (du moins pour ceux qui analysent les relations du travail en termes de luttes de classes) on craint que le sentiment de collaboration ait pour fonction première d'élever la charge de travail (donc d'accroître l'exploitation) et de réduire la combativité du travailleur.

Comportement et productivité

Les comportements dépassent le seul cadre des relations du travail, ainsi ces dernières peuvent être excellentes mais les comportements défavorables à la productivité. L'exemple le plus classique est celui de la difficulté qu'il y a à adapter une population paysanne au travail industriel, marqué par un rythme différent. Tous les pays rencontrent ces problèmes d'adaptation au début de leur industrialisation.

Ces difficultés grèvent, souvent de façon importante, les prix de revient dans les pays du Tiers Monde et expliquent pour partie que les coûts de main-d'œuvre dans ces pays ne sont pas proportionnellement aussi bas que le laisserait supposer la faiblesse des salaires horaires.

Néanmoins l'extension du recours aux travailleurs du Tiers Monde dans les pays industrialisés ou la réussite de certains pays en voie de développement montre que les adaptations peuvent être relativement rapides au moins du point de vue économique.

Il en va du comportement des syndicats de travailleurs comme de celui du patronat. Il peut selon les cas être favorable ou défavorable à la productivité (*cf.* relations du travail p. 369).

Ainsi, si le patronat ne perçoit pas les mutations économiques majeures, les décisions concernant les investissements peuvent être à la fois insuffisantes et mal orientées. Une incapacité à désigner « the right man in the right place » peut provoquer des pertes de productivité certaines. De même, un refus, par les syndicats, de changements technologiques devenus inévitables défavorise la productivité.

Productivité et conjoncture

Lorsque les ventes se ralentissent, la productivité a tendance à baisser ; en effet les licenciements ne sont presque jamais proportionnels à la baisse d'activité. Indépendamment de toute législation protégeant l'emploi, l'entreprise n'a pas intérêt à réduire trop fortement son personnel car en cas de reprise il faudrait former une nouvelle main-d'œuvre, ce qui serait à la fois coûteux et long.

En période de reprise, l'amélioration de la conjoncture exerce un effet mécanique positif sur la productivité. La hausse de production est généralement réalisée sans augmentation proportionnelle immédiate de l'emploi.

Productivité et structure sectorielle de la production

Quand le secteur industriel se développe aux dépens de l'agriculture, la simple mutation sectorielle de la production induit un accroissement de la productivité moyenne du pays, puisque la population rurale va maintenant travailler dans des secteurs plus productifs que l'agriculture. Inversement un développement du tertiaire aux dépens de l'industrie risque de se traduire mécaniquement par une baisse de la productivité moyenne. Un ralentissement de la croissance des secteurs très productifs a des effets négatifs sur l'évolution de la productivité moyenne du pays.

La productivité : deux lectures théoriques

L'analyse libérale et le concept de productivité marginale

L'analyse marginaliste se fonde sur la théorie de la productivité marginale des facteurs de production. Pour les néo-classiques, une distinction importante doit être faite entre la productivité moyenne et la productivité marginale.

Ainsi la productivité du travail correspond au rapport

$$\frac{\text{production totale}}{\text{quantité totale de travail}}$$

alors que la productivité marginale du travail est l'accroissement de production due à la dernière unité de travail mise en œuvre.

Un exemple

Nombre de travailleurs	Production totale obtenue	Production marginale	Productivité moyenne (production moyenne par travailleur)	Productivité marginale
0	0	0		
1	10 000	10 000	10 000	10 000
2	18 000	8 000	9 000	8 000
3	24 000	6 000	8 000	6 000
4	30 000	6 000	7 500	6 000
5	32 000	2 000	6 400	2 000
6	33 000	1 000	5 500	1 000

Productivité marginale et revenus d'équilibre

→ La productivité marginale est au cœur de l'équilibre néo-classique. L'équilibre et le plein emploi sont assurés (ainsi que l'optimum) si la rémunération du travail est égale à sa production marginale, de même le capital doit permettre l'obtention d'un profit correspondant à sa productivité marginale.

Les néo-classiques distinguent productivité du capital et productivité du travail, ce qui suppose que l'on peut distinguer ce qui dans la production obtenue provient du capital et ce qui provient du travail. Cette distinction pose de difficiles problèmes méthodologiques. En effet, la méthode courante qui consiste à supposer le matériel fixe et à examiner l'effet des variations de main-d'œuvre ou inversement de supposer la main-d'œuvre fixe et le capital variable pour mesurer la productivité du capital, comporte une large part d'arbitraire.

Analyse marxiste

Pour les marxistes la productivité est une des façons d'augmenter la plus-value relative. Le mécanisme est le suivant : supposons qu'un ouvrier produise en un mois pour 10 000 francs (déduction faite de ce qui est nécessaire pour produire : machines, matières...). S'il est payé 5 000 francs, salaire et charges sociales inclus (valeur empirique de la force de travail), la plus-value est alors de 5 000 francs [différence entre la valeur produite par la force de travail (10 000 francs) et la valeur de la force de travail (salaire de 5 000 francs)]. Le taux de plus-value est alors de 100 % : $\frac{5\,000 \text{ (plus-value)}}{\text{valeur de la force de travail}} = 1$ soit 100 %.
Si la productivité du travail augmente de 20 % (toutes choses égales par ailleurs), la valeur produite devient par salarié de 12 000 francs. En conséquence la plus-value passe à 7000 francs (le salaire ne bouge pas) : 12 000 − 5 000 = 7 000). Il en résulte une montée du taux d'exploitation ou taux de plus-value qui passe à $\frac{7\,000}{5\,000} = 140\ \%$.

Il y a donc un effet de levier de la productivité sur le taux de plus-value. Les 20 % de valeur supplémentaire créée par l'ouvrier se traduisent par un accroissement du taux de plus-value dont bénéficie le détenteur du capital.

Pour obtenir une plus grande part de travail non payé, le capitaliste discipline le travail, s'équipe de machines, tente d'accroître la valeur de la production.

Il ne faut pas conclure que pour Marx la productivité est l'ennemi du progrès ! Tout au contraire, il constate qu'avec la montée de la productivité il devient possible de diminuer les prix relatifs et donc de rendre les biens accessibles à plus de gens (si les tendances monopolistes n'augmentent pas la part de l'entreprise).

☞ **Progrès technique, investissement, relations du travail.**

Progrès technique et innovation

Innovation et progrès technique, de quoi parle-t-on ?

Trois révolutions techniques

On appelle progrès technique les modifications de caractère technologique des procédés de production et de la nature des biens réalisés qui permettent soit de produire plus avec la même quantité d'« inputs », soit de résoudre des goulots d'étranglement qui limitent la production, soit de produire des marchandises nouvelles ou de meilleure qualité.

Progrès technique →
- Réduction des coûts
- Produits nouveaux
- Amélioration de la qualité
- Suppression de goulots d'étranglement qui limitent la production

On considère généralement que trois révolutions techniques majeures ont marqué la période industrielle dans laquelle nous vivons.

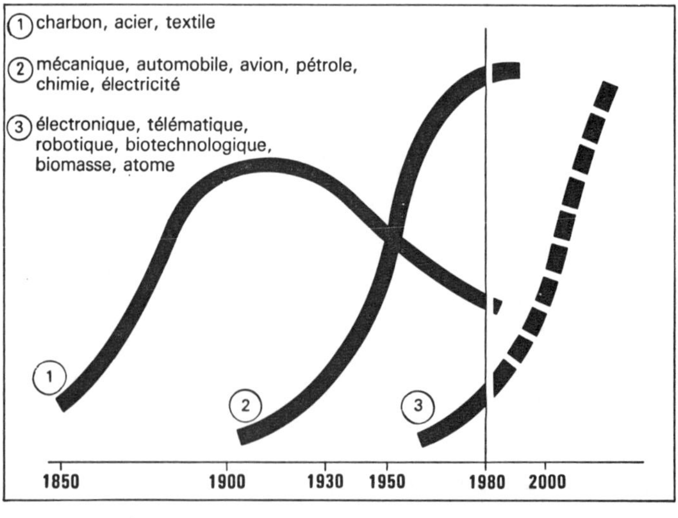

Chacune de ces vagues majeures de progrès techniques s'appuie sur un ensemble de découvertes. Mais de la découverte à la production le chemin peut être très long ; même si les délais tendent à se réduire, ils restent importants.

Recherche fondamentale
↓
lois et valeurs de base + recherche appliquée
↓
résultats technologiques + développement
↓
Prototypes
usines pilotes + investissement
know-how
↓
Production commerciale
de machines et matériaux,
améliorés ou totalement nouveaux
↓
Progrès technique et économique[1]

La phase d'industrialisation est également extrêmement coûteuse puisqu'on estime que le rapport entre les dépenses de recherche et celles de mise en place des processus d'industrialisation est de l'ordre de 1 à 10, avec évidemment de fortes variations suivant le type d'industrie.

L'invention n'est pas l'innovation

Ainsi le progrès scientifique se traduit dans un certain nombre de cas par des innovations effectives, mais invention et innovation ne doivent pas être confondues. Au sens économique du terme une *innovation* est une idée nouvelle qui se concrétise par des applications commercialisées. Une invention non commercialisée n'est pas une innovation du point de vue économique et certaines innovations ne relèvent pas du domaine technologique proprement dit. Ainsi la création des premiers « grands magasins » au XIXe siècle, ou des grandes surfaces sont des innovations commerciales sans que l'on puisse parler de progrès techniques.

« La créativité, c'est imaginer des nouvelles choses. L'innovation c'est faire de nouvelles choses (...). »

Passer de l'idée à la réalisation suppose compétence et

1. Schéma extrait de *Recherche et progrès technique*, éd. Economica.

moyens : maîtriser la technique, comprendre le marché, savoir convaincre.

On distingue parfois « véritable » et « fausse » innovation. Un changement d'emballage peut être perçu comme une nouveauté par le consommateur peu méfiant, mais ne se traduit pas par de véritables gains pour la collectivité ; par contre la mise en place de machines-transferts a véritablement réduit le temps de travail nécessaire à la production d'une automobile. Certains auteurs considèrent que dans le premier cas, il n'y a pas d'innovation véritable. Le plus souvent pourtant cette distinction n'est pas faite et toute idée nouvelle commercialisée qui accroît ou la productivité ou les possibilités de ventes ou d'action sur les prix... est considérée comme une innovation.

L'approche macro-économique

Progrès technique, croissance économique et changement social

Le progrès technique est à la base de la mécanisation qui s'est développée depuis la révolution industrielle, même si d'autres facteurs ont participé à cette transformation. Il s'est traduit sur le long terme par un accroissement très important de la *productivité*. Certains auteurs insistent sur le caractère limité des gains de productivité dans le domaine industriel au début de la révolution industrielle. Le progrès technique permet alors, soit de produire plus en supprimant un goulot matériel de la production (ce fut par exemple le cas du charbon remplaçant dans un premier temps le bois dans la sidérurgie), soit de baisser les coûts de production en permettant d'utiliser une main-d'œuvre moins chère. Il reste que globalement, sur le long terme, le progrès technique a induit un fort accroissement de la productivité.

Le progrès technique a permis aussi la banalisation de nouveaux produits. La plupart des biens industriels que nous utilisons aujourd'hui, n'existaient pas il y a deux siècles.

L'accroissement de capital technique, la modification des techniques de production ont provoqué des transformations majeures dans l'organisation du travail et le mode de vie : le salariat lui-même est pour une large part lié à l'accroissement des capitaux nécessaires. Aujourd'hui encore, au seuil de la troisième révolution industrielle, chacun ressent que les innovations technologiques en cours modifient les rapports de force entre les pays et à l'intérieur même des pays entre les groupes sociaux. L'actualité nous rend particulièrement sensibles aux liaisons entre progrès technologique et emploi.

Au niveau macro-économique, le rôle important du progrès technique dans la croissance est reconnu par tous les courants de pensée.

Le progrès technique dans l'analyse néo-classique

L'intégration du progrès technique dans l'analyse néo-classique est relativement tardive. Sans doute au niveau empirique, Denison pour les États-Unis, Carré, Dubois et Malinvaud pour la France, avaient-ils montré que la partie inexpliquée de la croissance, le fameux facteur résiduel (qui correspondait au progrès technique) expliquerait l'essentiel de la croissance, mais au niveau théorique la caractéristique du progrès technique est de ne pas être un facteur autonome mais de s'intégrer à la fois au capital et à la main-d'œuvre. Aussi en faire un troisième facteur dans les fonctions de production qui s'ajoutent au capital et au travail est-il bien peu satisfaisant.

Les modèles néo-classiques récents tentent de prendre en compte la qualité du capital. Ainsi il y aurait des « générations de capital ». Le capital est alors daté et considéré comme d'autant plus performant que sa date de naissance est proche. Le progrès technique reste dans cette approche pour l'essentiel exogène.

Une autre tentative d'intégration du progrès technique à l'analyse de la croissance par les néo-classiques a consisté à prendre en compte la qualité du facteur travail qui incorpore plus ou moins de savoir-faire. *La théorie du capital humain* explique ainsi la meilleure productivité par l'incorporation de « savoir-faire » souvent mesuré par le niveau d'éducation et l'expérience de l'activité industrielle.

→ Généralement l'analyse libérale privilégie le rôle de l'offre et non la demande dans la diffusion du progrès technique. Ainsi pour les théoriciens de l'offre (Laffer, Gilder) c'est le produit « nouveau » et compétitif qui crée la demande. Le produit nouveau, s'il engendre des satisfactions nouvelles, va susciter une demande qui va le porter au rang des innovations qui comptent.

Pour que le progrès technique se diffuse, il faut une société compétitive qui accepte le risque, récompense l'innovation réussie, sanctionne les mauvais produits (échec), tolère les erreurs pour obtenir les innovations plébiscitées par le marché.

Gilder et Hayek donnent ainsi un rôle-clé à l'organisation concurrentielle et compétitive dans l'obtention du progrès technique. Dans cette optique, les principales innovations technologiques seront le fait des pays capitalistes et non des pays à économie planifiée malgré un volume d'investissement considérable, en U.R.S.S. notamment... car ceux-ci ont une organisation qui ne stimule pas assez l'innovation.

Les keynésiens et le rôle de la demande

Pour les keynésiens, la croissance de la demande exerce un effet stimulant sur le processus d'investissement et d'innovation.

Demande → formation de capital fixe → stimule la mise en place de techniques plus productives

Les exemples d'innovations s'appuyant sur une demande préalable sont nombreux. Ainsi Pasteur travaille d'abord pour répondre aux besoins des brasseurs du Nord. Le premier ordinateur fut construit pour répondre à une commande de l'armée américaine...

Le progrès technique est indissociable de la croissance des pays riches, car il permet de reculer les seuils de saturation en créant une demande effective plus forte. Le besoin de se distinguer pousse ainsi les plus riches à acheter des produits nouveaux et chers. Ils contribuent aussi à

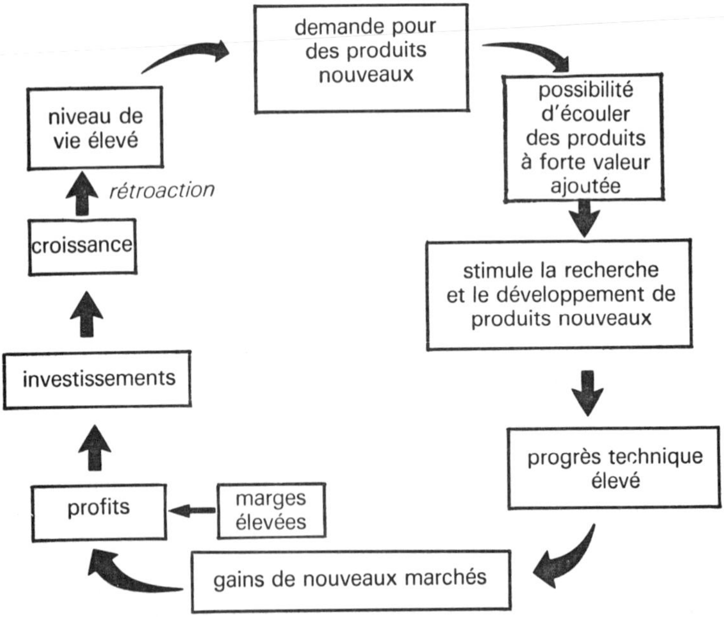

rentabiliser la recherche et à développer de nouvelles productions. Progressivement de nouvelles couches acquièrent ces nouveaux biens incorporant des innovations ; l'élévation de l'échelle de production permet des gains de productivité et donc la conquête de larges couches d'acheteurs. Cette logique, fondée sur l'innovation et le couple associé productivité-distribution de pouvoir d'achat, secrète des investissements et une croissance élevée, générateurs de profits permettant de réinvestir dans le progrès technique (spirale cumulative).

Une telle analyse n'implique pas qu'aucune innovation ne soit autonome.

Par ailleurs le progrès technique contribue à rendre la décision d'investissement plus incertaine, puisqu'il rend les revenus futurs plus aléatoires. Cette incertitude accroît le rôle central de l'entrepreneur, du décideur sur l'évolution économique d'un pays et en particulier sur le niveau de l'emploi

L'analyse stratégique : progrès technique et effet de domination

→ L'inégale maîtrise technologique des différents pays du monde est reflétée par les différences de productivité. 85 % des brevets déposés dans le monde sont le fait de pays hautement industrialisés. Les pays en voie de développement ne déposent que 6 % des brevets.

Le problème de la maîtrise technologique ne concerne pas que les pays du Tiers Monde. En France trois brevets sur 4 sont déposés par des firmes d'origine étrangère et le déficit de la balance des brevets est extrêmement élevé.

Si cette inégale maîtrise pose des problèmes, c'est que la technologie induit des effets de domination. Comment être compétitif sans « savoir-faire » technique, à moins d'accepter des niveaux de salaire extrêmement faibles ? Comment développer les produits aujourd'hui en forte croissance sur le marché mondial (informatique...) alors que les technologies dans ces domaines évoluent très vite ?

L'affaire Dresder, au cours de laquelle les Etats-Unis demandèrent à la filiale d'une société américaine en Europe de ne pas livrer le matériel nécessaire à la construction du gazoduc soviéto-européen montre, si cela est nécessaire, les situations de dépendance qui peuvent résulter d'une insuffisante maîtrise nationale des technologies. On n'oublie pas en ce domaine que les technologies extérieures circulent le plus souvent par le canal des firmes multinationales ; or, celles-ci peuvent avoir intérêt à garder un « gap » technologique entre ce qu'elles savent faire et ce qu'elles font effectivement réaliser hors de leur territoire d'origine. Enfin on sait que la tendance de ces firmes

ANALYSE STRATÉGIQUE

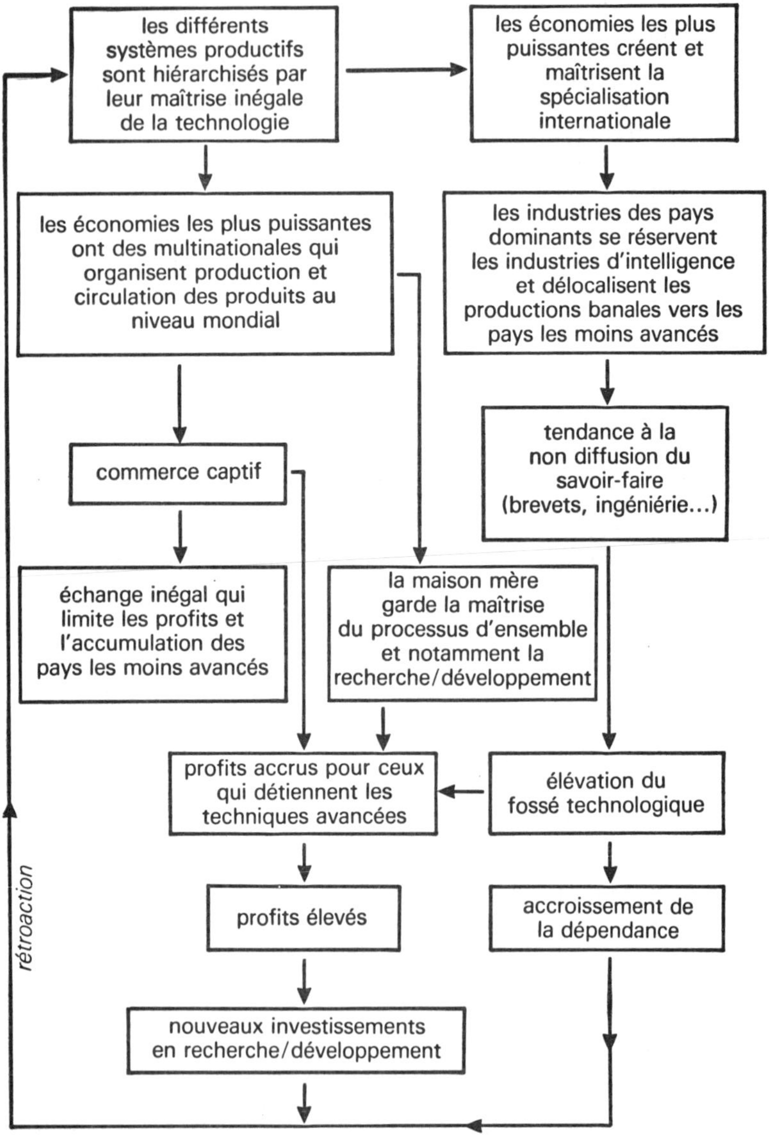

est de concentrer les activités à forte valeur ajoutée sur le territoire d'origine et à gérer au niveau mondial leur capital technologique. Ainsi tel ou tel pays aura au mieux la charge d'un développement technologique de pointe.

En période de révolution technologique interne comme celle que nous traversons, la maîtrise technologique est d'autant plus importante que les produits de l'an 2000 sont, au moins pour un tiers d'entre eux ou plus, aujourd'hui inconnus. Créer des emplois dans ces secteurs en développement suppose le plus souvent une forte maîtrise technologique.

F. Perroux montre qu'il existe des **effets de jonction** entre les innovations qui accroissent la probabilité d'innovations dans des pays où la technique est déjà très développée. « Les inventions et innovations prennent leur efficacité par la manière dont elles se rencontrent et se combinent. »

Par ailleurs leur mise en place suppose des « investissements structurés » qui posent des problèmes de financement et de qualification de la main-d'œuvre que seuls certains pays peuvent résoudre.

Le pouvoir de susciter et de diffuser le progrès technique est inégalement réparti dans le monde. Or celui-ci est à l'origine d'exportations plus aisées, d'une demande quasi captive qui dégage des profits qui peuvent, à leur tour, financer un nouveau progrès technologique.

La prise en compte des effets induits de la technologie

Le développement technologique se traduit par le gaspillage des ressources naturelles non pris en compte dans l'évaluation de la croissance (rapport Meadows de 1972). L'économie est conçue comme un système plus large comprenant l'environnement. Il existe des ressources non renouvelables et le coût du renouvellement ou la possibilité de renouvellement n'est pas pris en compte dans la décision de progrès techniques.

Le vrai progrès technique est celui qui donnerait un profit net à la société y compris ses effets indirects.

Dans une démarche différente, on a pu faire remarquer que les effets sociaux négatifs du développement technologique n'étaient pas comptabilisés (conditions de travail... urbanisation).

Schumpeter et l'innovation au cœur de l'explication de la croissance et des crises

Pour Schumpeter, l'innovation est la véritable justification du profit. Celui qui innove, stimule la croissance économique et reçoit en récompense le profit. Au fur et à mesure que le produit ou le procédé de fabrication se banalise, le profit se réduit. Le « processus de destruction créatrice » modifie constamment les structures de nos économies et stimule la croissance.

L'innovation qui se révèle heureuse, est source de profit, elle va donc être diffusée par des capitalistes « imitateurs » (que Schumpeter oppose aux **véritables entrepreneurs** « innovateurs ») qui vont essayer de bénéficier de l'opportunité de profit que représente cette innovation. De cette production résultera un mouvement de croissance qui s'arrêtera lorsque l'innovation aura produit tous ces fruits. La rentabilité de la production dans cette activité deviendra nulle ou trop faible pour justifier l'investissement et la conjoncture se ralentira brutalement. Les **capitalistes imitateurs**, incapables de s'adapter à la situation, arrêteront d'investir jusqu'à ce que de nouvelles innovations relancent l'activité.

Mais le capitalisme contient en lui-même les sources de sa propre destruction car il y a de moins en moins de véritables innovateurs. L'innovation devient « routine » dans les grandes entreprises ; l'esprit d'innovation risque de disparaître et avec lui le moteur de la croissance.

Quelle politique de l'innovation ?

Le consensus sur la nécessité d'une bonne maîtrise technologique et d'un développement de l'innovation, si elle renvoie à des justifications qui peuvent être différentes, devrait permettre la mise en place de politiques systématiquement favorables à l'innovation. De telles politiques supposent d'abord une bonne connaissance des mécanismes de l'innovation.

Comprendre la logique de l'entreprise pour mieux définir une politique nationale

Parce que l'innovation technologique suppose une réalisation effective, la décision de mettre en place effectivement cette technologie relève pour l'essentiel de la décision des entreprises.

« L'idée ou l'invention peuvent surgir du cerveau d'un individu isolé ou dans un laboratoire public — universitaire ou autre —, elle ne deviendra innovation que si une entreprise accepte de la produire industriellement (à moins que l'inventeur lui-même puisse se faire entrepreneur). Il en résulte toute une série de conséquences sur la façon dont s'opèrent, dans nos sociétés, les choix techniques, sur les objectifs qui leur sont en priorité assignés et, en définitive, sur l'orientation et le rythme de l'évolution des techniques, voire sur leur finalité. (...)

A l'intérieur même de l'entreprise, parmi les idées ou les possibilités de créations techniques qui apparaissent dans les services de Recherche-Développement, très peu finalement seront retenues, non seulement parce qu'elles doivent dès le départ satisfaire à l'épreuve d'une première évaluation de rentabilité, mais encore parce qu'elles doivent s'inscrire dans sa stratégie du moment. Le chercheur n'est pas dans l'entreprise pour donner libre cours à ses facultés inventives, mais pour les mobiliser sur des projets précis. Tel responsable d'un service de recherche dans un grand groupe chimique confie, par exemple, qu'il a passé sa vie à proposer des projets dont les 9/10 ont été rejetés non par manque de crédibilité scientifique ou technique, mais parce qu'ils n'entraient pas dans la stratégie de l'entreprise. En fait, dans le champ technique qu'elle maîtrise, qu'elle « occupe » et qu'elle n'hésitera pas éventuellement à protéger par des brevets de blocage ou en absorbant, pour la neutraliser, une petite entreprise innovatrice gênante, l'entreprise ne poursuit en général qu'un nombre limité de programmes et, pour le reste, se limite à des activités de « veille » destinées à la tenir informée de l'évolution générale de la technique et plus précisément des programmes de ses concurrents les plus immédiats. »[1]

L'innovation est limitée par plusieurs contraintes : la rentabilité de l'innovation est souvent incertaine, mais comme le montrait Keynes il s'agit là d'une caractéristique de nombreux investissements; seulement, le degré d'incertitude est encore plus grand.

L'innovation a un coût élevé; outre l'incertitude de ses résultats, elle rend souvent obsolètes des matériels anciens encore en état de marche.

Il résulte de ces contraintes que l'entreprise recherche surtout les innovations présentant peu de risques et des probabilités de profits élevés, mais elle sait aussi que l'innovation est souvent la condition de marges bénéficiaires élevées. Ainsi aujourd'hui, dans nombre de cas, l'innovation est une condition de survie. Enfin comme le montre Schumpeter tous les entrepreneurs n'ont pas la même attitude face à l'innovation. Il y a des entrepreneurs innovateurs capables de prévoir les potentialités des changements en cours alors que d'autres sont seulement capables d'imiter des façons de faire rodées par d'autres. Le comportement de l'entreprise joue alors un rôle dans la capacité d'innovation de la firme.

1. A Nicolon, *Economie et humanisme*, novembre 1981.

De l'information scientifique au savoir-faire

Les grandes découvertes scientifiques font l'objet de multiples publications dans les revues scientifiques qui circulent largement à travers le monde. Dans ces conditions comment expliquer la très grande inégalité en matière technologique ? Deux facteurs limitent en fait la diffusion des connaissances technologiques.

La rétention de l'information

L'acquisition d'un brevet permet d'abord à une firme de contrôler l'utilisation d'une technique et d'obtenir une rémunération en cas d'utilisation de ce brevet.

De plus, les firmes ne donnent pas toute l'information dans les publications scientifiques car elles veulent garder une avance technologique qui est une forme de richesse. Elles cherchent à freiner les fuites technologiques.

Le savoir-faire

Surtout « une information ne peut être transformée en connaissance nouvelle par un agent que si ce dernier possède déjà un système de connaissance préalable »[1]. Or cette connaissance est loin d'être générale en particulier dans les pays du Tiers Monde.

De plus le « savoir-faire » (ou Know how) qui est l'ensemble des détails d'exécution et des façons de procéder se transmet mal par le langage. Le savoir-faire est le « résultat d'une accumulation, au cours des années, d'expériences positives, mais aussi de difficultés et d'erreurs. Cette opération est accumulée dans la tête et les mains d'un nombre limité de personnes... La plupart du temps le Know how ne peut être transmis qu'à travers l'exécution de travaux concrets »[1].

Evidemment « suivant la technologie concernée, la part du Know how peut être plus ou moins importante et elle peut être détenue par des individus ou des équipes ».

Les effets d'entraînement

Comme le montrait F. Perroux, il semble bien y avoir des effets d'entraînements en matière d'innovation et de progrès technique.

Ainsi la *Silicon Valley* aux Etats-Unis est célèbre pour avoir donné naissance à une multitude d'entreprises à très fort niveau technologique. La plus grande concentration mondiale de « cerveaux » induit un effet d'entraînement au

1. *Recherche et progrès technique*, Economica, 1979.

niveau des procédés scientifiques. L'environnement intellectuel tout d'abord joue un rôle sur la créativité scientifique, l'information circule mieux, les idées nouvelles sont confrontées, l'ambiance intellectuelle stimule la créativité. Bien plus les innovations sont souvent liées et telle création d'entreprise induira des occasions d'innovations pour d'autres. La réussite favorise aussi la réussite. Parce que de nombreuses entreprises nées dans cette région ont eu des résultats spectaculaires, les capitaux accourent prêts à s'investir dans tout projet défendable. Enfin la réussite des uns stimule l'initiative des autres : Pourquoi ne pas créer une entreprise puisque tel ou tel ingénieur l'a fait avec succès ?

La politique d'innovation ne se réduit pas aux dépenses de recherches

→ De nombreuses études ont montré qu'il existe une relation entre le pourcentage accordé à la recherche et le P.N.B. par tête. Ainsi l'étude de Johnson et Striner conclut qu'une dépense de 18 dollars en recherche engendrerait en moyenne un accroissement de P.I.B. de 23 dollars.

Pourtant l'affectation de crédits dans les budgets à la recherche ne suffit pas à engendrer une politique d'innovation dynamique puisqu'elle n'intègre ni les effets d'entraînement, ni le savoir-faire, ni les problèmes de diffusion, ni les liaisons progrès technologique - besoins de l'industrie, ni les problèmes de financement.

→ Ainsi une étude de la *National Science Foundation* met en évidence que « les petites entreprises produisent quatre fois plus d'innovations par dollar investi dans la recherche et le développement que les entreprises de taille moyenne, et vingt-quatre fois plus que les grandes »[1].

L'organisation de l'entreprise est plus ou moins favorable à l'innovation

Une structure interne trop rigide entraîne souvent le rejet sans analyse des idées nouvelles qui bousculent les règles... La priorité à l'action efficace sur les rapports, la multiplication des expériences contrôlées et la création de petits groupes responsables permettent une pluralité des approches du problèmes à résoudre d'où peut surgir plus facilement l'innovation.

La multiplication des réseaux de communication, l'intensité des échanges d'idées, des dispositifs incitant à l'innovation, une tolérance de l'échec face à une idée qui

1. Thomas Peters et R. Waterman, *Le prix de l'excellence*, Interéditions.

pouvait se révéler efficace, la mise à la disposition des novateurs de moyens financiers et techniques sans passer par des structures trop bureaucratiques sont des facteurs favorables à l'innovation.

En fait, la mesure de l'efficacité des dépenses de recherche pose de nombreux problèmes. Tout d'abord on mesure le plus souvent l'importance de la recherche par le budget qui y est affecté, ce qui revient en fait à considérer que, si dans un pays un chercheur est moitié moins payé que dans un autre, l'effort de recherche est moitié moindre. D'autre part l'effet sur la croissance économique varie en fonction de la nature des recherches. Des travaux dans le domaine de la santé (importants pour l'amélioration du bien-être collectif) auront vraisemblablement moins d'impact sur la croissance que les recherches visant à améliorer l'efficacité des matériels de production.

Les décalages dans le temps entre découvertes et production à l'échelle industrielle (souvent 6 à 10 ans) montrent que les études en termes de corrélation sont peu significatives. L'efficacité des équipes est extrêmement variable et pour un même niveau de recherche, certains pays ont une efficacité plus grande.

Enfin certains pays, en particulier la France, ont la triste réputation d'avoir été au départ de nombreuses technologies mais d'avoir laissé les autres développer industriellement ces procédés. C'est ainsi qu'en matière informatique, un des premiers ordinateurs à transistors était français (années 1960) mais la maîtrise de l'industrialisation a échappé à la France.

Acheter des technologies ou en créer ?

L'importation de technologies : l'expérience réussie du Japon...

Le Japon, pays encore féodal au milieu du XIXe siècle, avait un retard considérable sur les pays occidentaux industrialisés.

Une importation contrôlée de technologie étrangère lui a permis, parce qu'elles ont été parfaitement assimilées, d'atteindre extrêmement rapidement un niveau technologique élevé. Cette réussite s'appuie sur plusieurs caractéristiques que l'on ne retrouve pas toutes dans la plupart des pays du Tiers Monde, ni même dans les autres pays industrialisées :

— un niveau de qualification de la main-d'œuvre élevé;

— un protectionnisme de fait qui soutient les technologies naissantes et facilite l'acquisition de savoir-faire industriel;

— des relations Etat-entreprises qui réduisent les risques de voir l'importation de technologies se propager sans assimilation...

... mais des effets pervers dans de nombreux cas

L'achat de technologie étrangère présente dans de nombreux cas des effets pervers. Le plus souvent le pays acheteur n'acquiert pas véritablement la technologie, car ce sont des firmes multinationales étrangères qui contrôlent l'application et l'utilisation de la technologie nouvelle.

En ce qui concerne les pays industrialisés, l'achat de technologies étrangères peut aboutir à l'abandon de capacités de recherche qui seront ensuite difficiles à reconstituer et maintiendront durablement le déficit de la balance des brevets.

Enfin diverses situations ont montré que les pays dont proviennent les technologies, pouvaient exercer des effets de domination en demandant à leurs firmes de ne plus livrer de matériel en cas de conflit politique avec le pays importateur de technologie.

Quelles technologies adopter ?

Il semble que les technologies les plus modernes soient celles qui permettent la plus forte productivité mais elles peuvent néanmoins présenter des inconvénients en terme de niveau d'investissement requis et d'effets induits sur l'emploi. C'est pourquoi, en particulier dans les pays du Tiers Monde, certains auteurs ont préconisé le développement des technologies intermédiaires moins coûteuses en investissements et génératrices non seulement de plus d'emplois, mais d'acquisition de savoir-faire pour un plus grand nombre de personnes. Néanmoins les données liées à la concurrence internationale rendent cette possibilité souvent aléatoire... sauf à adopter une autre logique plus orientée vers la satisfaction des besoins fondamentaux.

Les technologies les plus modernes impliquent souvent dans le Tiers Monde le contrôle par des cadres étrangers, ce qui limite un peu plus les effets d'apprentissage...

E.F. Schumacher *(small is beautiful)* a développé le concept de technologie intermédiaire, qui ne soit ni moderne ni traditionnelle mais qui soit « appropriée à un certain environnement socio-économique à un moment donné ». Les technologies appropriées présentent trois caractéristiques : favoriser le développement de l'emploi, avoir un faible coût en capital, permettre la satisfaction des besoins fondamentaux.

A côté de centres de production axés sur l'exportation et

la compétitivité mondiale, il y aurait place pour une industrialisation autocentrée moins coûteuse et permettant à la fois la formation de la main-d'œuvre, son emploi et l'amélioration des niveaux de vie.

Le développement des technologies adaptées se heurte à plusieurs obstacles :

— les mentalités : les bourgeoisies du Tiers Monde sont fascinées par les technologies les plus modernes...,

— le prix élevé auquel sont revendues les machines d'occasion pourtant complètement dépassées du point de vue de la concurrence,

— l'opposition des firmes multinationales qui n'y voient aucun intérêt et non seulement ne participent pas au financement mais orientent les investissements des Etats vers d'autres projets.

L'Inde, mais plus encore la Chine, ont tenté avec un certain succès de mettre en place des technologies intermédiaires.

Les problèmes de financement

Si les petites ou moyennes entreprises sont souvent fortement innovatrices, le coût actuel de l'industrialisation rend la mise en place d'une structure de financement efficace extrêmement importante... et ce d'autant plus que l'innovation, si elle est porteuse d'un profit potentiel élevé, présente souvent un risque plus important que la moyenne des investissements.

Aussi considère-t-on généralement que l'existence aux Etats-Unis de **« venture capital »** qui collecte une épargne destinée à financer des investissements risqués mais prometteurs, a contribué au niveau élevé d'innovations de ce pays.

Il reste qu'aux Etats-Unis aussi, l'Etat joue un rôle essentiel dans le financement non seulement de la recherche mais aussi de l'industrialisation des technologies nouvelles, en particulier par l'intermédiaire des dépenses militaires.

Niveau des salaires et mécanisation

La mécanisation se traduit le plus souvent par une réduction de la main-d'œuvre nécessaire à la production. Ainsi par exemple, si une machine coûte 500 francs par jour et économise 200 heures de travail par jour, le résultat financier de la mise en place de cette machine sera

1. Les banques ne doivent pas en principe effectuer de placements à haut risque. Les « venture capital » américains permettent de financer des innovations, en particulier dans les technologies nouvelles.

pour l'entreprise, toutes choses égales par ailleurs, de 500 – (200 × 20 francs) si le coût salarial horaire est de 20 francs et de 500 – (200 × 40 francs) si le coût salarial horaire est de 40 francs. Dans le premier cas, l'entreprise fait une perte de 100 francs par jour, dans le second cas un bénéfice de 300 francs. Ainsi, les salaires élevés incitent les entreprises à mécaniser, ce qui accroît la productivité... mais peut avoir des effets sur l'emploi...

Progrès technique et emploi

Historiquement sur le long terme, le progrès technique n'a pas engendré de sous-emploi, bien au contraire ce sont les pays les plus industrialisés qui ont le moins de chômage.

Les défenseurs de la théorie de la **« compensation »** voient dans ce fait la confirmation de ce que, si le progrès technique peut être à l'origine de mutations dans les emplois, finalement il existe des créations indirectes d'emplois qui « compensent » les pertes initiales. Les produits nouveaux seraient tout d'abord à l'origine de créations d'emplois. Il faut fabriquer les nouvelles machines ce qui demande de la main-d'œuvre. L'amélioration de la productivité se traduirait par des baisses de prix qui permettraient soit l'augmentation des ventes d'autres produits et donc des créations d'emplois. Enfin l'accroissement du profit des firmes induirait des possibilités de financement, d'investissements nouveaux dans de nouveaux secteurs qui, s'ils se réalisaient, s'accompagneraient de créations d'emplois.

Le problème est de savoir s'il y a effectivement compensation. Un certain nombre d'obstacles sont à l'origine d'un décalage entre suppression et création d'emplois :

— Les suppressions et les créations sont décalées dans le temps ;

— Si les créations ont lieu dans d'autres pays l'effet sur l'emploi national est négatif ;

— Surtout, en situation de croissance ralentie qui correspond à la période actuelle, les effets de compensation sont très atténués, et peuvent être insuffisants.

Le paradoxe actuel est que même s'il n'y a pas compensation, l'effet sur l'emploi de la non-mécanisation est souvent encore plus négatif. L'absence de mécanisation réduit la compétitivité des produits nationaux et se traduit peu ou prou par une réduction des ventes des entreprises nationales tant sur les marchés intérieurs qu'extérieurs qui induit des réductions d'emplois.

☞ **Productivité, croissance et crises.**

Publicité

La publicité quotidienne

Flash publicitaire à la télévision entre deux émissions, affichage sur les murs des villes, pages de journaux vantant les mérites de tel ou tel produit... La publicité est partout. Et pourtant ces « annonces » coûtent cher... de 50 000 F à 70 000 F la page dans tel grand quotidien, 200 000 F ou plus le spot télévisé d'une minute aux heures de grande écoute... sans compter qu'il faut payer ceux qui réalisent l'affiche ou le film.

L'analyse des effets de la publicité sur nos sociétés fait l'objet de controverses virulentes entre ses défenseurs et ses détracteurs et ce, tant du point de vue de ses incidences économiques que sociales.

Publicité et société

Des analyses contradictoires

La publicité au service du progrès social

Les défenseurs de la publicité estiment qu'elle offre un spectacle de qualité, qu'elle rend la ville plus gaie, qu'elle fait rêver. Loin de créer des faux besoins, elle révèle les désirs profonds. Elle contraint les entreprises à adapter les produits aux goûts du public. En prenant en compte l'esthétique, l'image, elle développe une certaine qualité de communication adaptée à la société d'information.

La publicité au service de la société marchande

A l'opposé, la publicité a été accusée de manipuler le consommateur et d'assumer une fonction idéologique négative.

La publicité favorise une certaine *manipulation* du public. François de Closets exprime clairement cet argument : « Que peuvent les parents, les professeurs ou les écrivains face à Publicis ou Havas (...). Car c'est la jeunesse, dès son âge le plus tendre, qui est devenue la cible favorite des publicitaires : séduire le fils pour gagner la mère (...), l'esprit des enfants leur appartient[1]. »

1. *Le bonheur en plus*, Grasset.

En renforçant les stéréotypes de la féminité, de la virilité, du bonheur... la publicité dissimule les rapports de production sous des notions mythiques. Image déformée et conformiste de la société, la publicité réduit tous les désirs au plaisir de consommer : renforce l'avoir au détriment de l'être, glorifie le paraître par rapport à la réalité. N'étant pas systématique, elle n'est pas au sens strict une idéologie mais « la publicité assume une partie du rôle ancien des idéologies : couvrir, dissimuler, transposer le réel, c'est-à-dire les rapports de production »[1]

La logique de la production et du profit contre les vrais besoins

Quand Coca-Cola dans le Tiers Monde pousse à consommer le breuvage brun et sucré, elle détourne devises et maigres ressources de l'essentiel : creuser des puits, acheter des vitamines, des protéines... Quand une population peu informée est soumise à une forte publicité, les dégâts sociaux sont souvent graves, disent les opposants à la publicité...

L'impact sur l'idéologie : l'approche empirique

La publicité reflète-t-elle simplement les idéologies dominantes ou bien modèle-t-elle notre idéologie ?

P. Viansson-Ponté montre à travers un exemple la complexité de l'impact idéologique de la publicité.

« Le désir de prestige, la recherche d'une supériorité, d'une distance sociale, alternent avec l'égalitarisme. Cependant, une étude systématique des pages publicitaires de quatre hebdomadaires à grand tirage (*L'Express, Elle, Paris-Match* et *Télé-7 Jours*) révèle que le dosage de ces divers sentiments varie notablement d'une publication à l'autre. Dans l'un, qui s'adresse à un très large public, les arguments égalitaires seront deux fois plus nombreux : « Il a gagné un téléviseur couleur. Il n'est pas plus malin que vous !... Vous aussi, gagnez ! » *(Télé-7 Jours).* Dans l'autre au contraire les arguments de prestige sont six fois plus fréquents : « Faites un peu plus tôt ce que les autres feront un peu plus tard... ». (...) Aux gens pauvres on dit : « Faites comme les riches; et à ceux qui croient ou veulent être riches : prenez vos distances à l'égard des pauvres. En outre, la « récupération » des courants nouveaux est quasi immédiate. »[2]

1. H. Lefebvre, *La vie quotidienne dans le monde moderne*, Gallimard.
2. Pierre Viansson-Ponté, *Le Monde*, compte rendu d'une communication à l'Académie des Sciences sociales; l'enquête rapportée a été faite en 1971.

Publicité, information et pouvoirs

Pour ses défenseurs, la publicité serait source d'information sur les produits existants et à ce titre accroîtrait l'autonomie de décision du consommateur. Trois arguments sont fréquemment invoqués à l'encontre de cette analyse :

— l'information contenue dans la plupart des publicités est le plus souvent très limitée, voire inexistante.

— L'information est « biaisée », ce qui n'est pas dit est aussi important ou plus que ce qui est dit (qualités techniques effectives, rapport qualité-prix...).

— Les techniques utilisées dans la plupart des cas agissent sur le subconscient et non sur le raisonnement rationnel.

Publicité et économie

La logique de l'entreprise

Toutes les campagnes publicitaires ne sont pas rentables

L'existence d'un budget publicitaire important ne garantit nullement l'accroissement des ventes. Les dépenses peuvent se révéler tout à fait inefficaces si la sensibilité de la demande pour le produit par rapport à la dépense engagée est faible ou si la campagne publicitaire est mal conçue. On a même vu des entreprises dont les ventes ont baissé à la suite d'une campagne maladroite induisant des réactions d'opposition par rapport à tel ou tel produit de l'entreprise.

L'efficacité de la publicité est difficile à mesurer

La publicité étant faite pour vendre, il peut sembler que lorsqu'une campagne publicitaire s'accompagne d'une augmentation des ventes suffisante, la dépense a été rentable. Deux éléments limitent la portée de ce type de raisonnement :

— L'évolution des ventes est fonction de bien d'autres paramètres que la seule publicité. Ainsi, une évolution favorable de la conjoncture peut avoir stimulé les ventes, tel ou tel changement dans la structure de la distribution (vente dans une région où nous n'étions pas présents...) a pu exercer une action favorable. La délimitation de la part de l'accroissement du chiffre d'affaires qui revient à la publicité est souvent difficile.

Il résulte de ces données que, malgré les progrès réalisés dans la mesure de l'efficacité des dépenses publicitaires, la définition du niveau optimum de dépense relève très largement d'un choix stratégique, qui fait plus appel au flair de l'entrepreneur, à sa connaissance plus ou moins empirique du marché qu'à des critères parfaitement rationalisés.

Globalement la publicité se révèle efficace pour la firme

Si on passe du cas particulier d'une entreprise à l'effet moyen de la publicité pour l'ensemble des firmes, il semble bien que la publicité soit le plus souvent rentable. Comment imaginer que des grandes firmes continuent à lui consacrer des sommes aussi importantes si elles ne constataient pas une corrélation très régulière entre les variations de leur chiffre d'affaires et celles de leurs campagnes publicitaires.

Cette efficacité du point de vue de la firme est liée à plusieurs mécanismes :

— la publicité réduit souvent la sensibilité du consommateur aux variations de prix : elle accroît l'attachement à une marque, ce qui atténue le rôle du prix dans la décision du consommateur. La publicité permet alors à l'entreprise d'augmenter ses prix sans subir une chute trop importante de la demande ou d'accroître ses ventes pour un prix donné.

— En faisant mémoriser la marque du produit, en la valorisant dans l'esprit de l'acheteur, l'entreprise peut espérer accroître les ventes. On sait, en effet, que le consommateur ne retient le plus souvent que quelques marques et c'est sur l'une d'elles que se portera dans la majorité des cas son choix.

— Dans certains cas la publicité est même une contrainte. Lorsqu'un concurrent lance une campagne publicitaire importante, est-il prudent de ne rien faire ? La publicité peut alors être un moyen d'éviter les pertes qui résulteraient spontanément de la chute des ventes. Lorsqu'un produit nouveau est lancé sur le marché (un nouveau modèle de voiture par exemple) est-il possible de ne pas mettre en place une campagne publicitaire pour le faire connaître ?

La publicité coûte-t-elle cher au consommateur ?

Peut-on dire que la publicité induit un accroissement des prix pour le consommateur ? Les oppositions portent sur trois points : l'effet des éventuelles économies d'échelle, la rigidité des prix, les effets indirects sur le coût de la presse.

Pour les défenseurs de la publicité :

— La publicité représente un % très faible du P.N.B. (de l'ordre de 1 %) ; son coût ne peut donc être que très limité.

— De nombreux prix sont fixés hors de l'entreprise par l'État, par le niveau de concurrence national et international qui limite les augmentations de prix.

— La publicité permet des économies qui peuvent diminuer les prix de revient dans des proportions supérieures aux dépenses engagées (économies d'échelle).

Un exemple

Produits	Coût fixe	Coût variable	Coût publicitaire	Coût total	Coût unitaire
Sans publicité 1 000 unités	10 000	20 × 1 000	0	30 000	30
Avec publicité 1 500 unités	10 000	20 × 1 500	3 500	43 500	29

Par ailleurs si l'on vend plus on peut se contenter d'une marge bénéficiaire plus faible tout en réalisant le même bénéfice. Indirectement la publicité finance la presse; les prix des quotidiens, ceux des mensuels seraient beaucoup plus élevés sans les recettes publicitaires. Bien plus, c'est la pluralité de la presse qui est favorisée en permettant la survie de publications qui autrement ne couvriraient pas leurs charges. Enfin la publicité réduit souvent d'autres coûts de distribution. Ainsi par exemple, les marges des distributeurs peuvent parfois être plus faibles parce que les produits sont en quelque sorte prévendus car le consommateur sait quel produit il veut en pénétrant dans le magasin.

Les critiques contre cette analyse sont très nombreuses :

— Si le pourcentage moyen de dépenses publicitaires dans le prix de vente est faible pour certains produits, il peut être élevé pour d'autres (parfumerie, lessives...).

— L'existence de quelques exceptions à la réduction de la sensibilité de l'acheteur aux prix par la publicité, n'exclut pas que dans la plupart des cas la publicité permet des accroissements de prix de vente importants. — (parfums, lessives...).

— Au niveau collectif, l'accroissement des ventes qui accompagne une campagne publicitaire réussie se traduit souvent par la baisse du chiffre d'affaires du concurrent. Si l'un bénéficie d'économies d'échelle, l'autre voit ses coûts unitaires s'accroître par réduction du niveau global de ses ventes. Le gain collectif est souvent illusoire.

☞ **Consommation, entreprise.**

Régulation

Théorie des systèmes et régulation

La théorie des systèmes

Toute organisation économique ou sociale peut être considérée comme un système avec ses objectifs, ses acteurs, ses variables de contrôle, ses processus stabilisateurs ou au contraire explosifs. Le thermostat constitue un exemple élémentaire de « système » au sens de la *théorie des systèmes.* Pour conserver la température d'une pièce à un niveau donné (objectif de 20° par exemple) il faut disposer d'information précise (thermomètre qui indique la température...), la transmettre à la chaudière pour déclencher certains mécanismes de régulation. Ainsi, si la température descend en dessous des 20° désirés, un mécanisme automatique doit déclencher l'allumage de la flamme qui chauffe l'eau des radiateurs et inversement lorsque la pièce est réchauffée un autre mécanisme doit éteindre ou réduire le niveau de chauffage. *La régulation* comprend alors des objectifs à réaliser, des éléments d'information qui mesurent les écarts entre les objectifs et la réalité, des moyens d'action pour atteindre le but fixé qui sont déclenchés par le système lui-même. La régulation dans le cas du thermostat est réalisée en compensant les écarts par une variation des quantités de chaleur fournies ou en supprimant des perturbations (fermeture ou ouverture automatique des aérations...).

La régulation économique

Sur le plan économique la recherche de régulation est courante dans des domaines où de grandes variations peuvent perturber l'activité économique. Ainsi le Marché Commun en mettant en place un système de prix agricoles supérieurs au niveau mondial a créé une distorsion telle que, sans régulation correctrice, nous ne pourrions jamais exporter. Un double système de prélèvements obligatoires et de restitution permet de corriger en permanence les distorsions entre le système de prix européens et celui du marché mondial.

Quels sont les mécanismes qui assurent une certaine stabilité au système économique ? Quels sont ceux qui le déséquilibrent ? Les réponses à ces questions varient profondément selon les courants de pensée. Les néo-classiques traditionnels voient dans la *concurrence pure et parfaite* l'origine d'une tendance fondamentale à l'équilibre. Les keynésiens pour leur part, hantés par l'instabilité profonde du système concurrentiel, ont, pour l'essentiel, attribué à l'Etat le rôle de régulateur. Les marxistes voient, dans la plus-value et l'exploitation, l'origine de déséquilibres profonds qui ne pourront à terme se résoudre que par la disparition du mode de production lui-même.

Plus récemment, deux courants d'analyse se sont développés : le premier peut se rattacher pour partie à Keynes et pour partie à Marx (théorie de la régulation), le second dans la mouvance néo-classique tente d'intégrer le déséquilibre (théorie du déséquilibre).

La régulation par l'équilibre général et le marché

L'équilibre général de Walras

Pour les néo-classiques, c'est le marché qui joue le rôle de stabilisateur lorsque les conditions de la concurrence pure et parfaite sont réalisées. Léon Walras, dès la fin du XIXe siècle, élabore un modèle qui explique comment un équilibre général peut se dégager spontanément sur tous les marchés. La recherche par chacun de son intérêt personnel induit un système de prix qui équilibre offre et demande pour chaque produit.

Le mécanisme fondamental est très proche de celui de la formation des prix en bourse : tout se passe comme si un arbitre jouait le rôle de commissaire-priseur. Les consommateurs achètent des biens conformément à leurs goûts et à leurs revenus. Le commissaire-priseur fait une proposition de prix, consommateurs et producteurs réagissent en offrant et demandant des quantités de biens plus ou moins importantes. Le commissaire-priseur constate alors la situation du marché : si offre et demande s'équilibrent, l'ajustement est terminé; si le marché est déséquilibré : certains biens sont trop demandés (demande > offre), ou insuffisamment demandés (demande < offre), il modifie alors les prix : cet ajustement à la hausse et à la baisse provoque, conformément à la théorie néo-classique, une variation de l'offre et de la demande. Progressivement, par tâtonnement, un système de prix relatifs, tel que l'équilibre soit établi sur tous les marchés, va se mettre en place, réalisant ainsi l'équilibre général (voir *Dictionnaire économique et social*, p. 379). De Walras à aujourd'hui ce modèle a été affiné par les néo-classiques. Ainsi le Français Debreu a analysé la formation de l'équilibre dans une économie avec production. Une des questions majeures auxquelles se sont intéressés les économistes néo-classiques est celle de l'équilibre dynamique : comment peut-on passer d'une situation éloignée de l'équilibre (en supposant qu'un changement de goût ou qu'un changement technologique ait perturbé l'équilibre antérieur) à un nouvel équilibre par des mécanismes automatiques ? L'analyse de ce processus conduit les néo-classiques à préciser les mécanismes d'ajustement et souvent à accroître les contraintes de définition du modèle permettant à celui-ci de converger vers un équilibre stable (Arrow, Hahn...). Ces auteurs utilisent le plus souvent des outils mathématiques complexes (systèmes matriciels, équations différentielles...). Le réalisme des hypothèses de comportement adoptées est très contesté.

Les théoriciens du déséquilibre

Les années 70 ont vu certains théoriciens néo-classiques prendre en compte des possibilités de réajustement et de déséquilibre (Clower, Benassy, Malinvaud). Ce courant se caractérise par la renonciation à la fiction du commissaire-priseur. Les transactions peuvent ne pas se traduire par des prix d'équilibre. Dans ce cas l'ajustement se fera non par les prix (rigides) mais par les quantités. Si les demandeurs sont trop nombreux (offre $<$ demande) au prix du marché certains ne seront pas servis (rationnement). Inversement si l'offre est supérieure à la demande il y aura des invendus, et les entreprises réviseront leur production en fonction de cette contrainte.

Ce courant d'analyse a pu être interprété comme une tentative d'intégration des apports keynésiens dans une logique néo-classique. En effet, le raisonnement keynésien ne s'applique que dans des cas particuliers et la tendance générale spontanée reste celle de l'équilibre.

L'équilibre fruit d'une régulation externe

L'équilibre de sous-emploi est possible

Pour les keynésiens les mécanismes automatiques du marché n'excluent pas la possibilité de déséquilibres graves. L'équilibre de sous-emploi a même une forte probabilité de se produire à un moment ou à un autre (voir p. 220). Plus une société est riche, plus la propension à consommer risque de s'affaiblir et, plus les occasions d'investissement rentables tendent à diminuer (baisse de l'efficacité marginale du capital investi) induisant ce faisant un ralentissement de la croissance par suite de la diminution de la demande effective.

La régulation par l'Etat

La régulation de l'économie dans l'analyse keynésienne peut être assurée par une intervention externe ; l'Etat peut à long terme stimuler l'économie pour la mettre sur un « sentier de croissance équilibré » et éviter les crises économiques et sociales trop graves pour être tolérées. (voir pp. 88, 285...)

Du concept de régulation à la « théorie » de la régulation

La régulation

Il faut distinguer le problème de la régulation qui se pose à tout économiste (comment se réalise l'équilibre dans un système économique) et la théorie de la régulation qui est une analyse dans la mouvance marxiste[1] (Aglietta, Lipietz, Coriat). Le concept même de régulation qu'ils développent pourrait être très largement accepté. C'est l'analyse des formes de régulation qui est l'objet principal de débats.

Pour R. Boyer : « On désignera sous le terme de *régulation* la conjonction des mécanismes concourant à la reproduction d'ensemble du système, compte tenu de l'état des structures économiques et des forces sociales[2].

Les principales formes de régulation

Comment se réalise la régulation dans le système capitaliste ? Les théoriciens de la régulation ont développé une analyse spécifique (en particulier Aglietta) qui distingue des modèles de régulation différents au cours de l'histoire.

La régulation concurrentielle

Le capitalisme du XIXe siècle est gouverné par la régulation concurrentielle. Les prix des marchandises, les salaires sont fonction des tensions sur le marché. Pendant les périodes de crises, prix et salaires varieront à la baisse car ni les entreprises trop dispersées, ni les syndicats trop faibles ne pourront lutter contre l'effet dépressif de la suraccumulation et de la surproduction.

1. Elle n'implique toutefois pas nécessairement une adhésion aux théories de la plus-value et de l'aliénation encore que nombre de ses défenseurs s'y réfèrent.
2. *Critique de l'économie politique*, avril-septembre 1979.

Régulation monopoliste

La régulation monopoliste qui va se développer au XXe siècle est caractérisée par la rigidité des prix et des salaires qui ne baissent pas, même en période de crise. Oligopoles et monopoles fixent les prix de façon autonome et réduisent la concurrence par les prix. Les salaires deviennent eux aussi rigides à la baisse par suite du développement des accords négociés entre syndicats, patronat et pouvoirs publics. Le Welfare-state (Etat providence) introduit des mécanismes de stabilisation du pouvoir d'achat (allocations-maladie, chômage, famille, retraite sont socialisées partiellement). Même en période de crise, le pouvoir d'achat peut augmenter et baisse rarement.

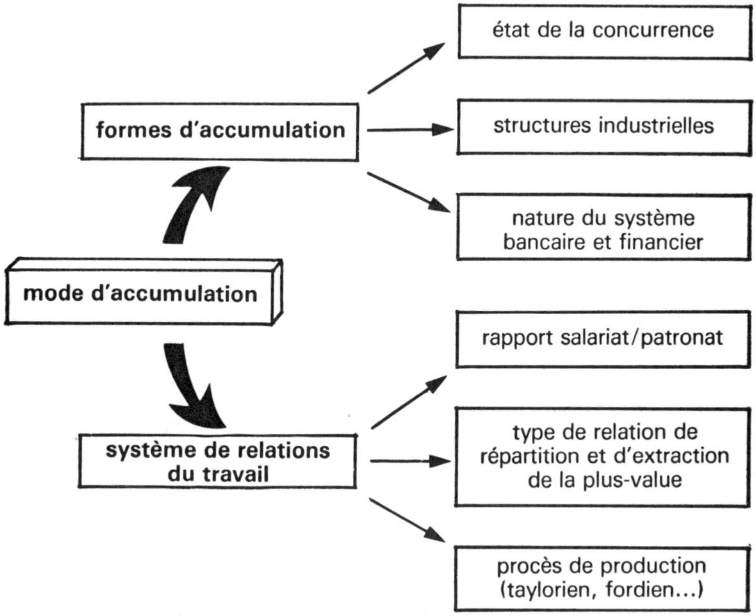

Régulation, croissance et crise

Pour MM. Baslé, Mazier et Vidal « quatre caractères majeurs permettent de typer les différentes périodes de croissance ».

Régulation et accumulation extensive

L'accumulation extensive caractériserait le mode de régulation français de 1850 à 1930. Pour l'essentiel la croissance est alors le fruit d'une augmentation des facteurs de production donc de l'investissement. Celui-ci doit augmenter la capacité productive. Mais du même coup il y a une contradiction car : « la production de biens capitaux s'accélérant, cette accélération ne peut avoir lieu qu'au détriment des biens de consommation (...)[1]. »

De plus, le taux de profit a tendance à se dégrader car ce mode d'accumulation ne procure guère de gains de productivité rapides, par contre le volume du capital constant augmente vite, ce qui accroît la composition organique du capital et provoque la baisse tendancielle du taux de profit, facteur de crise dans une logique d'analyse marxiste.

Régulation et accumulation intensive

Les limites de ce mode d'accumulation provoqueront la crise de 1929 dont on ne sortira que par l'intensification de la production ; celle-ci se réalisera en France, essentiellement après 1945, avec le développement du fordisme.

Dans ce nouveau mode d'accumulation, que l'on qualifie d'intensif, le capital se valorise dans des conditions différentes : le fordisme met en place de nouvelles formes d'organisation du travail qui rendent les investissements plus efficaces lorsque la production augmente ce qui autorise des baisses de prix qui induisent des débouchés suffisants pour rendre l'investissement rentable.

Régulation et accumulation progressive

Depuis les années 70, la régulation fordiste est en crise. Le redéploiement des investissements actuels correspond à une tentative de mise en place, au niveau mondial, des conditions d'un nouveau régime d'accumulation fondé sur une régulation différente que certains ont qualifiée de progressive. Celle-ci est caractérisée par la flexibilité de la production, la mise en place de nouvelles industries motrices...

Distinguer régulation et mutation...

Les crises de régulation ne remettent pas en cause le mode de régulation de l'activité économique.

Les crises de mutation marquent l'échec d'un système de régulation de l'activité économique. L'ancien régime d'accumulation ne fonctionne plus... La crise de 1929 et la crise actuelle sont des crises de mutation.

La première marque l'échec de l'accumulation extensive et le passage à une croissance intensive, la seconde est la crise de l'accumulation fordiste.

1. Lorenzi, Toledano, Pastré, *La crise du XXe siècle*, Economica.

☞ **Croissance et crises.**

Relations du travail

L'importance des relations du travail

Parce que l'entreprise est un lieu où vivent 8 heures par jour les salariés, parce qu'il y a des rapports hiérarchiques stricts, parce que s'y matérialisent des intérêts divergents, par exemple en matière de répartition des revenus, il existe des relations du travail au sein de l'entreprise.

Ces rapports sont souvent conflictuels et peuvent se traduire par des négociations difficiles, des grèves... mais aussi par des comportements quotidiens qui d'une part rendent les conditions de vie des travailleurs plus ou moins pénibles et qui d'autre part peuvent influencer les résultats économiques de l'entreprise.

L'intervention de l'Etat

L'intervention de l'Etat en matière de relations du travail repose sur trois types de préoccupations, de nature tout à fait différente :

- La première est d'assurer la paix sociale, condition nécessaire de la vie économique.

- La seconde est de protéger les plus faibles ; elle s'appuie sur l'idée que la liberté des contrats entre employeurs et employés ne correspond qu'à une égalité formelle, car le travailleur est obligé pour vivre d'accepter les conditions qui lui sont offertes, ce qui n'est pas le cas de l'entrepreneur.

  C'est dans cette optique que fut reconnu le droit syndical, condition d'une meilleure égalité réelle entre les partenaires sociaux.

- La troisième met en cause le pouvoir de l'entrepreneur sur le fonctionnement de l'entreprise. Il s'agit soit de partager le pouvoir dans l'entreprise (information, participation...), soit de le mettre totalement en cause (marxisme).

Les différentes approches

Les relations du travail ne peuvent se comprendre sans intégrer trois données importantes. La première est l'évolution de l'organisation de la production qui a marqué le XXe siècle sous l'influence des conceptions de Taylor et de Ford ; la seconde est l'importance des luttes ouvrières qui ont abouti à une certaine prise en compte des organisations de travailleurs (syndicats); la troisième est le succès, en terme d'efficacité, des relations du travail japonaises fondées sur une logique différente de la conception tayloriste.

Les relations du travail dans l'entreprise peuvent être analysées de différentes façons :

Une première conception dans la mouvance du taylorisme et du fordisme estime que des règles techniques permettent de déterminer les modalités optimales d'adaptation de la machine à l'homme (et réciproquement) et réduisent les relations du travail à la capacité de l'entreprise à imposer la politique définie par l'équipe dirigeante.

Une deuxième approche tient compte des motivations des travailleurs dans la mesure où elles ont une influence sur la productivité. C'est la logique des politiques de relations humaines et de motivation de type japonais.

Les marxistes considèrent que ces deux approches doivent être regroupées, car elles obéissent, malgré leur opposition apparente, à une même logique : la maximisation du profit de l'entreprise, logique qui s'oppose à une analyse en terme de rapports de production dans laquelle les intérêts des travailleurs sont fondamentalement opposés à ceux des capitalistes. De ce point de vue seule la constitution d'un rapport de force favorable peut permettre aux travailleurs d'obtenir une véritable participation à la gestion de l'entreprise et une organisation de la production qui ne soit pas aliénante.

Relations du travail dans l'entreprise

↓	↓	↓
Relation hommes/machines	Prise en compte de l'influence des motivations psychologiques sur la productivité	Analyse conflictuelle des rapports de pouvoir
↓	↓	↓
Étude de poste, ergonomie...	Relations humaines, motivation de la main-d'œuvre	Analyse marxiste...

Le développement du taylorisme et du fordisme et les relations du travail

L'organisation scientifique du travail

L'organisation scientifique du travail (O.S.T.) défendue par Taylor se fixe comme objectif de *baisser les prix de revient :*

1. en réduisant la « flânerie des travailleurs » par une décomposition des tâches permettant de définir leur enchaînement le plus performant et de surveiller leur réalisation dans le temps le plus bref possible (voir *Dictionnaire économique et social,* p. 362).

2. En utilisant massivement pour les travaux d'exécution une main-d'œuvre peu qualifiée et peu syndiquée, dont le salaire horaire est plus faible que celui d'une main-d'œuvre qualifiée.

« L'instauration du travail parcellisé vise deux cibles à la fois : casser la capacité de résistance de l'ouvrier de

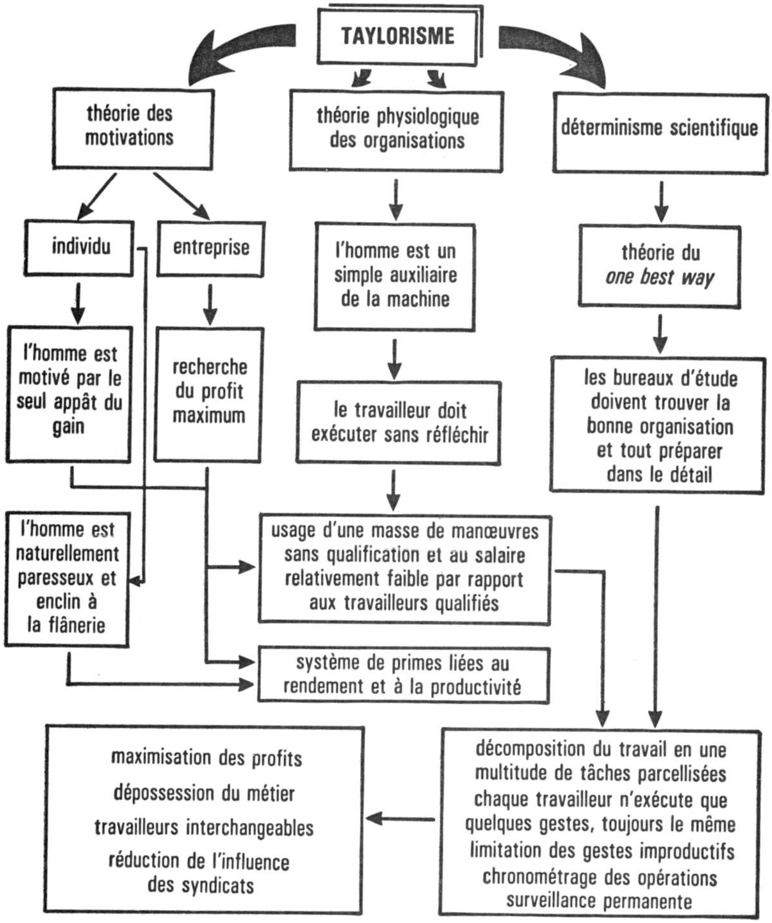

métier, mettre en place un procès de travail permettant l'entrée dans le salariat des travailleurs non qualifiés et non organisés »[1].

Les techniques de production fordistes

Ford va introduire deux innovations qui vont induire des économies d'échelle importantes : la standardisation de pièces et le principe de la chaîne continue.

« Il n'y a pas dans les ateliers une seule pièce qui ne soit en mouvement. Les unes suspendues en l'air dans un ordre exact qui leur est assigné. Les autres marchent sur une plateforme mobile, d'autre par leur propre poids; mais le principe général est que rien n'est porté ni charrié, en dehors des pièces dans l'atelier. Les matériaux sont apportés par des wagonnets ou par des remorques actionnées par des châssis Ford nus, qui sont suffisamment mobiles et rapides pour circuler au besoin dans tous les passages. Aucun ouvrier n'a jamais rien à transporter ni à soulever, toutes ces opérations faisant l'objet d'un service distinct, le service des transports »[2].

Mais, le fordisme dépasse le simple domaine de l'organisation du travail et correspond à une logique particulière de croissance au niveau macro-économique (voir p. 94).

Le boom de la productivité et la baisse prodigieuse des prix de revient

Si le taylorisme et le fordisme ont connu un tel essor c'est qu'ils ont effectivement permis une baisse extrêmement importante des prix de revient tant par l'amélioration de la productivité que par l'utilisation d'une main-d'œuvre peu qualifiée donc bon marché (voir p. 94).

En modifiant l'organisation du travail à la *Bethleheem Steel Company*, Taylor montre par exemple « qu'un manœuvre spécialisé pouvait charger 48 000 kg par jour au lieu de 12 700 », la productivité se trouve multipliée par quatre.

Henry Ford en standardisant la production, en mettant en place le principe de la chaîne continue dans l'automobile, réduisit le temps de montage d'une automobile de 12 heures 30 à 1 heure 30. Le prix des voitures chuta de 950 dollars à 200 dollars. Le salaire d'un ouvrier put alors augmenter et le temps de travail être raccourci tout en permettant un accroissement des profits...

1. B. Coriat, *l'Atelier et le chronomètre*, éd. C. Bourgeois.
2. H. Ford, *Ma vie et mon œuvre*, Payot, 1927.

Les relations du travail dans la logique fordiste et tayloriste

Les salaires sont négociables, pas la répartition des pouvoirs

Dans cette logique tayloriste et fordiste les salaires sont négociables dans la mesure où les gains de productivité permettent à la fois une augmentation des salaires et des profits. Par contre, la division des fonctions de conception et d'exécution est institutionnalisée et non négociable : certains sont payés pour penser, d'autres pour exécuter.

L'amélioration des conditions de travail est conçue soit dans une optique de distribution (certains avantages accordés aux travailleurs correspondent à des salaires en nature et peuvent être envisagés) soit dans une optique d'efficacité.

L'adaptation au poste

La prise de conscience d'une liaison entre les conditions du travail et l'efficacité productive a conduit les entreprises à des études de postes précises. L'ergonomie a ainsi développé le champ de ces études pour trouver les postures optimales (équilibre, sièges, positions, outils...) mais aussi les facteurs qui déterminent la fatigue, les accidents du travail... Le mauvais éclairage, le bruit ont une influence sur la productivité.

Deux facteurs principaux expliquent cette recherche d'adaptation au poste :

— Des raisons d'efficacité interne de l'entreprise qui veut éliminer les facteurs qui perturbent la productivité de ses salariés.

— Les luttes des travailleurs et la législation du travail obligent à des progrès dans l'environnement des salariés.

La crise du fordisme

Dès les premières années du taylorisme et du fordisme les réactions syndicales sont vives et portent principalement sur les conséquences sociales (perte du métier, aliénation...). La fin des années 60 a vu se développer une critique économique de l'organisation tayloriste et fordiste de la production.

L'absentéisme, le coulage, la montée des revendications salariales rendent le système moins rentable, d'autant que l'évolution de la demande rend la mise en place de systèmes fordistes de moins en moins efficaces du point de vue de la productivité.

Les relations sociales, facteurs de compétitivité

Approche théorique, approche empirique

A partir des années 60 une première prise de conscience de l'insuffisance de l'analyse des comportements est développée par *l'école des relations humaines.* Plus récemment, la crise économique a mis en évidence l'efficacité des relations du travail japonaises qui justement prennent très largement en compte les motivations individuelles et les mobilisent en vue de maximiser les résultats de la firme.

Les relations humaines ou la prise en compte du groupe dans le travail

La découverte du groupe a remis en question la logique individualiste du fordisme et du taylorisme. L'étude réalisée dans le cadre de la *Western Electric* illustre cette démarche. Au lieu d'agir pour maximiser leurs salaires, les ouvriers de cette entreprise « ne dépassaient pas le montage de deux tableaux; souvent les opérateurs s'arrêtaient lorsqu'ils avaient atteint ce quota même s'ils étaient censés poursuivre leur travail; cela correspondait à la conception du travail normal d'une journée; de même d'une semaine à l'autre, la production hebdomadaire restait étale »[1].

L'équipe de chercheurs qui fondera l'école des relations humaines devait donc comprendre rationnellement le fonctionnement du groupe qui engendrait un freinage de la production et l'échec des systèmes de primes tayloristes... L'observation du groupe révéla que contrairement au modèle théorique hiérarchique strict :

contremaître → assistant du contremaître → chef de section → chef de groupe → inspecteur → câbleur → soudeur

le fonctionnement réel comportait des relations informelles. Chefs de section et de groupe acceptaient de dialoguer, de changer les règles, de modifier l'attribution des postes avec les ouvriers. A l'inverse le dialogue bloquait entre contremaître et assistant et le reste des travailleurs. De plus une échelle de prestige interne infériorisait certains types de câbleurs par rapport à d'autres. Le groupe à productivité élevée correspondait aux travailleurs qui étaient le plus conscients de leur supériorité et les quatre isolés,

1. R. Daval, *Traité de psychologie sociale*, éd. P.U.F.

dont la production était nettement inférieure à la moyenne, étaient minoritaires dans les groupes « prestigieux ». Pour se conformer au modèle certains de ces minoritaires déclaraient même des résultats inférieurs à la réalité et gagnaient moins que ce qui leur était dû objectivement...

L'école des relations humaines estime qu'il faut tenir compte des statuts, des relations réelles, des comportements sociaux, des sentiments et de l'existence de groupes informels pour obtenir une efficacité maximale de l'organisation du travail.

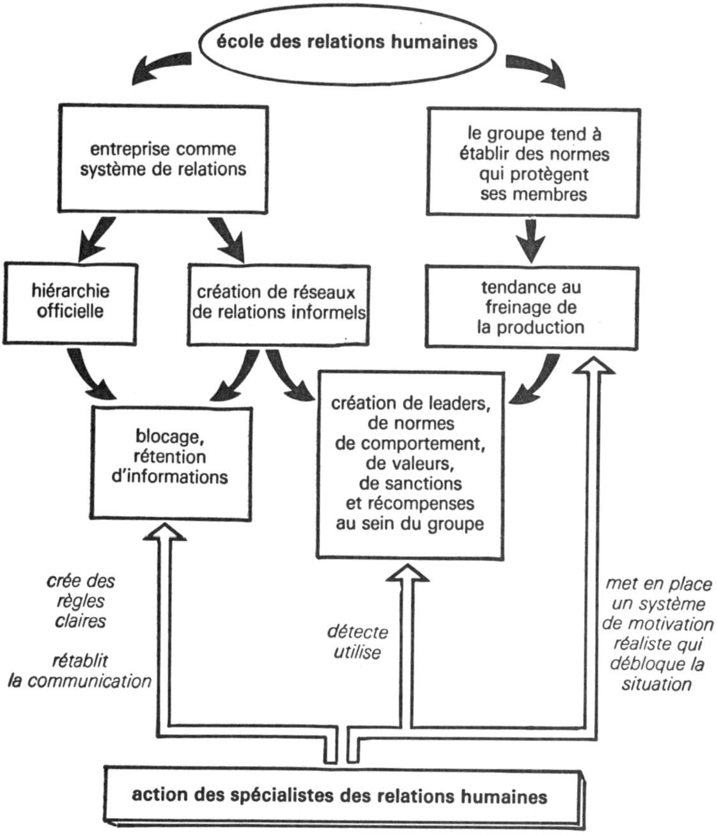

Les relations du travail japonaises

Le Japon symbolise la prise en compte des motivations et leur mobilisation au service de l'entreprise : « C'est un bien piètre atelier que celui où les ouvriers sont considérés comme une partie des machines et assignés à un travail défini par des normes. Ce qui constitue l'être humain c'est son aptitude à penser (...). Il faut se souvenir que :

1. les gens sont toujours motivés pour penser;
2. les gens savent utiliser leur sagesse;
3. il faut donc leur donner l'occasion de le faire;
4. chacun, ouvrier, contremaître, nouveau venu sans expérience, tous ont accumulé de la sagesse. Les responsables à tous les niveaux doivent reconnaître combien cette aptitude est grande »[1].

« Pendant les années 1950, nous avons compris : *primo*, que [la qualité] devait concerner l'ensemble de l'entreprise, du manœuvre au président; *secundo*, qu'il fallait que tous parlent le même langage (celui des outils statistiques de contrôle qualité); *tertio*, qu'il fallait construire une méthode de développement personnel de régulation et d'animation interne qui enseigne l'usage des outils et maintienne sous tension la recherche de qualité »[1].

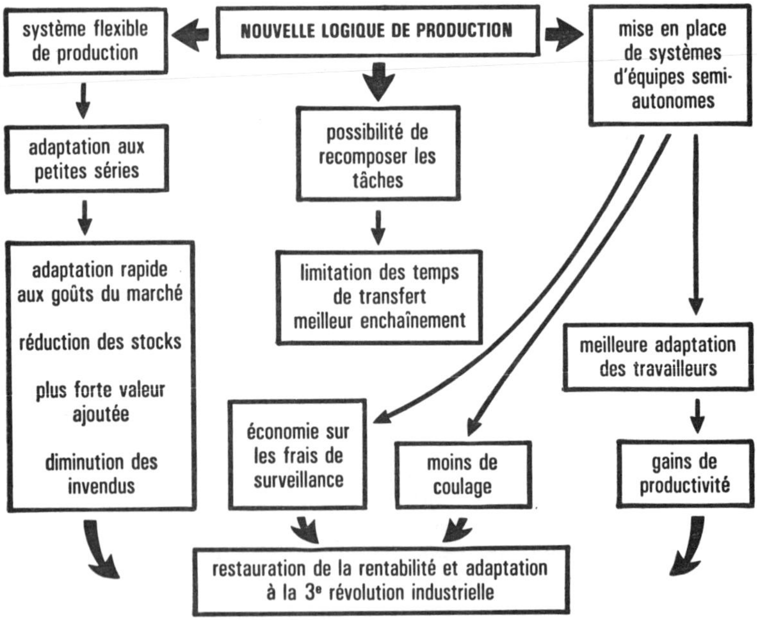

1. Manuel sur les cercles de qualités du JUSE, *Le Monde*, 10 avril 1982.

Relations sociales et syndicats

L'analyse ultra-libérale des syndicats

L'analyse des syndicats agissant comme des monopoles, disposant de la force de travail de leurs membres est courante parmi les économistes libéraux, tels Machlup et Simons.

→ Les syndicats limitent la production; par leur action sur les salaires, ils aggravent les inégalités entre travailleurs et créent du chômage en élevant le salaire minimum au-delà de la productivité marginale des travailleurs les moins performants (ceux-ci sont alors privés d'emplois parce qu'à ce niveau de salaire leur embauche provoquerait une perte pour l'entreprise).

Les syndicats réduisent la mobilité des travailleurs nécessaire à l'efficacité économique; ils peuvent même nuire à la démocratie lorsqu'ils instaurent des piquets de grèves.

LES SYNDICATS MONOPOLISENT L'OFFRE DE TRAVAIL

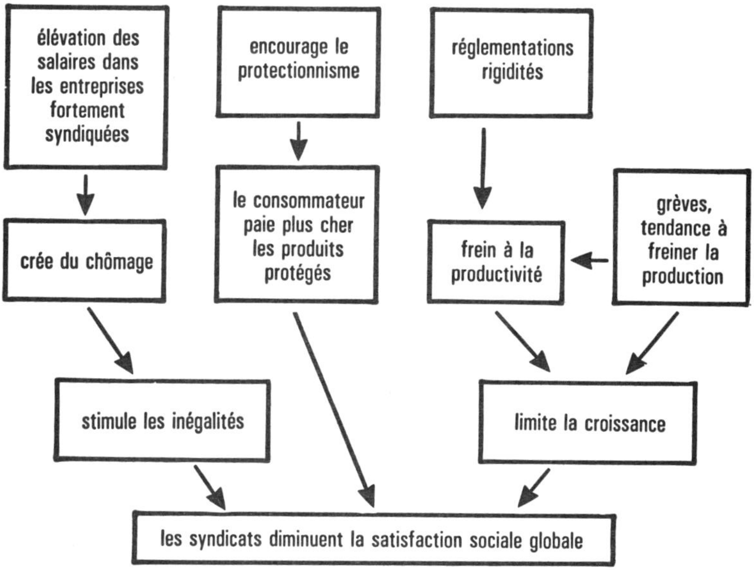

L'approche managériale contemporaine

François Ceyrac, ancien président du C.N.P.F., exprime une autre conception : « La crise a été un excellent maître d'école ; elle a donné une dimension décisive aux rapports sociaux.

« (...) Il fallait s'adapter : opter pour la souplesse dans les statuts, abandonner résolument le quantitatif pour le qualitatif, faire du social une stratégie d'ensemble »[1].

Concrètement l'entreprise doit rechercher le dialogue avec ses salariés, informer et communiquer avec le personnel tout autant qu'avec les syndicats. Le social est le jeu d'une relation ternaire :

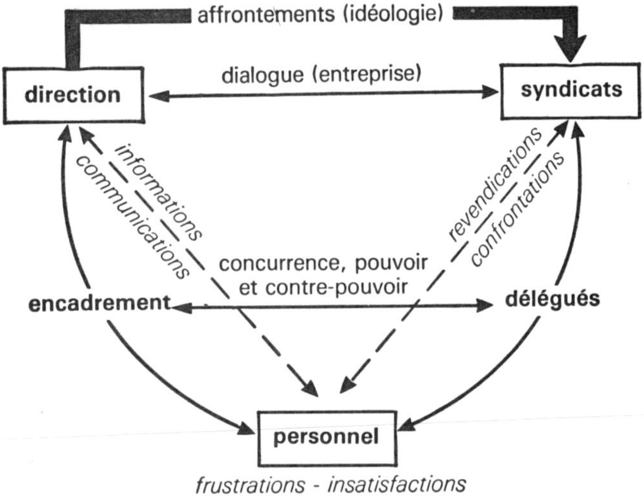

d'après l'IRPOP, Institut de formation du CNPF

L'idée de base est que la liaison maîtrise-encadrement-direction doit permettre de désamorcer les conflits et les revendications que les syndicats ont tendance à exploiter...

L'analyse néo-libérale (New deal, Keynes, Freeman-Medoff)

« Pour ce courant d'analyse, un syndicat fort engendre des relations sociales harmonieuses et stimule donc l'économie. Le syndicat est un régulateur des mouvements sociaux d'autant plus efficace qu'il dispose d'informations, contrôle sa base et respecte les règles du jeu social »[2].

1. *Le Monde*, 6 mars 1980.
2. A. Geledan, *Les syndicats*, Hatier 1979.

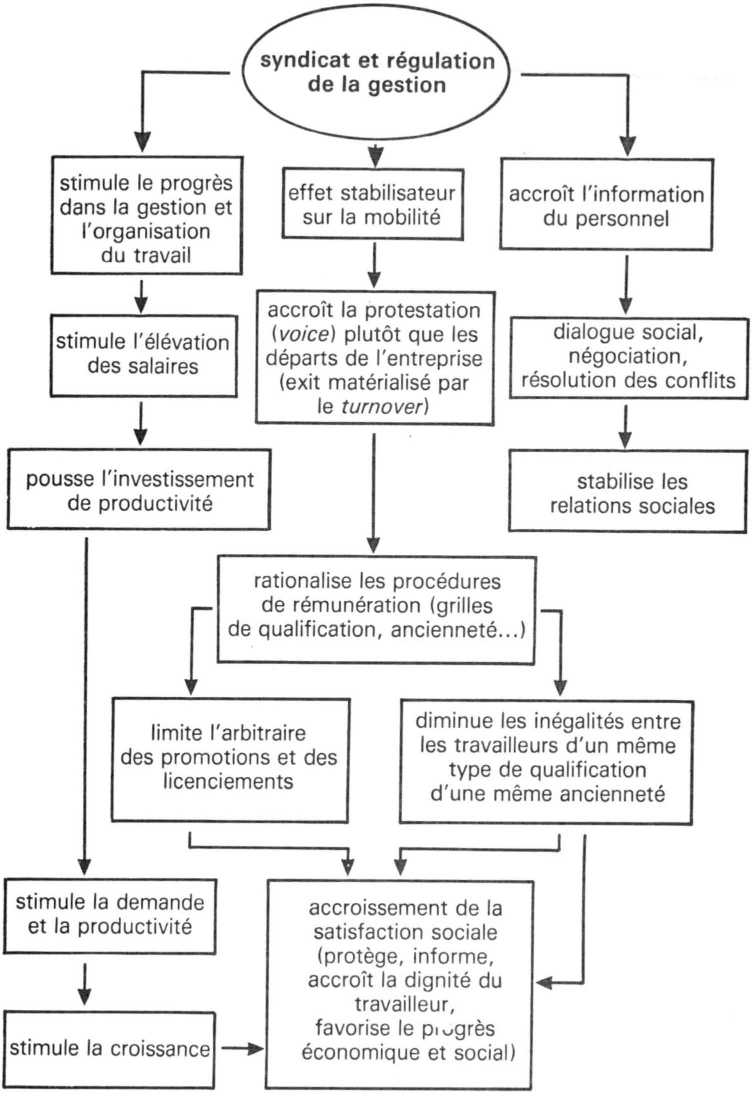
syndicat et régulation de la gestion
stimule le progrès dans la gestion et l'organisation du travail
effet stabilisateur sur la mobilité
accroît l'information du personnel
stimule l'élévation des salaires
accroît la protestation (*voice*) plutôt que les départs de l'entreprise (exit matérialisé par le *turnover*)
dialogue social, négociation, résolution des conflits
pousse l'investissement de productivité
stabilise les relations sociales
rationalise les procédures de rémunération (grilles de qualification, ancienneté...)
limite l'arbitraire des promotions et des licenciements
diminue les inégalités entre les travailleurs d'un même type de qualification d'une même ancienneté
stimule la demande et la productivité
stimule la croissance
accroissement de la satisfaction sociale (protège, informe, accroît la dignité du travailleur, favorise le progrès économique et social)

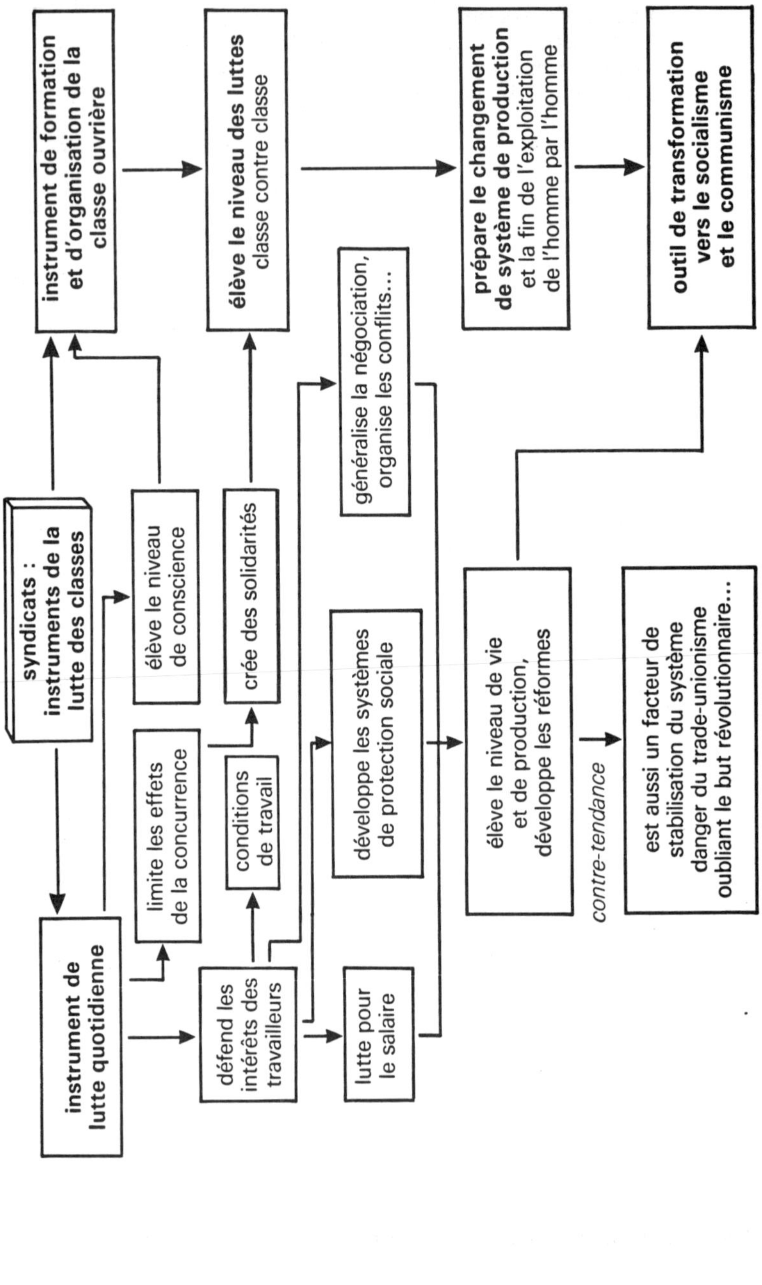
syndicats : instruments de la lutte des classes
instrument de formation et d'organisation de la classe ouvrière
élève le niveau des luttes classe contre classe
prépare le changement de système de production et la fin de l'exploitation de l'homme par l'homme
outil de transformation vers le socialisme et le communisme
élève le niveau de conscience
crée des solidarités
généralise la négociation, organise les conflits...
limite les effets de la concurrence
conditions de travail
développe les systèmes de protection sociale
élève le niveau de vie et de production, développe les réformes
contre-tendance
est aussi un facteur de stabilisation du système danger du trade-unionisme oubliant le but révolutionnaire...
instrument de lutte quotidienne
défend les intérêts des travailleurs
lutte pour le salaire

Les syndicats ont un rôle positif car :

— **Ils accroissent l'efficacité économique** en encourageant investissements et substitution du capital au travail, en stimulant la demande effective lorsqu'ils obtiennent des accroissements de salaires.

Ils informent l'entreprise sur les tensions, les problèmes. Ils limitent les gaspillages liés à une mobilité excessive en favorisant la mise en place de grilles hiérarchiques précises.

— **Ils renforcent l'équité sociale** en contribuant à l'instauration de règles précises en ce qui concerne l'avancement, les salaires, l'embauche; ils limitent l'arbitraire et améliorent le rapport de force de ceux qui n'ont que leur force de travail à vendre. Ils représentent ceux qui sans eux n'auraient pas la parole...

Syndicats et lutte des classes

◀ Pour Marx les syndicats « sont nés des efforts spontanés des ouvriers luttant contre les ordres despotiques du capital, pour empêcher ou du moins atténuer les effets de cette concurrence faite par les ouvriers entre eux ». Ils permettent par une lutte quotidienne sur les salaires, les conditions de travail, les droits des travailleurs (aux loisirs, à la retraite, à la santé...) d'élever concrètement la situation des travailleurs. Ils permettent ensuite d'élever le niveau de conscience en dénonçant l'exploitation, l'inégalité, l'aliénation. Ils ont aussi des fonctions d'organisation, d'information et de revendication qui donnent naissance aux négociations, luttes et avancées sociales. Par l'obtention de grandes lois et institutions (Sécurité sociale, 39 heures, retraite à 60 ans, salaires minimum, droits aux loisirs...), ils sont à l'origine des progrès sociaux concrets. Mais, il ne faut pas en rester à ce stade trade-unioniste et réformiste, il faut contester le système capitaliste lui-même. Pour Marx et Lénine : « Si les syndicats sont indispensables dans la guerre d'escarmouches du travail et du capital, ils sont encore plus importants comme force organisée pour supprimer et remplacer le système de travail salarié. »

☞ **Entreprise, marché de l'emploi.**

Répartition

Les revenus viennent de la production et y retournent

On ne peut partager que ce qui a été produit, aussi, sous réserve des bénéfices possibles de l'échange international, le revenu global distribué dans un pays est lié au niveau de sa production.

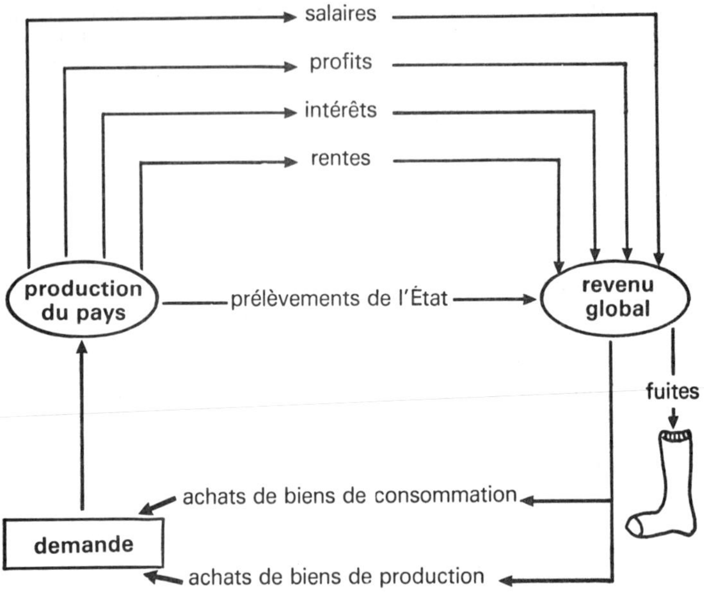

Le revenu national va ensuite « revenir à la production » dans la mesure où il va être utilisé pour acheter des biens de production ou des biens de consommation.

Dispersion et disparité

L'étude empirique des revenus montre l'existence de fortes différences dans les revenus perçus par chaque citoyen.

Ces différences portent sur l'origine du revenu (quel pourcentage représentent le salaire, les dividendes dans le revenu total, quelle est l'importance des revenus de transfert dans le revenu disponible...), sur le niveau absolu du revenu (3 000 francs... 2 000 francs par mois...).

Pour analyser ces différences, on utilise deux approches essentielles : celles en termes de *dispersion*, celles en termes de *disparité*. Dans le premier cas on cherchera à savoir comment se répartissent les revenus à l'intérieur d'un groupe homogène par rapport à un critère donné (par exemple, quels sont les écarts de revenus à l'intérieur du groupe ouvrier). Dans le second cas, en termes de disparité, on comparera des groupes entre eux. Le revenu moyen des ouvriers a-t-il évolué plus vite ou moins vite que celui des cadres ?

Les revenus du travail étant les mieux connus, par suite de la double déclaration fiscale, les études empiriques concernent surtout les salaires. Comme plus de 80 % de la population active est salariée, la plupart des études statistiques se sont centrées sur l'analyse des différences de salaires pour lesquelles les différences de qualification, mais aussi de sexe, d'âge, de localisation géographique jouent un rôle important. Il semble toutefois que le premier critère : la qualification (telle qu'elle est perçue par les entreprises) tient une place centrale dans l'explication de ces différences (c'est du moins ce que semblent montrer les études du C.E.R.C. sur ce problème).

Revenus et niveaux de vie

Le revenu est un élément essentiel du niveau de vie. Si le revenu d'un ménage augmente, toutes choses égales par ailleurs, la masse de biens qu'il pourra acquérir va s'accroître. Cette augmentation du pouvoir d'achat suppose évidemment qu'il s'agisse d'augmentation du revenu en termes réels et non de simple augmentation nominale permettant tout juste de compenser la hausse du niveau moyen des prix.

→ Il faut noter aussi qu'un revenu donné peut correspondre à des niveaux de vie différents. Tout d'abord, les revenus sont le plus souvent estimés par ménage ou par travailleur, or le nombre de personnes à charge peut varier fortement. Le niveau de vie d'un ménage disposant de 10 000 francs par mois est très différent, selon qu'il s'agit d'un célibataire ou d'un couple de cinq enfants.

Par ailleurs, on oublie souvent de compter dans le revenu certains avantages matériels gratuits : le niveau de vie de celui qui a hérité d'un appartement, qui a l'usage du bateau ou de la résidence secondaire d'un membre de sa famille est très différent, à salaire égal, de celui d'une personne qui ne dispose que de son salaire.

Analyse néo-classique de la répartition

La loi de l'offre et de la demande s'applique aux revenus

Le principe

Le salaire est le prix du travail ; l'intérêt : la rémunération d'un capital prêté, et le profit : le revenu d'un capital concrètement utilisé dans une entreprise pour produire des biens ou des services ; le niveau auquel se fixe chacun de ces revenus est déterminé par la confrontation des offres et des demandes. Ainsi le salaire d'un type donné de travail (manœuvre, analyste en informatique, expert-comptable...) sera la résultante de la confrontation d'une courbe d'offre constituée par l'agrégation des offres de travail à un niveau de salaire donné et d'une courbe de demandes.

Le niveau auquel se fixe le revenu est alors un *indicateur de tension.* Ainsi le taux d'intérêt aura tendance à augmenter si la demande de capitaux est forte et l'offre importante. De même en ce qui concerne les salaires, si le revenu proposé à un informaticien est élevé, c'est que cette qualification est rare et les besoins de main-d'œuvre de ce type importantes. Les courbes d'offres et de demandes ainsi que le point d'équilibre varient avec le temps par suite de la modification de la structure des emplois et des qualifications nécessaires à la production ainsi que de celle des qualifications réelles des travailleurs.

Un exemple : les salaires

Le salaire comme tout autre revenu se fixe à l'intersection de la courbe agrégée des offres avec celle des demandes.

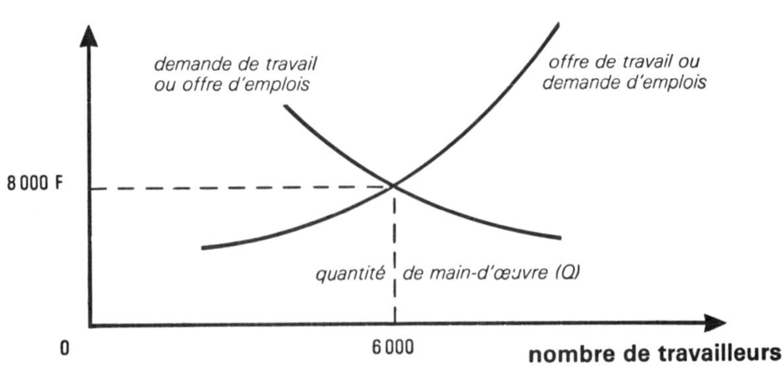

Dans l'exemple ci-contre 6000 travailleurs de la qualification envisagée sont embauchés et le niveau des salaires qui leur est versé est 8000 francs. Si le salaire dépassait 8000 francs l'offre de travail augmenterait mais la demande des entreprises ne suivrait pas.

Revenus des facteurs de production et productivité marginale

Le principe

En situation de concurrence, un facteur de production est demandé tant que son prix est inférieur ou égal à sa productivité marginale. Parallèlement, un facteur de production est offert tant que son prix sur le marché est supérieur ou égal à sa désutilité marginale. Il en résultera que :

la rémunération du facteur	=	la productivité marginale de ce facteur

Par exemple, un entrepreneur disposant de 10 salariés et d'un équipement donné (machines, locaux...) envisage ce qu'apportera à son entreprise l'embauche d'un salarié supplémentaire d'une qualification donnée. Si cette embauche nouvelle doit lui permettre d'obtenir une valeur supplémentaire de 6000 francs par mois, il n'acceptera d'embaucher ce travailleur que si le coût salarial ne dépasse pas 6000 francs. Les néo-classiques considèrent généralement que lorsque l'on augmente le nombre de salariés sans changer l'équipement, le supplément de richesse obtenu tend à décroître au fur et à mesure que le nombre de travailleurs augmente. Ainsi le supplément de richesse du 10ᵉ travailleur sera supérieur au supplément engendré par le 11ᵉ qui lui-même sera supérieur à celui du 12ᵉ, etc. Plusieurs arguments sont invoqués en faveur de cette analyse : on utilise d'abord les travailleurs les plus productifs, l'addition de nouveaux travailleurs engendre des effets négatifs tels que l'accroissement des coûts de coordination, la baisse de productivité liée à des encombrements excessifs pour un ensemble de machines et de bâtiments fixes...

Puisque chaque emploi supplémentaire engendre une valeur ajoutée marginale moindre que celle du précédent, la productivité marginale du travail est décroissante.

Offre de travail, effet de revenu et effet de substitution

Chaque niveau de salaire a une utilité que l'on peut symboliser par le panier de biens que son détenteur pourra s'offrir, conformément à ses goûts, et en maximisant sa satisfaction par des achats appropriés. Mais le travail est aussi pour les néo-classiques une source d'insatisfaction (donc de désutilité) puisqu'à chaque quantité de travail réalisée correspond la renonciation à certains loisirs.

Plus le salaire est élevé plus la masse de biens obtenue en contrepartie du travail est importante, mais en même temps l'accroissement de la satisfaction est limité car chaque franc de revenu supplémentaire apporte une « satisfaction marginale décroissante » : 100 francs supplémentaires ne représentent pas le même intérêt si le revenu est de 3000 francs ou de 100000 francs.

Ainsi plus le revenu augmente, plus le supplément de revenu doit être élevé pour justifier un accroissement équivalent de travail. *L'offre de travail* est donc *atypique* et n'augmente plus au-delà d'un certain niveau de salaire :

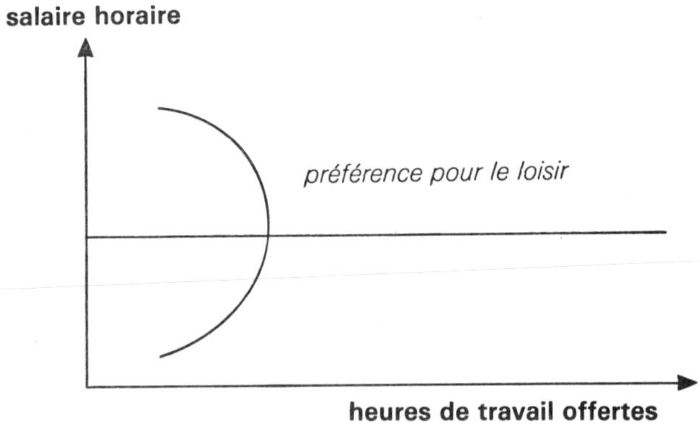

Les théoriciens de l'offre (Laffer...) suggèrent que le dynamisme du capitalisme peut être rétabli en diminuant la fiscalité sur le revenu car ainsi on incitera les travailleurs à travailler plus, en augmentant le revenu marginal procuré par un accroissement de travail[1].

Les différences de salaires s'expliquent par des différences de productivité marginale

Les conditions techniques de la production étant différentes selon les pays, les salaires des pays les plus développés seront en moyenne plus élevés que ceux du Tiers Monde. Dotés de machines sophistiquées, d'une organisation

1. Pour l'analyse libérale des revenus de la propriété se reporter p. 389 et au *Dictionnaire économique et social* des mêmes auteurs p. 325.

technique et économique du travail plus efficiente, les travailleurs des pays les plus avancés ont une productivité marginale supérieure à celle des pays en voie de développement. Un salaire faible ne signifie pas comme le pensent les marxistes une « exploitation du travail », mais une faible productivité marginale [1].

Pour les libéraux, c'est essentiellement la qualification qui explique la hiérarchie de revenus car elle conditionne la productivité marginale. La théorie dite du *« capital humain »* considère la formation comme un choix rationnel fait en fonction de sa rentabilité. La renonciation à un salaire pendant la durée des études est comparée aux différences entre les revenus supérieurs que l'on obtiendra grâce à cette formation et ceux que l'on aurait eus sans suivre ce cursus. Les revenus pris en compte portent sur l'ensemble de la vie active et sont rapportés au présent par actualisation.

Laisser baisser les salaires pour assurer le plein emploi

Toutes choses égales par ailleurs, une montée des salaires aura un effet négatif sur l'emploi car les entreprises renonceront à embaucher ceux dont la productivité marginale est trop faible par rapport au niveau des salaires. Aussi les libéraux accusent-ils souvent les syndicats de pousser au chômage en élevant le salaire minimum au-dessus de celui de l'équilibre.

Peut-on mesurer la productivité marginale d'un facteur ?

Outre les critiques théoriques, que nous retrouverons dans l'analyse keynésienne, l'analyse néo-classique s'est heurtée à des difficultés de mesure empiriques. En effet, le raisonnement suppose que la productivité marginale peut être connue. Or non seulement le propre d'un facteur de production est dans nos sociétés d'être utilisé conjointement avec un autre facteur, mais la division du travail est telle dans nos sociétés qu'il est pratiquement impossible de définir ce qui dans la valeur ajoutée totale créée revient à un type de travailleur donné.

1. Les fonctions de production de type Cobb Douglas intègrent les caractéristiques néo-classiques de la répartition : on montre que les dérivées partielles de ces fonctions peuvent s'interpréter comme la productivité marginale des facteurs, ce qui est conforme à la théorie libérale qui affirme que chaque facteur est rémunéré selon sa contribution marginale à la production.

Revenus et marchés non concurrentiels

Syndicats et formation des revenus

Dans un monde de grandes entreprises et de conventions collectives, de négociations syndicales... les néo-classiques se devaient d'aborder le problème de la formation des revenus dans des situations qui sont bien éloignées de la concurrence pure et parfaite.

→ Les syndicats sont analysés comme un offreur de main-d'œuvre disposant de l'ensemble du facteur travail et négociant à la place des travailleurs les conditions d'embauche dans des conditions proches du monopole.

Le taux de salaire est alors le fruit d'un jeu économique où menaces de grèves, actions revendicatives, pressions sur l'Etat... vont avoir un rôle important. Certains auteurs tentent de saisir ces processus. Ainsi Hicks analyse le niveau auquel se fixe le taux de salaire lors d'un conflit du travail. C'est le coût des grèves qui fait évoluer les partenaires sociaux vers un point de compromis. En effet, une grève constitue un coût pour les salariés qui renoncent à leur salaire et pour le patron qui se voit privé de son chiffre d'affaires normal. En conséquence plus le conflit se développe, plus les coûts subis par les deux partis antagonistes vont s'élever, diminuant d'autant la valeur du résultat obtenu par chacune des parties.

La simple menace de la grève permet parfois de remplacer le conflit effectif par des discussions autour d'un tapis vert.

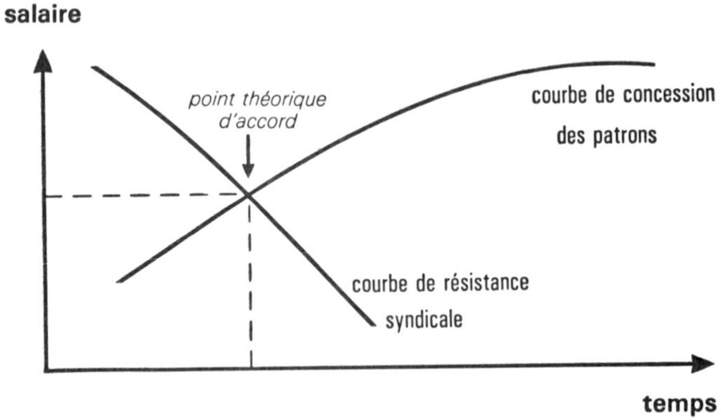

Graphiquement le point d'intersection des courbes de concession des patrons et de résistance syndicale indique la date probable de fin du conflit, le résultat négocié est un taux de salaire qui se situe entre le niveau demandé initialement par les syndicats et celui que proposait le patronat.

Certains libéraux, tels M. Friedmann, affirment que de telles hausses de salaires non seulement se font au détriment des secteurs où les salariés sont non syndiqués mais encore mettent en cause la répartition optimale des facteurs en surévaluant le prix du facteur travail, ce qui est source de chômage, d'inégalités et freine la croissance économique. Le même type de critique est faite aux interventions de l'Etat qui imposent des niveaux minima de revenus (S.M.I.C.).

Des problèmes de structure hiérarchique peuvent être à l'origine d'écarts de revenus

Certains écarts de revenus réels ne s'expliquent pas par les seules différences de productivité. Par exemple, celui qui détient un poste hiérarchique « doit » avoir un salaire supérieur à celui de son subalterne. Si quelques exceptions peuvent être tolérées, le principe général demeure. Celui-ci peut se révéler en contradiction avec la logique de la productivité marginale.

Les quasi-rentes

Là où un *numerus clausus* strict réglemente l'accès à une profession, se créent des *quasi-rentes*. Il suffit de rationner artificiellement l'offre par un système de sélection draconien pour que la demande ne trouve plus face à elle qu'une offre rigide. Si de plus il n'existe pas de moyens de substituer d'autres services à l'activité considérée, les revenus de la profession sont garantis.

L'analyse des rémunérations selon la productivité marginale ou même la valeur travail explique difficilement l'origine des revenus du notaire cité par la commission Armand Rueff : «Pour une opération type de construction de 160 logécos, le notaire qui est intervenu à l'occasion de l'acte de vente des appartements, du transfert de la prime aux acquéreurs (...) a perçu en moyenne 1 330 francs par logement. Sa rémunération a été supérieure à celle de l'architecte qui a œuvré pendant trois ans comme maître d'œuvre.»

La profession notariale a obtenu une loi limitant leur nombre donc une situation florissante [1]. Obtenant de Napoléon la codification de la profession d'officier ministériel,

1. F. de Closets dans *Toujours plus* donne de multiples exemples de ces situations.

cette profession mal rémunérée avant la Révolution est devenue puissante (en moyenne) alors que le niveau de qualification peut être inférieur à certains métiers nettement moins rémunérés. Notaires, agents de change, dentistes, pharmaciens, taxis, médecins... chacun de ces groupes a diversement réussi à limiter l'accès à la profession.

Dans cette logique les revenus seront d'autant plus élevés que les professions réussissent à rationner l'offre obtenant ainsi des quasi-rentes liées à l'existence d'une clientèle captive.

La répartition dans l'analyse keynésienne

La répartition doit être intégrée à une analyse macro-économique

Pour Keynes la répartition ne doit pas être étudiée seule, mais dans ses liaisons avec les autres éléments du circuit économique. En effet, la répartition n'est pas neutre. Elle influence le niveau de production donc la masse de biens qui pourra être répartie. La structure de la répartition n'est pas non plus indifférente. Ainsi, la propension à consommer des revenus les plus faibles est plus forte que celle des revenus élevés, une modification de la répartition en faveur des premiers stimule le niveau de consommation globale.

De même il importe que la répartition permette un niveau d'épargne s'ajustant au niveau d'investissement et ce d'autant plus que celui-ci est déterminé de façon autonome.

L'analyse néo-classique de la répartition ne s'applique que dans des cas particuliers

Le problème posé par Keynes est le suivant : « Une réduction des salaires nominaux a-t-elle pour effet direct toutes choses égales d'ailleurs, d'augmenter l'emploi ? »[1]

Keynes ne refuse pas toute validité à l'analyse des revenus en terme de productivité marginale. Si nous reprenons le cas du salaire, il admet volontiers que le salaire ne peut durablement dépasser la productivité marginale mais il affirme qu'une baisse des salaires *peut* avoir des effets désastreux pour l'emploi par ses effets sur la demande effective.

salaire nominal → masse des salaires distribués → demande → production → emploi

1. Keynes, *Théorie générale*, p. 264-265, Payot.

Il importe de bien percevoir que pour Keynes cet engrenage n'est pas automatique, dans un certain nombre de situations cet effet d'amplification du chômage ne jouera pas; ce sera le cas en particulier si les entrepreneurs « anticipent » le maintien de la demande et quand parallèlement l'investissement augmente suffisamment pour compenser la faiblesse des salaires distribués.

Un effet positif sur le solde des échanges extérieurs peut aussi résulter de la baisse des salaires nominaux :

« Si on a affaire à un système ouvert et si la réduction des salaires nominaux est une *réduction par rapport aux salaires nominaux à l'étranger,* les uns et les autres étant rapportés à une même unité, la variation est évidemment favorable à l'investissement puisqu'elle tend à améliorer la balance commerciale (...). [Toutefois] dans le cas d'un système ouvert une réduction des salaires nominaux, tout en augmentant le solde créditeur de la balance commerciale, est de nature à détériorer les termes de l'échange. » (Keynes, *Théorie générale.*)

La baisse des salaires, dangereuse et inefficace

La baisse des salaires nominaux est néanmoins extrêmement dangereuse pour l'ensemble de l'économie

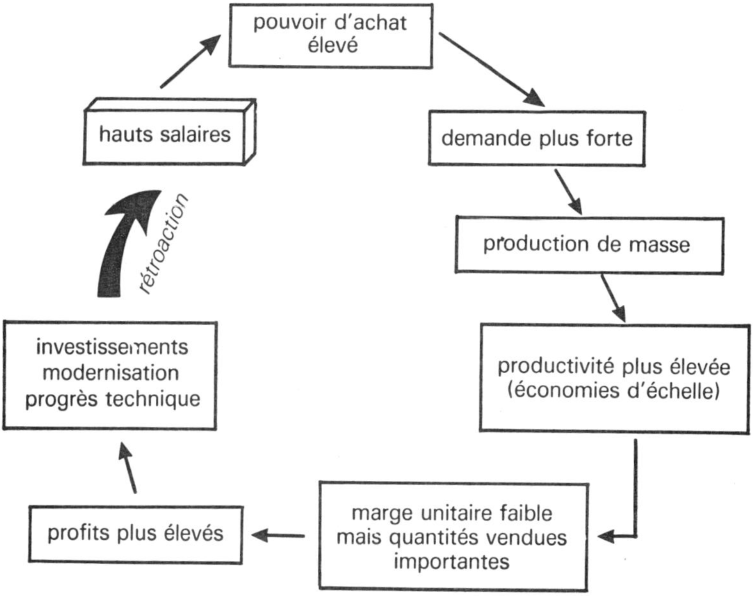

lorsqu'elle se traduit par une réduction de la demande effective. Il en résulte alors une réduction de l'emploi, une chute de production...

La baisse du niveau des salaires ne permet donc pas un rééquilibrage automatique entre offre et demande d'emploi comme le pensent les économistes néo-classiques, elle peut même être à l'origine d'un accroissement des déséquilibres. D'autant que, pour Keynes, les économistes néo-classiques supposent trop sommairement qu'une diminution des salaires nominaux induit une réduction des salaires réels, alors que l'ajustement peut se faire par des variations de prix des marchandises.

La structure de la répartition est indéterminée

Keynes distingue le niveau moyen des revenus qui est fonction du niveau de production et la structure de la répartition qui fait intervenir des éléments extra économiques (coalitions, conflits...).

« La compétition autour des salaires nominaux influe surtout la répartition du salaire réel global entre les groupes de travailleurs et non sur son montant moyen par unité de travail (...); la coalition entre les travailleurs d'un certain groupe a pour effet de protéger leur salaire réel relatif »[1].

L'école de Cambridge[2] a particulièrement développé → l'approche keynésienne de la répartition. Ce sont les rapports de force entre les groupes sociaux qui déterminent la part du revenu national qui revient au capital et celle que reçoivent les travailleurs; à l'intérieur de chacun de ces groupes le niveau relatif des salaires ou des profits est également fonction de la capacité des différents groupes à obtenir une part plus importante du « gâteau » que constitue la production nationale. Dans cette lutte, tous ne sont pas dans la même situation; les entreprises des secteurs abrités de la concurrence peuvent assez facilement maintenir des taux de profit élevés, alors que l'entreprise qui subit la pression d'une forte concurrence ne peut guère accroître ses marges en augmentant ses prix.

De même les travailleurs qui par leur position stratégique peuvent bloquer l'appareil de production obtiennent souvent des rémunérations appréciables ; à l'inverse, certaines catégories sont en situation plus fragile, leur part dans la répartition risque alors de se trouver réduite.

1. Keynes, *Théorie générale*, p. 40, Payot.
2. En particulier Joan Robinson.

→ Ainsi, la structure de la répartition est-elle marquée par les rapports de force, la capacité de négociation, de pression... des différents groupes sociaux[1]. Il n'y a donc pas un équilibre de répartition qui trouverait son origine dans des données économiques, mais une indétermination qui résulte de ce que la structure de la répartition est le résultat de rapports socio-politiques.

La hiérarchie des revenus ne reflète donc pas seulement des différences d'efficacité, l'action sociale de l'Etat en vue d'atténuer les injustices les plus criantes est donc nécessaire.

Répartition et inflation

Une structure donnée de répartition peut être le résultat de conflits plus ou moins marqués. Les conflits intenses ont généralement un impact inflationniste important, alors que les sociétés dans lesquelles règne un meilleur consensus social ont une croissance du niveau général des prix le plus souvent inférieure.

L'analyse marxiste de la répartition

La valeur de la force de travail

Le salaire, valeur des biens permettant au travailleur de « survivre en tant que travailleur »

Quand en 1950, la liberté des salaires est rétablie, des procédures de discussion du niveau des salaires se mettent en place. Une commission est chargée de définir le salaire minimum interprofessionnel garanti, l'ancêtre de notre actuel S.M.I.C. Comme le rappelle G. Caire : « Pour le patronat il s'agissait de définir les conditions d'entretien physiologique d'un être humain normal placé dans des conditions définies ; pour les syndicats il s'agissait de définir un minimum de civilisation davantage que de subsistance. »[2]

Le calcul du S.M.I.G. pouvait alors se faire selon trois directions qui avantageaient l'un ou l'autre de ces points de vue. Les diététiciens pouvaient définir le minimum physiologique. L'observation de la réalité et donc de budgets réels de familles pouvait permettre de fixer la norme

1. Ce courant keynésien est souvent considéré comme marqué par une influence marxiste dans la mesure où il prend en compte l'existence de rapports de force. Il s'en distingue pourtant nettement par le fait qu'il n'implique aucune adhésion à la théorie de la valeur ni à celle de l'exploitation ou de l'aliénation.

2. *Les syndicats ouvriers*, P.U.F.

de consommation actuelle. Enfin le S.M.I.G. pouvait être calculé par rapport à une norme de consommation jugée « souhaitable et possible », ce fut la direction retenue... Mais, le souhaitable et le possible sont appréciés diversement par chacun et la fixation du budget type représentatif du minimum nécessaire sera le fruit d'un compromis.

Cet exemple illustre, pour les marxistes, le fait que ce n'est pas la productivité marginale qui guide les taux de salaires mais la valeur des biens jugés indispensables aux travailleurs pour vivre conformément à la norme sociale de consommation historiquement donnée.

La force de travail, une marchandise

« En lui versant 2 francs en échange de sa journée de travail, c'est tant de viande, tant de vêtements, tant de bois, tant de lumière, etc. que le capitaliste lui a donné. Ainsi donc les 2 francs expriment le rapport selon lequel le travail s'échange contre d'autres marchandises : c'est la valeur d'échange du travail. »

Comprendre la valeur de la force de travail, c'est expliquer le contenu du panier de biens socialement nécessaires à sa reconstitution.

« Les besoins naturels, tels que nourriture, chauffage, habitation... diffèrent suivant le climat et autres particularités physiques du pays. D'un autre côté, le nombre même des besoins naturels, aussi bien que le mode de les satisfaire, est un produit historique et dépend ainsi, en grande partie, du degré de civilisation atteint. (...) La force de travail renferme donc, au point de vue de la valeur, un élément moral et historique ; ce qui la distingue des autres marchandises. Mais pour un pays et à une époque donnée la mesure nécessaire des moyens de subsistance est aussi donnée. »[1]

Le taux d'exploitation

Si un ouvrier touche 100 francs pour sa journée de travail et que la valeur supplémentaire qu'il a créée pour son patron est égale à ce qu'il touche pour 4 heures de travail, on dira que sa force de travail équivaut à 4 heures de travail social moyen.

Le temps travaillé au-delà de ces quatre heures est du « travail gratuit » qui engendre la plus-value que s'approprie le capitaliste. Le *taux d'exploitation* ou taux de plus-value est le rapport entre la plus-value et la valeur de la force de travail (pl/v). Si dans notre exemple l'ouvrier tra-

1. *Le capital*, œuvres T1, p. 720, Pléiade, Gallimard.

vaille huit heures par jour, il ajoutera 4 h de travail gratuit aux 4 h correspondant à la valeur de sa force de travail et le taux d'exploitation sera de 4/4 = 100 %. Ce qui équivaut au rapport en valeur :

$$\frac{\text{Valeur de la plus-value}}{\text{Valeur de la force de travail}} = \frac{100\ \text{F}}{100\ \text{F}} \text{ soit } 100\,\%$$

Les stratégies des entreprises pour accroître leur prélèvement

Pour Marx, les stratégies des entreprises pour accroître leur part dans la répartition prennent plusieurs formes :

1. **Accroissement de la plus-value absolue et allongement de la durée du travail**

L'obtention de la semaine de 40 heures est un symbole historique de la lutte ouvrière. Les congés payés tendent aussi à réduire le nombre annuel d'heures passées à travailler. L'enjeu est, dans l'analyse marxiste, important; s'il suffit de 4 heures pour engendrer la valeur de la force de travail et que la durée du travail est de 10 heures le taux de plus-value est de 6/4 = 150 %, si l'on réduit à 8 heures la durée quotidienne du travail, cela ramène le taux d'exploitation à 100 %. Ainsi, le taux de partage de la valeur créée par la force de travail est conditionné par la durée totale du travail.

La réduction du temps de travail diminue la plus-value si le salaire est maintenu au niveau antérieur.

2. **Accroissement de la plus-value absolue, accélération des cadences et intensification du travail**

Obliger un travailleur à accroître son effort peut permettre d'engendrer une masse de valeur plus grande. La division intensive du travail, le chronométrage, la décomposition des tâches de type tayloriste accroît la fatigue du travail mais aussi sa productivité. La lutte contre les cadences infernales, contre le chronométrage, contre la surveillance tatillonne des gestes est un des aspects du refus de l'extraction de plus-value absolue qui use prématurément la force de travail.

3. **Plus-value relative : productivité, progrès technique et répartition**

L'augmentation de la plus-value peut aussi être obtenue en accroissant l'efficacité du travail par le machinisme. L'incorporation du progrès technique modifie selon Marx les conditions de formation de la plus-value ouvrant aux ouvriers la voie de l'amélioration de leur niveau de vie mais sans pour autant supprimer l'exploitation. Bien au contraire, l'accroissement de la productivité peut permettre un accroissement de la plus-value relative. La part des salaires dans la valeur ajoutée est d'autant plus faible que l'industrie est moderne et productive.

Dans les pays du Tiers Monde où l'incorporation du progrès technique, la mécanisation sont en moyenne plus faibles, la valeur de la force de travail ouvrière est moindre que celle des pays capitalistes. Si de nouvelles machines permettent d'obtenir 2 fois plus de marchandises avec la même main-d'œuvre et que les prix relatifs restent stables, il faudra deux fois moins de temps à l'ouvrier pour créer en marchandises l'équivalent de son salaire.

Un tel mouvement va engendrer des luttes pour que le taux d'exploitation ne s'élève pas. Il est possible que les travailleurs obtiennent un accroissement de salaire car les capitalistes ont alors les moyens d'accroître leurs profits et d'augmenter parallèlement les salaires.

Ainsi le capitalisme peut-il engendrer un progrès du niveau de vie des salariés mais ne peut pas supprimer l'exploitation.

Si peu de marxistes se réfèrent à la paupérisation absolue de la classe ouvrière des pays développés, cela n'exclut pas que le phénomène existe à l'échelle mondiale.

Les revenus de transferts

La logique de leur développement

Les revenus de transfert sont en France de l'ordre d'un quart du revenu total moyen et près de 45 % si on prend en compte les services gratuits (éducation...) qui constituent d'une certain façon un revenu en nature.

Cette montée des revenus de transfert s'explique assez largement par la conjonction d'une analyse keynésienne favorable à la redistribution qui favorise la consommation et de l'idéologie du Welfare qui voudrait concilier capitalisme et protection sociale et aussi de l'influence des courants socialistes qui revendiquent le droit à un minimum pour tous. Mais cette politique suppose une productivité assez élevée pour permettre à la fois des revenus directs du travail et du capital suffisamment incitatifs et des prélèvements importants. Face à la crise actuelle cette croissance des revenus de transferts est remise en cause par des courants très différents (voir p. 86).

☞ **Politique des revenus, politique sociale.**

Une mutation sectorielle profonde

La croissance du tertiaire, signe de développement ?

« La grenouille tertiaire s'est faite aussi grosse que le bœuf industriel. Il y avait l'agriculture, l'industrie et puis le reste. Mais le reste gonfle, et voilà que le résidu devient majorité. Un fourre-tout en tête des statistiques, ça ne fait pas sérieux. »[1]

Aujourd'hui près de 70 % des Américains, un Français sur deux travaillent dans le secteur tertiaire.

De façon lyrique Toffler exprime le « tournant historique » qui « libère » l'humanité du travail agricole et industriel : « Vers 1956 les Etats-Unis sont devenus la première des grandes puissances à voir plus de 50 % des travailleurs non agricoles abandonner le « col bleu » des ouvriers ou des travailleurs manuels. Au cours de la même génération, une société s'est, pour la première fois de l'histoire de l'humanité, libérée du joug de l'agriculture, et a réussi, à quelques brèves décennies d'intervalle, à rejeter celui du travail manuel. La première économie de service du monde était née. »[2]

Un regard sur le Tiers Monde, qui représente les trois-quarts de la planète, montre s'il en est besoin que cette libération du travail agricole ne touche pas l'ensemble du monde et que le développement du tertiaire peut correspondre à du chômage déguisé.

La R.F.A. n'est pas moins développée que la France, pourtant la part du tertiaire y est plus faible que dans notre pays. Le Mexique et nombre de pays du Tiers Monde ont un secteur tertiaire hyper-développé (souvent de l'ordre de la moitié de la population active) alors que le secteur industriel ne regroupe qu'à peine le quart des actifs. Ce développement du tertiaire est plus un signe de désarticuation et de dépendance que de développement...

Enfin peut-on parler de « libération » à propos du travailleur du tri postal, de la caissière du supermarché, de la standardiste du téléphone, du chauffeur routier, de la femme de ménage... ? Sont-ils vraiment libérés ?

1. *Le tertiaire éclaté*, Collectif, éd. du Seuil, 1980.
2. Toffler, *Le choc du futur*, Gonthier Médiations.

Le rôle central du secteur industriel dans la compétition mondiale

Parler aujourd'hui d'une société de l'information risque de faire oublier la prééminence de l'appareil industriel dans la compétition économique mondiale. L'équilibre de la balance commerciale de tous les pays aujourd'hui repose d'abord sur un solde satisfaisant de marchandises.

Seule une partie des services subit effectivement le poids de la concurrence internationale et participe directement aux échanges mondiaux.

Pas si « primaire », le primaire

La recherche agronomique (tertiaire) est incontestablement un facteur productif incorporé au travail du paysan qui cultive des endives sans terre (dans l'eau), qui utilise des croisements ou qui mesure régulièrement les apports chimiques qu'il doit fournir à son sol et qui dose ses engrais... De plus, une part importante de travail industriel est incorporée dans ses biens d'équipement (tracteurs, moissonneuses-batteuses...) agricoles, ou encore dans ses consommations intermédiaires (engrais...). S'il y a 10 % d'agriculteurs dans un pays, cela ne signifie pas que les produits agricoles sont produits par 10 % de la population active. Il faut tenir compte du travail indirect contenu dans les achats que l'agriculture réalise auprès des autres branches. Inversement, quand nous consommons un produit agricole, il est bien rare que l'essentiel de son prix revienne à l'agriculture. De plus en plus souvent, le produit agricole est le produit d'une chaîne de transformation qui met en œuvre l'agro-business et l'appareil de distribution et de transport. A l'ère du surgelé (...), les produits agricoles sont de moins en moins « primaires ».

Pas si « tertiaires » les services...

Nombreux sont les services d'hier et d'aujourd'hui satisfaits par des produits industriels. Des machines font la vaisselle, lavent le linge, nous permettent de réserver nos places d'avion ou de spectacle...

Les causes des mutations sectorielles

Productivité-demande, l'analyse de Fourastié

Pour Fourastié c'est l'évolution conjugée de la productivité et de la demande qui explique les mutations sectorielles. Si la production s'accroît plus vite que la demande, trois situations doivent être distinguées selon que le rythme d'évolution de la productivité est plus rapide, moins rapide ou égal à celui de la demande.

Croissance de la productivité supérieure à celle de la demande

Si le taux de croissance de la productivité excède celui de la demande, l'emploi diminue dans le secteur considéré. Par exemple, si 1 000 travailleurs produisaient 10 000 voitures, la demande augmentant de 10 % et la productivité de 20 %, l'emploi diminuera. Il faut en effet 11 000 voitures pour satisfaire le marché. Si l'emploi restait inchangé, les 1 000 travailleurs produiraient 12 000 voitures (+ 20 %), soit 1 000 de trop. Il suffira pour produire 11 000 voitures de $\frac{110}{120} \times 1\,000$ travailleurs soit environ 917 travailleurs.

Quand la productivité augmente plus vite que la demande l'emploi diminue.

Productivité et demande évoluent parallèlement

Lorsque la productivité est égale à la demande, la main-d'œuvre nécessaire pour réaliser la production ne varie pas : l'emploi est stable.

Croissance de la productivité inférieure à celle de la demande

Lorsque la productivité évolue moins vite que la demande, l'emploi va croître. Si la productivité des producteurs de voitures augmente de 10 % alors que la demande progresse de 20 %, les travailleurs initiaux produisent grâce aux gains de productivité 11 000 voitures, ce qui est inférieur à la demande. Il faudra recruter 90 travailleurs nouveaux (soit un accroissement de l'emploi de 9 %).

Relations demande/productivité/emploi

De façon générale, Fourastié caractérise les trois grands secteurs par leur évolution respective :

Agriculture : Croissance lente de la demande + croissance moyenne ou rapide de la productivité → baisse de l'emploi (exode rural).

Industrie : Croissance forte ou moyenne de la demande + croissance moyenne plus rapide de la productivité → emploi croissant, puis décroissant.

Services : Croissance forte ou moyenne de la demande + croissance lente de la productivité → emploi en hausse.

Ainsi pour Fourastié les rapports demande-productivité expliquent la baisse de la part des agriculteurs dans la population active, la croissance lente puis la baisse des effectifs industriels en % et surtout la montée du tertiaire. La demande de services de santé, d'éducation est de plus en plus grande et ne risque guère d'être saturée alors que nous n'avons pas deux estomacs et que nous ne pouvons conduire deux voitures à la fois... Dans un contexte de demande croissante, à la faible progression de la productivité du coiffeur ou du pharmacien correspond la croissance nécessaire du secteur tertiaire.

Le développement du tertiaire ne se réduit pas à une explication en termes de demande et de productivité différenciées

Certains services (informatique, ingéniérie, nettoyage, gardiennage, services de blanchisserie, bureaux d'études, services de marketing...) sont profondément liés aux besoins des entreprises industrielles. Ces « services marchands rendus aux entreprises » reflètent souvent une stratégie de filialisation d'entreprise et de sous-traitance industrielle qui séparent du noyau manufacturé des activités « tertiaires » qui en fait sont indispensables au processus productif et qui, antérieurement, étaient comptabilisés au sein de leurs entreprises.

L'activité industrielle étend le champ du tertiaire et réciproquement le tertiaire s'industrialise de plus en plus.

Pour Baudelot, Establet, Malemort, ce ne sont pas la productivité et la demande qui expliquent le gonflement du tertiaire. La productivité des services avec l'informatique, la bureautique connaît une progression importante. L'exemple du « fast food » (restauration rapide) révèle l'aptitude des services traditionnels de l'alimentation à se plier aux normes industrielles. La demande n'est pas le seul reflet des goûts du consommateur comme le montre la montée des services marchands utilisés comme consommations intermédiaires par les entreprises. Les besoins de l'appareil de production se traduisent par une hypertrophie du tertiaire. Le gonflement de la distribution est à la mesure de la montée de la productivité industrielle et de la nécessité d'une consommation de masse pour assurer des débouchés à une production fordiste. Le développement du tertiaire non marchand reflète pour partie les nouvelles conditions techniques de production, ainsi par exemple le besoin de cadres explique les effectifs scolaires qui sont à l'origine de dépenses d'éducation considérables.

☞ **Productivité.**

Sous-développement

Un Tiers Monde divers dans un monde hiérarchisé

Des Tiers Mondes

La diversité du Tiers Monde est considérable tant du point de vue de la population, que des ressources naturelles ou de la structure politique. Sur le plan de la production les écarts sont considérables.

La Chine, avec un milliard d'habitants et une superficie qui s'apparente à celle d'un continent, paraît un géant à côté du minuscule Bouthan (1,3 million d'habitants en 1981...).

L'abondance des ressources naturelles constitue pour certains pays un atout considérable (Koweït ou Emirats Arabes Unis, classés parmi les pays les plus riches du monde depuis la montée du prix des produits pétroliers). D'autres nations disposant pourtant de richesses minières demeurent néanmoins pauvres (Zaïre..., Bolivie). Beaucoup ne disposent ni d'énergie, ni d'un potentiel agricole et minier important.

Politiquement, le Tiers Monde comprend des régimes opposés : le communisme du Kampuchéa démocratique ou de la Chine; la démocratie parlementaire israélienne; la république islamique d'Iran; les dictatures procapitalistes d'Amérique Latine (Chili...).

Certains pays n'ont que des industries balbutiantes alors que d'autres ont une électronique moderne (Corée du Sud) et concurrencent les pays industrialisés.

Quatre sous-continents

• **L'Amérique Latine** est le continent le plus avancé dans l'industrialisation puisqu'il réalise 56 % de la production industrielle des Pays en Voie de Développement. Le C.E.P.I.I. caractérise cette industrialisation *d'introvertie* car les exportations de ces pays ne représentent que 21 % du total des exportations industrielles du Tiers Monde.

• **L'Asie du Sud-Est** par contre semble beaucoup plus *extravertie :* « 29 % de la production industrielle des Pays en Voie de Développement, mais 67 % des exportations et 25 % des importations ».[1]

1. C.E.P.I.I.

• **L'Afrique** a des difficultés de croissance considérables. En valeur absolue, son poids dans la production industrielle mondiale est très faible (1 %). Bien plus, le rythme d'augmentation de la population absorbe l'essentiel des gains obtenus par la croissance de la production.

• **Le Moyen-Orient** grâce aux revenus pétroliers est devenu depuis 1973 à la fois une zone d'importation de produits et un pôle de développement « d'une industrie manufacturière de petite taille mais en croissance rapide ».

Une saisissante opposition

Les pays les moins avancés

Les pays les moins avancés (P.M.A.) ont été définis par les Nations-Unies par trois critères principaux :

— Le P.N.B. par habitant est inférieur ou égal à 100 dollars (dans le système de prix de 1968).

— La part des produits manufacturés ne dépasse pas 10 % de leur P.N.B.

— 20 % de la population âgée de quinze ans et plus ne sait ni lire ni écrire.

On dénombre 30 P.M.A. correspondant à ces trois critères. Ils représentent 13 % de la population du Tiers Monde. L'U.N.I.C.E.F. juge ces critères trop restrictifs et souhaite que d'autres pays bénéficient des plans d'urgence réservés aux P.M.A. par les Nations-Unies. L'U.N.I.C.E.F. pense qu'il faut tenir compte de l'espérance de vie, de la mortalité infantile, du pourcentage de gens ayant accès à l'eau potable de façon à intégrer dans la notion de P.M.A. tous les pays dont les besoins les plus élémentaires sont manifestement non satisfaits.

Les Nouveaux Pays Industrialisés

Par Nouveaux Pays Industrialisés (N.P.I.), on désigne des pays qui sont moins industrialisés que les pays occidentaux mais qui ont franchi le seuil caractérisant le Tiers Monde. On insiste souvent sur le niveau élevé de leur taux de croissance mais leur caractéristique essentielle est d'avoir environ 30 % de leur production réalisée dans le secteur industriel. Les pays classés N.P.I. varient selon les organismes. Les plus couramment retenus sont : la Corée du Sud, Taïwan, Hong Kong et Singapour en Asie, l'Argentine, le Brésil, le Mexique en Amérique Latine. Ces pays réalisent environ les deux tiers des exportations manufacturières du Tiers Monde.

Certains pays d'Europe méditerranéenne sont aussi souvent considérés comme des pays semi industrialisés : l'Espagne, la Grèce, le Portugal.

Le regroupement de la Banque Mondiale

La Banque Mondiale distingue :

1. **Les pays à faible revenu :** P.N.B. par habitant moyen inférieur à 270 dollars en 1981.

2. **Les pays à revenu intermédiaire** qui sont divisés d'une part en importateurs et exportateurs de pétrole, d'autre part en fonction de leur niveau de revenu.

3. **Les pays exportateurs de pétrole à revenus élevés** avec un P.N.B. par habitant comparable ou supérieur à celui de la France : 12 190 dollars (Arabie Saoudite...).

La concentration aiguë des richesses rend ces moyennes peu significatives du développement industriel réel (rente pétrolière).

Une unité face aux pays développés cependant

Depuis la Conférence de Bandoeng en 1955 les « Nations Prolétaires » ont exprimé une certaine unité à l'encontre du Nord riche et industrialisé :

1. Le sentiment d'appartenir à **un ensemble défavorisé** par l'actuel ordre économique mondial unit ce vaste ensemble.

2. Une revendication commune d'**un nouvel ordre économique** qui rémunère mieux les matières premières, permet aux plus pauvres d'obtenir plus aisément les techniques et un niveau de vie croissant.

Certains éléments communs aux pays du Tiers Monde marquent le décalage économique et social entre le Nord et le Sud : un niveau de vie moyen inférieur, un appareil industriel moins développé et surtout moins intégré, une productivité de l'agriculture réduite, une faible participation au commerce international.

Les pays en voie de développement sont aussi marqués par le **caractère désarticulé** de leur économie. Alors que dans les pays industrialisés l'ensemble de l'économie constitue un ensemble cohérent, dans le Tiers Monde il existe deux secteurs : l'un moderne souvent contrôlé par des firmes multinationales ou orienté vers l'exportation, l'autre traditionnel moins productif et désorganisé par le contact avec ce secteur moderne.

Le dualisme n'est pas propre au Tiers Monde. Le Japon en particulier est marqué par un certain dualisme qu'il utilise pour accroître sa productivité moyenne[1]. Ce qui est

1. Les petites entreprises peu modernes versent de faibles salaires et peuvent ainsi assurer leur rentabilité d'autant que les grandes entreprises assurent la distribution de leur produit à l'exportation.

spécifique au sous-développement c'est la *désarticulation* qui accompagne le dualisme. Le dualisme aboutit alors à détruire la cohérence du secteur traditionnel, à l'hypertrophie du secteur tertiaire et à une urbanisation accélérée qui accroissent les difficultés de développement.

« Une force de croissance appliquée en un point (ainsi un investissement additionnel et une grande innovation) ne se propage pas dans un grand ensemble ou, si elle s'y propage, y provoque des déséquilibres qui ne sont pas féconds ou ne se corrigent pas spontanément. L'ensemble est composé d'*îlots* de croissance économique, entourés d'espaces économiques vides ou stagnants. »[1]

→ Certains auteurs introduisent une distinction entre les pays pauvres caractérisés par la faiblesse de leur production par habitant et pays sous-développés marqués par la désarticulation. Dans cette optique, la Chine appartient à la première catégorie et non à la seconde.

Analyse de la dépendance, analyse du retard

Deux approches dominent les théories du sous-développement : celle libérale du développement linéaire pour laquelle différents pays du monde sont à des stades divers de développement, le sous-développement est alors un simple *retard,* et celle en terme de *dépendance* qui analyse le sous-développement comme une conséquence de la domination des pays industrialisés.

L'analyse libérale du rattrapage

Everet Hagen présente une analyse caractéristique du courant libéral actuel : l'ensemble des pays en voie de développement suivent des étapes nécessaires dans la constitution d'un appareil de production complexe. Le processus est le suivant :

1. Apparition de processus industriels autonomes.
2. Relations interentreprises croissantes.
3. Expansion de la petite mécanique.
4. Maîtrise croissante de la qualité et des normes de production industrielles.
5. Elaboration d'un complexe industriel.
6. Système industriel complexe : économie développée.

L'échange international permet de diffuser techniques et savoir-faire dans des conditions avantageuses pour tous les participants.

1. F. Perroux, *L'économie du XXe siècle,* P.U.F.

ANALYSE LIBÉRALE DU RATTRAPAGE

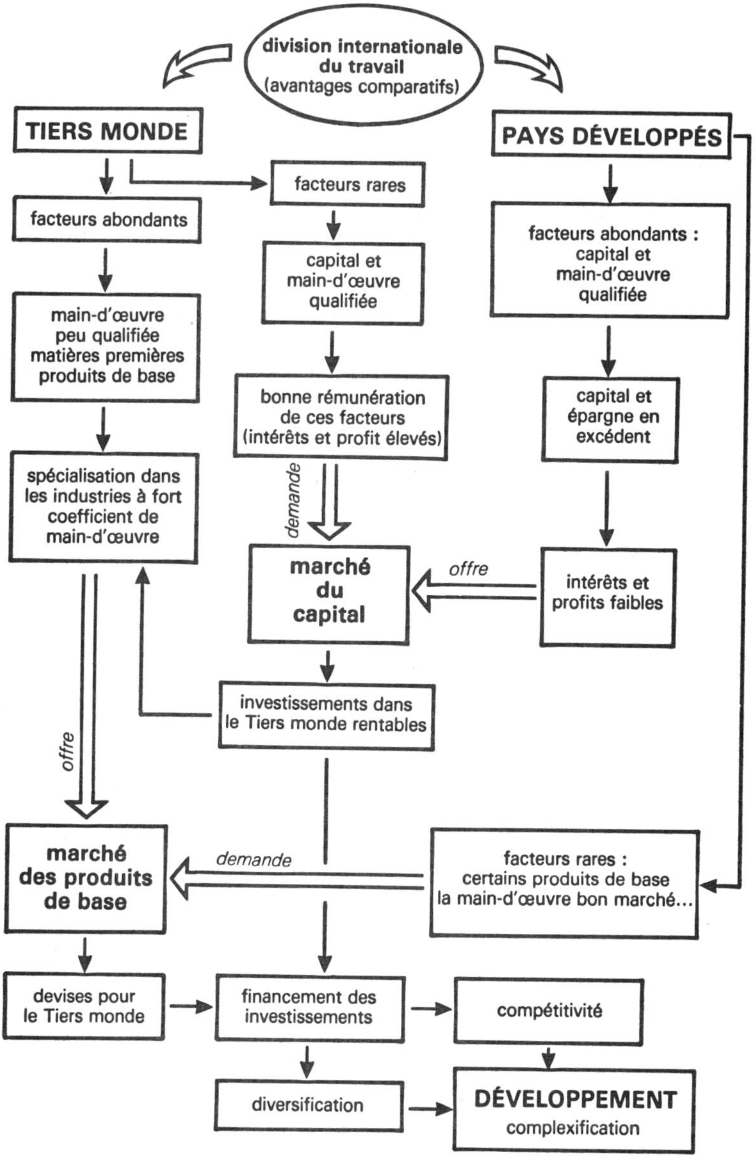

Le pays peu développé cède ses facteurs abondants (matières premières, énergie, main-d'œuvre bon marché...) contre du savoir-faire, des usines clés en main, des biens de production. L'installation de firmes étrangères génère savoir-faire et habitudes industrielles; la vente des produits nationaux et des biens réalisés avec les firmes étrangères procure des devises qui contribuent au développement et à l'accumulation du capital. Progressivement une épargne peut engendrer des investissements pour substituer des produits locaux aux importations. Equipements et infrastructures se constituent et tissent les bases d'une économie plus puissante.

L'esprit d'entreprise se développe et permet la formation de dirigeants locaux qui conduisent la modernisation. Les bas salaires attirent les firmes multinationales. Progressivement la masse salariale distribuée devient plus forte et l'élévation de la demande interne crée des débouchés pour les industries légères de biens de consommation. Une révolution agricole génératrice de hauts rendements, de produits exportables, de profits et d'épargne disponible peut aussi dynamiser l'économie locale. L'éducation en se développant améliore la qualification des travailleurs, ce qui, à terme, permettra le développement d'activités plus complexes.

L'analyse en termes de dépendance et de domination

Pour les opposants à l'analyse libérale du sous-développement, ce courant néglige les conséquences économiques et sociales de la désarticulation et de la domination, la désarticulation étant d'ailleurs largement le résultat des effets de domination.

Des effets de domination

Les pays du Tiers Monde ne sont pas dans la situation où se trouvaient les pays aujourd'hui développés il y a deux siècles. La seule présence d'économies fortement industrialisées les obligent à adopter des techniques extrêmement coûteuses en capital s'ils veulent être compétitifs sur le marché mondial. L'effort d'épargne qui est ainsi rendu nécessaire est d'un montant incomparablement plus important que celui fait par le Royaume-Uni ou la France au début de la Révolution industrielle. Le même problème se pose en matière de qualification des cadres.

De même la désarticulation de l'économie serait largement le produit de ce contact inégal entre sociétés. Les Firmes Multinationales orientent la production en fonction d'une logique mondiale et non centrée sur le développement national des pays du Tiers Monde où ils peuvent s'implanter. La présence d'un secteur moderne agit sur les comportements et fait perdre au secteur traditionnel ses actifs les plus dynamiques, favorise l'hypertrophie des villes...

Les mécanismes qui se sont développés dans les pays industrialisés au siècle dernier ne fonctionnement plus ou se heurtent à des effets pervers importants.

Ainsi dans les pays industrialisés l'accroissement de la production induit celle du niveau de vie qui elle-même stimule la demande. Dans le Tiers Monde l'accroissement de la production destinée à l'exportation peut n'avoir que des effets limités sur l'économie nationale (faible appel à la main-d'œuvre locale par suite du niveau technologique nécessaire, décision d'investissement des profits dans une logique mondiale, production non en fonction du marché national mais du marché mondial).

La qualité des centres de recherche des pays industrialisés tant au point de vue des équipements que de la qualification des chercheurs, du niveau de vie, exerce une fascination sur les élites du Tiers Monde et provoque une « fuite des cerveaux » qui résulte d'une domination scientifique et matérielle des pays industrialisés. Ainsi, l'inégal développement s'accompagne d'effets pervers.

Analyses marxistes et non marxistes

Au-delà de cette prise en compte de la domination et de la dépendance des pays du Tiers Monde qui en résulte un clivage essentiel sépare les analyses.

Certains auteurs, marxistes le plus souvent, considèrent que le sous-développement résulte de l'exploitation du Tiers Monde par les pays industrialisés, exploitation organisée par les classes dominantes de ces derniers dans leur intérêt (Bettelheim, Gunder Franck...).

D'autres auteurs considèrent aussi qu'il y a domination des uns par les autres mais voient son origine dans un décalage « objectif » entre niveaux du développement sans que cela implique nécessairement de la part du pôle dominant de volonté organisée d'exploitation (F. Perroux). La différence est d'importance car dans le premier cas la responsabilité des pays industrialisés dans le sous-développement est entière alors que dans l'autre, elle est plus discutable.

Une logique de rupture ou de contrôle des relations

Les économistes marxistes ont généralement préconisé la rupture avec les pays capitalistes. Puisque le *centre* (pays industrialisés) exploite la *périphérie* (Tiers Monde), la seule façon de retrouver une autonomie suffisante est la rupture des liens avec ces pays et le renforcement des rela-

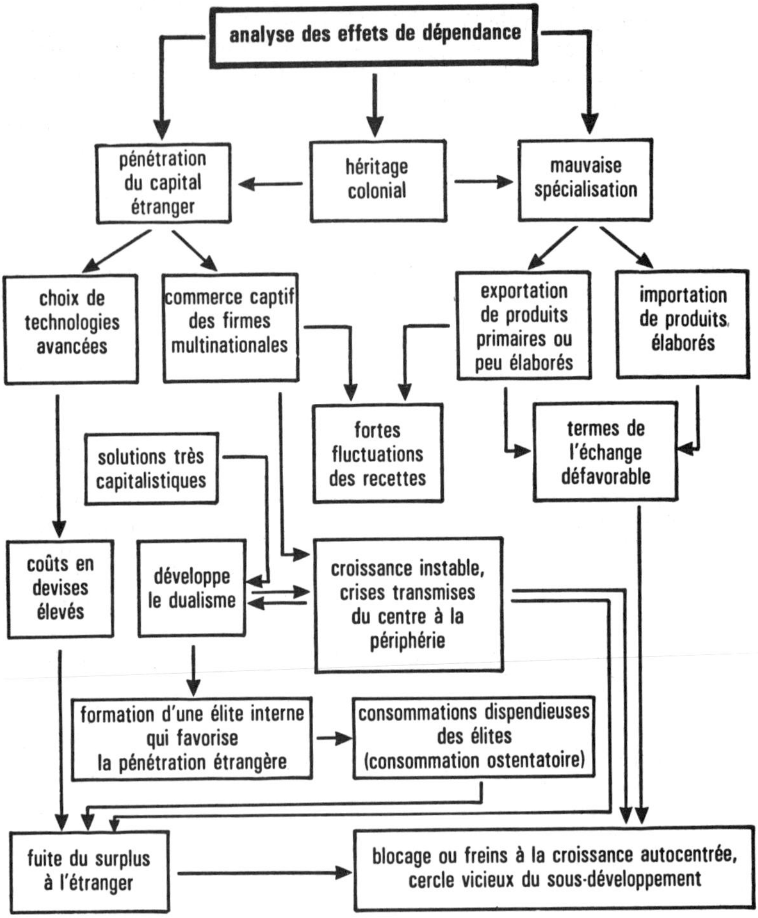

tions avec les pays socialistes. Les théoriciens de la domination non marxiste estiment souvent que cette rupture ne résoud pas les problèmes car d'une part on ne repart pas à zéro puisque la désarticulation existe, d'autre part, malgré l'existence d'effets de domination, une certaine participation à l'échange international peut être favorable au Tiers Monde si elle est suffisamment contrôlée.[1]

1. Les pays industrialisés n'ont pas nécessairement à long terme à freiner le développement du Tiers Monde.

Sur le plan de l'organisation souhaitable, deux logiques s'affrontent qui ne recoupent pas l'opposition marxiste / non marxiste. Faut-il, pour accroître l'autonomie, adopter un mode de développement de type « moderniste » similaire à celui des pays industrialisés quitte à participer à une certaine division mondiale de la production ou privilégier un développement directement autocentré et s'appuyant largement sur les structures traditionnelles existantes?

Les mécanismes socio-politiques

Des sociétés différentes

Indépendamment des diversités économiques qui marquent le Tiers Monde les structures sociales des pays sont souvent extrêmement différentes les unes des autres. Ainsi l'Amérique du Sud a un peuplement d'origine européenne très important : même si dans certains pays les populations indiennes sont encore nombreuses, les relations entre sociétés traditionnelles et cultures industrielles sont très différentes de celles qui existent en Afrique noire ou en Asie.

Le problème est de savoir si au-delà de ces différences (dont il faut impérativement tenir compte), il existe des problèmes spécifiques au Tiers Monde tant en ce qui concerne la structure politique que les comportements économiques. Les débats actuels s'articulent autour des problèmes suivants : y a-t-il des raisons économiques au développement des pouvoirs dictatoriaux dans le Tiers Monde ? Les nouvelles bourgeoisies induisent-elles des effets pervers sur le développement ? Les structures étatiques sontelles à l'origine de nombreux gaspillages ? Les comportements traditionnels bloquent-ils les possibilités de croissance économique ? Les comportements démographiques, en particulier, entravent-ils le développement ?

Pouvoir politique et sous-développement

L'analyse libérale

L'analyse libérale fait des facteurs politiques internes la clé de certains échecs ou de certaines lenteurs du développement. L'excès des prélèvements de l'appareil d'Etat et des réglementations, le développement de conflits entre factions rivales freinent la croissance alors que la compétition et l'échange international la stimule.

L'analyse Tiers-mondiste

Pour l'analyse Tiers-mondiste, *la colonisation* a forgé des « pseudo-Etats » instables car associant des ethnies que l'histoire a souvent oppposées. L'extraversion des économies a favorisé le développement de structures étatiques, souvent pléthoriques qui provoque gaspillages et phénomènes bureaucratiques.

Cette situation jointe aux difficultés économiques et aux tensions politiques Est-Ouest induit le développement de dictatures et un accroissement rapide des dépenses d'armement : « Dans les contrées en voie de développement, 52 gouvernements sont contrôlés ou dominés par l'armée... La responsabilité de cette situation incombe en grande partie aux superpuissances. Associant la mauvaise gestion à la corruption, elles développent l'agressivité et la militarisation des pauvres (...). Les armées permanentes des pays en voie de développement représentent maintenant 60 % de la force armée du monde et constituent 75 % du marché total des armes. Les gouvernements dépensent deux fois plus en armement qu'en production agricole. »

Lazlo, 4e tri 83, Grasset.

Les comportements sociaux

L'approche libérale

L'approche libérale insiste sur le rôle crucial des élites motivées par un fort désir de réussite personnelle (Mc Clelland).

Si certains groupes arrivent à acquérir l'esprit d'entreprise, ils dynamiseront les économies traditionnelles. Les institutions ne doivent pas freiner ces initiatives individuelles. L'Etat peut et doit créer une mentalité de progrès en privilégiant compétence, savoir-faire plutôt que solidarités familiales, clans et ethnies...

L'approche Tiers-mondiste

La constitution de bourgeoisies « locales » n'a pas les effets positifs qu'attendent les libéraux. En effet, il s'agit d'une bourgeoisie qui a mal assimilé le savoir-faire commercial occidental qu'elle imite mal.

Cette élite locale s'approprie une part importante de l'aide extérieure ou des profits du commerce international bloquant ce faisant les possibilités de sortie du sous-développement. D'autant qu'elle utilise souvent ces profits soit pour investir à l'étranger soit pour développer une consommation somptuaire; dans les deux cas il en résulte des sorties de capitaux qui enlèvent au pays l'essentiel des moyens qui lui permettraient de se développer.

Les mécanismes démographiques[1]

Une population à croissance rapide limite les progrès du P.N.B. par habitant soumis à la forte pression de la natalité : le taux d'investissement nécessaire pour augmenter le capital par tête devient considérable, l'effort d'épargne pour la population active est important (il faut se loger, se nourrir, se vêtir). Sur le plan agricole les terres les moins bonnes doivent être mises en culture ce qui menace l'autosuffisance alimentaire et génère la faim et la sous-alimentation.

A l'opposé de cette thèse malthusienne, les natalistes estiment que la population est un supplément de bouches à nourrir mais aussi une nouvelle force productive. Dans des pays où la solidarité familiale joue les fonctions d'assistance, de retraite, d'aide en cas de chômage ou de maladie, la famille nombreuse a un rôle social à jouer.

La « meilleure pilule étant le développement » il ne faut pas commencer par des politiques malthusiennes pour se développer mais au contraire élever le niveau de vie et d'éducation pour favoriser la baisse des naissances.

En pratique tous les pays du Tiers Monde estiment qu'il y a une limite aux capacités du pays à accroître très rapidement ses infrastructures sociales (écoles...) et économiques (nombre d'usines...) et qu'en conséquence la croissance démographique doit être maintenue dans des limites tolérables.

L'agriculture, problème clé du sous-développement

Faiblesse de la productivité et désarticulation

« Les pays sous-développés n'ont pas effectué leur révolution agricole. Pour la majorité d'entre eux, la productivité dans l'agriculture reste encore, compte tenu de leur croissance démographique, au-dessous du seuil de famine. De plus le système de plantations a détourné une fraction des terres pour les cultures d'exportations sans que l'agriculture vivrière puisse pour autant bénéficier des méthodes très différentes qui y sont appliquées. »[2]

L'agriculture est un élément décisif pour l'avenir des P.V.D., car elle emploie une part importante de la population active, combat la sous-nutrition et élève le niveau de vie.

1. Voir article population, p. 316.
2. B. Ronze.

Les difficultés ne résultent pas d'un manque d'initiative des paysans. Les experts de la F.A.O. et de la Banque Mondiale ont constaté au contraire que, contrairement à l'idée répandue d'une incapacité d'épargne des plus pauvres leur effort d'investissement témoigne d'une détermination puissante : « Les exploitants contribuent à l'investissement agricole. Tous, même ceux qui n'exploitent que quelques hectares, économisent une part substantielle de tout excédent de revenu et l'investissent dans leur exploitation. En outre ils utilisent leur travail et celui de leur famille pour niveler la terre, planter des arbres, creuser des fossés et construire des rizières et terrasses — tout activité qui crée le capital nécessaire pour accroître la production agricole à l'avenir. Au Pakistan, par exemple, les forages installés par les particuliers fournissent plus d'eau pour l'irrigation que les réservoirs construits par l'Etat. »

Les clivages majeurs

Trois problèmes marquent les débats sur l'agriculture dans le Tiers Monde : faut-il privilégier l'agriculture ou l'industrie ? faut-il développer les cultures d'exportation ou la production vivrière ? faut-il mettre en place des technologies capitalistes ?

Priorité à l'agriculture ou à l'industrie ?

Le débat sur la place respective de l'agriculture et de l'industrie est ancien. L'opposition sur les réponses à apporter à cette question a été une des causes majeures de la rupture entre la Chine de Mao Tsé Toung et l'U.R.S.S.

L'U.R.S.S. préconisait la priorité à l'industrie lourde et Mao Tsé Toung estimait que l'industrie dans un pays du Tiers Monde devrait être au service du développement agricole. Ce clivage se retrouve dans les analyses occidentales. Les deux arguments les plus fréquemment utilisés en faveur du secteur secondaire (en particulier l'industrie légère) sont d'une part la rapidité des accroissements de production qui peuvent y être réalisés (par opposition à la lenteur des progrès agricoles) et d'autre part le caractère entraînant de l'industrie tant en matière d'exportations que de formation de la main-d'œuvre. A l'opposé on fait valoir que le premier de tous les besoins est celui de la nourriture et y subvenir est la première des indépendances.

Cultures d'exportation ou productions vivrières ?

Pour leurs défenseurs, les cultures d'exportation permettent d'obtenir des devises qui financent le développement industriel. S'il s'agit de produits chers (primeurs, agrumes...), cette politique permet même à la fois d'importer des produits alimentaires bon marché mais fondamentaux (riz, blé) et en même temps de dégager des recettes pour les investissements industriels.

Les défenseurs des cultures vivrières insistent sur la désarticulation de l'économie traditionnelle qui résulte de la politique précédente et sur les conséquences négatives (exode rural...), sur les pénuries alimentaires qui en découlent pour les groupes sociaux les plus faibles, sur la surexploitation des terres qu'elle provoque et sur l'érosion qui souvent en résulte. Dans cette logique, les cultures d'exportation ne peuvent intervenir que dans la mesure où l'autosuffisance alimentaire est d'abord assurée.

Deux conceptions de l'agriculture s'opposent. La première est favorable à une industrie utilisant une technologie relativement capitalistique (engrais, machines...) même si le faible coût de la main-d'œuvre peut induire le choix de méthodes différentes de celles utilisées dans les pays occidentaux. Cette stratégie devrait permettre une forte productivité, elle favorise à la fois la compétitivité sur le marché international et l'amélioration du niveau alimentaire interne...

Les adversaires de cette politique font remarquer que les résultats obtenus ont été presque toujours décevants en matière de niveau alimentaire de la fraction la plus pauvre de la population. D'autant que ces politiques supposent des ressources en énergies et en devises dont le Tiers Monde ne dispose pas le plus souvent.

Les opposants à cette politique préconisent (en France, R. Lenoir, Pisani...) l'utilisation de technologies « adaptées » même si elles apparaissent relativement archaïques du point de vue occidental, et le renouveau des communautés villageoises. L'aide directe et concrète à ces communautés constitue un moyen de lutter contre la désarticulation, de mettre en place une cohérence nouvelle, de permettre l'acquisition de qualifications efficientes.

Comment améliorer la productivité agricole ?

Trois questions synthétisent les débats sur les moyens d'améliorer la productivité : les réformes agraires posent le problème du rôle des structures terriennes sur la productivité, la révolution verte symbolise les débats sur le choix des technologies, enfin l'aide alimentaire interpelle les pays industrialisés sur leur responsabilité.

Les réformes agraires

Le débat

Les réformes agraires correspondent à une double logique sociale et économique. Sur le plan social l'objectif peut être de réduire les inégalités à l'intérieur de la paysannerie. Sur le plan économique les réformes agraires sont généralement présentées comme l'instrument d'une amélioration de la productivité dans la mesure où les grands domaines induisent souvent un gaspillage de terre considérable. Le cas le plus souvent cité pour illustrer ce mécanisme est celui de l'Amérique du Sud où de grands propriétaires terriens mettent en place une culture extensive destinée à l'exportation, alors que les paysans pauvres ne disposent pas des terres qui leur permettraient de produire des cultures vivrières dont ils ont le besoin le plus urgent.

LES CONSÉQUENCES FAVORABLES ATTENDUES

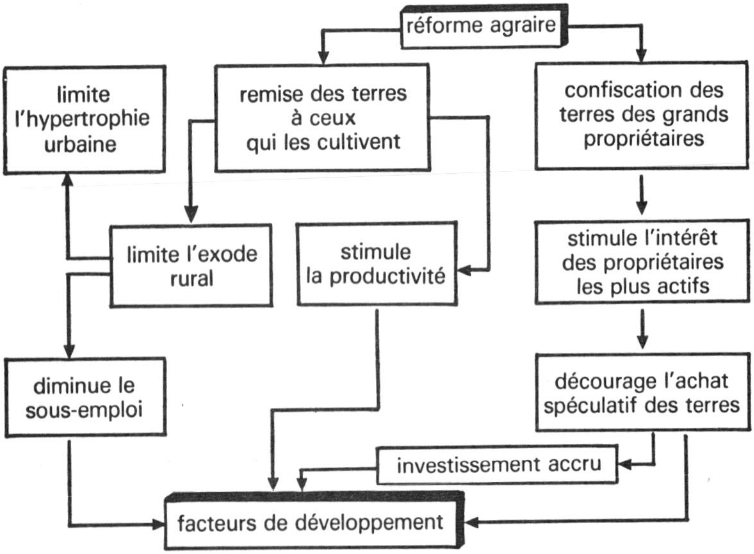

Les arguments invoqués contre les réformes agraires sont d'une part le respect de la propriété, d'autre part l'inefficacité de la petite exploitation.

A l'encontre de cette analyse les défenseurs des réformes agraires font valoir que des coopératives peuvent permettre de bénéficier des avantages des économies d'échelle.

LES EFFETS PERVERS DES RÉFORMES AGRAIRES

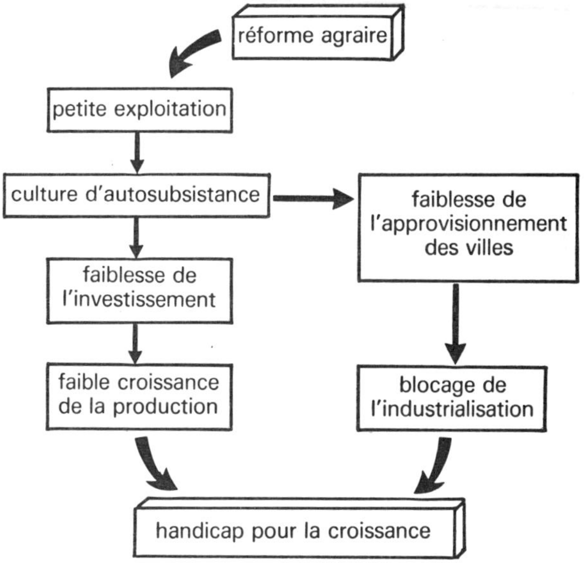

Des réformes agraires de nature différente

Si on compare les réformes agraires mexicaine et chinoise, on s'aperçoit que le même mot recouvre des réalités très différentes. Les réformes agraires s'inscrivent dans une logique soit de mutation profonde par rapport aux structures capitalistes (réforme agraire socialiste), soit dans une optique des gaspillages et de justice sociale dans le cadre du maintien d'une logique d'ensemble d'économie de marché (logique réformiste).

Sur le plan de la seule productivité l'impact d'une réforme agraire varie très fortement selon la situation à laquelle elle s'applique et les modalités qui la caractérisent. Une même réforme appliquée en Inde ou au Brésil ne donnera pas les mêmes résultats.

Le révolution verte

Qu'est-ce que la révolution verte ?

Dans la logique libérale, la révolution verte est un modèle des moyens à mettre en place pour combler le retard en matière de productivité agricole.

Durant les années cinquante furent mis au point un « riz miracle » et un « blé à haut rendement » (ainsi le blé nain

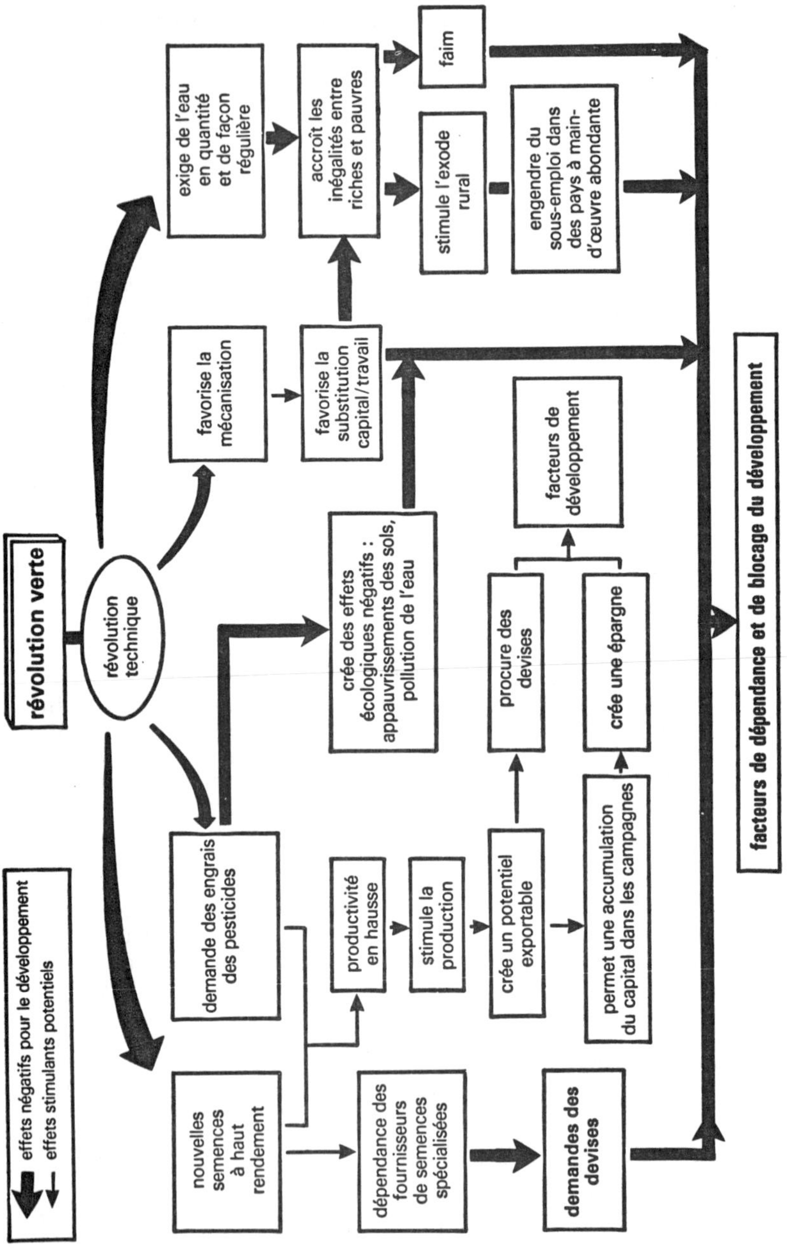
effets négatifs pour le développement
effets stimulants potentiels
révolution verte
révolution technique
exige de l'eau en quantité et de façon régulière
favorise la mécanisation
demande des engrais des pesticides
nouvelles semences à haut rendement
accroît les inégalités entre riches et pauvres
favorise la substitution capital/travail
crée des effets écologiques négatifs : appauvrissements des sols, pollution de l'eau
productivité en hausse
stimule la production
dépendance des fournisseurs de semences spécialisées
faim
stimule l'exode rural
crée un potentiel exportable
procure des devises
facteurs de développement
demandes des devises
engendre du sous-emploi dans des pays à main-d'œuvre abondante
crée une épargne
permet une accumulation du capital dans les campagnes
facteurs de dépendance et de blocage du développement

permettait de multiplier par 3 les rendements). Des variétés à haut rendement (V.R.H.), sélectionnées par des chercheurs et par des agronomes, permettaient une forte augmentation des rendements mais demandaient des moyens importants d'irrigation, de pesticides, d'engrais et de semences spécialisées.

Ses défenseurs y voyaient les moyens d'une révolution agraire adaptée au Tiers Monde. Les gains de productivité devaient être tels qu'ils permettaient des exportations agricoles servant à financer les importations nécessaires tout en fournissant un excédent pour le pays.

Les résultats furent souvent décevants, par suite en particulier de la fragilité de beaucoup de ces semences, des difficultés de stockage et de transport. Cette évolution renforça le poids de ceux qui estimaient que la révolution verte engendre des mécanismes pervers : confiscation de l'eau par les plus riches, développement d'une agriculture capitalistique qui accroît l'exode rural et le chômage. La dépendance extérieure est accrue car il faut acheter semences, engrais, pesticides. L'agriculture vivrière moins rentable voit sa place souvent réduite, l'eau et les terres sont réservées en priorité aux cultures rentables. Dans de nombreux cas, la malnutrition s'accroît avec la baisse de la production vivrière... ; ce type de culture en excluant les plus pauvres des terres riches pourrait favoriser le déboisement avec les conséquences écologiques qui en résultent.

L'aide alimentaire

Des effets pervers...

Les effets pervers de l'aide sont souvent dénoncés. L'aide, sous forme de don va entraîner une baisse des prix des produits agricoles locaux décourageant la production des paysans et renforçant la dépendance alimentaire. Les habitudes alimentaires occidentales se diffusent, créant une dépendance à l'égard des multinationales agro-alimentaires. La nourriture va des villes vers les campagnes stimulant l'exode rural.

... à une réflexion sur la nature de l'aide souhaitable.

L'existence de ces effets pervers ne doivent pas être un alibi des pays industrialisés pour justifier une diminution de leur contribution, mais oblige à se poser la question de la nature de l'intervention possible et souhaitable des pays industrialisés en matière de développement agricole. Si face à une pénurie importante, des raisons humanitaires imposent une aide à court terme sous forme de dons (150 000 à 200 000 personnes sont mortes en Ethiopie au cours de la disette de 1973), la seule véritable aide consiste à mettre en place les conditions d'une meilleure productivité agricole. Comme l'exprime le proverbe chinois : « Donne un poisson à un homme il mangera un jour, apprends-lui à pêcher il mangera toute sa vie. »

C'est pourquoi de nombreuses organisations humanitaires aujourd'hui estiment que l'apport essentiel devrait être l'assistance concrète de techniciens et l'octroi de moyens matériels permettant d'améliorer les conditions locales de production.

L'industrialisation

Une marge de manœuvre différente selon les pays

Entre un pays qui dispose par ses ressources naturelles (pétrole en particulier) des moyens de financer les investissements nécessaires à son industrialisation et un pays qui ne peut compter que sur son épargne, les marges de liberté sont très différentes. Le niveau du P.I.B. déjà atteint, la qualification, les prévisions démographiques... influent sur les stratégies d'industrialisation possibles.

Quelles stratégies d'industrialisation ?

Le développement introverti

Les stratégies d'industrialisation se situent autour de deux pôles. Le premier est un développement très largement introverti, les échanges avec l'extérieur sont limités, l'épargne nationale assure l'essentiel du financement de l'investissement, quelques exportations limitées permettent de financer les importations technologiques indispensables. Les technologies utilisées peuvent être modernes mais aussi intermédiaires puisque l'essentiel de la production est orienté vers le marché intérieur. Un certain protectionnisme peut contribuer à assurer la cohérence de l'ensemble. Ce type d'industrialisation regroupe des expériences très diverses de la Chine de Mao Tsé Toung au Japon moderne dont l'ouverture sur l'extérieur a été très tardive et qui reste encore largement protectionniste avec les succès que l'on sait.

L'intérêt de cette stratégie est de privilégier la cohérence interne et de réduire les effets de la désarticulation. Les choix technologiques sont plus larges, ce qui permet d'utiliser au moins pour partie des technologies moins compétitives à court terme mais plus utilisatrices de main-d'œuvre et plus formatrices. Les petits « fourneaux » chinois de la période de Mao Tsé Toung n'ont peut-être pas fourni de l'acier de qualité mais ils ont su développer l'esprit industriel et la capacité d'innovation. Un autre argument avancé en faveur de ce type de stratégie, qui actuellement est surtout préconisé pour les pays les plus pauvres, est que la destruction de la cohérence du secteur traditionnel a un coût social extrêmement élevé. Certains retours à la tradition (Révolution iranienne par exemple) s'expliqueraient par le traumatisme social que provoque une industrialisation forcée extravertie.

La participation à la division internationale de la production

Les partisans du développement extraverti font valoir que l'industrialisation introvertie est par nature très lente et que le Tiers Monde ne peut pas attendre (pression démographique, besoins fondamentaux non satisfaits, connaissance d'un autre mode de vie qu'exacerbe la nécessité d'accroître le niveau de vie...); l'ouverture sur l'extérieur est alors considérée comme un moyen d'accélérer l'industrialisation. La présence des firmes multinationales est acceptée, voire recherchée et la production est massivement organisée en vue de l'exportation.

Bien des pays qui adoptent cette stratégie admettent qu'elle comporte des mécanismes qui engendrent une certaine domination du pays, mais la faiblesse de la production est en soi une autre forme de dépendance et la hausse de la production constitue le moyen de réduire à terme la contrainte extérieure soit que l'exportation fournisse les moyens de financer une industrie plus orientée vers le marché national, soit qu'elle permette la mise en place d'industries nationales plus complexes et à plus forte valeur ajoutée.

Cette dernière évolution implique une intervention de l'Etat en vue de guider le développement.

Le problème du financement

L'épargne nationale

L'épargne nationale est souvent faible dans le Tiers Monde par suite à la fois du niveau peu élevé de la productivité et des besoins de consommation.[1]

1. L'aide extérieure peut évidemment s'ajouter à l'épargne nationale, c'est le cas par exemple pour la Corée du Sud au début de son industrialisation.

Le financement par l'exportation des ressources minières et énergétiques

Certains pays disposent de ressources naturelles dont l'exportation assure des moyens de financement importants. C'est le cas en particulier des pays pétroliers. Mais l'exportation des ressources minières n'assure pas toujours des revenus importants. Par ailleurs, ceux-ci fluctuent fortement en fonction des variations des coûts mondiaux. C'est pourquoi une des revendications du Tiers Monde est depuis très longtemps la stabilisation des cours des matières premières et la détermination de prix rémunérateurs.

Par ailleurs, le financement par les exportateurs de produits énergétiques et miniers s'il constitue un facteur favorable pour l'industrialisation dans la mesure où il résoud les problèmes du financement ne suffit pas à induire une véritable croissance industrielle. Des effets pervers peuvent se développer comme le montre le schéma ci-contre.

La promotion des exportations

La faiblesse du pouvoir d'achat interne, l'absence de rente pétrolière conduisent souvent à rechercher des débouchés extérieurs afin de financer l'industrialisation. « La promotion des exportations s'inscrit dans une perspective libre-échangiste. En effet, elle repose sur l'exploitation des avantages comparatifs que procure à ces pays une forte dotation en facteur travail. L'existence de coûts salariaux peu élevés constitue leur mode d'insertion dans la division internationale du travail. Sont ainsi privilégiés les secteurs industriels comme le textile, ou les segments de production, comme le montage électrique, qui requièrent une utilisation importantes de main-d'œuvre non qualifiée et bon marché. »[1]

«Cette industrialisation concerne de façon privilégiée les petits pays sans vaste marché intérieur. Elle repose sur l'exploitation d'une main-d'œuvre urbaine et industrieuse dont le modèle culturel combine la tradition de travail, l'esprit d'entreprise et le consensus social, qui limite les revendications ouvrières, ou encore d'accords tarifaires favorables (...). Elle est particulièrement sensible aux fluctuations internationales et dépend des accords commerciaux internationaux... »[2]

1. C.A. Michalet, *Le défi du développement indépendant*, Rochevignes, mai 1983.
2. S. Stoffaes, *La grande menace industrielle*, Calmann-Lévy.

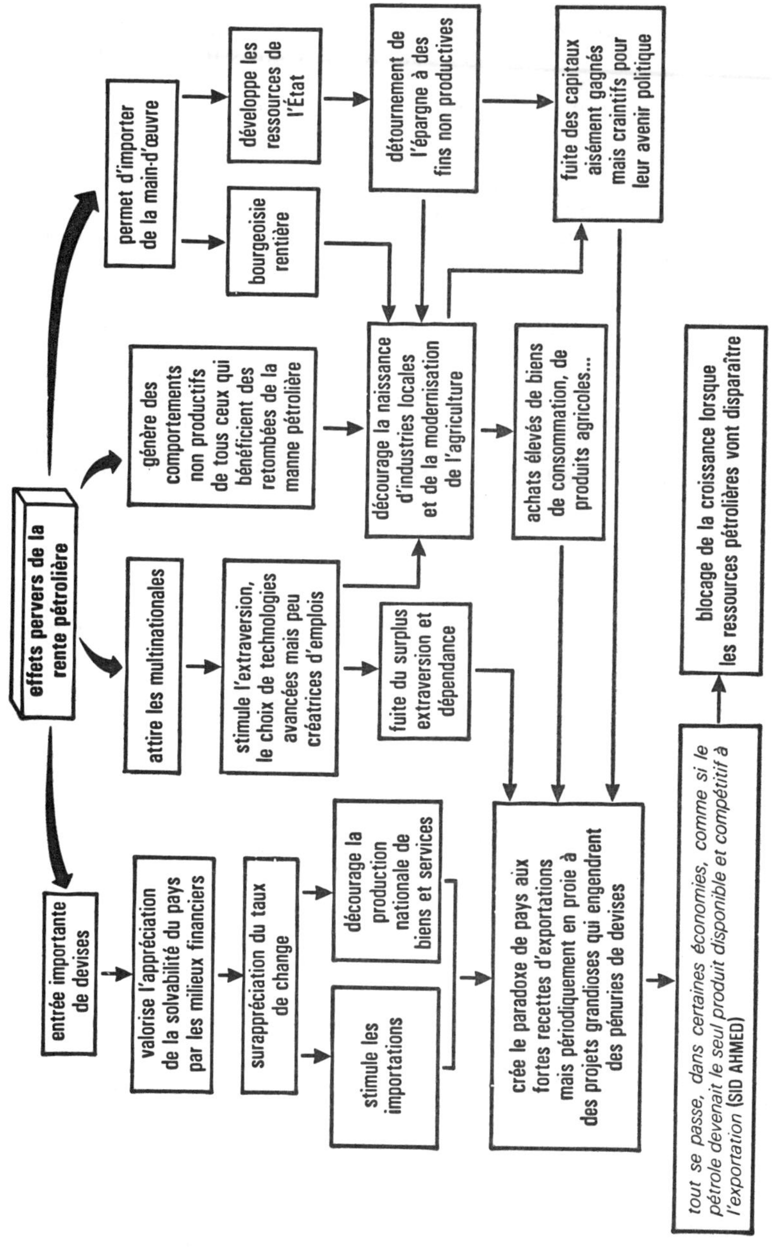
effets pervers de la rente pétrolière
entrée importante de devises
valorise l'appréciation de la solvabilité du pays par les milieux financiers
surappréciation du taux de change
stimule les importations
décourage la production nationale de biens et services
attire les multinationales
stimule l'extraversion, le choix de technologies avancées mais peu créatrices d'emplois
fuite du surplus extraversion et dépendance
génère des comportements non productifs de tous ceux qui bénéficient des retombées de la manne pétrolière
décourage la naissance d'industries locales et de la modernisation de l'agriculture
achats élevés de biens de consommation, de produits agricoles...
permet d'importer de la main-d'œuvre
bourgeoisie rentière
développe les ressources de l'État
détournement de l'épargne à des fins non productives
fuite des capitaux aisément gagnés mais craintifs pour leur avenir politique
crée le paradoxe de pays aux fortes recettes d'exportations mais périodiquement en proie à des projets grandioses qui engendrent des pénuries de devises
tout se passe, dans certaines économies, comme si le pétrole devenait le seul produit disponible et compétitif à l'exportation (SID AHMED)
blocage de la croissance lorsque les ressources pétrolières vont disparaître

Le protectionnisme des pays développés voulant sauver les emplois des secteurs menacés (textile, cuirs et peaux, montage électronique...) est un facteur de blocage de ce type d'industrialisation... La faiblesse du marché intérieur, les résistances internes aux conditions de travail inhumaines, l'appel aux capitaux étrangers pourvoyeurs de technologies mais facteurs à terme de sortie de devises pour rapatrier les profits des F.M.N. sont autant d'éléments générateurs de blocages de ce type d'industrialisation...

La constitution d'un tissu industriel cohérent

Quel que soit le mode de financement de l'investissement l'objectif à terme pour la quasi totalité des pays reste l'obtention d'un tissu industriel cohérent et s'appuyant suffisamment sur le marché intérieur pour réduire à la fois les effets négatifs de la désarticulation et ceux de la dépendance extérieure.

Stratégies de substitution d'importations et d'exportations

Les pays ne disposant pas de rente pétrolière ou minière rémunératrice ont dû rechercher les éléments d'un mode de développement.

— La *promotion des exportations* a souvent été une façon de prolonger l'économie coloniale de traite en exportant par exemple à bas prix des produits primaires. Cette voie très extravertie place le pays considéré dans une situation de forte dépendance économique.

— Pour éviter l'extraversion, certains pays ont recherché une politique de *substitution des importations* fondée sur l'idée que l'indépendance nécessite de produire soi-même les biens que l'on achetait chez d'autres, du fait de l'insuffisance de son appareil de production. Mais, cette voie a son talon d'Achille : la faiblesse de la demande interne solvable, le coût élevé des produits obtenus, le manque de savoir-faire, l'achat de machines à l'étranger, obligent à rechercher des devises et à s'endetter, ce qui crée un essoufflement de cette stratégie.

— La politique de *substitution des exportations* marque une voie de complexification des économies faisant appel aux débouchés extérieurs, mais en prenant appui sur une économie plus évoluée que dans le cas de la promotion des exportations. Pour améliorer les termes de l'échange, certains pays se sont dirigés dans la voie d'une reconversion vers des secteurs exportateurs à plus forte valeur ajoutée : électronique, ingéniérie, informatique. Pour arriver au stade des industries à main-d'œuvre qualifiée dans des secteurs à technologie élaborée, il faut généralement avoir déjà réalisé des productions dans les industries légères à fort coefficient de main-d'œuvre peu rémunérée et faiblement qualifiée. Ainsi, la politique de substitution des exportations est le stade le plus avancé de pays qui souvent ont déjà réussi soit dans la promotion d'exportations, soit dans la substitution d'importations... Ces diverses formes d'industrialisation sont donc souvent imbriquées (voir p. 428).

Certaines expériences concrètes exercent une fascination sur tous ceux qui s'intéressent aux problèmes du Tiers Monde parce qu'elles suggèrent que certaines stratégies ont montré leur efficacité. Pendant une période ce fut le cas de la Chine maoïste, aujourd'hui ce sont plutôt les nouveaux pays industrialisés.

La restructuration de l'appareil de production en fonction des besoins internes

La stratégie du développement autocentré et relativement autarcique a vu son audience diminuer avec l'abandon de cette politique par la Chine après la mort de Mao Tsé Toung.

Il reste que des auteurs qui ne relèvent pas d'une logique marxiste estiment que dans les pays les plus pauvres cette logique est la seule qui permette de couvrir les coûts de l'homme (les besoins fondamentaux), de former à terme une population qualifiée et susceptible d'affronter la compétition internationale dans des conditions favorables.

Les industries industrialisantes

La logique de la stratégie des industries industrialisantes consiste à rechercher des pôles d'industrialisation dont les effets sur le reste de l'économie sont importants.

«Une unité simple ou complexe, une entreprise, une industrie, une combinaison d'industries est motrice quand elle exerce sur d'autres unités avec qui elle est en relations, des effets d'entraînements. Elle augmente les achats de produits intermédiaires à d'autres unités, et les achats des services du travail, de la direction et du capital. Elle augmente — et si les choses vont bien, à un coût-prix abaissé — les produits livrés à d'autres unités et au consommateur final.

Outre les effets signalés, l'unité motrice engendre des *effets d'agglomération* : elle rassemble des activités complémentaires qui suscitent des occasions cumulatives de gains et de coûts en un lieu. Entre les unités agglomérées, la réalisation de moyens de transport et de communication

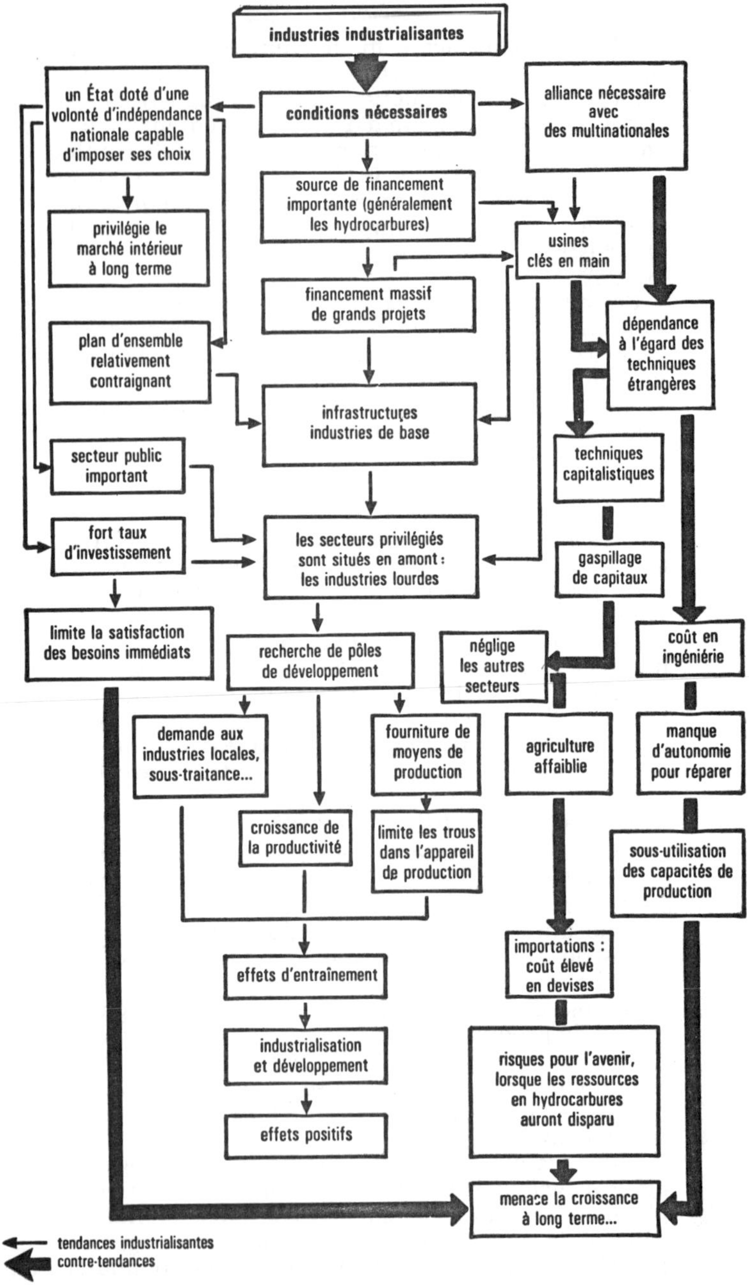
industries industrialisantes
conditions nécessaires
un État doté d'une volonté d'indépendance nationale capable d'imposer ses choix
alliance nécessaire avec des multinationales
source de financement importante (généralement les hydrocarbures)
privilégie le marché intérieur à long terme
usines clés en main
financement massif de grands projets
dépendance à l'égard des techniques étrangères
plan d'ensemble relativement contraignant
infrastructures industries de base
secteur public important
techniques capitalistiques
fort taux d'investissement
les secteurs privilégiés sont situés en amont : les industries lourdes
gaspillage de capitaux
limite la satisfaction des besoins immédiats
recherche de pôles de développement
néglige les autres secteurs
coût en ingénierie
demande aux industries locales, sous-traitance...
fourniture de moyens de production
agriculture affaiblie
manque d'autonomie pour réparer
croissance de la productivité
limite les trous dans l'appareil de production
sous-utilisation des capacités de production
effets d'entraînement
importations : coût élevé en devises
industrialisation et développement
risques pour l'avenir, lorsque les ressources en hydrocarbures auront disparu
effets positifs
menace la croissance à long terme...
tendances industrialisantes
contre-tendances

provoque des *effets de jonction* : elle augmente cumulativement les offres et les demandes, elle élargit le champ des possibles des producteurs locaux. »[1].

Le chemin de fer constitue l'exemple le plus célèbre d'industrie industrialisante au XIXe siècle par les commandes massives au secteur sidérurgique qu'il induit, la baisse des prix du transport qu'il provoque et qui se répercute sur les coûts des autres secteurs...

L'industrie industrialisante présentant en outre l'avantage d'assurer à terme une maîtrise véritable et complète de l'appareil de production. C'est ainsi que l'Algérie, forte d'un avantage en matière de ressources énergétiques lui permettant de financer des investissements massifs, a tenté de développer des industries lourdes fortement utilisatrices d'énergie. Un certain nombre d'effets pervers sont apparus d'autant plus importants que la demande mondiale pour ces produits suit une évolution défavorable (baisse de la sidérurgie...).

La politique de substitution des importations

La politique de substitution des importations consiste à produire progressivement sur le territoire national des marchandises antérieurement importées. Le Japon est le modèle historique de cette stratégie.

La stratégie de remontée de filière

La stratégie de promotion des importations est souvent associée à une politique de remontée de filière. Il s'agit au départ pour obtenir des capitaux de produire ce pourquoi le pays est le mieux adapté du point de vue de la logique de la division internationale du travail. Il s'agit le plus souvent de produits demandant une main-d'œuvre peu qualifiée importante. Les capitaux ainsi obtenus sont alors utilisés dans des secteurs reliés par des relations client-fournisseur au secteur initial. Ainsi par exemple la fabrication de tissu est reliée à l'activité de confection. L'investissement dans la production de tissu permet alors de diminuer les importations et d'acquérir des compétences différentes. Le marché intérieur fournit des débouchés à cette industrie nouvelle (provisoirement protégée par des tarifs douaniers) lorsque le savoir-faire industriel sera suffisant, on pourra exporter les nouveaux produits sur le marché mondial à des coûts compétitifs.

1. F. Perroux, *L'économie du XXe siècle.*

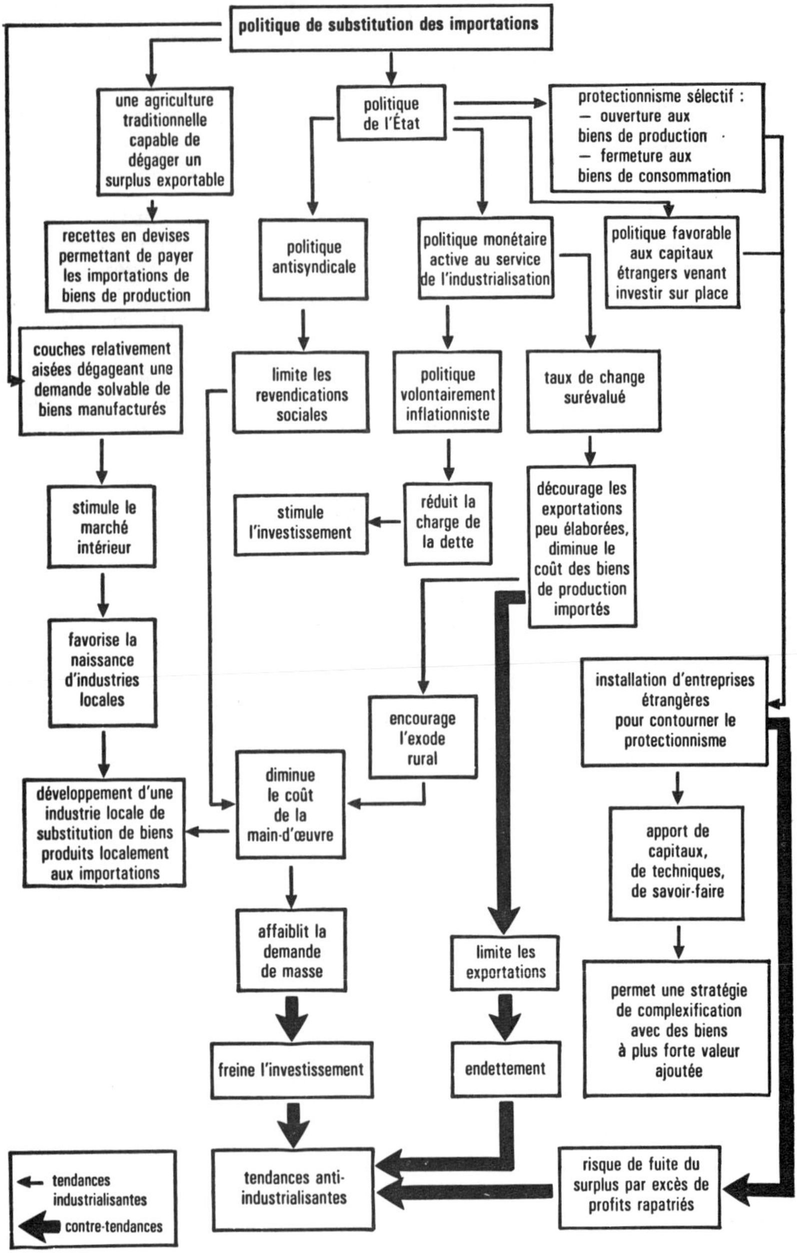
politique de substitution des importations
une agriculture traditionnelle capable de dégager un surplus exportable
politique de l'État
protectionnisme sélectif :
– ouverture aux biens de production
– fermeture aux biens de consommation
recettes en devises permettant de payer les importations de biens de production
politique antisyndicale
politique monétaire active au service de l'industrialisation
politique favorable aux capitaux étrangers venant investir sur place
couches relativement aisées dégageant une demande solvable de biens manufacturés
limite les revendications sociales
politique volontairement inflationniste
taux de change surévalué
stimule le marché intérieur
stimule l'investissement
réduit la charge de la dette
décourage les exportations peu élaborées, diminue le coût des biens de production importés
favorise la naissance d'industries locales
installation d'entreprises étrangères pour contourner le protectionnisme
encourage l'exode rural
développement d'une industrie locale de substitution de biens produits localement aux importations
diminue le coût de la main-d'œuvre
apport de capitaux, de techniques, de savoir-faire
affaiblit la demande de masse
limite les exportations
permet une stratégie de complexification avec des biens à plus forte valeur ajoutée
freine l'investissement
endettement
tendances industrialisantes
contre-tendances
tendances anti-industrialisantes
risque de fuite du surplus par excès de profits rapatriés

De proche en proche on espère remonter ainsi jusqu'aux machines textiles et maîtriser ainsi toute la filière textile. Une analyse de même type peut être faite pour la filière électronique... Les effets favorables attendus peuvent se heurter à des effets pervers qui seront d'autant plus importants que les conditions de mise en place de cette stratégie sont mal remplies.

Qualification et maîtrise des technologies

La politique de promotion des exportations suppose un niveau de qualification déjà relativement important.

« A Hong Kong, 61 % des jeunes de 16 et 17 ans et 23 % des jeunes de 18-20 ans sont au collège ou à l'université au lieu de respectivement 46 % et 16 % en Grande-Bretagne. A Taiwan, 25 % des jeunes de 18-21 ans sont à l'université, tandis que les diplômés des écoles d'ingénieur représentent un pourcentage de la population plus élevé qu'aux Etats-Unis »[1].

En électronique les N.P.I. ne se contentent plus d'assembler des composants et veulent mieux intégrer leur production pour passer des transistors et des téléviseurs assemblés aux composants et même aux micro-ordinateurs. Un véritable processus d'apprentissage a marqué l'industrialisation des N.P.I. « L'entrée des N.P.I. dans des activités de haut niveau technique signifie à la fois que les technologies avancées finissent, sous la pression de la concurrence, par devenir disponibles sur le marché et qu'une situation générale de — dépendance technique — est susceptible de masquer l'existence de dynamiques d'apprentissage susceptibles de déboucher à terme sur la maîtrise, la production et l'exportation de biens et d'ensembles industriels avancés »[1].

Une intervention de l'Etat importante

L'intervention de l'Etat a pour fonction d'assurer une « paix sociale » qui sécurise les investisseurs, de mettre en place un capitalisme national orienté vers la réalisation des objectifs de substitution des importations et des exportations, de favoriser le développement des secteurs choisis par le soutien des investissements, le jeu des tarifs douaniers, la mise en place de moyens permettant une meilleure maîtrise des débouchés en particulier par le développement de sociétés de commerce nationales.

1. P. Judet, Chaponnière, Gaule, *Mondes en développement*, n° 39, 1982.

☞ **Echanges internationaux, croissance et crises.**

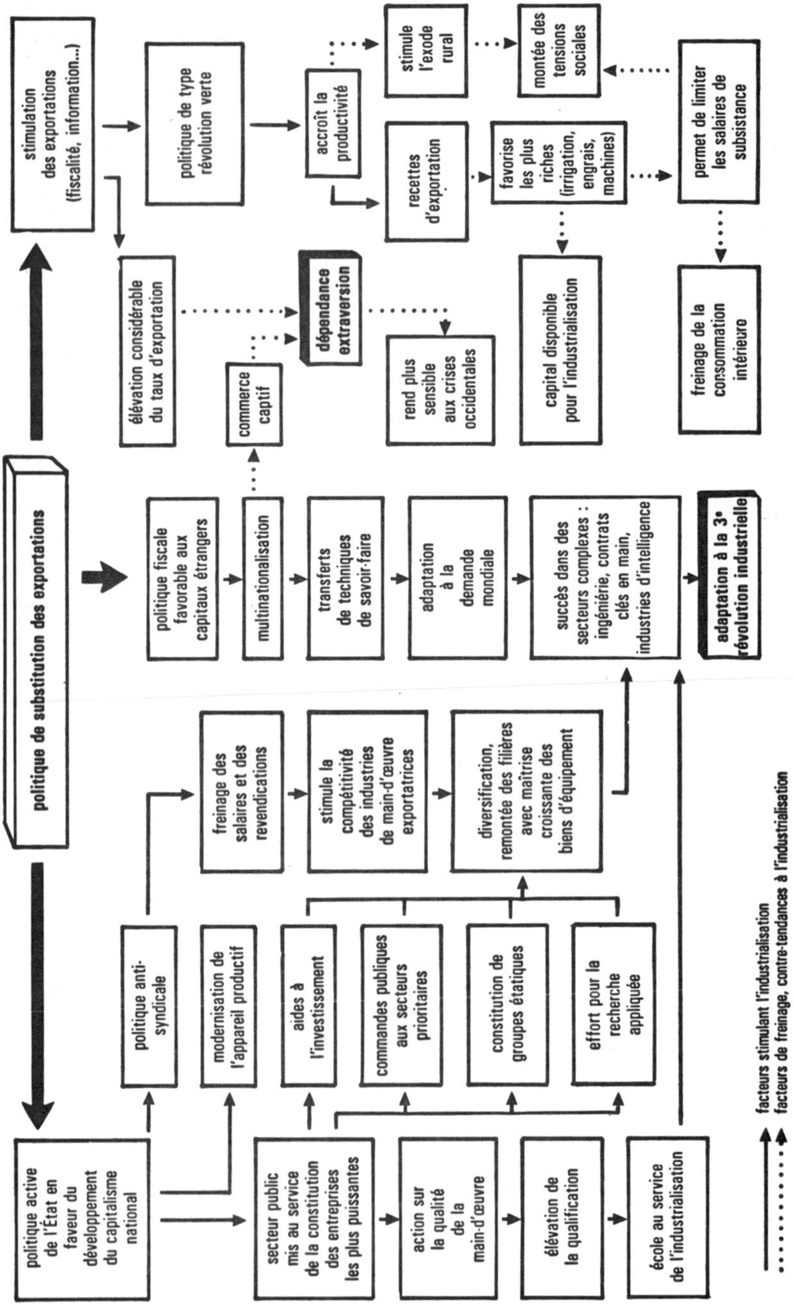

stimulation des exportations (fiscalité, information...)
politique de type révolution verte
accroît la productivité
stimule l'exode rural
montée des tensions sociales
recettes d'exportation
favorise les plus riches (irrigation, engrais, machines)
permet de limiter les salaires de subsistance
élévation considérable du taux d'exportation
commerce captif
dépendance extraversion
rend plus sensible aux crises occidentales
capital disponible pour l'industrialisation
freinage de la consommation intérieure
politique de substitution des exportations
politique fiscale favorable aux capitaux étrangers
multinationalisation
transferts de techniques de savoir-faire
adaptation à la demande mondiale
succès dans des secteurs complexes : ingénierie, contrats clés en main, industries d'intelligence
adaptation à la 3e révolution industrielle
freinage des salaires et des revendications
stimule la compétitivité des industries de main-d'œuvre exportatrices
diversification, remontée des filières avec maîtrise croissante des biens d'équipement
politique anti-syndicale
modernisation de l'appareil productif
aides à l'investissement
commandes publiques aux secteurs prioritaires
constitution de groupes étatiques
effort pour la recherche appliquée
politique active de l'État en faveur du développement du capitalisme national
secteur public mis au service de la constitution des entreprises les plus puissantes
action sur la qualité de la main-d'œuvre
élévation de la qualification
école au service de l'industrialisation
facteurs stimulant l'industrialisation
facteurs de freinage, contre-tendances à l'industrialisation

Système monétaire international

Un système aux effets redoutables

Le Président d'*Atlantic Richfiels*, une des grandes entreprises pétrolières américaines, n'hésite pas à affirmer : « le dollar est plus responsable de la crise que l'O.P.E.P. ». Quand le dollar, en trois ans, passe d'un prix de 4 francs à plus de 8 francs, ce sont toutes nos importations d'énergie, de matières premières, de soja, d'ordinateurs... qui voient leurs prix (exprimés en francs) doubler ! L'effort des Français doit donc être multiplié par deux pour payer les mêmes biens... Les fluctuations monétaires creusent ainsi brutalement les déficits des balances des paiements, fragilisant les faibles, renforçant les forts. L'accumulation des dettes du Tiers Monde devient une épée de Damoclès, véritable bombe financière qui, comme le krach de Wall Street en 1929, peut faire basculer la crise dans un véritable gouffre : insolvabilité des créanciers, contraction de la demande mondiale, faillites de banques en chaîne et, par voie de conséquence, chute de la demande des liquidités... Ce scénario catastrophe, évité jusqu'ici par le Fonds Monétaire International et les concertations des dix pays les plus riches du monde, demeure la grande incertitude monétaire du début des années 80. P. Fabra notait que les plus grands emprunteurs semblent incapables de faire face à leur dette : « Le service de dette extérieure absorbant parfois plus de 50 % de leurs recettes d'exportation » (*Le Monde*, janvier 1983).

Les banques craignant avant tout l'insolvabilité de leurs grands clients (Mexique, Brésil...) se sont mises à prêter pour leur permettre de rembourser des dettes antérieures ! La multiplication des monnaies de réserve, les nouveaux instruments de paiement (D.T.S., E.C.U.), l'émergence de systèmes monétaires particuliers (S.M.E.), l'endettement croissant du Tiers Monde et de certains pays industrialisés, les risques élevés d'insolvabilité, l'accumulation d'euro-dollars et même d'euro-monnaies constituent des éléments révélateurs d'une régulation non maîtrisée du système monétaire international.

Dans quel système monétaire vivons-nous ?

L'après Bretton-Woods

Le système monétaire international actuel est le fruit de l'écroulement de l'accord de Bretton-Woods (1944) (voir

Dictionnaire économique et social, p. 355); il résulte d'un ensemble de décisions et d'accords qui codifient les pratiques plus que de l'établissement concerté d'une nouvelle règle du jeu. C'est le 15 août 1971 que Nixon a unilatéralement suspendu la convertibilité du dollar en or, cessant de soutenir sa parité fixe avec le métal précieux.

Le dollar devient flottant; la F.E.D. (Banque Centrale des Etats-Unis) ne garantit plus un quelconque rapport entre le dollar et les autres monnaies. Le système établi en 1944 et dominé depuis par les Etats-Unis est modifié de façon unilatérale par Nixon sans concertation ni préavis. Les Etats-Unis affirment qu'ils n'ont aucune obligation vis-à-vis de leur monnaie, car lorsque tous les autres pays ont fixé leur parité avec le dollar, le système est automatiquement cohérent (pour n monnaies, il suffit que n − 1 fixent leur taux de change pour que le nième ait une parité vis-à-vis de toutes les autres). Véritable centre du nouveau système, les Américains s'estiment dégagés de toutes obligations d'intervention.

Dès 1976 à Kingston (Jamaïque), de nouveaux accords sont signés qui « ont supprimé la partie la plus intéressante de Bretton-Woods, celle qui réglementait la définition des parités, les modalités obligatoires de leur défense. » (Denizet, 1982.)

Le F.M.I., et le S.M.I. réel aujourd'hui

Le plus souvent, le Fonds Monétaire International a entériné les évolutions constatées et les décisions américaines. L'or et le dollar ont cessé d'être officiellement les instruments de réserve, l'or a été démonétisé et le F.M.I. revend ses stocks.

Les objectifs du F.M.I.

Trois objectifs, définis le 8 janvier 1976 dans un nouvel article des statuts du F.M.I., marquent l'activité de cet organisme :

1. « Chaque membre s'efforcera d'orienter sa politique économique et financière en vue d'encourager une croissance économique ordonnée dans une stabilité raisonnable des prix...

2. Chaque membre cherchera à promouvoir la stabilité en favorisant un système monétaire qui ne soit pas une source de discontinuités erratiques.

3. Chaque membre évitera de manipuler les taux de change ou le système monétaire international afin d'empêcher l'ajustement effectif des balances des paiements ou de gagner des avantages compétitifs vis-à-vis d'autres membres ». (*Bulletin du F.M.I.*, 26 janvier 1976).

Ainsi sont affirmées clairement les options libérales concernant l'objectif d'une politique monétaire anti-inflationniste, la volonté de règles stables et d'absence de manipulation des taux de change dans un but de croissance rapide des exportations par des monnaies sous-évaluées.

Liberté de choix du système de change... à l'exclusion de la référence à l'or

Le nouvel article IV ouvre la voie à tous les choix possibles ; il prévoit que : « les pays peuvent adopter des dispositions de taux de change qui comportent : 1er/ le maintien d'une valeur pour leur monnaie en terme de D.T.S. ou de tout autre dénominateur autre que l'or ; 2e/ des mécanismes de coopération qui maintiennent la valeur de leurs monnaies par rapport à la valeur de la monnaie ou des monnaies d'autres membres ; ou, 3e/ toute autre disposition de change au choix d'un membre » (F.M.I.).

Ainsi, tout est permis, à l'exception du rattachement à l'or porté au rang de relique de l'histoire.

Les principes de stabilité

La régulation du S.M.I. apparaît comme essentiellement libérale, les membres doivent respecter les équilibres (budgétaires, monétaires de la balance des paiements...) et s'abstenir d'interventions intempestives. Les seuls déséquilibres envisagés sont ceux provenant d'interventions inadaptées des Etats ; les banques centrales doivent rester neutres, respecter les échanges supposés spontanément sains, sans effets de domination...

Les D.T.S., propulsés au rang de nouvel étalon

Le dollar ayant cessé d'être « aussi bon que l'or », l'or étant explicitement interdit dans la définition des taux de change, aucune devise étant à elle seule assez forte pour s'imposer universellement, le D.T.S. défini à partir d'un panier de monnaies peut-il être le nouvel instrument de réserve ? Le droit de tirage spécial (D.T.S.) devrait être dans la logique du F.M.I. « le principal instrument de réserve du système monétaire international », pour les années à venir. Cet objectif, logique depuis la réforme de 1976, est encore loin d'être atteint dans le S.M.I. réel. Initialement, 16 monnaies avaient été retenues pour constituer le panier de référence.

Le principe de calcul fixé fut le suivant :

On choisit une pondération des différentes monnaies qui

tienne compte à la fois du poids de chaque pays dans les exportations mondiales et dans la production mondiale : le dollar comptera pour 33 %.

Partant de la valeur du DTS = 1/35 once d'or, ancienne parité avec le dollar issu de Bretton-Woods, il a été possible de comparer la valeur du D.T.S. à chaque monnaie. Ainsi M. Lelart donne l'exemple du dollar qui, le 12 février 1973, était dans le rapport 1/35 once d'or = 1,20635 dollar américain. Le D.T.S. ayant un poids en dollar de 33 %, il fallait inclure dans la valeur du D.T.S. 33 % × 1,20635 $ = 0,39809 dollar.

On répète alors pour chaque monnaie la même opération.

On peut alors calculer la valeur du D.T.S. soit 0,4 dollar + 0,38 D.M. + 0,44 FF + ..., en fait le D.T.S. est exprimé en dollar en convertissant les D.M., la livre ou les francs en dollars; il est alors possible, connaissant la valeur du D.T.S. en dollar, de savoir le cours du franc en D.T.S... Mais, la multiplicité des monnaies, l'absence de stabilité du poids dans les échanges internationaux des différentes devises a rendu le DTS difficile à coter et à valoriser.

Progressivement, le F.M.I. va établir un panier de cinq monnaies (juin 1978), puis il va renoncer à la valorisation initiale au profit d'une pondération unique correspondant au poids des pays dans l'économie mondiale : 1 D.T.S. = 0,42 dollar + 0,19 D.M. + 0,13 yen + 0,13 livre + 0,13 FF. Ces cinq monnaies des pays ayant les plus fortes quote-parts au F.M.I., constituent depuis le 18 septembre 1980 la base du panier définissant les D.T.S.

Rôle du D.T.S. dans les opérations du Fonds

Le D.T.S. devient de plus en plus la « monnaie » du F.M.I. « Dans les opérations avec le F.M.I., le D.T.S. est de plus en plus utilisé puisqu'il remplace l'or. C'est en D.T.S. que les pays débiteurs règlent leurs commissions et qu'ils peuvent racheter leurs droits de tirage. C'est en D.T.S. que le Fonds règle la rémunération due aux pays créanciers et qu'il peut répartir son revenu net. Quand il doit refaire le plein de ses avoirs en certaines monnaies, il peut les obtenir des pays émetteurs en cédant des D.T.S. (M. Lelart, *Eurépargne*, mai 1980). Dans ces conditions, « le D.T.S. est en passe de devenir la monnaie du F.M.I. ». Plus significatif, une zone D.T.S. comprenant 13 pays sous-développés s'est constituée, le D.T.S. constitue la base de la définition des parités de ces pays membres du F.M.I.

Mais c'est l'usage privé qui fait une monnaie internationale. P. Pascallon note que « en dehors du F.M.I. pour lequel le D.T.S. est l'unité de compte utilisée dans toutes les opérations, le D.T.S. joue un rôle de plus en plus important en tant qu'unité de compte (ou comme instrument servant d'unité de compte) dans les contrats privés et les traités internationaux. » Ce rôle croissant s'explique en particulier par le fait que le D.T.S. étant défini à partir d'un panier de monnaie, sa valeur fluctue donc moins fortement que celle des monnaies prises en compte.

Usage du D.T.S. et ressources du F.M.I.

Une des principales faiblesses du D.T.S. est incontestablement sa complexité. Il faut cependant comprendre le S.M.I. contemporain et apprécier ses chances d'éviter un krach financier qui fragiliserait l'édifice des dettes et créances accumulées.

Au départ, en 1944, le F.M.I. s'est vu doter de ressources financières par les pays membres. Chacun a contribué au Fonds en fonction de sa quote-part. Quatre critères mesurant le poids économique du pays ont été retenus pour la fixation des quotes-parts : 2 % du revenu national du pays en 1940, 5 % de ses avoirs en or et en dollars le 1er juillet 1943, 10 % de la moyenne de ses importations durant la période 1934-1938 et 10 % de la variation maximum de ses importations annuelles de 1934 à 1938. Le F.M.I. a par ailleurs attribué des droits aux différents pays, (31 % aux Etats-Unis, 14,8 % pour la Grande-Bretagne, 5 % pour la France). L'accord final selon le représentant français à Bretton-Woods n'est pas le fruit d'un pur calcul mathématique; en dernière instance : « les quotes-parts ont été établies à la suite d'une série de marchandages plus ou moins arbitrés par les Etats-Unis ».

A l'origine chaque pays a fourni 25 % de sa quote-part en devises, 75 % en monnaie nationale. Les quotes-parts jouent un rôle essentiel dans le fonctionnement du Fonds. Ils déterminent la répartition des voix lors des votes, les cinq pays les plus importants ont un administrateur propre, les autres doivent se grouper. Les quotes-parts déterminent aussi les apports en capital fournis au Fonds pour qu'il fonctionne. Au niveau des facilités financières, la quote-part donne droit à un certain niveau d'aide qui variera dans le temps.

Le mécanisme des opérations met en évidence que : « Le D.T.S. n'est pas, au sens strict, un instrument de paiement, mais un droit limité d'acquérir un instrument de paiement » (Grejbine).

Les D.T.S sont « alloués à chaque pays au prorata de sa quote-part sur le "compte de tirage spécial" créé (...), le

28 juillet 1969, ces D.T.S. sont aussi comptabilisés par les Banques Centrales dans leurs réserves de change » (P. Pascalon).

Les D.T.S. ont développé les aspects monétaires et bancaires du Fonds : « alors que, dans le système de Bretton Woods, le F.M.I. n'était qu'un bureau de change qui vendait les devises qu'il avait dans ses tiroirs contre d'autres devises ; il est devenu maintenant à travers le Compte Spécial une banque qui peut, à certaines conditions et dans certaines limites, inscrire des crédits — avoirs — aux comptes des participants, sans avoir aucune encaisse. Il crée donc incontestablement des instruments de paiement, c'est-à-dire de la monnaie »[1].

Réglementation de l'usage des D.T.S. et du crédit

Pour l'essentiel, le Fonds fonctionne comme « coopérative de crédit », les pays ayant besoin de régler des déficits de leur balance des paiements font appel au financement du Fonds. Il faut distinguer l'accès aux ressources du Fonds selon les tranches, le crédit se faisant de plus en plus contraignant pour l'emprunteur lorsque son endettement s'accroît... :

— *La tranche de réserve* est constituée par les 25 % de la quote-part payée en devises. Chaque pays en dispose automatiquement, sans formalité, sans délai, ni limite d'utilisation.

— Quatre tranches de crédit traditionnel sont distinguées. Un pays peut faire appel aux ressources du fonds pour 4 fois 25 % de sa quote-part au titre des crédit ordinaires portant ainsi à 125 % de son apport ses possibilités de recours au crédit en D.T.S. Il faut cependant nettement distinguer la première tranche des suivantes.

Le premier crédit de 25 % de la quote-part est aisément accordé, le Fonds se contente de suggérer des mesures d'adaptation au pays demandeur qui demeure maître de sa politique économique. L'obtention des trois autres tranches de crédit implique l'acceptation des conditions du F.M.I. Les tirages sont échelonnés et chaque versement est lié à la mise en place effective des « critères de réalisation » qui sont autant de conditions que le F.M.I. a mis à son crédit.

→ Concrètement, le pays emprunteur se trouve sous contrôle du F.M.I. qui lui administre généralement une véritable « purge déflationniste » : équilibre budgétaire, coupes

1. R. Mossé, *Les problèmes monétaires internationaux au tournant des années 1970*, Payot, 1970.

sombres dans les dépenses sociales, ralentissement du taux de croissance, réduction de la croissance de la masse monétaire et des revenus sont les conséquences usuelles des « conseils » du Fonds. Des tensions graves, en particulier dans les P.V.D., ont souvent suivi les politiques imposées par le Fonds.

Des **facilités élargies** ont été instaurées le 13 septembre 1974 afin de permettre aux P.V.D. dépourvus de pétrole de faire face à leurs déséquilibres extérieurs. Près de 140 % de la quote-part peut être fourni au titre des facilités élargies dans les situations suivantes :

— a) Lorsque l'économie d'un pays « souffre de graves déséquilibres des paiements liés à la structure défectueuse de la production et du commerce, et que les distorsions de prix et des coûts ont été généralisées ».

— b) Lorsque l'économie d'un pays est « caractérisée par un croissance lente et une balance des paiements intrinsèquement faible, ce qui empêche de poursuivre une politique active de développement » (F.M.I.).

Les facilités supplémentaires constituent depuis 1977 un nouveau pas dans la création de liquidités pour limiter les risques d'insolvabilité. Les facilités élargies tentent d'utiliser les excédents des pays les plus riches (Japon, R.F.A., Arabie Saoudite...) pour compenser la faim de crédit des plus pauvres. La Turquie se verra ainsi prêter plus de 600 % de sa quote-part.

Les D.T.S., en pratique

Pour l'essentiel, les D.T.S. ne sont pas utilisés comme une véritable monnaie, mais sont échangés contre une devise qui servira au pays emprunteur. Le mécanisme de base est le suivant :

1. Un pays obtient un crédit du F.M.I. ;

2. Le F.M.I. recherche la monnaie dont a besoin l'emprunteur (£, $, D.M...) ;

3. Le pays correspondant à la devise choisie doit fournir à la demande du F.M.I. sa monnaie, et cela à concurrence d'un montant maximum de trois fois sa quote-part. Le pays désigné fait généralement partie des pays à devise forte

Si l'Allemagne fédérale fournit des devises, l'opération ne donne pas lieu à une création monétaire mais à un simple transfert, l'actif de la Banque fédérale allemande voit ses avoirs diminuer de l'équivalent de 1 million de D.M. et son compte au Fonds monétaire crédité de 1 million de D.M. en D.T.S. Dans certains cas, les D.T.S. circulent comme instruments de paiement direct : paiement des intérêts au sein du F.M.I...

La place limitée du D.T.S., l'étalon dollar

De nombreux auteurs estiment qu'il y a abus de langage lorsque l'on affirme que depuis la réforme de 1978, nous sommes entrés dans le règne du *D.T.S. étalon* car le dollar demeure, de facto, la principale monnaie de réserve, de transactions et de crédit. Or, pour qu'une monnaie internationale joue son rôle et, a fortiori, pour qu'elle devienne un étalon, il faut qu'elle remplisse « les six fonctions majeures généralement assignées à une monnaie internationale : trois au *niveau privé*, unité de compte (monnaie de facturation), instrument de transactions (monnaie de réglement), instrument de réserve (marché des eurodevises en particulier); et trois au *niveau officiel*, numéraire, instrument d'intervention sur le marché des changes, instrument de réserve » (Grejbine).

Or les D.T.S. ne représentent qu'environ 5 % des réserves totales des pays membres. De plus, les pays membres peuvent refuser d'être payés en D.T.S. au-delà de 3 fois leur quote-part, ce qui limite leur pouvoir libératoire. L'usage même des D.T.S. dépend de l'accord du Fonds au-delà des 25 % fournis en devises... La définition du D.T.S. accordant une place dominante au dollar autorise P. Salin à écrire que les D.T.S. ne sont que « des dollars créés par le F.M.I. (...), la liquidité ultime étant le dollar ».

Le dollar, pôle financier dominant

« Les Etats-Unis sont le pôle financier dominant l'économie internationale : ils alimentent en liquidités primaires les échanges internationaux. Le système bancaire américain est l'épine dorsale des euro-marchés qui en recyclent les excédents vers les déficits financiers, amortissent de façon très remarquable les à-coups d'une conjoncture difficile. Le commerce pétrolier se fait pour 75 % à 90 % en dollars. Les réserves de change en dollar sont de 70 % (E.C.U. exclus), la part des autres devises restant faible. Le rôle central du dollar dans l'économie mondiale n'est plus à démontrer » (*Conjoncture*, novembre 1980).

80 % des obligations sur le marché des euro-devises sont libellés en dollars.

La réussite de l'E.C.U. sur le marché financier est bien modeste et arrive après le dollar, le D.M. et même la £ anglaise. Seul, l'usage financier privé concrétise à long terme le statut international d'une monnaie qui doit préserver sa valeur, être facilement acceptée, être gagée sur un ensemble économique capable de rassurer par l'efficacité de son système productif et de garantir la rémunération des capitaux prêtés ainsi que leur libre circulation.

Analyses théoriques du S.M.I.

L'analyse libérale (Friedman, Salin...)

Vive le marché

P. Salin résume le rôle central du marché dans l'analyse libérale : « Le caractère de liquidité internationale attribué à un bien ne tient pas seulement d'une décision des autorités monétaires, mais du vote de l'ensemble des échangistes qui considère tel ou tel bien comme particulièrement liquide, c'est-à-dire apte à remplir ses fonctions de moyen d'échange et de réserve de valeur »[1].

Historiquement, précise H. Bourguignat : « une monnaie internationale se « fait » par l'usage au niveau des entreprises, des banques de second rang, des Banques Centrales et des organisations internationales (...). Le passé nous conduit en particulier à considérer que c'est l'*usage privé* qui a d'abord fait les monnaies internationales et non les Banques Centrales ou les organisations internationales »[2].

La monnaie internationale : marchandise

Pour les libéraux, la monnaie internationale est un bien comme un autre. Le prix d'une monnaie résulte de la loi de l'offre et de la demande. L'appréciation des détenteurs de monnaie sur la liquidité, sa sécurité, la rentabilité, la commodité d'une monnaie établissent une fonction de préférence. Si l'or ou le dollar ont été si souvent recherchés, c'est « qu'ils comportent aux yeux de leurs détenteurs, un degré bien plus élevé, bien qu'inégal, de liquidité par rapport aux autres monnaies nationales. Le choix entre ces différents types de biens dépend de plusieurs facteurs, en particulier de la rémunération qu'ils offrent, et de leurs prix actuels et futurs» (P. Salin). Accuser les Américains de vivre aux dépens des autres par le déficit de la balance des paiements, parler d'impérialisme du $ relève pour les libéraux d'une critique mal intentionnée... Pour P. Salin, le raisonnement est simple : si le déficit américain n'était pas accepté, les détenteurs de dollars pourraient acheter des biens aux Etats-Unis, or, ils préfèrent garder des dollars et utiliser le marché américain pour faire rémunérer leurs avoirs liquides. La conclusion est claire, le déficit des paiements américains reflète le désir de posséder le dollar, car il procure plus d'utilité que toutes les autres devises. Les Américains sont des vendeurs de monnaie et « demander

1. *L'ordre monétaire international*, P.U.F.
2. *Eurépargne.*

aux Etats-Unis, producteurs de monnaie internationale, de supprimer leur déficit de la balance des paiements n'a pas plus de sens qu'il n'y en aurait à demander aux banques d'arrêter de vendre de la monnaie ».

Supériorité des taux de change flexibles (courant libéral dominant)

Conséquence logique de l'analyse de la notion de monnaie marchandise, le change flexible, fruit d'une confrontation de l'offre et de la demande fixant le prix des monnaies, est le meilleur système pour Friedman et Salin. D'autres libéraux contestent cependant ce choix : Rueff et Denizet, en particulier, considèrent que la référence à l'or est facteur de stabilité. Ce dernier courant est actuellement très minoritaire parmi les libéraux.

Les principaux arguments avancés en faveur des changes flottants portent sur cinq points :

1. A tout moment « le taux de change fluctuant élimine complètement le problème de la balance des paiements ». Le mécanisme théorique est le suivant : si un *déficit* se produit, la monnaie du pays est moins demandée pour les transactions commerciales et son cours va baisser. Cette dépréciation va accroître le prix des importations et réduire celui des exportations, la balance commerciale va donc automatiquement s'améliorer. A l'inverse, un excédent commercial va provoquer un besoin croissant de monnaie pour payer les marchandises en provenance du pays excédentaire; ainsi, le prix de la devise de ce pays va s'élever, renchérissant le coût des marchandises qui deviennent donc moins attractives; les importations, moins coûteuses, vont se développer, rétablissant l'équilibre commercial (voir p. 111).

2. La nécessité onéreuse de constituer des réserves disparaît, car l'Etat n'a plus besoin d'intervenir sur le marché des changes pour défendre sa monnaie. Les particuliers ayant des besoins en devises peuvent les acheter et les conserver librement.

3. Pour Friedman, il ne sera même plus nécessaire de réaliser des négociations « décevantes et inefficaces pour la mise en place d'un nouveau S.M.I. » Les D.T.S., l'E.C.U., sont moins adaptés aux besoins des intermédiaires financiers qu'un cocktail de monnaies constitué au jour le jour afin de protéger le pouvoir d'achat et d'assurer la meilleure rentabilité.

4. Le spéculateur sera le véritable régulateur du marché libéral. Un spéculateur qui tente de spéculer contre les forces économiques réelles perdrait de l'argent; au contraire en composant son cocktail de monnaies, le spécula-

teur prend en compte l'évolution des taux d'intérêt, les différentiels d'inflation, la politique du pays, le niveau actuel des prix et son évolution prévisible... la multitude des acheteurs et vendeurs est garante du réalisme des taux de change.

5. Les taux de change flexibles « redonnent à chaque pays une plus grande liberté de manœuvre en ce qui concerne la conduite de la politique économique et monétaire, et cela parce que les autorités responsables se trouvent affranchies de la contrainte que constituait pour elles l'obligation de défendre une certaine valeur, déterminée par avance, de la monnaie nationale » (P. Fabra, 1977).

L'analyse keynésienne

Participant actif aux négociations qui ont permis la création du système de Bretton-Woods, Keynes n'a pu faire triompher ses vues favorables aux pays déficitaires car la toute-puissante Amérique y était défavorable. Les Etats-Unis voulaient faire du dollar la monnaie centrale du S.M.I. Forts de leurs excédents commerciaux, de leur place prépondérante dans la production mondiale, du besoin en dollar qui symbolisait l'hégémonie américaine face à une Europe appauvrie par la Seconde Guerre mondiale, les Etats-Unis pouvaient imposer leurs décisions au monde.

Position historique de Keynes : le système étalon Bancor

L'institution clé : l'« International clearing union » (I.C.U.). Pour Keynes il s'agit prioritairement d'empêcher la déflation. Conformément à son approche en terme de circuit, Keynes pense qu'il faut s'« assurer que l'argent gagné en vendant des marchandises à un pays puisse être consacré à l'achat de produits de n'importe quel autre pays ».

Une véritable banque centrale mondiale aurait pour but d'assurer aux pays déficitaires les moyens de continuer à commercer au lieu d'être contraints de rétablir brutalement l'équilibre par la réduction de leurs commandes limitant l'effet multiplicateur du commerce extérieur sur la production et l'emploi.

L'institution internationale détenant en gage de l'or, déposé par les Etats participants, aurait créé en contrepartie le « Bancor » une nouvelle monnaie scripturale. Chaque pays se verrait attribuer un quota de Bancor en fonction de sa part dans les échanges internationaux. La croissance de la monnaie internationale devrait être proportionnelle à la croissance des échanges internationaux. Les pays excédentaires devraient laisser leurs excédents dans le système et reprêter de façon automatique afin d'éviter une déflation brutale. Certaines contraintes devraient limiter les déficits : obligation de verser de l'or, pénalisation des pays débiteurs par des taux d'intérêt croissants avec le niveau d'endettement, nécessité au-delà de certains seuils de rembourser les crédits non seulement par des « Bancors » mais par des actifs financiers ou des biens réels (dont l'or)...

Les emprunts devraient être limités à un niveau fixé à 75 % du commerce extérieur moyen sur 3 ans (importation + exportation) d'un pays. Le pays débiteur devrait développer une politique de rééquilibrage de sa balance des paiements. La dévaluation de la monnaie pourrait enfin exceptionnellement être envisagée pour relancer les exportations et freiner les importations en restaurant la compétitivité.

Ainsi des contraintes symétriques étaient posées par Keynes afin d'éviter les déséquilibres durables tout en permettant aux pays débiteurs de mener une politique de croissance active.

Parallèlement les pays à commerce extérieur excédentaire sont invités à relancer leur activité de façon dynamique. On retrouve ici un principe qui restera cher aux keynésiens, celui de la relance mondiale par les pays « locomotives », c'est-à-dire les pays à excédents des échanges commerciaux extérieurs.

L'opposition majeure

Analysant Keynes et les néo-classiques, J. Pen met en évidence l'opposition théorique fondamentale :

« Les keynésiens arrivent à une conclusion différente (des néo-classiques) : les déficits de la balance des paiements sont tout à fait possibles, et ceci même sur longue période »[1].

L'approche hiérarchique, analyse des dépendances et des stratégies

De la domination de la livre sterling...

Analysant l'histoire monétaire, l'approche hiérarchique met en évidence les effets de domination dans l'établissement d'un ordre stable. Ainsi l'étalon sterling domina au XIXe siècle et au début du XXe non pas grâce à l'existence d'un consensus général mais par suite des effets de domi-

1. *Modern Economics*, traduction A. Gélédan.

nation qu'exerçait l'économie britannique tant sur le plan monétaire, industriel, financier que militaire.

La régulation monétaire était diffusée par la politique bancaire anglaise, selon le processus suivant :

« La hausse du taux d'escompte à Londres était l'indice d'une tension sur les liquidités internationales qui incitait les banques étrangères liées au financement du commerce international à renforcer leurs réserves liquides en monnaies internationales pour éviter d'être mises en structure de dettes instables. »

Ces mécanismes étaient importants car les risques de faillite étaient réels. Londres déterminait le volume des liquidités par le seul jeu de ses taux d'intérêt qui dirigeaient le marché international. Le système était donc équilibré, la réduction monétaire liée à la montée du taux d'intérêt londonien engendrait une véritable contraction de pouvoir d'achat, limitant le commerce international; les pays déficitaires ne pouvant prolonger leur endettement : ils étaient contraints à réduire leurs importations ou à augmenter leurs exportations.

... à celle du dollar

L'étalon dollar fonctionnera dans une situation hégémonique des Etats-Unis engendrant une régulation du S.M.I. d'un type différent du règne de la livre sterling.

L'hégémonie du dollar s'appuie sur trois éléments traditionnels, résumés par Aglietta :

«— Par leur domination technologique et leur rôle pilote dans le développement de la consommation de masse, les producteurs américains offrent au reste du monde des marchandises dont il ne peut se passer et qu'il ne peut acquérir ailleurs.

— Par une pression permanente sur leurs coûts, les Etats-Unis peuvent vendre plus à l'étranger qu'ils n'achètent, de sorte que leur balance commerciale fait contrepartie des transferts nets de capitaux à long terme[1].

— Le système financier américain est capable, soit directement soit indirectement par l'intermédiaire des euromarchés, de fixer durablement les actifs liquides détenus par les non résidents parce que leur inflation est inférieure à celle des autres pays et que les rendements réels et la sécurité des placements y sont plus grands ».

1. Ainsi le déficit commercial des États-Unis constitue une mise en cause de l'hégémonie américaine qui va se traduire par des perturbations du mode de régulation du S.M.I.

• **L'analyse théorique des déséquilibres et des ruptures du S.M.I. actuel.**

Dans leur ouvrage la « *violence de la monnaie* », Orléans et Aglietta insistent sur l'instabilité fondamentale du système et l'absence de stabilisation des déséquilibres par la balance des paiements.

La baisse du dollar (1971) a largement perturbé l'économie mondiale en restaurant la compétitivité américaine dans certains secteurs, mais a provoqué des réactions en chaîne en faisant fluctuer les recettes des P.V.D. payés en dollars pour leur énergie, leurs matières premières.

Paradoxalement quand le dollar monte (années 80), chacun dénonce les hauts taux d'intérêt, le poids de la facture pétrolière payée en dollar... Mais, lors des baisses du dollar de nouveaux cris se font entendre à l'encontre des Américains qui se moquent de leur déficit et jouent la carte de la compétitivité par le biais artificiel du taux de change.

• **Transmission de la politique monétaire américaine.**

Une politique de restriction monétaire et de hauts taux d'intérêts se diffuse ainsi :

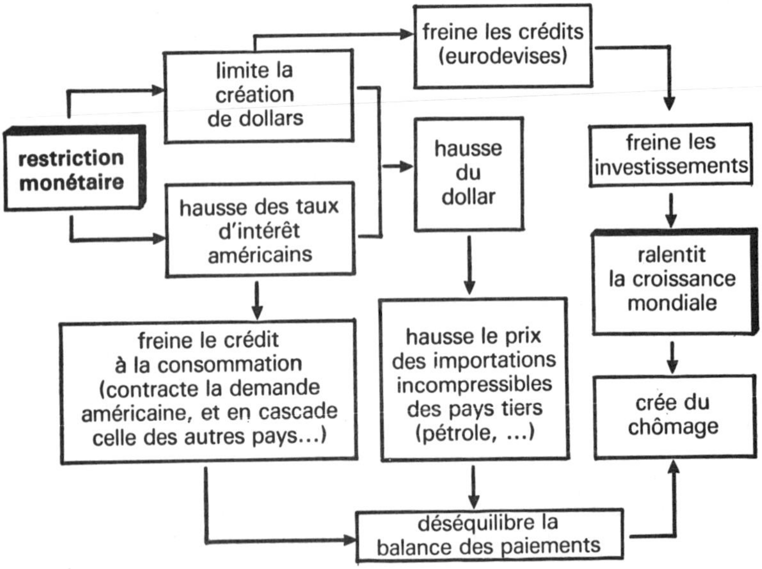

A l'inverse l'argent facile peut stimuler la croissance mais un dollar trop bon marché risque de créer d'autres déséquilibres graves en accélérant la surcompétitivité américaine.

Dollar trop fort ou trop faible, dans les deux cas les critiques sont justifiées car si une monnaie est un étalon de valeur internationale il faut qu'elle permette de comparer, ce qui est délicat lorsqu'elle fluctue si fortement, la fonction de réserve de valeur est encore plus menacée ; quant au rôle d'instrument de paiement il est compliqué par les fluctuations erratiques et oblige les opérateurs à se couvrir en achetant aujourd'hui les dollars pour la date de paiement effectif...

• **Danger de la surévaluation du dollar.**

Nixon après 1971 prendra conscience de la perte de compétitivité de l'économie américaine et tentera une politique de baisse du dollar pour « doper » les exportations et « remuscler » son économie face aux déficits commerciaux notables par rapport au Japon.

La baisse du dollar s'étant révélée inefficace pour restaurer la compétitivité et assurer la modernisation de l'appareil productif, la thérapeutique monétariste sera appliquée. Limiter l'accroissement de la masse monétaire, laisser monter les taux d'intérêt (rançon de la réduction de l'offre de monnaie et moyen d'attirer les capitaux en les fixant en dollar), permettre une désinflation par la stagnation voire la baisse des salaires afin de restaurer le taux de profit sont des éléments du mode de régulation reaganien.

Ainsi mieux vaut pour développer les secteurs d'avenir avoir un dollar fort qui permette de mieux rémunérer les entreprises dominantes qui de toute façon exportent, quitte à pénaliser les plus faibles qui doivent disparaître ou rétablir leur rentabilité par la modification des conditions de profit interne (meilleure spécialisation).

La politique monétaire est adaptée à la stratégie interne de croissance américaine, disent les analystes de la hiérarchie des systèmes productifs et sert ainsi d'instrument au rétablissement de l'hégémonie américaine.

☞ **Taux de change, échanges internationaux, monnaie.**

Taux de change

Parité et taux de change, des paramètres cruciaux d'une économie

En 1980 le dollar à 4 francs permettait à de nombreux Français de partir en vacances aux Etats-Unis ; à peine trois années plus tard le cours du dollar dépasse 8 francs, beaucoup renoncent à la découverte de New York. Au-delà des flux de voyageurs, des aspects macro-économiques fondamentaux sont liés à l'évolution du cours des changes. Les experts de l'I.N.S.E.E. ont questionné leurs ordinateurs, dûment programmés, à l'aide de modèles économétriques : le verdict chiffré révèle l'ampleur de l'impact des parités des monnaies. Quand le cours du dollar s'accroît de 10 centimes notre déficit extérieur progresse de 2 milliards de francs. Ainsi un véritable cercle vicieux semble se créer, un dollar cher affaiblit notre balance des paiements et fragilise le franc. Seul un compartement plus agressif de nos exportateurs profitant de l'accroissement de compétitivité sur le marché américain pourrait rompre ce cercle vicieux de la dépréciation...

Même l'inflation française est suspendue au cours du dollar. Les ordinateurs interrogés répondent avec des chiffres précis : si le dollar monte de 10 % les prix français s'accroissent de 0,5 %. Là aussi un cercle vicieux semble nous menacer car une inflation plus forte fait fondre le pouvoir d'achat de notre monnaie rendant encore plus attractive la devise américaine. Pour rompre l'engrenage il faut modifier la nature des réponses de notre appareil économique.

Concrètement cela génère des mesures qui limitent la consommation intérieure, le pouvoir d'achat et les Français paient la faiblesse de leur monnaie par une atteinte à leur niveau de vie et un effort accru pour exporter leur est imposé. Ainsi le cours du franc n'est pas l'affaire des seuls cambistes et spéculateurs...

Qu'est-ce qui détermine le prix des monnaies ?

Qu'est-ce qui règle les rapports d'échange entre dollar, franc, mark... ? Le prix du franc est-il régi par les mêmes règles que celui de toute marchandise ? Le dollar est-il surévalué ? Autant de questions clés qui se posent aux cambistes et aux multinationales qui optimisent la gestion de leur trésorerie.

Pour beaucoup de théoriciens libéraux, la monnaie est une marchandise comme une autre, soumise aux lois du marché et donc à l'offre et à la demande, la parité mesurant simplement la rareté relative de deux monnaies estimées selon les services respectifs qu'elles rendent. A l'inverse d'autres analystes insistent sur le côté imparfait du marché : l'intervention des Etats, les rapports de force, l'absence de régulation vraiment concurrentielle...

Les analyses libérales

L'explication par la parité des pouvoirs d'achat

L'explication la plus simple concernant les taux de change est celle de la parité des pouvoirs d'achat. Admettons que la Golf voiture allemande et la R5 sont équipées de façon sensiblement équivalente, elles sont concurrentes et leurs prix doivent être compétitifs. Si la Golf vaut 10000 D.M. et la R5 30000 F, **le taux de change d'équilibre** est celui qui assure que les prix convertis en franc ou en D.M. seront les mêmes :
10000 D.M. = 30000 francs. Cette égalité est réalisée pour le cours de 1 D.M. = 3 francs.

Si l'inflation française est de 10 % et l'inflation allemande de 5 % et si les taux de change restaient constants la Golf[1] vaudrait 10500 D.M. = 3 × 10500 F = 31 500 F, ce qui représente un net avantage sur la R5 dont le prix augmente de 10 % (33000 francs). Pour rétablir la compétitivité de la R5 il faut que la dépréciation monétaire compense la différence d'inflation entre la France et l'Allemagne fédérale : 10 % − 5 % = 5 % (Pour être numériquement exact il faudrait dévaluer de : $\frac{110}{105} \times 100\ \% = 4{,}76\ \%$).

Au cours de 1 D.M. = 3,14 F, la Golf vaudrait alors 32999 F, la parité des pouvoirs d'achat serait rétablie.

D'autres facteurs ?

Pourtant cette théorie rend imparfaitement compte de la réalité car d'autres phénomènes interviennent dans l'appréciation des monnaies. Le Royaume-Uni , pays pétrolier, a eu depuis le développement de ses recettes pétroliè-

1. En admettant que le prix de ces produits varie comme la moyenne des prix du pays considéré.

res, une inflation moyenne supérieure à ses concurrents tout en voyant sa monnaie s'apprécier.
La France entre 1979 et 1981, avec une inflation supérieure à l'Allemagne, a vu sa monnaie rester forte relativement au D.M. car des capitaux pétroliers importants soutenaient nos paiements extérieurs (ce qui favorisait l'appréciation du franc). Le jeu des taux d'intérêt, l'appréciation par les cambistes de la politique menée jouent aussi. Des phénomènes de puissance (en particulier pour le dollar) sont aussi une source possible de décalage entre taux de change et parité des pouvoirs d'achat.

En toute rigueur les taux de change d'équilibre entre franc et D.M. sont les cours des monnaies qui donnent la même valeur en Franc ou en D.M. à un panier de biens représentatifs de la consommation de deux pays.

Cette règle, mise en évidence par G. Cassel, impliquerait qu'il y a, au niveau mondial, un seul et même pouvoir d'achat des monnaies une fois opérées les conversions monétaires. Certains précisent cependant que cette unité ne vaut que pour les produits relevant de l'échange international, les autres (services publics par exemple) étant exclus du champ de la concurrence généralisée.

Les différentiels d'inflation

Une version plus restrictive de la parité des pouvoirs d'achat affirme simplement que les taux de change varient en fonction des différentiels d'inflation (différence entre les taux d'inflation des deux pays). Ainsi quand les prix d'un pays augmentent plus vite que ceux de son concurrent sa monnaie se déprécie (ou est dévaluée); à l'inverse le pays le moins inflationniste verra le pouvoir d'achat de sa monnaie augmenter et son cours s'apprécier.

La théorie des actifs

Deux courants principaux d'explication des changes par les actifs sont à distinguer : les théories à *dominante monétaire* et celles qui sont dites *de portefeuille* qui incluent aussi les actions, les obligations...

• **Les théories monétaires du cours des changes** insistent sur rôle de la politique monétaire dans l'évolution des taux de change. Cette théorie monétariste du cours des monnaies affirme que le taux de change sera d'autant plus fort que la croissance de la masse monétaire est stricte et que l'inflation ralentie ou stoppée valorise le pouvoir d'achat du pays sage.

Sur le plan des mécanismes le processus de détermination monétaire des taux de change est alors le suivant :

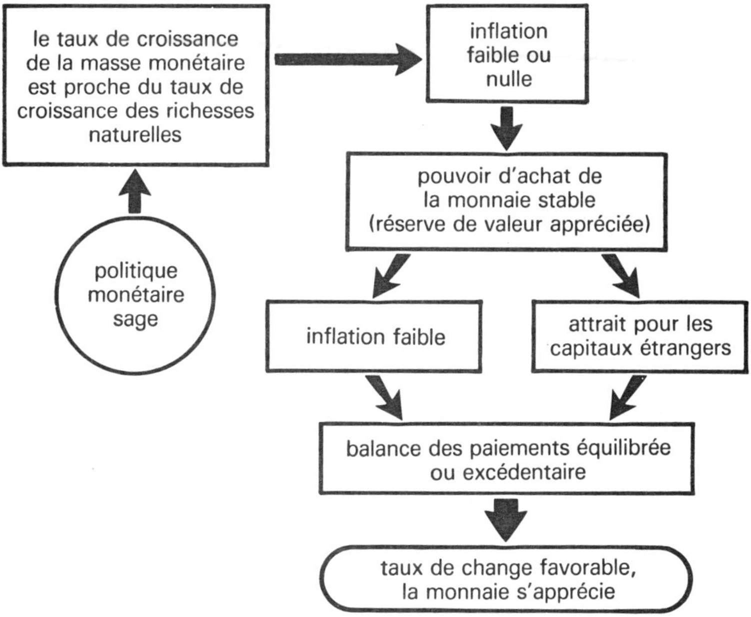

A l'inverse évidemment, une politique monétaire laxiste provoquera une fuite devant la monnaie donc un différentiel d'inflation qui engendre dépréciation ou dévaluation.

Une des conséquences essentielles de cette théorie est que loin de suffire à rétablir l'équilibre de la balance des paiements, les taux d'intérêts élevés se révèlent le signe d'une trop forte inflation et d'une moindre compétitivité. Le taux d'intérêt n'est donc pas le moyen de rétablir l'équilibre des paiements, seule la masse monétaire a un rôle actif (analyse monétariste par excellence donc).

• **Les théories de portefeuille** sont en fait un prolongement de l'approche strictement monétaire. Pour cette approche il faut inclure les dépôts à terme, les obligations, les actions, et tous les actifs financiers dans les liquidités qui influencent le cours des changes. Le mécanisme est le suivant : «Les quantités d'actifs financiers offertes dépendent des interactions entre la politique monétaire, les déficits budgétaires et les interventions sur les cours de change. La demande d'un actif financier donné est déterminée par le rendement, le risque de placement et les prévisions qui y afférent. L'interaction entre l'offre et la demande détermine alors les taux d'intérêt et le cours de change auquel les actifs financiers seront détenus dans une situation d'équilibre» *(Kredietbank).*

Il faut ajouter à ces mécanismes techniques la dimension psychologique d'anticipation du marché financier. Le taux de change étant largement déterminé par l'anticipation du pouvoir d'achat d'une monnaie, la croyance en une inflation modérée va engendrer des anticipations favorables des spéculateurs.

Ainsi, interprète-t-on souvent l'effet sur les taux de change du choix de certains hommes politiques qui vont mener une politique conforme aux idées des cambistes : effet Reagan, effet Volker, effet Delors... Pourtant à long terme ce type d'effet ne joue que s'il correspond à de véritables mutations.

Les variables stratégiques des cambistes

Dans la mesure où un marché dépend de ses acteurs et de leur mode de réaction, l'évolution des taux de change sera sensible à ce que les cambistes jugent décisif pour acheter et vendre une monnaie. Mireille Rusinak dans *L'économie* (mars 1984) retient les paramètres suivants qui seraient déterminants pour les cambistes intervenant sur le marché :

— Le taux d'intérêt qui rémunère les capitaux est décisif à court terme (3 mois). Les détenteurs de capitaux internationaux considèrent généralement qu'il faut choisir la meilleure rémunération et sont sensibles au soutien d'une monnaie par de hauts taux d'intérêt. Mais, au-delà des trois mois, des facteurs plus structurels interviennent car ils conditionnent les risques de dépréciation.

— Le différentiel d'inflation, qui mesure la différence entre les taux d'inflation et donc l'évolution relative des pouvoirs d'achat, est décisif. Ils voient dans un excès d'inflation une source de perte de pouvoir d'achat d'une monnaie qui conduira à une chute de son cours.

— Le solde de la balance des paiements courants est aussi un critère important pour les cambistes qui y voient le signe d'une moindre compétitivité, et d'une moindre demande de la monnaie nationale qui risque donc à terme de s'affaiblir. Seuls des pays tels les Etats-Unis, offreurs nets de monnaie, peuvent durablement s'affranchir de la contrainte que fait peser la balance des paiements sur les finances d'un pays.

L'analyse hiérarchique des taux de change

Quand en 1983 les Etats-Unis annoncent un déficit record de leurs finances publiques les cambistes jouent la hausse du dollar. A l'inverse le déficit du budget français en 1982 aurait fortement contribué à la dépréciation du franc. Comme expliquer l'apparent paradoxe qui fait d'une même cause (déficit du budget), la source d'effets opposés ?

La réponse est à la fois technique et politico-économique.

Techniquement il faut préciser que les modes de financement américains et français ne sont pas les mêmes. Quand le gouvernement de Reagan abaisse les impôts il creuse un déficit budgétaire, mais Mr Volker, Président de la F.E.D. (banque centrale américaine) au nom des principes monétaristes ne veut pas le financer par la création de monnaie scripturale. Ainsi les énormes besoins financiers de l'Etat américain se traduisent sur le marché monétaire par une formidable demande (bons du trésor, emprunts...); l'offre de monnaie ne suit qu'imparfaitement ce besoin d'où une hausse fantastique des taux d'intérêt américains qui attire sur le marché américain les capitaux et provoque la hausse du dollar. A l'inverse, le déficit français financé pour une large part par les avances de la Banque de France (on parle improprement de la planche à billets), est plus inflationniste et provoque donc plus de réactions négatives des spéculateurs.

Au niveau économique et politique, la hausse du dollar provient de la *position hiérarchique dominante* des Etats-Unis.

Ainsi la banque Paribas constate : « les écarts entre les taux d'intérêt des grands pays industrialisés et des Etats-Unis, illustrent de façon indiscutable l'absence de degré de liberté des premiers et leur dépendance quant au choix du loyer de l'argent ». (*Conjoncture*, 1982). Autant dire que les différents pays doivent s'aligner sur les taux américains même si cela provoque un étouffement de leurs investissements, ralentit leur croissance et contribue à accroître le chômage. Pourquoi cette situation ? La réponse tient à la nature hiérarchique du S.M.I. réel (cf. *Dictionnaire économique et social*, p. 351). Dans l'hebdomadaire financier, *La Vie Française*, Bruno Bertrez rend compte de ce phénomène de *domination* :

L'énorme montée des dettes du Tiers Monde, l'insolvabilité structurelle de multiples débiteurs se traduit par une fuite en avant du système : « Les pays débiteurs ne règlent plus leurs dettes auprès des banques commerciales créditrices. Ces dettes sont, pour l'essentiel, des dettes en dollars. En conséquence, les banques, qui comptaient sur des rentrées de dollars à l'occasion des échéances se trouvent maintenant dans la position d'en manquer. Pour faire face à leurs propres engagements, il leur faut à tout prix se procurer ces dollars qui leur font défaut sur les marchés internationaux. C'est pour elles une question de survie. C'est cette demande de dollars qui explique « l'attrait » pour la devise américaine. Pour une institution menacée de faillite, la survie n'a pas de prix. Le système bancaire n'achète pas du dollar, il achète sa survie » (Bruno Bertrez, 8/14-83). Ainsi le dollar est fort car les besoins financiers des Banques sont très élevés partout dans le monde.

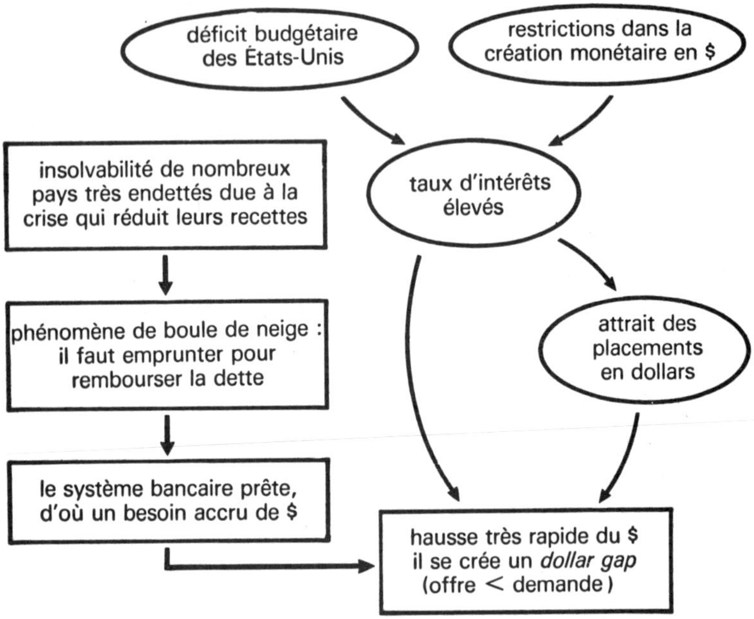

Dévaluations et dépréciations monétaires

Pourquoi dévaluer ou déprécier une monnaie ?

Dépréciation monétaire subie ou voulue

Le plus souvent la dévaluation est imposée par le marché qui ne demande plus (ou trop peu) une monnaie, mais, au contraire s'en défait car il estime défavorablement ses qualités monétaires : réserve de valeurs instables due à une inflation trop forte, rémunération des capitaux peu attractive, unité de compte peu usitée, balance commerciale déficitaire...

La baisse de valeur de la monnaie évite alors la fuite des

capitaux, la vente massive de devises fortes pour maintenir les cours ne peut se faire que pendant un temps limité.

La dépréciation monétaire peut au contraire être un *choix stratégique offensif* à l'image du Yen mis au service d'un politique d'exportation agressive. Une monnaie sous-évaluée induit des prix de ventes exprimés en monnaie étrangère moins élevés donnant ainsi aux exportations un véritable « coup de fouet ». Cependant les concurrents peuvent réagir par des barrières protectionnistes qui deviennent un handicap plus insurmontable qu'un taux de change moins agressif.

Les effets d'une dépréciation monétaire[1]

Le plus souvent on attend d'une dévaluation qu'elle *brise la spéculation* qui oblige un pays à puiser dans ses réserves ou même à emprunter pour racheter sa propre monnaie dont le taux de change est contesté par le marché (cas d'un pays à change fixe qui défend sa monnaie). Les effets espérés d'une dépréciation d'une monnaie sont aussi de *réduire le déficit de la balance des paiements* en rétablissant la compétitivité, et en stimulant la croissance tirée par les exportations. Encore faut-il voir que si la dépréciation induit dans certains cas des effets de ce type, toutes les dévaluations ne « réussissent pas » ; il peut y avoir des effets pervers qui atténuent ou annulent les effets positifs attendus.

L'effet quantité

Le mécanisme recherché est celui de *l'effet quantité* qui doit stimuler les exportations. Si une R5 vaut 33 000 francs avec un taux de change de 3 francs pour un Mark, elle coûte 11 000 Marks sur le marché allemand. Une dévaluation de 10 % vis-à-vis du D.M. portant la monnaie allemande à 3,30 F réduit mécaniquement le prix de la R5 à 10 000 Marks, ce qui doit la rendre plus attractive par rapport à ses concurrentes. La dépréciation monétaire provoque donc normalement *un effet d'accroissement de la demande externe.* Celui-ci est d'autant plus grand que l'élasticité de la demande vis-à-vis de nos prix est forte. Si une baisse de valeur de notre monnaie de 10 % augmente de 15 % nos exportations, celle-ci sera considérée comme très efficace, si au contraire la variation de prix qui résulte de la dépréciation monétaire laisse le consommateur

1. Ou d'une dévaluation.

étranger relativement insensible, la dépréciation sera un échec.

Plus le rapport $\frac{\text{taux de croissance des exportations}}{\text{taux de dévaluation}}$ est fort, plus la dévaluation a un impact positif sur les exportations. Ce rapport n'est pas aléatoire, il dépend largement de la nature des produits exportés. Ainsi une variation de 10 % du prix du pétrole décidée par l'O.P.E.P. influe peu sur le niveau des quantités importées, alors que la même variation de prix d'un produit de consommation courante pour lequel il existe des substituts immédiats, peut avoir des effets réels.

De plus, les firmes nationales peuvent laisser inchangés leurs prix libellés en devises et accroître leurs marges bénéficiaires réduisant ce faisant les variations de quantités exportées.

Ainsi la perte de valeur de la monnaie constitue a priori un stimulant pour nos exportations et un élément de dissuasion pour nos importations.

L'effet de valorisation

Mais si les variations de prix ne modifient que faiblement les quantités importées et exportées, la dépréciation monétaire induira une *hausse en valeur* des importations et une baisse en valeur des exportations qui peut annuler les avantages de la dépréciation monétaire.

Un exemple fictif

Renault	Prix en D.M.	Quantité vendue en Allemagne	Valeur totale des exportations	Variation du solde
Avant	36 000 F 11 000 D.M.	10 000	360 000 000 F 110 000 000 D.M.	
Après	36 000 10 000 M	10 500	105 000 000 DM	diminution de – 5 000 000 D.M.

Golf	Prix en francs	Quantité vendue en France	Valeur totale des exportations
Avant	12 000 D.M. 36 000 F	8 000	
Après	12 000 D.M. 39 000 F	7 500	

LES EFFETS D'UNE DÉVALUATION

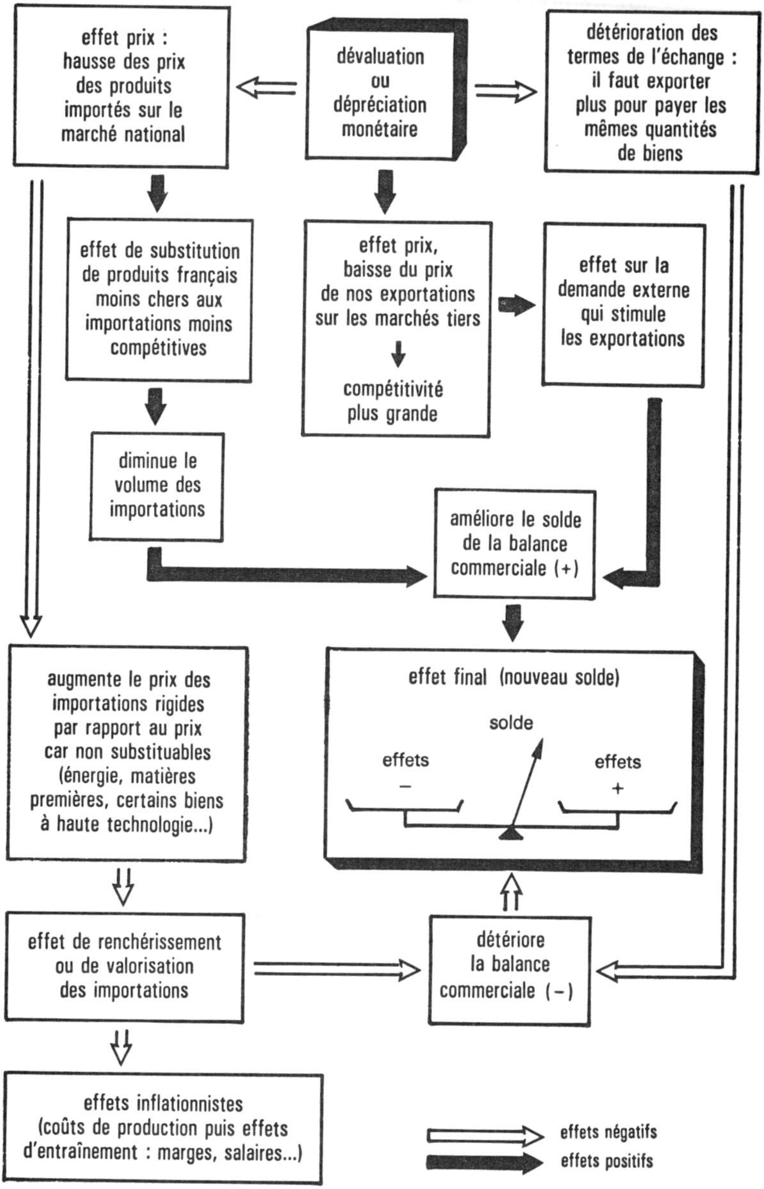

La détérioration des termes de l'échange

Pour de nombreux produits il n'est pas possible d'opérer une substitution de produits français équivalents (pétrole, café, ordinateurs haut de gamme...), il faudra donc payer plus cher les produits, il y a *détérioration des termes de l'échange.*

Il faudra exporter des biens contenant plus de travail national pour obtenir une quantité donnée de marchandises, ainsi il faudra exporter plus de produits français pour obtenir une même quantité de pétrole !

	Avant la dévaluation	Après la dévaluation	
Une voiture	100 000 F	100 000 F	Termes de l'échange avant dévaluation : 1 voiture contre *x* barils de pétrole.
x barils de pétrole	100 000 F	110 000 F	Après la dévaluation : Il faut vendre plus de produits pour payer la même quantité de marchandises.

Le risque inflationniste

Enfin toute dévaluation comporte des facteurs inflationnistes. En effet la hausse du prix des produits importés pèse sur l'indice des prix. Si à ce facteur s'ajoutent des mécanismes de rattrapage des profits ou des salaires, la dépréciation monétaire peut induire de fortes tensions inflationnistes. C'est pourquoi la plupart des dévaluations sont accompagnées d'une politique tendant à réduire la demande interne pour permettre à l'appareil productif de répondre à l'accroissement de demande externe et à freiner les tendances inflationnistes.

Etudier chaque cas particulier

L'I.N.S.E.E. a calculé qu'une baisse de valeur de 10 % du franc par rapport au dollar se traduit dans les années 1980 par un accroissement du prélèvement extérieur de l'ordre de 32 milliards de francs (hausse du pétrole, des produits agricoles, machines, ordinateurs importés...).

La même étude a montré qu'une dépréciation monétaire de 10 % par rapport au D.M. était favorable à la France. Il ne faut donc pas parler des effets d'une variation des parités sans préciser de quels pays on parle, à quel moment historique on se situe.

La bonne spécialisation prime sur l'action par les taux de change (Aglietta, Orléans)

Certains auteurs qui se situent dans le cadre de l'analyse hiérarchique donnent un rôle central à la place du pays considéré dans la spécialisation internationale.

« Les balances commerciales des pays occidentaux n'oscillent pas autour de l'équilibre mais sont polarisées en longue période en pays à tendances excédentaires et pays à tendances déficitaires. »[1]

Ainsi la force du Japon ou de la R.F.A. réside avant tout dans leur bonne spécialisation internationale.

A l'inverse, trois dévaluations entre 1981 et 1983 n'ont pas suffi à rétablir un excédent commercial en France. Pour Aglietta, Orléans, Oudiz : «La tendance fortement excédentaire du commerce extérieur des produits industriels en Allemagne et au Japon a été obtenue par une très forte complémentarité des industries structurées en filières qui déterminent des pôles de compétitivité. Il s'agit d'ensembles étroitement intégrés qui dégagent des excédents commerciaux quelles que soient les variations de prix et de taux de change. »[1]

Ainsi le taux de change apparaît comme une variable incapable d'équilibrer les balances des paiements, et encore moins de doter le pays d'une véritable compétitivité. Une spécialisation réussie dans la filière électronique ou dans certains de ses segments (électronique grand public, professionnelle, informatique...) est plus génératrice d'excédents commerciaux qu'une monnaie sous-évaluée. Pourtant les Japonais n'ont pas jugé négligeable la composante monétaire et ce n'est que contraints et forcés par Nixon qu'ils réévalueront le Yen...

Les politiques d'accompagnement

Une politique d'accompagnement destinée à renforcer les aspects positifs et à limiter les rigidités des changements de parités est le plus souvent décidée lors des dépréciations monétaires importantes :

-- Le taux de la dévaluation choisie doit être suffisant pour donner un avantage de compétitivité significatif.

— De plus en plus fréquemment les pays en difficulté tentent de ne pas dévaluer uniformément mais de façon différenciée. Ainsi la France a sans doute intérêt du point de vue de ses échanges à modifier sa parité avec le D.M. plus qu'avec le dollar.

1. *Revue économique*, juillet 1981.

Dévaluer à temps peut éviter de donner une prime aux spéculateurs et de gaspiller de précieuses devises. Presque aucun pays ne peut isolément combattre durablement les énormes flux de capitaux spéculatifs (hot money ou monnaie « brûlante ») constitués par les pétroliers, les trésoreries des multinationales...

— Une politique destinée à limiter les effets inflationnistes (limitation des hausses de revenus, marges bloquées...) est généralement considérée comme une condition primordiale de la réussite d'une dépréciation. Plus généralement une politique industrielle et commerciale efficace peut à court terme rendre confiance dans l'évolution de la monnaie nationale et assurer l'avenir.

Réévaluation (ou appréciation monétaire)

La réévaluation est techniquement le symétrique de la dévaluation. Un pays attirant les capitaux, connaissant un excédent structurel de sa balance des paiements, peut être incité par ses partenaires à diminuer sa « supercompétitivité ». Ainsi l'Allemagne réévaluera pour limiter l'excès de liquidité due à l'attrait de sa monnaie. De plus, les nécessités du S.M.E., qui obligent les pays à éviter de trop grandes fluctuations des monnaies (marge de 2,25 % autour des cours pivots), rendent nécessaire l'établissement d'un cours en E.C.U. réaliste (ce qui à plusieurs reprises s'est traduit par la réévaluation du D.M.). On attend classiquement d'une dévaluation qu'elle renchérisse les exportations et diminue le prix des importations provoquant un rééquilibrage de la balance commerciale et un moindre attrait de la monnaie pour les capitaux extérieurs.

La réévaluation peut être bénéfique dans certains cas. On a pu ainsi parler de *cercle vertueux allemand,* les réévaluations ne réussissant pas à diminuer les excédents successifs des balances des paiements. Aglietta et Orléans en analysent ainsi les mécanismes :

« Les partisans d'un taux de change élevé en attendent un important ralentissement de l'inflation, à la fois du fait de la baisse des prix des produits importés et de la restriction monétaire qui doit l'accompagner dans un monde à forte mobilité des capitaux. Le freinage de la consommation devrait suivre le ralentissement des salaires réels. Les coûts intérieurs diminuant et l'inflation décélérant, d'importantes épargnes devraient être disponibles pour financer l'industrie. Pour maintenir leur compétitivité à l'exportation et y trouver des débouchés que le ralentissement de la demande interne ne leur fournit plus, les entreprises seraient incitées à investir et à obtenir de forts gains de compétitivité. Grâce à la désinflation interne et à l'investissement industriel, le solde du commerce extérieur ne serait pas détérioré; il pourrait même être amélioré. » (*Revue économique,* juillet 1981). Et ce d'autant plus que la réévaluation par rapport au dollar réduit le poids de la facture pétrolière.

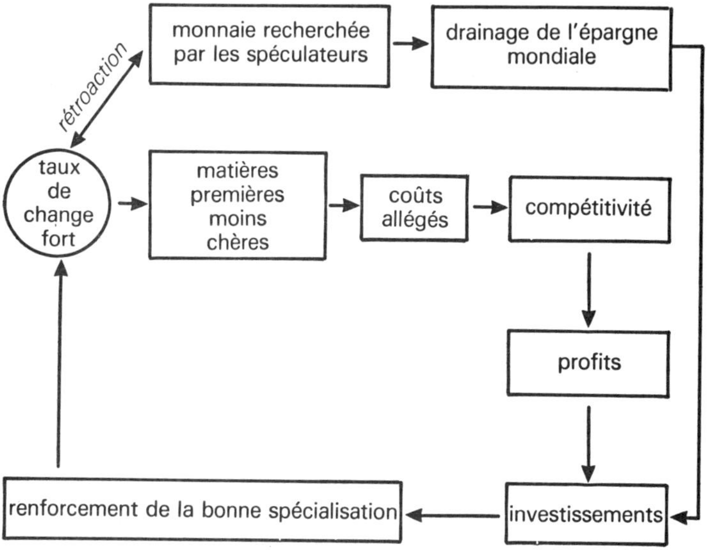

Les effets déséquilibrants des changes flottants ?

Les défenseurs des changes flottants confrontés à la réalité ont souvent dû modérer leur ardeur; H.C. Wallic, membre du conseil de la F.E.D., fait le constat suivant :

« Le régime des changes flottants présente de nombreux avantages. Il s'est révélé être une solution de rechange au contrôle des changes et un moyen de développement du commerce international et des mouvements de capitaux. Cependant, les pays qui croyaient pouvoir se dispenser de toute discipline en matière de balance des paiements par la mise en flottement de leur monnaie ont rapidement déchanté. Evolution du taux de change non conforme à l'objectif assigné, accélération de l'inflation, cercles vicieux, rétrécissement constant de la marge de manœuvre dans les domaines budgétaire et monétaire, tel a été le lot des pays ayant délibérement ignoré le problème de la balance des paiements » (BRI, 9-11-79).

L'expérience a mis en évidence des effets non conformes à l'analyse monétariste :

1. Loin de mettre en place des mécanismes équilibrants avec une estimation stable et progressive des valeurs des monnaies, les changes flottants ont provoqué des oscillations brutales similaires à celles des prix des matières premières.

2. Le système qui devait fournir un cadre stable pour le développement du commerce mondial se révèle en fait périlleux. Si c'est l'importateur qui assure le risque de change, il risque d'inclure son coût dans les prix ; si c'est l'Etat, le coût collectif est élevé.

3. L'ajustement automatique par le marché de la balance des paiements sans intervention des banques centrales se heurte aux phénomènes de rigidité et de compétitivité différentes des appareils de production. Les autres pays subissent un processus inverse.

4. Les changes flottants rendent plus difficile l'élaboration de politiques autonomes. Ainsi quand le dollar monte, la France doit tenir compte de l'effet douloureux sur sa balance des paiements. La contrainte extérieure se ferait ainsi sentir encore plus nettement qu'en taux de changes fixes...

5. La politique réelle est celle du **flottement imparfait**, les interventions des banques centrales supposées disparaître sont souvent importantes, l'ampleur de la spéculation est accrue par le fait que la flexibilité renforce l'espoir de gains substantiels ! Ces problèmes expliquent les tentatives de constitution des zones plus solidaires dans lesquelles les flottements sont très limités. Le système monétaire européen constitue un de ces pôles.

☞ **Système monétaire international, monnaie, échanges internationaux.**

Théories de l'offre

Analyse libérale : l'offre créatrice

J.B. Say : l'offre crée la demande

J.B. Say a développé une théorie selon laquelle les entreprises qui créent des richesses distribuent des revenus qui permettront d'acheter les produits créés (voir pp. 81, 382).

Nulle crise de surproduction n'est à craindre puisque l'offre crée la demande (voir p. 87, la critique de Keynes).

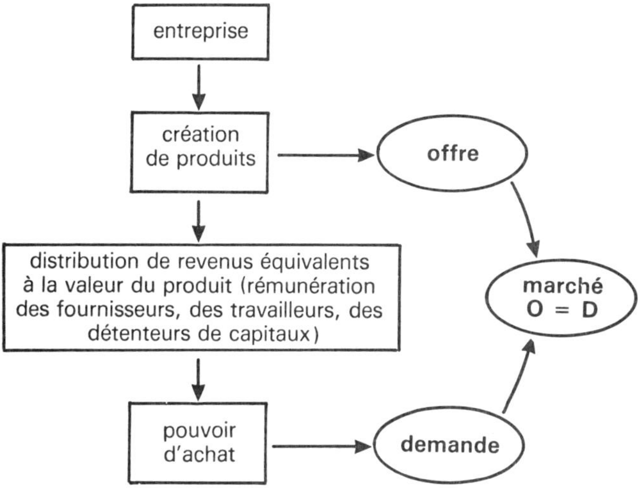

Si la théorie de J.B. Say a profondément marqué l'analyse libérale et constitue un de ses fondements (voir p. 91), elle a connu un regain de diffusion; ainsi D. Gilder écrivant dans les années 80 un pamphlet néo-libéral insiste sur le rôle créateur de l'entreprise qui renouvelle l'offre : « Les entreprises qui se tournent vers la demande créent rarement de nouveaux produits car il n'existe aucune demande mesurable pour des produits encore inconnus. Sans nouveaux produits, le marché sera envahi de biens périmés, produits plus aisément, perpétuellement modifiés, présentés sous des emballages plus attrayants, mais leur vente deviendra plus difficile et coûteuse. La clientèle se lasse et les pressions se multiplient sur le gouvernement pour relancer la demande (...). Le progrès dépend toujours de la créativité des offreurs ».[1]

La conclusion est claire et antikeynésienne : les relances par la demande sont inutiles puisque l'offre crée la demande, c'est l'offre qui est le moteur de la croissance.

Schumpeter réduit ce rôle moteur de l'offre aux phases d'innovation intense... Pour offrir des produits véritablement nouveaux il faut bénéficier de conditions favorables qui n'apparaissent que dans certaines périodes.

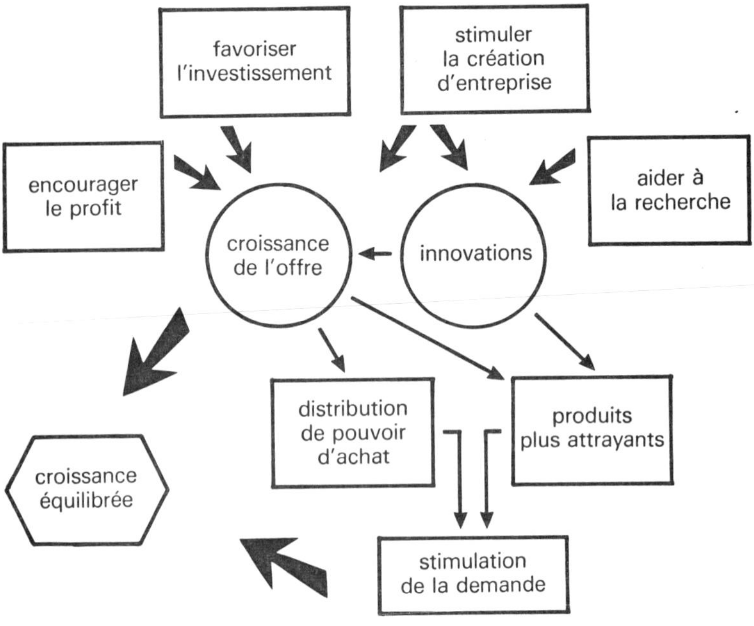

L'approche fiscale de la théorie de l'offre

Limiter la désutilité du travail...

Au cœur de l'analyse néo-classique du marché du travail, il y a l'idée que chaque agent économique compare ce que le

1. *Richesse et pauvreté*, 1981.

travail lui apporte comme satisfaction (revenu) et ce que le travail coûte car il oblige à renoncer aux plaisirs du repos et des loisirs (désutilité marginale du travail). Un individu fournit l'effort que représente le travail, si les biens que lui procurent les revenus obtenus sont supérieurs à la désutilité du travail. Un facteur décisif intervient dans l'arbitrage entre travail supplémentaire et loisir : la fiscalité. Supposons qu'un représentant, payé à la commission (% du C.A.) gagne 10 000 francs par mois et qu'il accroisse son chiffre d'affaires par un travail plus intense. Si cette augmentation lui rapporte 2 000 francs et que le taux d'imposition de 70 % lui laisse seulement 600 francs de revenu net, il risque de renoncer à son effort, estimant ce revenu insuffisant pour justifier l'accroissement de travail. Dans ce cas, son entreprise perd des commandes, le fisc perd 1 400 francs et lui 600 francs sans compter les effets induits par l'activité du représentant.

Si le fisc moins gourmand diminue les taux marginaux d'imposition à seulement 50 %, le représentant conservera 1 000 francs, ce qui sera plus stimulant. En diminuant le taux, le fisc peut donc stimuler l'offre en encourageant le travail par rapport au loisir; mais il améliore aussi ses recettes car si le chiffre d'affaires de l'entreprise s'accroît la T.V.A., l'impôt sur les revenus, l'impôt sur les sociétés augmentent...

La courbe de Laffer

Ainsi tout en diminuant les taux marginaux d'imposition on augmenterait les recettes fiscales en encourageant le travail... Laffer a cherché à mettre en évidence par une courbe théorique la liaison entre les taux d'imposition et les recettes fiscales obtenues (totaux). Pour comprendre cette courbe il faut prendre en compte les hypothèses retenues.

Quand on augmente le pourcentage du revenu qui va à l'impôt on obtient dans une première phase des recettes croissantes mais qui augmentent de moins en moins vite car on décourage progressivement le travail donc l'offre.

Une deuxième phase négative à tous points de vue (pour le contribuable, le fisc et la croissance) sera atteinte quand le taux d'imposition deviendra véritablement dissuasif : le supplément de recettes obtenu par une hausse des taux est alors négatif (les recettes fiscales diminuent donc) car un nombre croissant d'agents économiques découragés ne créent plus de richesses supplémentaires éliminant la source de l'impôt. On redécouvre le vieil adage des fiscalistes français « les hauts taux tuent les totaux ».

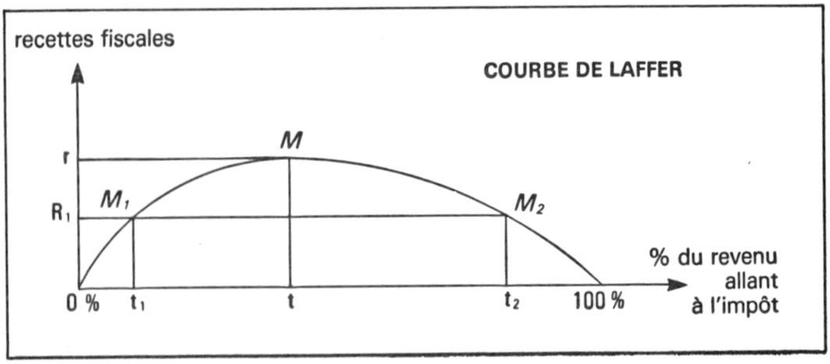

— Pour un taux d'imposition moyen de 0 %, les recettes sont nulles, $0\,\% \times R = 0$.

— Imposés à 100 % les individus s'abstiennent de toute production et créent un revenu nul $R = 0$. Dans ce cas, le travail au noir fleurit.

— Le point M correspond au taux d'imposition qui maximise les recettes fiscales.

— Le point M_1 est préférable au point M_2 car on obtient le même montant de recettes fiscales (R_1) mais avec un taux d'imposition bien plus faible ($t_1 < t_2$). La partie à droite de la ligne Mt correspond à des situations sous optimales car on peut obtenir le même niveau de prélèvement fiscal global en appliquant des taux d'imposition plus faibles.

Politique de l'offre et « reaganomie »

Le moyen d'action essentiel préconisé est la réduction des impôts qui permet de diminuer le poids des charges fiscales sur l'offre et de réduire la pénalisation du travail et de l'épargne.

Il faut parallèlement diminuer les charges de l'Etat providence qui sont à l'origine d'une montée des impôts.

La politique de l'offre a eu des développements concrets après l'élection de Reagan à la présidence des Etats-Unis à l'aube des années 80.

La reaganomie (politique économique menée par Reagan) combine théorie de l'offre et monétarisme car nombreux sont les néo-classiques qui craignent que les revenus non prélevés par l'impôt n'engendrent un pouvoir d'achat excédentaire et donc l'inflation.

La réduction des impôts entraîna un tel déficit des finances publiques que les keynésiens expliquent la reprise en 1982-1984 par une relance keynésienne liée à ce déficit.

Les théoriciens de l'offre estiment que si la croissance actuelle est plus saine, c'est que l'offre a été stimulée par la politique adoptée en 1980 et 1981 et partiellement pour celle suivie en 1982 et 1983.

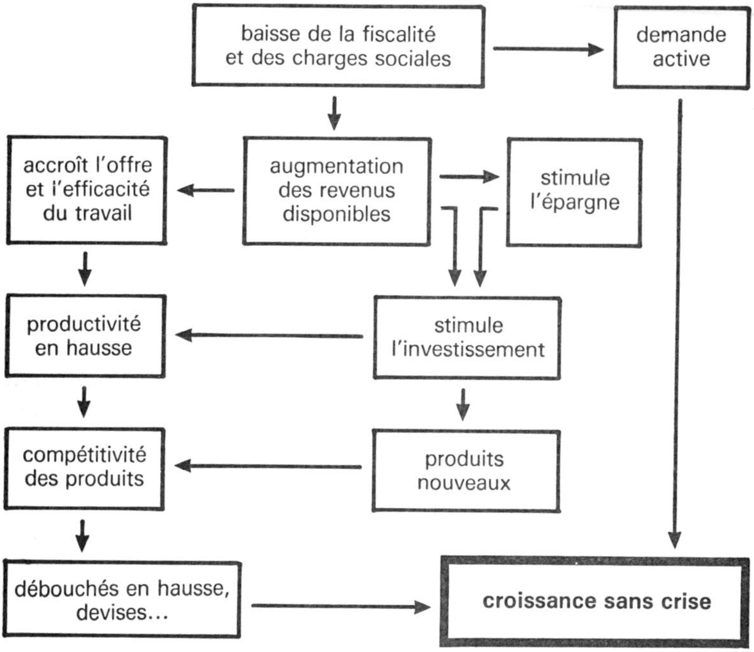

Keynes théoricien de la demande qui n'oublie pas l'offre

Keynes a, sauf cas particulier d'une économie de guerre, raisonné dans le cadre d'une économie de sous-emploi où l'offre peut à tout moment satisfaire la demande.

Néanmoins quand l'offre est trop rigide (goulots d'étranglement, taux d'utilisation élevé des moyens de production...), Keynes estime qu'une stimulation de la demande engendre de l'inflation véritable... (voir p. 187).

La « demande effective » est pour partie liée aux conditions de l'offre car les anticipations des entrepreneurs sur le niveau de production souhaitable sont influencées par le niveau des marges bénéficiaires définies par les conditions de production. L'objectif de Keynes est de montrer que contrairement à l'analyse de J.B. Say, rien n'assure qu'offre et demande s'équilibrent (épargne excessive, erreurs d'anticipation... génèrent des crises).

Keynes propose (entre autre) de soutenir la rentabilité par la baisse des taux d'intérêt qui relèvent l'efficacité marginale du capital. La rentabilité des projets est donc essentielle car elle commande l'investissement.

Keynes raisonne en terme *de circuits* qui mettent en jeu les entrepreneurs, la rentabilité, la demande et l'offre par le jeu de mécanismes auto-entretenus... L'interaction demande-offre est essentielle chez Keynes dont l'analyse ne se réduit pas à une théorie de la demande.

La théorie volontariste de l'offre

Depuis Saint-Simon, les socialistes français ont souvent défendu une politique volontariste de l'offre. Pour stimuler la croissance, une politique industrielle active, une stimulation de la recherche par les financements publics sont souvent préconisées. Aujourd'hui, les socialistes partisans d'une politique industrielle soutiennent une politique de l'offre « à la française » : action d'un vaste secteur public, intervention active des banques nationalisées pour financer les entreprises qui innovent...

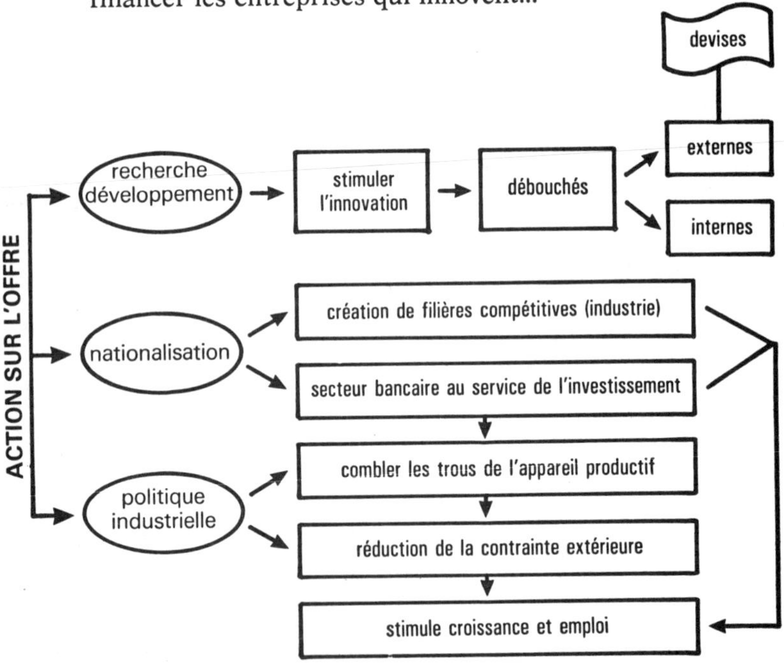

☞ **Analyse classique, analyse keynésienne.**

Index

Les chiffres renvoient à la page où les mots sont traités.
Les mots en gras correspondent à des articles.
Les mots en italique désignent les noms propres, auteurs...

A

F

G

H

I

J

K

L

M

N

O

P

Q

R

T

U

V

W

Y

Z

IMP. SEPC À SAINT-AMAND (VII-86)
DÉPÔT LÉGAL JUILLET 1986 N° 9355 (1401)

S